Great Lives
⑮
위대한 생애

사르트르와 보브와르

김심온 / 옮김

ⓙ 일신서적출판사

차　례

1. 1929년, 여름

그 해 여름 휴가 때, 장 폴 사르트르는 익살스러운 표정을 지으며 이렇게 선언했다.

"책은 아예 없는 거요. 아무튼 둘이서 실컷 걸어다니며 마음껏 얘기를 나눕시다. 리무잔 고원 골짜기의 늪이 설사 엽록소로 뒤덮인다 해도 말이오."

시몬느 드 보브와르는 아침마다 가족끼리 보내는 시간이 끝나기가 무섭게 아직 아침이슬이 촉촉한 목장을 가로질러 사르트르가 기다리는 비밀장소로 급히 가는 것이었다. 이야기는 그칠 줄을 몰랐다. 친구들 일이며 책, 인생, 그리고 물론 장래의 일 같은 것. 두 사람은 마음껏 돌아다녔다. 8월의 풍경 가운데 떠오르는 둘의 모습——날씬하고 키가 큰 시몬느, 키는 크지 않으나 단단해 보이는 사르트르, 그 로이드 안경 너머의 우측 눈은 사시(斜視)였다. 그는 곧잘 웃었다. 두 사람 모두 우등으로 졸업한 직후 교사가 되어 있었다. 학생시절에는 공부를 잘 했건만, 그녀의 말에 의하면 처음으로 받는 급료는 매우 형편없을 것으로 각오를 했다는 것이었다.

시간은 순식간에 지나버려 시몬느는 점심식사에 맞추어 메리냑의 집으로 돌아가야만 한다. 그 사이에 사르트르는 시몬느의 사촌이며 로맨틱한 일이라면 무엇이건 좋다는 마드레느가 보브와르 집의 부엌에서 슬쩍해온 치즈와 진저브렛을 정원수 그늘에서 먹는다. 오후에 시몬느가 돌아와 둘이서 다시 어울리면 휴가에 들어가기 전의 파리에서, 혹은 오전 중에 밤나무 숲에서 벌어졌던 토론을 다시 시작한다. 우리는 마르크스주의를 비판한 책을 공부하는 거예요, 하고 그녀는 양친에게 이야기해두었다. 양친의 공산주의라면 딱 질색인 성격을 이용하여 안심시키려는 속셈이었다. 다시금 태양이 오브제르 강 건너의 언덕으로 가라앉을 무렵이 되면 시몬느는 메리냑으로 돌아가야만 할 시간이 된다. 그리고 그는 숙소로 정한 호텔 라 블루 도르에 돌아가 행상인들과 섞여 저녁식사를 들었다.

그와 마찬가지로 그녀도 파리 태생이다. 어쩌면 어릴 적에 뤽산브루 공원에서 함께 논 적도 있었는지 모른다. 둘다 부유한 환경에서 조숙한 아이로서 자랐으며 자기 자신에 관하여 추억할 일이 많은 어린 시절을 보냈다. 두 사람의 차이라면 시몬느가 시골의 생활을 알고 있었다는 점이다. 그녀는 아주 어릴 적부터 여름이면 할아버지가 갖고 있던 5백 에이커의 땅이 있는 메리냑에서 보내는 것이 관례였다. 여기서 그녀는 땅바닥에 그림을 그리거나 흙을 이겨 놀거나 밤을 주워 깨끗이 문질러 닦으며 놀았으며, 그리하여 갖가지 풀이며 꽃, 또는 반딧불 벌레며 딱총 벌레의 이름을 알게 되었다. 메리냑은 1830년대부터 보브와르집안의 소유지였다. 시냇물을 막아 만든 연못에서는 수련(睡蓮)이 떼지어 자라고 잉어가 노닐었으며 연못 한가운데 섬은 징검다리로 건너갈 수 있게 되어 있었다. 벌판이 있는가 하면 삼목(杉木)이며 버드나무, 목련나무도 있었고 우거진 풀섶도 있었다. 메리냑에서 20킬로쯤 떨어진 곳에 있는 숙부의 소유지 라 글리리에르에서도 그녀는 언제나 자유롭게 놀 수 있도록 허락받고 있었으며 무엇을 만지건 야단맞는 일은 없었다. 숙부의 땅은 메리냑보다도 더 넓고 보다 더 자연의 모습 그대로였으나 한편으로는 단조롭기도 했다. 그 소유지의 중앙에는 실제보다는 훨씬 낡아 보이는 포탑(砲塔)이 있는 음산한 성(城)이 있었다. 모리스 아저씨는 아빠의 누이동생 엘레느 아주머니의 남편으로서 그 고장의 상류계급에 속했다.

장 폴의 조부 샤를르 슈바이처는 별난 인물로서, 장엄한 곳에 대하여 정열을 불태우는 어학교사였다. 얼굴 생김이 훌륭해서 만년에는 ‘전능하신 하느님’으로 잘못 볼 것만 같은 풍모를 지녔기 때문에 어슴푸레한 교회에서 고해성사(告解聖事)를 받으러 온 교구(敎區) 사람들은 하느님의 화신으로 착각한 일이 있을 정도였다. 사소한 일을 호들갑스럽게 과장하여 엄청난 일로 꾸며버리는 버릇이 있는 사람이었으나, 아무리 그런 대연설을 늘어놓아도 뚱뚱한 그의 아내는 짓궂은 표정을 지으며 눈썹을 곤두세울 뿐 전혀 상대를 해주지 않았다. 슈바이처 집안은 알자스 출신이었으나 종교적으로는 프로테스탄트에 속했다. 샤를르의 형은 루터파의 목사가 되고, 후에는 그의 아들도 목사가 되었는데 이 사람이 바로 아프리카의 오지에서 의사, 선교사로서 활약한 알베르트 슈바이처이다. 샤를르 슈바이처는 교사가 되어 프랑스 전국의 학교에서 독일어 교과서로서 사용된《독일어 교과서》의 공저자(共著者)가 되었다. 그에게는 두 아들에 딸 하나가 있었다. 장남은 공무원으로 정착했으나 독일어 교사가 된 둘째 아들은 베개 밑에는 연발식 권총을, 트렁크에는 20켤레의 낡은 구두를 남긴 채 요절했다. 안느 마리 슈바이처는 아름답고 재능이 넘치는 아가씨였는데 부모들은 이 딸의 재능을 연마하지 않고 그대로 두는 것이 품위를 지키는 것이라고 생각했다. 그녀는 쉘부르에서 장 바티스트 사르트르라는 젊은 해군장교와 만나게 되었는데 이때 이미 그는 열대병(熱帶病)을 앓고 있었다. 두 사람은 결혼하게 되지만 그의 죽음으로 결혼생활은 겨우 2년만에 끝나버리고 안느 마리는 갓난아기를 데리고 양친에게로 돌아왔다. 샤를르는 사위가 일찍 죽었다는 것을 용납하지 못하고 앞을 볼 줄 모른다 하여 딸을 책망했다. 그는 이미 퇴직할 수속을 취하는 중이었는데, 당국으로부터 별다른 꾸중도 받지 않고 딸과 어린 손자를 부양하기 위해 교직으로 복귀했다. 아버지의 이 행동이 너무나 고마워 위축되어버린 안느 마리는 깨끗이 자기 자신을 포기, 이후 양친을 위해 집안살림을 떠맡아 마치 10대의 처녀처럼 외출하는 데에도 낱낱이 부모의 허락을 받아가며 함께 살게 된다.

둘이서 이야기할 내용은 얼마든지 있었다. 친구로 시몬느를 사르트르에게 소개한 루베 마유와 사르트르의 친구였던 폴 니잔이 있었다. 니잔은 이미 결혼하여 아내 앙리에트와 함께 성(性)의 자유를 신조로 삼고 있었다. 시몬느에게 르 카스트르(동물인 비버를 가 리키는 프랑스어)라는 별명을 붙여준 사람은 마유로서, 그의 말에 의하면 비버의 떼지어 다니기를 좋아하며 댐을 만드는 그 건설적 성향이 시몬느와 비슷하다는 것이 그 이유였다. 마유도 결혼했으나, 아내를 소르본(이후 이것이 시몬느의 애칭으로 정착하게 됨)에 데려온 적은 단 한 번도 없었으며, 저녁 나절이 되면 교외행 기차를 타고 가버리곤 했다. 그는 카스트르에게 자기와 사르트르, 니잔의 차이를 강조하기를 좋아했다. 자기는 예술, 자연, 여성을 사랑하는 감각파이나 사르트르와 니잔은 숭고한 원리 같은 것은 약으로 쓸래야 없고 무슨 일에건 이유를 붙어야만 하는 성미라는 것이 그의 주장이었다. 막연하면서도 니체철학을 찬미하는 세속적인 엘리트주의의 학생들에게 '차라투스트라는 이렇게 소변을 보았다'고 외쳐 그들을 어리둥절케 한 것은 다름아닌 이 두 사람이었다. 쇠붙이 테의 안경을 걸치고 언제나 손톱을 씹는 니잔은 예술계의 동향에 밝았으며 제임스 조이즈를 비롯한 미국의 새로운 소설에 대해서도 재빨리 모두에게 가르쳤던 것도 그였다. 수많은 문학서클에 가입하고 공산당에도 이미 입당했던 그는 아내의 양친과 호사스런 아파트에 살았었는데, 니잔과 아내 앙리에트의 서재 겸 거실에는 레닌의 초상화며 입체파 화가들이 그린 포스터, 그리고 포티첼리의 〈비너스〉 복제품 등이 장식되어 있었다.

사르트르는 10세쯤부터 옛 이야기, 시, 에세이, 풍자시, 여러 가지 말을 짜맞추는 재담(才談), 발라드류(類), 그리고 1편의 소설까지 썼으며 또한 친구가 된 여자아이에게는 반드시 쓰도록 권하기까지 했었다. 그는 상상력을 구사하여 작품을 창조함으로써 사람은 비로소 인생에서의 우연의 지배로부터 벗어날 수 있다고 주장했다. 예술과 문학은 그에게 있어서 절대적인 가치를 지니는 것이었으나, 그렇다고 해서 직업적인 문학자가 되겠다는 생각은 추호도 없었다. 그는 문학운동이나 문단의 서열 같은 것을 몹시 혐오했다. 대학교수라든가 학장을 친구로 갖는 직업인으로서의 자기 자신을 도저히 생각할 수 없었던 것이다.

사르트르는 되고 싶지 않고 하고 싶지 않다고 생각했던 것은 많이 있었다. 가정인이 된다는 것, 결혼한다는 것, 정착해버린다는 것, 물건을 소유한다는 것으로 스스로의 인생을 구속해버리는 따위를 절대로 하지 않겠다고 생각했다. 그 대신 여행을 하고, 경험을 축적하여 그것을 쓰는 일에 활용하고 싶다고 그는 생각했다. 시몬느 역시 일반론으로서는 위험을 잉태한 생활, 방황하는 영혼이며 절도를 무시한 생활을 동경하고 있었다. 그러나 그녀에게 있어서 졸업은 집을 나와 해방된다는 것을 뜻했고, 그녀 자신의 인생은 이제 10월이 되면서부터 시작되려 하고 있었던 것이다.

그녀는 자신에게 천부적으로 글을 쓸 재능이 있다고는 여기지 않았으나 15세 때에 여자친구들의 스크랩 북에 장래의 꿈을 썼을 때 저명한 작가가 되고 싶다고 썼었다. 그녀가 첫 소설의 첫머리 부분을 쓴 것은 18세 때로 여기서는 남들의 호기심으로부터 자신을 지킨다는 강박관념을 지닌 18세의 처녀를 그리고 있었다. 친구들이 니잔의 '스튜디오'(그의 거실 겸 서재)에 모였을 때, 사르트르는 시몬느의 주일학교 성향(性向)의 말투를 놀리기는 했으나 그 자신도 문학에서 진지하게 '구원'을 찾고 있다고 시인했다.

시몬느가 사르트르에게 호감을 느낀 점은 그가 생각한다는 행위를 결코 그치지 않는다는 것, 그녀의 현재의 최대 관심사인 자기 자신이라는 주제에 관해서도 그는 그녀의 가치관이나 가치체계에 따라 이해해주려고 한다는 점이었다.

"당신은 개인의 자유를 소중히 해야만 하며, 언제나 호기심을 왕성하게 하여 스스로를 개방시켜야만 하오. 그리고 쓰고 싶다는 기분을 어떻게 해서든지 현실의 것으로 해야만 하오." 하고 그는 시몬느에게 말했다. 손위라고는 해도 자기보다 겨우 두 살 반밖에 차이가 나지 않는 사르트르가 몹시 어른스러워 그녀는 매력을 느끼고 있었다. 그녀가 사춘기 때 처음으로 사모하는 느낌을 품었던 것은 사촌인 자크였으며 그녀의 맵시를 처음으로 칭찬해준 사내는 마유였다. 사르트르는 그녀에게 있어서 자기와 닮은 존재, 자기와 똑같은 것을 희구하는 인물, 동시에 도저히 미치지 못할 만큼의 확고한 자신으로 가득 찬 인물로서 비친 최초의 남자였다.

물론 두 사람 사이에 차이는 있었다. 시몬느는 자신이 자란 폐쇄적 환경에서 어떻든간에 빠져나올 수 있었음을 일종의 기적으로 생각했으며, 자신의 장래에 대해서도 흥분된 시각으로 바라보고 있었다. 한편, 사르트르는 어른의 생활이라는 것을 무척 혐오하고 있었다. 24세 때 그는 병역에 복무하여 승진을 한다거나 교단에 선다는 것에도 별다른 기대를 두지 않았다. 사람은 모두 자기 자신의 인생의 창조자이어야만 하며, 바로 자유야말로 자기의 미래의 본질이어야 한다고 주장했다. 생계를 영위하기 위해 비교적 나은 방법으로서 그는 병역을 마치기로 되어 있던 1931년 가을부터 도쿄(東京)에서 프랑스어 강사가 되어 일할 작정으로 그 자리에 응모했다. 만약 채용된다면 일본에서 2년간을 보내야만 했지만 그때의 그에게는 어디이건 타향의 도시에서 비슷한 직업을 갖기만 하면 되었던 것이다.

또한 사르트르는 여성을 좋아했다. 여자는 남자만큼 우스꽝스럽지 않다고 생각했기 때문에 여자들과 사귀는 즐거움을 포기할 생각은 추호도 없었다. 시몬느가 처음으로 사르트르를 소르본에서 보았을 때에도 그는 '멍텅구리'라는 평을 듣는 여학생과 이야기를 나누던 참이었다. 그 이전에 그는 시몬느 카뮈 생과 약혼한 적이 있었으며 그즈음에는 그녀를 열렬히 숭배하고 있었다. 이 매혹적인 여배우 지망의 여성은 고등사범학교 학생 사이에 화제의 대상이었다. 피에르 귀유, 마유 등과 함께 그도 역시 40세라고 하는 그들에게는 이국정서적인 아르헨티나 사람이라는 소문이 나 있던 마담 모렐에게도 플라토닉한 경애감을 품고 있었다. 귀유와 사르트르는, 그녀의 아들 대학입학 자격시험을 위한 가정교사를 한 적이 있었다. 시몬느는 자기와 같은 가정에서 자란 여자에게는 결혼이란 피할 수 없는 코스로 생각했었지만 그에 비해 사르트르는 분명히 혼인을 증오하고 있었다. 자기들의 사랑은 본질적인 유대이며, 바로 그 때문에 쌍방이 모두 우발적인 연애를 실험할 수 있을 것이라고 그는 곧잘 그녀에게 말하곤 했다. 자기들은 서로가 비슷하며 따라서 두 사람의 유대는 오래 계속되리라는 것이 그의 의견이었고 시몬느 역시 동감이었다. 그러나 이 유대가 영원히 변하지 않더라도 타인과의 만남에 있어서 공허해지지 않는다거나 풍요로운 관계를 모두 보상해주지는 못할 터이다. 문제는 물론 후회나 질투 같은 감정을 어떻게 피하느냐 하는 것이었다.

친구들 가운데에서 마유는 시몬느의 사르트르나 니잔에 대한 우정을 질투하고 있었고 자기만을 특별히 다루어달라고 요구했다. 모두가 한자리에 모이면 니잔의 조그만 차에 빽빽이 올라타고는 폴트 도클레앙의 유원지에서 탁구며 미니 풋볼로 오후를 보낸 뒤 돌아오는 길에 길가의 카페에서 맥주를 마시기도 했다. 어느 날 밤, 모두가 놀러 가자는 이야기가 나왔을 때 마유는 시몬느와 둘이서만 영화를 보러 가겠다고 우기는 것이었다. 그러나 7월

14일 파리 축제의 밤은 사르트르를 포함하여 셋이서 보내게 되었다. 대학도시(大學都市)의 잔디밭에 앉아 불꽃놀이를 구경한 뒤에 사르트르는 모두가 함께 몽파르나스의 술집을 찾아다니며 밤새껏 마시자고 제의했다. 한밤중의 2시에 밖으로 나서자 마유는 보라는 듯이 시몬느의 팔을 잡았다. 그는 만약 시험에 떨어지면 지방의 국민학교 교사가 된다고 말하고 있었다. 아닌게 아니라 결국 시험에 실패한 그는 어떤 친구에게도 작별인사를 않은 채 파리를 떠나버렸다. 사르트르에게 보내온 짧막한 편지에는 '카스트르에게 행복을 빈다고 전해주게'라는 말이 있었을 뿐이었다.

두 사람의 이야기는 그칠 줄을 몰랐다. 그런데 나흘째 되던 날, 둘이서 목장 끝에 앉아 있을 때 양친이 함께 걸어오는 것이 보였다. 차양모를 쓴 아버지의 표정에는 결연하면서도 어딘가에 난처한 느낌이 감도는 것을 시몬느는 보았다. 사르트르가 성큼 일어섰고 시몬느는 양친에게 사르트르를 소개했다. 보브와르 씨는 간결하고 솔직하게 말머리를 꺼냈다. 사르트르에게 남들의 입에 오르내리니까 이 고장에서 떠나주도록 요구한 것이다. 더구나 때마침 시몬느의 사촌인 마드레느의 혼담이 있는 참이었기 때문에 시몬느가 이런 식으로 아침부터 밤까지 타고장 사내와 만난다면 사촌의 혼담에 영향을 주어 곤란하다고도 했다.

마침 우연하게도 빨간 셔츠를 입고 있던 사르트르는 단 1분이나마 예정을 바꿀 생각은 없습니다 하고 말했다. 작은 체구의 조르주 드 보브와르는 말다툼이나 예절 바르지 못한 행동을 싫어하는 사람이었기 때문에 남의 눈에 띄기 쉬운 목장에서의 이 대립은 별다른 일이 없이 끝났다. 굴욕감을 안은 채 시몬느는 부모를 따라 집으로 돌아갔다. 그러나 그 뒤에 보브와르 씨는 두 번 다시 공격의 화살을 돌리지도 않았으며 사르트르는 호텔 라 블루 도르에 1주일을 체재했다. 두 사람은 밤나무 숲의 훨씬 더 남의 눈에 띄지 않는 곳에서 만나기로 약속했을 뿐이었다. 그가 떠난 뒤, 두 사람은 매일처럼 편지를 주고받았다. 새로운 생활이 시작될 10월이 안타깝도록 기다려졌다.

시몬느는 1908년 1월 8일, 라스파이유 거리의 카페 로톤드 위층의 아파트에서 태어났다. 31세인 아버지 조르주, 21세의 어머니의 프랑소와즈는 첫아이의 탄생을 기뻐하며 맞았다. 양친은 유복하지는 못했으나, 별로 알려지지는 않았어도 고귀한 이름의 체면을 지키려는 훌륭한 출신의 커플이었다. 푸른 눈을 한 조르주 보브와르는 세무감사관의 손자로서, 이 조부는 막내아들까지 부동산 소득 등으로 일을 하지 않고서도 생활을 할 수 있을 만큼의 재산을 모은 인물이었다. 그러나 조르주의 아버지는 파리에서 문관(文官)이 되었으며 퇴직할 때에는 그 부처의 국장이 되었다. 우선은 유복하다고 할 환경 아래에서 조르주는 세 아이의 막내로서 자랐다. 어머니의 사랑을 독차지하고 교사들로부터 귀여움을 받았다. 스포츠며 그 밖에도 격렬한 것은 무엇이건 싫어하며 콜레주 스타니슬라스에서는 해마다 우등상을 차지했다. 13세 때에 어머니를 잃고 심한 충격을 받았다. 시몬느 드 보브와르는 《처녀시절》에서 "그 이후로 아버지는 무슨 일에서건 노력이라는 것을 포기하고 말았다."고 쓰고 있다.

보브와르 가문은 귀족과 상류 부르주아지의 중간에 위치하는 집안으로서, 젊은 조르주가 열애하는 연극에의 길로 나아가는 것을 허락하지 않았다. 그는 어쩔 수 없이 그 극적인 가능성으로 해서 법률을 배웠다. 가명(家名), 친척, 어린 시절부터의 친구, 청년이 된 뒤로 사귄 사람들에 의해서 그의 귀족의식은 더욱 강해졌다. 사교적 우아함이라든가 품위, 기지(機智), 부자의 꾸밈없는 자신감 같은 것을 그는 즐겼다. 빈틈없는 치장을 하고 변론술(辯論術)의 레슨을 받았으며, 그 턱수염과 콧수염의 시대에 배우들의 흉내를 내어 수염을 깎았다. 변호사 시험에 합격은 했으나 변호사가 될 뜻은 없었으며 공소재판소(控訴裁判所)에 등록을 하여 어느 저명한 변호사의 비서가 되었다.

귀족적 고상함과 부르주아지의 성실성 그 어느 쪽에도 철저해질 수 없었던 조르주 드 보브와르는, 그럴 생각만 있으면 얼마든지 오를 수 있는 출세의 길에는 거의 관심을 두지 않았다. 낮에는 변호사 사무실에서 집무하고 밤이나 휴가 중에는 상류사회의 살롱이나 관광지대의 호텔에서 주최하는 자선연극에 아마추어 배우로서 출연을 했는데, 이렇게 하여 상

속받은 재산이며 메리냑의 상속권을 포기한 대상으로서 형 가스톤이 그에게
보내주는 상당한 액수의 현금을 서서히 까먹고 있었다. 그는 틈만 나면
코미디와 마임에 열중했고, 무대화장을 좋아했으며 배우들의 가십에 정
통하고 명배우들을 숭배하여 배우들과 가깝게 사귀면서 연극에 관한 수많은
책을 읽고 혼례의 전날 밤까지도 무대에 오르는 형편이었다.

그의 아내 프랑소와즈는 유복하고 신앙심이 두터운 베르당 지방 출신으로
네 자녀 중 장녀로 태어났다. 아버지는 은행가이며 어머니는 수녀의 손에
자란 사람으로서 프랑소와즈도 수도원의 부속학교에 다녔다. 양친 모두
겸손한 사람들로 프랑소와즈는 열심히 공부하며 종교적 의무를 어김없이
지키는 얌전한 아가씨였다. 그리하여 내성적이긴 했으나 아름다운 처녀로
성장한 그녀는 20세 때 마음이 내키지는 않았으나 조르주 드 보브와르와
맞선을 본다. 활력이 넘치는 그의 매력에 그녀는 압도되었고 앞날이 양양한
남자라는 인상을 받았다. 그러나 결혼생활에 익숙해진다는 것은 쉬운 일이
아니었다. 수도원에서 교육받은 도덕관이 전혀 통용되지 않는 환경으로
옮겨져, 그녀가 무엇보다 두려워한 것은 비판을 받는다는 것이었다. 그것을
피하기 위하여 그녀는 주변의 사람들에게 몹시 신경을 쓰게 된다. 시몬느는
이렇게 쓰고 있다.

"모든 점에서 어머니는 아버지의 생각을 저항없이 받아들였다. 그러한
생각을 자신의 종교에 적응시킨다는 것에 대한 어려움을 느낀다는 눈치는
전혀 보이지 않았다."

"아버지는 인간이 지니는 기분의 모순이나 유전(遺傳)의 장난, 꿈의
불가사의함에 대하여 언제나 놀라고 있었다. 그러나 나는 어머니가 놀라는
것을 본 적이 없다."

시몬느가 두 살 반이 되었을 때, 보브와르 집안에 두 번째 딸인 엘레느가
태어난다. 엘레느에게는 태어나자 곧 '귀여운 인형'이라는 애칭이 지어
졌으며 그 뒤로는 줄곧 그 이름으로 불리게 된다. 두 자매는 유모인 루이즈와
어머니로서의 책임을 그리스도 신자의 헌신으로써 떠맡는 젊은 어머니
사이에서 유년시절을 보낸다. 어머니는 딸들의 학교를 선택하고 독서를
지도하며 아이들의 진도에 따라갈 수 있도록 영어며 라틴어를 배웠다. 또한

딸들을 미사에 데리고 다니며 아침 저녁의 기도를 함께 하는 것도 그녀였다. 읽는 것은 신앙의 책이며 또한 정기적으로 성체성사(聖體聖事)를 받았다. 그러나 걸핏하면 몹시 화를 내는 수가 있었다. 따스한 애정으로 그 변덕스러운 기분을 보상하기는 했으나, 체벌(體罰)을 하는 일은 드물었다. '바보 같으니' 하는 말을 곧잘 하여 딸들의 자신감을 산산이 부숴놓기도 했다. 어린 시몬느가 품었던 형이상(形而上)의 문제는 아버지가 결코 미사에 가지 않는다는 것이었다. 하느님의 존재를 철저히 믿고는 있었으나 어머니에게서는 "아빠가 하시는 말씀은 언제나 옳단다." 하고 배웠기 때문에 어머니가 아버지의 태도를 아주 당연한 것으로서 받아들이지를 않았더라면 아버지의 불가지론(不可知論)은 그녀에게 큰 충격이 되었을 것이다.

"그 결과, 아버지에 의해서 체현(體現)되는 나의 지적 생활면과 어머니로써 표현되는 나의 정신적 생활면은 근본적으로 이질(異質)의 경험이며 서로가 공통점을 전혀 지니지 않는다고 생각하는 것에 나는 익숙해졌다. 신성한 것과 지식은 전혀 다른 질서에 속했다……나의 처지는 어린 시절과 청년기 아버지의 그것과 흡사하다. 아버지는 할아버지의 소탈한 회의주의와 할머니의 부르주아지적인 견실함 사이에서 흔들리고 있었다. 내 경우도 마찬가지로서, 아버지의 개인주의와 이교적(異敎的)인 도덕관은 어머니가 나에게 가르쳐준 엄격한 모럴과 전적으로 대조적이었다. 이러한 불균형이 나로 하여금 줄곧 사물을 골똘히 생각케 하고 후에 내가 지식인이 된 커다란 이유가 되었다."

아버지는 딸이 성장함에 따라 그녀에게 관심을 갖게 되었다. 필기법이며 철자법을 정성껏 돌보아주었으며 휴일에는 대개의 경우 빅토르 위고의 까다로운 문장을 받아쓰도록 했다. 그녀가 아는 사람 가운데에서 아버지만큼 우스꽝스럽고 재미나며 재기에 넘친 인물은 없었다. 아버지만큼 많은 책을 읽고 많은 시를 암송할 수 있는 사람도 없었으며 그만큼 열띤 토론을 하는 사람도 없었다. 파티며 친척의 모임에서는 언제나 그 자리의 중심인물이었다. 그는 시몬느를 한 인간의 인격으로서 대해주었다. 여기에 비하여 어머니 쪽은 훨씬 더 과잉보호적인 데가 있었으며 또한 딸이 때로 말썽을 부려도 당연한 일로 여겼다.

"나는 아버지가 칭찬을 해주면 몹시 우쭐해졌었다."고 그녀는 회상하고 있다. 그러나 아버지는 내가 서재를 어지럽혀놓았다고 잔소리를 하며 "이 아이들은 어쩌자구 이처럼 멍텅구리람." 하고 야단을 쳤으나 나는 아랑곳도 하지 않았다. 그와 같은 질책의 말 자체를 그는 대수롭게 여기지 않는다는 것이 분명했기 때문이다. 그 대신 어머니가 조금이라도 잔소리를 하거나 얼굴을 찌푸리면 나는 겁을 먹었다. 어머니에게 인정을 받지 못하는 한 나는 살 권리조차 없는 것처럼 느꼈다."

여동생인 푸페트에게 있어서는 인생이 훨씬 더 복잡했다. 양친은 두 딸을 공평하게 다루려고 노력했으나 그래도 시몬느 쪽이 약간은 더 좋은 대우를 받았다. 푸페트는 아버지를 닮았다. 그녀는 마음이 상하거나 어찌해야 좋을지 모를 때면 자기의 조그만 의자에 앉아 우는 수가 흔히 있었다. 자격지심이 심한 아이라 하여 곧잘 꾸중을 듣던 그녀는 언니에게 달라붙어, 언니가 자기를 인정해주는 것에 감사하여 절대적인 헌신으로 대했다. 푸페트는 시몬느보다도 미인으로 자랐으며 또한 아버지가 몹시 좋아했던 젊은 아가씨의 사교적 우아함을 보다 더 지니게 되었다.

시몬느가 다섯 살 반이 되었을 때, 어머니는 데지르 사립학교라는 매혹적인 이름의 성당 부속여학교에 입학시켰다. 이미 쓰고 읽을 줄 아는 그녀는 자기의 책이며 숙제, 시간표 등을 가질 수 있다는 것이 무척 기뻤다. 여섯 살에 푸페트에게 읽고 쓰는 것을 가르쳐주었는데, 이것은 시몬느 자신의 능력에 자부심을 갖게 해주었다. 그 해의 여름도 가족들은 메리냑에서 보냈는데, 그 8월의 어느 날 마을의 종이 울리며 제1차 세계대전의 선전포고가 있었다. 집집마다 말이며 수레가 징발되고 할아버지의 말 역시 유젤슈라는 군청이 있는 읍내로 끌려갔다. 1개월 후 라 그리리에르에서 시몬느는 어머니를 도와 병사를 위한 방한모를 털실로 뜨거나, 또는 머리에 터번을 두르고 전선으로 향하는 인도 병사들에게 사과를 나누어주려고 엘레느 아주머니와 함께 역으로 가기도 했다. 전에 심장이 나쁘다는 이유로 예비병에 편입된 조르주 드 보브와르도 이번에는 소집되어 보병대에 들어갔다. 기초훈련 기간이 끝나기를 기다렸다. 어머니에게 이끌려 파리 근방의 훈련소로 아버지의 위문을 간 시몬느는 수염을 기른 아버지의 얼굴이 엄숙하게 보여 강한 인상을 받았다. 애국심에 불타던 시몬느는 실은 여동생의 '독일제' 셀룰로이드 인형을 짓밟아 산산조각을 내고 연합군의 기(旗)를 꽃병에 꽂고 다니기도 하고 색연필로 '프랑스 만세'를 곳곳에 낙서하며 다니기도 했다. 학교의 한쪽 구역은 임시병원이 되었으며 또한 피난을 온 여자아이 하나가 같은 반에 들어왔다. 아버지는 10월에 전선으로 떠났으며 시몬느는 어머니, 여동생과 함께 그의 안전을 기도했다. 하느님은 틀림없이 아빠를 지켜주실 거야, 특히 나를 위해서라고 그녀는 굳게 믿었다. 그러나 그는 다시금 심장발작으로 쓰러져, 육군병원에 입원했으며 그 뒤에 육군성 소속의 사무적인 일로 배속되었다. 그는 제복을 바꾸어 입었으며 콧수염도 깎아버렸다. 4천만 명의 프랑스인과 마찬가지로 보브와르 집안도 존쟁의 소용돌이에 말려들고 있었다.

시몬느는 창백한 얼굴을 한 젊은 신부에게서 교리문답을 배웠으며, 하얀 실크 드레스를 입고 머리에는 아일랜드식의 레이스가 달린 베일을 쓰고 첫 영성체(領聖體)를 받았다. 양친이 한 권 한 권을 신중하게 선택한 책밖에 읽지 못했다고는 하나 그녀의 세계는 독서로 넓어지기 시작했다. 타인에 대한 호기심은 있었으나, 그녀는 자신의 운명이 지금까지와는 다른 것이 되리라고는 꿈에도 생각하지 못했으며, 또한 여자아이라는 것을 애석하게 여긴 적도 없었다. 그녀가 아는 사내아이들은 특별히 뛰어난 것도 아니었다. 다만 사촌인 자크만은 예외였다. 6개월 손위인 그의 재치가 넘치는 작문이며 그 지식이나 자신을 시몬느는 존경했다. 그는 어른과 전혀 다를 바 없이 대등하게 행동했으며 일반적으로 여자아이를 우습게 여기긴 했어도 시몬느에게 대해서만 달랐다. "시몬느는 조숙한 아이야." 하고 그는 분명히 말했으며 이 말은 몹시 그녀의 마음에 들었다.

심장병 덕분에 전선에서 싸우는 공포를 면하기는 했으나 전쟁은 조르주 드 보브와르의 꿈을 앗아갔으며 소망이며 희망을 부숴놓고 말았다. 이등병의 급료밖에 벌지 못하는 처지가 된 그는 렌느 거리 71번지의 급탕이 안 되는 비좁은 아파트로 이사를 할 수밖에 없었다. 먼 칙척뻘 되는 사람의 알선으로 사업광고 전문의 신문사에 다니며 수입을 약간 보태기는 했으나 일은 따분하고 수입은 적어 그는 저녁 나절이 되면 곧잘 친구와 어울려 브리지를 하러 가게 되었다. 가정부인 루이즈가 결혼하여 나간 뒤로 보브와르 부인은 가정부없이 살림을 해나가기로 작정했다.

1917~18년도의 학기에 데지르 사립학교의 시몬느 반에는 신입생이 들어왔다. 엘리자베트 마뷔유——자자라는 애칭으로 불렸다——라고 했는데 시몬느는 당장에 그 아이에게 매료되고 말았다.

"선생님들에게 말을 할 때의 그녀의 태도에 나는 깜짝 놀라고 말았다. 그녀의 자연스런 화술은 다른 생도들의 그 형식적이며 표정이 빈약한 말소리와는 참으로 대조적이었다. 며칠 뒤, 그녀가 보데 선생의 시늉을 완벽하게 해냈을 때 나는 그만 그녀에게 손들고 말았다. 그녀가 하는 말은 모두가 재미나거나 우스꽝스럽거나 그 어느 한쪽이었다."

자자는 피아노도 잘 치고 우아한 글씨를 썼다. 아이에서 어른이 되기 시작하는 시기에도 그녀의 뛰어난 재능은 변함이 없었다. 차림새도 어른스러워졌으며 처녀다운 느긋한 거동이었다. 자기의 취향을 뚜렷이 살리며 흥미의 대상을 선택하고, 12세부터 15세 사이에 자신이나 시몬느가 아는 대부분의 어른을 우습게 여겼을 뿐만 아니라 기성의 관습이나 전통적인 사상마저 경멸했다. 자자는 개성있는 아이라는 것이 어른들의 견해였다. 그 때문에 시몬느는 겁이 많고 주관적인 자신의 성격을 인정해야 했다.

시몬느에게 있어서 무엇보다 즐거운 것은 여전히 집안식구들을 반갑게 맞아주는 메리냑에서의 여름 휴가였다. 어머니는 파리에 있을 때보다 훨씬 기분좋게 지냈으며 아버지도 그녀를 위한 시간을 많이 보냈다. 더구나 통나무집과 마구간이 한눈에 내려다보이고 자기 혼자서 쓸 수 있는 방이 그녀에게 주어졌다. 하얀 구레나룻을 기르고 턱수염을 깨끗이 깎은 할아버지가 정오쯤 해서 내려온다. 먹음직스런 점심식사를 든 뒤, 아버지와 조부는 함께 노래부르고 농담을 주고받으며 조상 대대로 전해오는 갖가지 이야기를 나누었다. 오후에 시몬느 자매는 언제나 산책을 나가 몇 킬로미터에 걸친 새로운 세계를 탐험했다. 비가 오는 날에는 객실의 책장을 뒤지며 페니모어 쿠퍼(^{미국의}_{작가})의 소설을 읽거나, 어머니가 할아버지가 좋아하는 멜로디의 악보를 좀 조율(調律)이 빗나간 피아노의 보면대에 올려놓고 치면 할아버지도 모두와 어울려 합창을 했다. 밤하늘이 맑게 개었을 때면 시몬느는 정원을 거닐며 마그노리아의 향긋한 향기를 즐기며 혹 유성이라도 없을까 하고 하늘을 살피곤 했다.

시몬느가 '인생의 사실'에 눈을 뜨는 데에는 시간이 걸렸으나, 그에 비해 신앙의 상실은 갑작스러웠으며 더구나 일단 잃은 뒤로는 결정적인 타격이 되었다. 아무런 제약도 없이 무엇이건 읽을 수 있었던 사촌 마드레느가, 자신이 기르는 개와 마찬가지로 남자들에게도 사타구니에 '알'이 둘 있다는 것이나 갓난아기가 어떻게 해서 태어나는가를 가르쳐준 일은 있었으나, 시몬느는 어머니로부터 월경에 대하여 전혀 설명을 듣지 못한 채 사춘기를 맞고 초경을 맞이했다. 그녀와 여동생은 어른들의 속임수의 배후에 무엇인가 소중한 것을 숨기고 있다고 오랫동안 느꼈다. 그러나 그것이 무엇인가를 알았을 때에 맛본 환멸은 어른들의 위신을 현저하게 떨어뜨리는 것뿐이었다. 시몬느는 임신이나 출산의 현상에 관하여 오랜 구애를 받지는 않았으며, 오히려 어머니에게 자신이 이러한 것을 안다는 것이 먼저 알려져 둘이서 이야기를 해야만 하는 일이 생겨나지 않을까 하여 겁을 먹고 있었다. 사춘기에 들어서자 곧 여드름과 신경성 안면경련 등의 증상이 나타났다. 그런 때에 아버지로부터 피부색에 대한 말을 듣거나 동작이 어색하다고 나무람을 들으면 더욱 참담한 기분이 들어 여드름을 만지거나 코를 움직이는 버릇이 더욱 심해질 뿐이었다.

신앙을 잃은 것은 어느 향긋한 저녁 나절에 메리냑의 조그만 자기 방에 있었을 때였다. 기도가 끝난 뒤 그녀는 별다른 놀라움도 없이 이제 하느님을 믿지 않음을 깨닫는다. 아버지의 회의주의가 그녀에게 길을 열어준 것이다. 그래도 이 발견에 그녀는 적잖이 동요했다. 일류의 작가들이나 훌륭한 사상가들은 회의주의자였다. 교회에 다니며 신의 진리를 소유하고 있는 것은 여자이건만 남자 쪽이 그 여자들보다 논의의 여지도 없이 우수하다는 것이 그녀의 마음을 산란케 했다. 아버지를 곤혹시킨다는 생각을 하여 그녀는 이 정신적 동요를 그에게 털어놓는 일은 하지 않았다. 한동안 그녀는 이중생활을 보낸다──'신'이 자기의 행동에 영향을 미치는 일은 이제 없음을 알면서도 교회의 고해성사에 계속 다녔던 것이다. 마침내 신부님에게 신앙을 잃었다고 고해했을 때 그는 어떤 큰 죄를 범했느냐고 물었다. 그녀가 아무런 죄도 범하지 않았다고 대답했으나 그는 믿지 않았다. 그녀는 추방당한 자로서 살아가기를 감수했다.

아버지처럼 그녀는 작가를 학자나 철학자, 교수보다도 상위에 두었다. 왜냐하면, 소설은 누구나가 읽고 사람들의 상상력에 호소하기도 하고 또한 보편적이고 친근해지기 쉬운 영광을 작가에게 가져다주기 때문이었다. 그와 동시에 보다 더 고명한 여성들은 문학의 세계에서 이름을 남겼다는 이유도 있었다. 조르주 드 보브와르는, 여성의 지성은 사회적인 장식물 정도이어야 한다고 생각했는데 여성의 문학 스타일을 높이 평가하고 있었다. 시몬느는 교육에도 마음이 끌렸다. 자신의 아이를 갖기보다는 타인의 정신을 형성하는 직업을 갖는다고 상상하는 쪽이 자기답다고 느꼈다. 또한 한 생도의 교육계획을 전적으로 다룰 수 있다는 점에서는 가정교사도 나쁘지 않다고 생각했다. 양친의 입장에서 그와 같은 생각은 어림도 없으리라고 여겨졌으나 시몬느는 젊은 사람들을 육성하는 직업은 결코 천한 것이 아니라는 주장이었다.

조르주 드 보브와르의 경제상태는 더욱 나빠졌으며 더구나 볼셰비키의 혁명으로 그가 소유했던 러시아의 철도회사 주식이 소용없게 되자 딸들의 장래에 대한 불안이 한꺼번에 밀어닥쳤다. 그처럼 체면을 소중히 여기는 계급의 사람에게는 딸로 하여금 직업인이 되기 위한 훈련을 받게 한다는 것은 바로 패배를 의미했다. 그의 형이나 여동생, 또는 친구의 딸들은 귀부인이 되고 시몬느는 못 된다고 생각해보라. 50세 가까이 되어 경제적 불안 속에서 그는 "시몬느가 공무원이 되는 것도 어쩔 수 없겠지. 정부로부터 급료를 타고 퇴직할 때면 연금도 받을 테니까." 하며 자신과 타협했다.

도서관 사서직도 하나의 가능성이 있었으나 시몬느는 철학 쪽을 더 좋아했다. 그 이유의 하나는 철학 박사학위를 받은 여성에 대한 기사를 사진과 함께 본 적이 있었기 때문이고 그것에 의하면 그 여성은 조카를 양녀로 삼아 지적 생활과 여성적 감수성의 요구를 조화시킨다는 것이었다. 박사학위를 가진 여성은 다섯 손가락으로 셀 정도밖에 없었다. 그리고 시몬느는 이들 선구자들과 어깨를 나란히 하고 싶었다. 현실적으로 보아서 철학 학위를 가졌을 때 택할 수 있는 유일한 직업은 교직이었다. 그녀는 이 선택에 이론이 없었으며 아버지 역시 학생의 가정을 찾아다니면서 가르치는 것이 아니라 국립학교에서 가르치는 것에는 이의가 없었다. 이 해결법은 그녀의 취향에도 맞았다. 그래서 어머니가 데지르 사립학교의 선생들에게 이야기하러 갔다. 학교의 선생들은 평생을 두고 비종교 교육과 싸워온 사람들이었기 때문에 국립학교를 혐오했다. 그녀들은, 보브와르 부인에게 철학 같은 것을 공부한다는 것은 영혼을 타락시키는 일이며 소르본에 1년만 가 있으면 시몬느의 신앙은 모두 상실되어버릴 것이라고 말했다. 아버지는 방침을 약간 바꾸었다. 철학이 아니라 문학을 전공한다면 상관없다는 것이었다. 신앙이 두터운 여교사들이 무슨 말을 하건 딸이 개인교사가 된다는 것은 그로서는 용납할 수 없는 일이었다. 1924년 7월, 그녀는 시험에 합격하여 조부와 숙부 가스통이 사망하기 조금 전인 9월에 처음으로 남학생과 어깨를 나란히 하여 강의를 받았다. 마뷔유 집안에서는 약간 당황하면서도 자자가 시몬느와 함께 프랑스 문학의 클라스에 들어가는 것을 허락했다.

문학 교수 로베르 걀릭은 열렬한 카톨릭 신자로서, 자자의 부친에게 여자가 학위를 받는다 해서 결코 신앙을 잃은 일은 없다고 보증했다. 그는 갓 35세를 넘어 이미 금발의 머리가 벗겨지기 시작한 터이며, '레제킵소셜' 이라는 하층계급에 교양을 보급시키는 운동을 창설, 그 지도를 맡고 있었다. 2, 3년 사이에 프랑스에는 이런 종류의 사회운동이 번져, 교사 2백명을 포함하여 그 멤버는 1만 명이나 되었다. 시몬느의 사촌 자크도 멤버의 하나로 걀릭을 숭배했다. 걀릭은 중산계급과 노동자계급의 청년 사이에 가로놓인 문화적 단절을 언제나 가슴 아프게 여겨온 사람이었다.

시몬느는 걀릭의 강의에 매료되었다. 그리고 자크를 통하여 하층계급을 위한 학생활동 프로그램에 참여했다. 그녀는 누위에 있을 때 부르주아지들의 아담한 주택에서 열리는 모임에 가서 걀릭이 연설하는 것을 들었다. 누구나 문화에 대한 권리를 지닌다는 것, 그리고 계급 사이에 있는 증오를 극복할 경우에만 사회의 진보가 가능하다고 그는 주장하고 있었다. 그의 사상은 그녀 자신의 세계와 다를 바가 없었건만 그런데도 그녀에게는 참으로 신선한 것으로서 울려왔다. 그녀는 걀릭의 내부에서 운명에 몸을 맡기지 않고 의미를 지니는 생활방식, 산다는 것의 의미가 우선하는 생활방식을 택한 인간을 보았던 것이다. 그녀는 자자가 걀릭에 대하여 자기와 똑같은 숭배의 감정을 품지 않는 것이 충격이었다.

시몬느와 아버지와의 관계는 차츰 어려워지기 시작했다. 그는 학위를 극단적으로 중시하여 그녀에게 이것저것 학위를 많이 따라고 권했다. 이 때문에 그녀는, 아버지가 머리좋은 딸을 자랑스럽게 여긴다고 생각했던 것인데 사실은 그 반대였다. 그녀가 좋아하는 작가며 최근에 와서 처음으로 읽은 작가들——앙드레 지드, 장 콕토, 아리 드 몬테를랑, 폴 크로데르——의 이름을 힐끗 본 아버지는 그들을 건방지고 퇴폐적인 녀석들이라고 몰아 붙이며 그런 책을 빌려주었다 하여 자크에게 화를 냈다. 아버지는 딸들을 위해 무척이나 희생을 강요당하고 있다고 푸념을 하고 야단치는 것을 볼 때마다 그녀는 자신에 대하여 아버지가 깊은 한을 품고 있음을 느꼈다. 시몬느가 전통적 관습을 공격하거나 1년에 몇 차례 가족이 모이는 만찬의 자리에서 빠져나가려는 것이 그로서는 참을 수 없었다. 그녀에게는 그의 결혼관은 받아들이기 어려운 것이었으나, 그로서는 애정과 우정 사이에는 공통된 것이 있다고는 여겨지지 않았다.

"나는 부부 사이에서 어느 한쪽이 바람피우는 것을 인정할 수 없었다. 둘 사이가 원만치 못할 때에는 헤어져야만 한다고 생각했었다."고 후에 그녀는 회상하고 있다.

"나는 정치적인 발상을 할 만큼 여성 숭배론자는 아니었다. 그러나 나의 의견으로는, 남자와 여자는 대등한 권리를 지니며 양성간(兩性間)의 철저한 상호성(相互性)을 요구했다. 아버지의 남존여비적인 태도는 나에게 큰 상처를 안겼다. 일반적으로 말해서 부르주아지적인 정사(情事)나 간통의 경박스러움은 나에게 거부반응을 일으키게 했다."

부르주아지의 가정에서 자란 그녀는 부르주아지의 이익은 그대로 인류 전체의 이익에 결부되는 것으로 믿고 있었다. 그런데 모든 사람에게 효과적인 진실을 추구하는 노력에 대한 가족의 지지를 요구하자 그 순간부터 양친은 등을 돌렸다. 어머니는 그녀를 의혹의 눈으로 보았으며, 아버지는 자신이 속하는 계급의 가치를 그녀가 버린 것으로 여겼다. 얼마 전부터 이미 하느님을 믿지 않는다는 말을 딸에게서 들은 어머니는 신의 존재를 증명하려고 시도했으나 이윽고 어쩔 수 없음을 깨닫고는 눈에 눈물을 가득히 담은 채 갑자기 입을 다물고 말았다. 시몬느는 어머니에게 상처를 입혀 가슴이 아팠으나 허위의 가면을 쓰지 않아도 되어 무척 마음이 홀가분해졌다.

그녀는 문학 시험에 우수한 성적으로 합격하여 걀릭으로부터 크게 칭찬받았다. 그리고 18세의 여름방학을 메리냑에서 참담하고 쓸쓸한 느낌으로 보냈다. 이미 일기를 쓰기 시작했으며, 또한 소설의 제1장도 썼는데, 이 무렵에 실패로 끝나고 마는 가출을 테마로 하여 두 번째의 소설을 쓰고 있었다. 18세의 처녀인 주인공은 가족과 함께 시골의 별장에서 여름휴가를 보낸다. 그곳으로 그녀의 약혼자도 오기로 되어 있었다. 그런데 갑자기 여주인공은 인생에 '다른 그 무엇'이 있음을 발견한다. 어느 천재음악가가 예술이나 성실, 불안 같은 것으로 그녀의 눈을 뜨게 해주었던 것이다. 허위의 생활을 보내고 있었음을 깨달은 그녀의 내부에서 지금까지 몰랐던 뜨거운 동경이 샘솟는다. 음악가는 떠나고 2층의 자기 방에서 약혼자가 오는 것이 보인다, 그녀는 망설이나 용기는 사라지고 계단을 내려가서 남편이 될 사람을 맞아들이는 것이다. 자크는 그녀의 희망이 되었다. 이제 그는 미남청년이 되어 독립했으며 이미 집 소유인 스탠드 글래스의 공장 경영을 맡고 있었다. 시몬느에게 있어서 그는 약간 거리가 있는 오빠이기도 하고 또한 그녀가 연정을 품어도 이상할 것이 없는 존재이기도 했다. 그는 그녀를 '귀여운 시므 아씨'라고 불렀으며, 그녀의 요구에 대해서는 친근감이 담긴 짓궂은 행동과 성의있는 배려가 뒤섞인 애정있는 이해로서 받아들였다. 그 해 여름 그녀가 심각한 심정으로 그에게 쓴 편지에 답을 보내어 그는, 네가 보다 더 인간적으로 행동한다면 양친에게 그토록 충격을 주지 않아도 될 것이라고 했다. 일부러 가족에게 충격을 줄 생각은 아니었지만 그녀는 이 충고에 깨닫는 바가 있었다. 그러나 자크는 무슨 시험이건 볼 때마다 실패하여 놀기 좋아하는 친구들과 어울려 멋진 술집에서 너무나 많은 시간을 보내고 있었다. 그는 그녀에게 환멸을 주게 될 것을 인간힘을 쓰며 피하는 자기 자신에 혐오를 느낀다고 두 번에 걸쳐서 말했었다. 이듬해 그녀는 그와 별로 만나지 못했으나 19세의 생일에 그가 찾아와준 것을 계기로 하여 결혼을 마음속으로 그려보기도 했다. 그러나 자크에게 있어서 결혼이란 그 자체가 종국(終局)을 뜻했다. 그리고 시몬느는 무슨 일에서나 종국을 인정할 수 없었다.

자자는 여전히 시몬느의 유일한 친구였다. 다만 자자의 아버지 마뷔유 씨가 갑자기 세트로엔 자동차회사의 중역으로 발탁되어 그녀의 사교생활도 바빠지면서부터 두 친구가 만나는 것은 일요일 아침에 국한되고 말았다. 그리고 보다 더 짜증스러운 것은 자자의 어머니가 시몬느와의 우정을 달갑게 여기지 않는다는 것이었다. 딸이 지나치게 지적인 처녀가 되어 결혼에 지장이라도 오지 않을까 우려해서였다. 19세가 된 시몬느는 소르본에 속하는 고등교육을 위한 교원 양성기관인 에코르 노르말〔高等師範學校〕에 들어가, 그녀의 교제범위도 넓어졌다. 소르본에서 만난 대부분의 학생들은 별로 재미가 있을 것 같지도 않았는데, 그런 가운데에서도 피에르 노디에를 사귀었다. 그는 장중한 눈동자를 한 손위의 학생으로서, 작은 체구에 여윈 얼굴, 검은 머리의 여학생과 말하는 이외에는 아무하고도 이야기를 나누지 않았다. 노디에는 잡지 〈레스프리〉를 창간한 그룹에 속하며 시몬느에게 있어서 그와의 만남은 처음 가진 좌익 지식인과의 접촉이었다. 그는, 철학이란 결코 혁명적 열망에서 분리될 수 없다고 믿었으며 또한 정신의 진실에 비하면 경제는 이의적(二義的)인 구실을 하는 것에 불과하다고 생각했다. 시몬느는 그에게 많은 것을 질문했다. 그러나 그녀의 정치에 대한 사고방식은 여전히 뚜렷하지 못한 채였다. 학생 가운데에는 사회주의자도 있었는데, 공산주의자들은 예수회 소속 교도와 비슷할 정도로 교조주의적 (敎條主義的)이 아닌가 하고 그녀는 회의했다. 학기가 끝날 무렵에 노디에는 시몬느에게 오스트레일리아에서 교사 자리를 구했다면서 그 여윈 검은 머리의 여자아이와 함께 떠나갔다.

시몬느는 처음으로 평화주의자를 만났다.——아버지의 맹목적 애국주의를 모든 프랑스인이 공유한 것은 아니라는 점을 그때까지는 생각조차 못해 실망한 것이다. 그녀는, 미국의 사코와 반제티의 조명청원(助命請願)에 참가하여 서명했으며, 또한 시몬느 뵈유와 잠시 접촉을 갖기도 했다. 후에 크리스트교 철학자가 된 이 여성은 언제나 소르본의 정원을 야릇한 차림으로 거닐었다. 뵈유는 중국에서 일어난 대기근을 몹시 우려했다. 두 시몬느가 우연히 만나서 이야기를 나누었을 때 뵈유는 모든 굶주린 인간에게 먹을 것을 주는 혁명만이 가장 중요한 일이라고 말했다. 보브와르는 이 의견에 반박하여, 문제는 사람들을 행복하게 하는 것이 아니라 존재이유를 발견하는 것이라고 했다.

"네가 굶주린 경험을 한 적이 단 한 번도 없음을 곧 알겠구나." 하고 뵈유는 잘라 말했다. 철학 시험에서는 뵈유가 톱이었고 보브와르는 2등이었다. 보다 더 중요했던 것은, 똑같이 오랫동안 받았던 카톨릭의 교육에서 스스로를 해방시키려 했던 장 프라델로와의 우정이었다. 그는 복잡성이 없는 인물로서 일하지 않고도 살아갈 만한 재산을 지녔었다. 맑고 아름다운 얼굴에 참으로 남의 이야기에 귀를 잘 기울일 줄 아는 사려깊은 성격이었다. 시몬느가 가족에 대한 혐오에 관하여 이야기하자 그는 그녀의 비타협적인 태도를 인정하려 하지 않았으며, 한편 시몬느는 그가 자신 앞에 마련된 부르주아지적 생활을 자진해서 받아들이려 한다며 비판했다. 두 사람은 친구가 되었다. 어느 날, 프라델로가 바래다주어 집으로 향하는 도중, 렌느 거리에서 시몬느의 어머니를 만났다. 시몬느는 그를 정식으로 소개했다. 시몬느는 어머니가 그에 대해 비교적 호감을 느끼는 데에 놀랐다. 사촌인 자크가 그러했듯이 프라델로도 시몬느를 약간은 두려워하는 듯한 눈치였다. 한동안 그녀는, 자기 같은 여자와 결혼할 남자가 과연 있겠느냐고 자문을 했다.

그녀는 열심히 공부를 계속하여 1928년 봄에는 언어학의 학점을 이수하려고 생각했었는데, 고대(古代)의 기록에 달라붙는다는 것이 너무나 따분할 것 같아 그만두고 말았다. 아버지는 실망했다. 딸이 두 학위를 따주었으면 싶었던 것이다. 아버지와의 관계가 별로 원만치 못했음을 생각한다면 그렇게 해주는 편이 나쁘지는 않았을 것이다. 뜻밖에도 그는 여동생인 푸페트에게는 안정된 직업에의 길을 강요하지 않고 그녀가 미술을 선택한 데 동의했다.

시몬느는 언어학을 포기한 대신 교수자격시험 준비에 곧 착수하면 어떨까 하고 생각했다. 대학이나 리세에서 가르칠 자격을 얻는 그 시험은 경쟁이 극심하다. 그렇게 하면 1년 반 사이에 소르본 대학을 마치고 집으로부터 자유로워질 수 있는 것이다. 철학부장인 레옹 브랑쉬비크에게 상의했더니 별 문제는 없을 것이라면서, 고트프리트 빌헬름 폰 라이프니츠($^{1646}_{\sim1716}$)에 관한 논문을 써보도록 권하는 것이었다. 하노버 왕조시대의 사상가이며 수학자, 그리고 외교관이기도 했던 그의 철학을 논한다는 것은 용이한 일이 아니었다. 이 21세기 사이에 그의 명성은 형이상학의 분야에서 알려져 있기는 했어도 논리학적인 업적은 출판된 바가 없었으며 20세기 초까지 아무런 평가도 받지 못한 상태였다. 브랑쉬비크 교수는 라이프니츠의 논리학의 개념에 관한 논문을 시몬느에게서 원했던 것이다.

그 해 여름 그녀의 기분은 여전히 우울했다. 부활제 휴가가 끝난 뒤에 만난 프라델로는 영성체(領聖體)의 성사(聖事)를 받았다면서 역시 하느님을 믿을 결심을 했다고 그녀에게 알렸다. 그녀는 배신당한 듯한 기분을 느꼈다. 병역에 복무하기 위해 떠나기로 되어 있던 자크는, 자신의 연애경험을 실로 로맨틱하게 열띤 어조로 들려주었기 때문에, 이때 시몬느는 처음으로 불의(不義)의 사랑이라는 것에 대하여 호감을 품었다. 어느 날 밤, 자크는 몽파르나스에 나가 그녀를 술집의 높은 의자에 앉혀놓고 드라이 마티니를 주문했다. 자크와 함께 나갔다는 것이 양친의 분노를 빚어 그녀는 아직도 부모의 감독하에 놓여 있었다. 자크는 새벽 2시에 렌느 가(街) 71번지로 그녀를 무사히 바래다주었다. 그런데 그녀가 이층으로 올라가자 눈물과 고함 소리가 기다리고 있었다. 부모는 방금 자크의 집에서 돌아온 참이었으며, 자크의 어머니를 깨워 체면이 엉망이 돼버린 딸을 돌려달라고 아우성을 치고 온 것이었다. 시몬느는, 둘이서 로톤드에 커피를 마시러 갔을 뿐이라고 설명했다. 그러나 부모의 노여움은 가라앉지 않았으며, 결국은 그녀도 함께 울고 말았다. 이튿날, 시몬느가 출발하는 자크에게 마지막 작별인사를 하기 위해 만났을 때에 그는 시몬느의 어머니가 두 사람에게 품은 의심 때문에 붉어진 시몬느의 눈을 보고는 그녀의 눈을 깊숙이 들여다보듯이 하면서 이렇게 말했다. 깊은 존경심을 품기 때문에 실례되는 행동을 할 생각은 추호도 없었다고. 그녀는 이 말에 감동했다. 그리고 라이프니츠에 관한 연구를 위하여 학교로 돌아갔다. 자크는 알제리에서 병역에 복무, 1년 반 뒤에 돌아오기로 되어 있었다.

한밤중의 술집, 몽파르나스 거리의 찬란한 불빛이며 그곳에 몰려드는 사람들의 무리는 시몬느의 흥미를 끌었다. 그녀는 푸페트를 데리고 술집을 찾아다니게 되었다. 조키 클럽의 단골이 되어 진 피이즈의 맛을 배웠으며 사내들이 말을 걸어와도 아무렇지도 않았고 낯선 남자들과 술을 마시러 가기도 했다. "무슨 일이건 거부하지 않는다."는 것이 지드나 슐리얼리스트들이 표방하는 이념이었다. 어느 날 밤, 차를 타고 뒤따라온 남자가 창 밖으로 얼굴을 내밀며 함께 드라이브를 하지 않겠느냐고 권했을 때 그녀는 가벼운 마음으로 올라탔다. 사내가 키스를 하려 하자 욕지거리하는 사내를 뒤로 하며 도망쳤다. 위기 직전에서 빠져나왔음을 그녀는 깨달았다. 그러나 정말로 '무상(無償)'의 행위를 해낸 자기 자신에 대해서는 만족했다.
새로운 친구가 된 스테파니 압디코비치는 폭넓은 경험을 지닌 폴란드인의 학생으로서, 자자의 여중생들 가정교사로서 한 여름을 보낸 뒤 지금은 소르본의 강의에 출석하고 있었으며 르실프의 양친으로부터 학자금을 받는 처지였다. 스테파——시몬느와 자자는 그렇게 불렀다——는 우아하고 여자다웠으며, 새가 지저귀는 듯한 아름다운 목소리의 소유자였다. 카톨릭 신자의 청년은 결혼할 때까지 동정을 지키는 것으로 굳게 믿어 의심치 않은 자자에 대하여 스테파니는 순진하구나, 하고 말했다. 생슐피스 거리에 있는 호텔의 선명한 빛깔로 꾸며진 방 하나가 그녀의 거처로서, 벽에는 세잔느나 르느와르, 엘 그레코의 복제화(複製畵)와, 그리고 같은 호텔에 사는 스페인 화가의 데생이 붙어 있었다. 페르난도 게라시라는 이름의 화가였는데 아직 젊건만 머리가 벗겨진 둥근 얼굴의 청년으로, 콘스탄티노플에서 태어나 베를린에서 교육을 받은 스페인계(系) 유태인이었다. 한푼 없는 빈털털이건만 그는 어떻게 해서든지 그림을 계속할 궁리를 하고 있었다. 시몬느는 스테파와 페르난도를 푸페트에게 소개했다. 푸페트는 상업미술을 전공하여 몽파르나스의 아틀리에에서 개강하는 데생 교실에 다니고 있었다. 어느 날 페르난도는 자기 방의 벽에 걸린 나부(裸婦)의 스케치를 가리키며 스테파가 모델이라고 말했다. 시몬느는 민망스러워 어찌할 바를 몰랐으며, 그게 무슨 소리냐고 가볍게 나무라자 페르난도는 당황하며 농담이라고 자기 말을 취소했다. 스테파는 시몬느에게 충격을 주지 않으려고 배려하면서도 동시에 그녀의 눈을 뜨게 해주려고 꾸준히 노력하고 있었다.

"하지만, 육체적인 사랑이란 소중한 법이란다. 특히 남자한테는 말이다." 하는 식이었다. 시몬느는 영구히 처녀성을 지킬 생각은 없었으나 그래도 첫날밤은 순백(純白)의 미사이어야 한다고 확신했다.

1929년 1월, 그녀는 장손 드 세이 고등학교에서 교육실습생으로서 아이들을 가르치기 시작했다. 동료 실습생에 모리스 메를로 퐁티, 클로드 레비, 스트로스가 있었다. 메를로 퐁티도 역시 철학 교수자격시험을 칠 준비를 하고 있었다. 레비 스트로스는 수업 중에 우스꽝스럽게 보이는 것을 전혀 두려워하지 않고 인간의 정열이 빚어내는 우행(愚行)에 관하여 전혀 무표정한 아이러니를 가미하며 해설하고 있었다. 시몬느는 감정생활에 관하여, 그런 것은 분명히 무관심한 40명의 10대 소년들 앞에서 논할 것이 못 된다고 느끼는 날도 있었으나, 때로는 지성의 번뜩임을 몇몇 아이의 눈에서 보았다고 느끼는 수도 있었다. 이사도라 덩컨의 《나의 인생》을 읽은 그녀는, 자기 자신의 존재에 관하여 백일몽(白日夢)에 잠겼다. 폭풍 같은 인생은 어림도 없을 것 같았으며 사람을 놀라게 할 것 같지도 않았다. 그녀가 원한 모든 것은 사랑을 하고 뛰어난 책을 쓴다는 것, 그리고 자신의 책을 헌정할 수 있는 아이나 친구를 갖는다는 것이었다. 부활제의 휴가가 끝난 뒤, 시몬느는 르네 마유를 만나 사르트르를 소개받았다.

장 폴 샤를르 에마르 사르트르는 1905년 6월 21일에 브로뉴 숲 가까이에 있는 16구(區)의 미냐르 가(街) 2번지에서 태어났다. 아버지 장 바티스트 사르트르가 안느 마리 슈바이처와 결혼한 것은 그 전해의 5월이었다. 결혼 전의 교제는 짧았다. 두 사람은 31세의 장 바티스트가 해군중위로서 배속되고 있던 쉘부르에서 만났는데 그때 그는 프랑스령(領) 인도차이나 출병 때 걸린 장열(腸熱)의 발작으로 시달리고 있었다. 모두가 슬픔에 감싸여 있었다. 장 폴이 태어나면서부터 아버지와 아이는 모두 쇠약해지기 시작했다. 갓난아이가 2, 3개월이 되었을 무렵 장 바티스트의 병은 더욱 악화되어 집안식구는 모두 리모주의 남쪽, 티비에 근방의 농원(農園)으로 옮겨갔다. 이곳이라면 의사인 바티스트의 아버지가 치료를 해줄 수 있었기 때문이었다. 경험이나 조언도 없이 20세의 안느 마리는 힘껏 남편을 간호했다. 그녀는 젖이 나오지 않았으며 또한 갓난아기마저 그 장염으로 죽는 것이 아닐까 하고 불안에 떨었다. 에마르 사르트르 박사는 아들과 손자를 위해 최선을 다했다. 갓난아기는 건강한 농가의 주부에게 보내어 양육토록 했는데 그 사이에도 장 바티스트의 병은 더욱 악화될 뿐이었고 아기의 장염(腸炎)도 좀처럼 낫지 않는 것이었다.

사르트르는 말수 적은 시골의사로서 도르도뉴 계곡의 환자에게 왕진을 가려면 사륜마차를 타야만 했다. 그는 의학교를 나온 페리고르 출신의 부유한 지주 딸 마리 말그리트 샤보아와 결혼, 티비에의 쓸쓸한 중앙로(中央路) 약국 건너편에 병원을 개업했다. 결혼식 이튿날, 아내의 아버지가 사실은 한푼도 없는 빈털털이임을 알았다. 격노한 그는 이후 40년 동안 아내에게 한 마디의 말도 걸지 않았다. 식탁에서는 손짓이며 몸짓으로 의사를 나타냈다. 그러나 잠자리만은 함께 했으며 그녀에게 몇 차례 임신시키기도 했다. 그녀는 아들 둘에 딸 하나를 남편에게 주었다. 장 바티스트는 그런 침묵 가운데에서 태어난 자녀들 중 장남이었다. 후에 장 바티스트의 누이동생은 기병대의 장교와 결혼했는데 이 사내는 발광하고 동생은 군대에서 일찍 제대하여 양친 슬하에서 살았는데 말더듬이가 되더니 결국 권총으로 자살하고 말았다.

1906년 9월 17일, 장 바티스트는 어찌할 바를 모르는 젊은 아내의 품에 안겨 숨졌다. 장례식을 마친 안느 마리는 사르트르 집안을 떠나, 어린 아들을 데리고——샤를르도 기분에 따라서는 칼이라고도 했다——루이즈 슈바이처에게로 돌아왔다. 90년 후, 장 폴은 어린 시절을 쓴 자전《말》에서 할머니 루이즈가, 장 바티스트는 자기의 의무를 회피했다고 불평을 되풀이하고, 한편 슈바이처 집안의 장수(長壽)의 가계(家系)를 자랑스럽게 여기던 할아버지는 32세로 죽는 녀석 따위는 들은 적도 없으며 결국은 사위에 대한 것들을 깨끗이 잊고 말았다고 썼다.

"오늘날에 와서도 나는 여전히 아버지에 관해서는 거의 아무것도 모른다는 데에 놀라고 있다.", "그래도 아무튼 그는 사랑하고 살기를 원했으며 그리고 목숨이 꺼져가는 자신의 모습을 보았다. 한 인간을 만들어내는 데에는 이것으로 충분하다. 그렇건만 가족들은 누구나 이 남자에 대해 알고 싶다는 생각을 나로 하여금 품게 하지는 않았다. 벗겨진 둥근 얼굴에 솔직한 눈을 크게 치켜뜨고 짙은 콧수염을 기른 작은 체구의 사관(土官) 사진을 나는 몇 년 동안인가 나의 침대 위에서 볼 수 있었다. 그러나 어머니가 재혼하면서부터 이 사진은 자취를 감추었다."

미망인이 된 딸이 어린 아들을 데리고 파리 서교(西敎)의 무동에 있는 친정집으로 돌아왔을 때 샤를르 슈바이처는 62세였다. 중세의 시인 한스 작스에 관한 논문으로 박사학위를 받아 직접교수법(直接敎授法)의 창시자가 된 독일어 교사인 그는 딸이 돌아오기 전에 이미 퇴직원(退職願)을 제출하고 있었다. 그러나 그녀를 부양하고 손자를 키우기 위해 그는 67세의 정년으로 물러나기까지 교사직을 계속하기로 했다. 그 뒤 파리로 옮겨 '현대어학원'을 설립했다. 12세가 되기까지 플루——어머니는 아들을 이렇게 불렀다——는 소르본에 가까운 카르치에 라탕의 작은 거리인 르 고프 1번지의 넓직한 아파트에서 '한 노인과 두 여성에 둘러싸여' 살았다.

아내와 딸에게는 전제군주로서 군림하고 성인이 된 아들들은 언제나 잔소리로 괴롭힌 슈바이처는 손자에 대해서만은 철저하게 관대했다.

'세대 사이의 다툼에서 어린이와 노인은 서로를 감싼다.'는 말이 있듯이 사르트르는 할아버지의 자애를 독차지하여 찬탄과 명상, 질시의 대상이 되었으며, 나이보다 어른스런 이야기를 하도록 교육받은 어린 시절에 관해 쓰고 있다. "나는 할머니에게서보다 더 심각한 불안을 느꼈다. 할머니가 나에 대해 충분히 찬탄하지 않음을 시인한다는 것은 괴로웠다. 사실 할머니는 내 속을 훤히 들여다보고 있었다. 그녀는 감히 남편을 나무라지는 않았지만 내가 연기 같은 것을 하면 노골적으로 나무랐다. 나에 대해 어릿광대, 새침데기라는 것이었다. 할머니는 내가 일부러 짓는 웃음이나 킬킬거리는 것을 못 하도록 명했다. 나는 그녀가 할아버지에 대해서도 얕보는 것이 아닐까 의심스러워 더욱 화가 났다. 말대꾸하는 나에게 그녀는 사과하도록 요구했다. 나는 할아버지가 역성을 들어줄 거라는 확신이 있었기 때문에 사과하지 않는다. 할아버지는 바로 이때다 싶어 자기의 약점을 드러낼 이 기회에 달라붙는다. 아내에 반대하여 내 편을 드는 것이다. 할머니는 격노하여 일어서서 자기 방에 들어앉아 아예 나오지 않는다. 할머니에게서 원망을 듣는 것이 두려운 어머니는 소리를 죽이며 그것도 소극적으로 할아버지가 잘못했다고 중얼거리는데, 이번에는 할아버지가 어깨를 움츠려 보이며 서재로 들어가버린다. 마지막에 어머니는 나에게 '제발 부탁이니 할머니한테 잘못했다는 말을 해다오' 하고 애원하고 만다. 나는 자신의 위력을 즐기고 있었다."

플루는 4세 때 글자를 읽을 수 있었다. 갖가지 모험은 생 미셸 거리의 건너편에 있는 뤽산부르 공원에서가 아니라 책 속에 있었다. 할아버지의 책장 맨 윗단에 손이 미치려면 위태롭게 의자에 기어올라야 했으며 손에 잡히는 대로 책——신년에 즈음하여, 학생들로부터 할아버지에게 선물한 미술서, 프랑스나 독일의 고전적 명저, 그리고 유난히 두터운 라르스 백과대사전 등——을 집어들었다.

"빼어낸 대사전의 한 권을 간신히 할아버지의 책상 위에 놓고는 페이지를 펼쳤다"고 그는 회상하고 있다. "인간이나 동물이 그 자체로서 거기 있었다. 도판(圖版)은 그들의 육체이며 설명문은 그들의 영혼, 그들 제각기의 특질이었다. 책 밖의 세계에서는, 원형(原型)에 접근을 해도 완벽함에 도달할 수는 없는 근사물(近似物)밖에는 만나지 못할 것이다. 브로뉴 숲에 있는 동물원에서 보는 원숭이는 원숭이답지 않았으며 뤽산브루 공원의 인간들도 인간답지 않았다. 플라톤주의에 심취되어 있던 나는 지식에서 출발하여 그 대상물의 실재를 발견하기 위해 추구해갔다. 나는 사물에서보다도 관념 속에서 보다 많은 실재를 발견하고 있었다. 왜냐하면 우선 최초로 관념이 주어지고, 이어 물체로 주어졌기 때문이다. 내가 세계를 만난 것은 책에서였다. 거기서 세계는 관념과 동화되고 분류되며 상표가 붙여지고 사념(思念)되었는데 그래도 여전히 두려움을 잃지 않았다. 나는 책에서 얻는 경험의 무질서와 현실의 사건이 우연히 맞부딪치는 그 추이를 혼동하고 말았다. 푸는 데에 30년이나 걸린 그 관념주의는 거기서부터 유래된다."

그는 탐욕스럽게 읽었다. 할아버지의 독일인 학생에게 프랑스 문장 독역(獨譯)의 가장 좋은 교재를 제공했던 귀이 드 모파상의 단편집이며 코르네이유, 볼테르, 위고, 일곱 살이 되기 전에 읽어 오래도록 잊지 못한 채 기억에 남은 《보봐리 부인》 등. 그는 《보봐리 부인》의 마지막 몇 페이지를 스무 번이나 읽었으나, 홀아비가 된 샤를르 보봐리가 수염을 자랄 대로 방치해두는 이유가 편지다발을 발견했기 때문인지에 대해서는 끝내 알지 못하고 말았다. 플루를 어린 시절로 되돌리려고 안느 마리는 그림이 든 잡지며 줄 베르느의 모험소설 등을 사주었다. 그는 《모히칸 족의 최후》, 피네아스 포그의 턱수염, 살인과 약탈의 세계, 힌두교도며 호텐토트 인(人) 등의 그림, 즉 마지막에는 결국 착한 사람이 이기게 마련인 영웅담 등을 열심히 읽었다. 이와 같은 부질없는 읽을거리를 발견한 샤를르는 아내와 딸에게 울화통을 터뜨렸다. 야단맞은 두 사람은, 플루 자신이 이런 것을 좋아했다고 거짓말로 얼버무렸다. 여름휴가는 언제나 오베르 뉘 지방에서 살았으며 여러 마을을 걸어다니며 건축의 아름다움에 심취했다. 샤를르는 종교건축의 감상을 즐겼으며 카톨릭교도를 몹시 싫어했음에도 불구하고 고딕 양식의 교회를 보면 반드시 안으로 들어가는 것이었다. 로마네스크 양식의 건축물에 들어가는 것은 그때 그때의 기분에 따랐다.

학교는 짜증스러운 경험이었다. 샤를르는 손자를 몽테뉴 고등중학교에 보내겠다고 결정하고 있었다. 그가 교장에게 설명한 바에 의하면, 이 아이의 곤란한 점은 나이에 비해 너무 조숙하다는 것뿐이었다. 교장은 슈바이처 교수의 추천을 받아들였다. 그런데, 플루가 받아쓰기 시험에서 실패하자 샤를르는 플루에게 철자법을 교육시키기 위해 가정교사에게서 배우도록 했으며 이어 그를 공립학교에 입학시켰다. 이곳에는 이듬해 가을까지 있었는데, 이번에는 어머니가 사립학교에 보낼 결심을 하게 되었다. 푸퐁 사립학교는 '진보한' 교육법을 실천하고 있었다. 교사가 반원형(半圓型)으로 나란히 앉은 아이들에게 수업하는 것을 어머니들이 벽에 등을 기대어 앉아서 지켜보는 것이었다. 반 년 뒤에 플루는 푸퐁 사립학교의 한 선생에게서 개인교습을 받게 되었는데 할아버지가 그녀를 해고하고 말았다.

그녀가 이 생도에게 자기는 무섭고 고독하며 어떤 남자라도 좋으니 남자에게 인기를 끌 수만 있다면 모든 것을 주어도 좋다는 이야기를 한 것이 원인이었다.

5세부터 7세 사이에 플루는 강력한 죽음의 공포에 사로잡혔다. 낫을 든 해골의 모습을 한 죽음이 밤마다 나타나 잠에서 깨기 전까지 사라지지 않는 것이다. 언젠가는 볼테르 강변에서 검정 옷을 걸친 미친 노파가 "저 아이를 주머니에 넣어버리겠다."고 중얼거린 적도 있다. 그러나 친할머니가 죽어 어머니와 함께 티뷔에로 불려왔을 때 영구차 뒤를 따라 묘지까지 갔었는데도 그는 아무런 것도 느끼지 못했다. 안느 마리는 아버지로부터 플루를 계집아이로 만들 작정이냐는 야단을 맞으면서도 단호하게 그의 앞머리를 자르려 하지 않았다.

"그녀는 진정으로 내가 여자아이이기를 원했던 것이리라."고 사르트르는 쓰고 있다. "그렇게 되어주면 그녀는 되찾은 자기 자신의 슬픈 어린 시절에 산더미 같은 은혜를 베풀었으리라. 그러나 '하느님'은 그녀의 기도를 들어주지 않았기 때문에 그녀는 희한한 생각을 해냈다. 즉, 내가 천사의 성(性)을 지니는 것이다. 남자도 여자도 아니긴 하나 그래도 여자의 성이 약간은 강한 듯한 그런 성을. 다정한 사람이었던 그녀는 나에게도 다정스러움을 가르쳐주었다. 나의 고독이 마지막 마무리를 하여 난폭한 놀이에서 나를 멀리하게 되었다."

플루의 나이 7세가 되던 어느 날 샤를르는 더 이상 참지를 못하여 외손자를 산책에 데리고 간다는 구실로 이발소에 끌고 갔다. 둘이 돌아오자 안느 마리는 비명을 지르고는 자기 방에 들어가서 울었다. 플루는 지금까지 앞머리카락이 귀 언저리까지 탐스럽게 드리워져 보기 흉한 모습을 감추는 일이 가능했었다. 사시가 이미 오른쪽 눈의 시력마저 잃게 하고 있었다. 다섯 살 때부터 그는 안경을 썼으며, 설사 얼굴 생김새가 보통이었다 해도 가족이나 친구들이 그를 조심스러운, 혹은 난처한 얼굴로 바라본다는 것을 그는 이미 눈치채고 있었다. 그러나 자신이 프린스 챠밍이 아니라 두꺼비임을 확실히 안 것은 그가 12세 때였다.

바로 그 해 그는 글을 쓰기 시작했다. 여름을 대서양 기슭인 아르카손에서 보내기 위해 샤를르의 강의가 채 끝나기도 전에 외할머니 루이즈, 안느 마리, 플루의 세 사람은 먼저 파리를 떠나고 외할아버지는 1주에 세 번 편지를 보냈다. 아내에게는 2페이지, 딸에게는 추신, 외손자에게는 한 통의 운문으로 된 편지였다.

"이 행복을 마음껏 누리게 하려고 어머니는 직접 운율법(韻律法)의 문법을 배워 나에게 가르쳐주었다. 내가 운문으로 서투른 답장을 쓰고 있음을 보면 누구나가 그것을 완성하라고 나를 격려했으며, 또한 도와주었다. 이 편지를 우편함에 넣을 때 두 여자는 수취인의 아연하게 놀라는 모습을 상상하며 눈물이 나도록 웃어대는 것이었다. 그 회답으로 나를 찬양하는 시를 받았기 때문에 나도 시로 답장을 보내주었고 이것이 새로운 습관이 되어 외할아버지와 외손자는 새로운 유대를 맺게 되었다. 두 사람은 인디안이나 몽마르트르의 야바위꾼처럼 여인금제(女人禁制)의 말로 이야기를 나누었다." 다음으로 그는 병으로 몸져 누운 여자아이를 위하여 많은 마드리갈[戀歌]을 썼으며 라 폰테느의 《우화(寓話)》도 12음절의 운문으로 고쳐 썼고, 이어서 산문으로 전환하여 자신을 주인공으로 한 만화를 산문화(散文化)했다. 최초에 완성한 작품은 《나비를 찾아서》라는 제목으로, 아마존강으로 나비를 찾아나서는 탐험대의 이야기이다. 줄거리, 등장인물, 거기에 타이틀까지도 낡은 잡지에서 표절한 것이었다.

"어머니는 아낌없이 나를 격려하여 책상에 앉아 있는 어린 창작가의 모습을 보이려고 손님을 식당으로 불러들였다. 나는 너무나 작업에 열중한 나머지 찬미자의 존재를 미처 눈치채지 못한 시늉을 해야만 했다. 손님들은 내가 무척이나 귀엽고 매력적이라고 저마다 속삭이며 발소리마저 죽이면서 슬며시 되돌아서는 것이었다. 에밀 아저씨는 타이프라이터를 주었는데 나는 그것을 사용하지 않았다. 피칼 부인은 나의 세계관광 여행자들이 실수없이 여정(旅程)을 짤 수 있도록 지구본을 사주었다. 안느 마리는 나의 제2작품인 《바나나 상인》을 매끈매끈한 고급종이에 베껴 모두에게 돌려가며 보였다. 외할머니까지도 나를 격려하여 '이 아이는 아주 영리하다우. 떠들거나 그러지 않거든요.' 하는 것이었다. 다행하게도 외할아버지의 불만 덕분으로 떠받들어 모시는 것은 중단되었다."

샤를르는 플루의 '불건전한 독서'를 결코 인정하지 않았다. 그는 철자법이 틀리는 것을 참지 못했으며,《바나나 상인》의 페이지를 훌쩍훌쩍 넘긴 뒤 식당에서 나가버렸다. 한동안 플루의 문학활동은 약간이나마 지하에 잠적한 형태가 되어버렸다. 그가 쓰는 줄거리는 복잡한 것으로 바뀌었으며 독서로써 얻은 지식도 옥석(玉石)을 뒤섞어서 자기 작품에 쏟아넣었다.

"작품에 나오는 주인공인 나는 압제(壓制)와 싸우고 조물주인 나는 스스로 폭군이 되었으며 모든 권력의 유혹을 알게 되었다. 나는 비록 실제적인 해는 끼치지 않았으나 심술궂게 되었다. 내가 데이지의 눈알을 후벼낼 때 누가 감히 방해하겠는가. 죽을 지경으로 무서웠으나 나는 '아무도 방해하지 않는다.'고 자신에게 대답했다. 파리의 날개를 쥐어뜯듯이 나는 그녀의 눈알을 후벼냈다. '데이지는 손으로 눈을 가렸다. 그녀는 장님이 되어 있었다.' 두근거리는 가슴을 달래며 여기까지 썼다. 나는 펜을 허공에 둔 채 망연자실하여 앉아 있었다. 흐뭇하게 관련지어왔던 조그만 사건을 절대의 영역으로 끌어들이고 만 것이었다. 선천적으로 사디스틱했던 것은 아니었기 때문에 나의 배덕적(背德的)인 기쁨은 순식간에 공포로 바뀌었다. 나는 판독(判讀)할 수 없게 될 때까지 글자를 지워버렸다. 이리하여 소녀는 시력을 회복했다라기보다 원래부터 그녀는 시력을 잃지 않았던 것이다. 그러나 이 변덕스러움에 대한 기억은 오래도록 나를 괴롭혔다."

현대어학원은 성공했다. 학생은 외국인이 주류를 이루었는데 대부분이 독일인으로 직접 교수법에 의해 프랑스어를 배우고 있었다. 그들의 지불도 좋았다. 뿐만 아니라 슈바이처가 쓴 《독일어 교과서》는 해마다 판(版)을 거듭했다. 샤를르는 식당의 테이블 위에 교정쇄(校正刷)를 펼쳐놓고는 오식(誤植)을 발견할 때마다 투덜대며 욕을 했다. 1914년의 여름, 전쟁의 위협이 소리내며 가까이에 다가오면서부터 그는 어쩔 수 없이 애국적 열정을 식혀야만 했다. 독일과의 전쟁은 마땅히 알자스를 프랑스로 하여금 되찾게 하겠지만 또한 독일인 학생도 나오지 못하게 됨으로써 지금으로는 70세의 한 집안 부양책임자의 수입 또한 상당히 줄어들게 할 것이다. 8월의 전쟁 발발은 알카손에 있던 슈바이처의 온 식구들을 놀라게 했으며, 샤를르는 잠시 동안 그대로 체재하기로 작정했다. 플루는 새 노트에 새로운 작품인 병사 페랑의 이야기를 쓰기 시작했다. 페랑은 독일황제를 사로잡아 프랑스군의 진지로 데리고 왔다. 그리고는 모든 병사 앞에서 1대 1의 결투를 청하여, 땅바닥에 황제를 쓰러뜨리자 목에 단검을 들이대면서 알자스 로렌 지방을 프랑스에 반환한다는 평화협정에 서명할 것을 강요했다. 1주일 후에 플루는 이 이야기에 이미 싫증을 내고 말았다. 집안식구가 모두 파리로 돌아오자 그 역시 곧 전장에까지 싫증을 내고 말았다.

전쟁이 일어난 첫해는 9세의 장 폴에게 있어서 가장 행복한 해였다. 젊은 어머니는 완전히 그만의 것이었다. 둘은 좀처럼 떨어지는 일이 없었으며, 둘만의 신화(神話), 우스꽝스러운 말장난, 습관이 되어 있는 농담을 주고 받았다. 사람들 가운데에서는 공모자가 되었으며 그러면서도 둘은 낯을 가리는 성품에 겁쟁이이기도 했다. 어떤 사건이 그 뒤의 사르트르에게 오랜 기억으로서 남아 있다.

"어느 날 강변의 헌책방에서 내가 아직 갖지 못했던《버펄로 빌》12권을 발견했다. 어머니가 그 값을 치르려고 할 때 뚱뚱하고 안색이 나쁜 사내가 다가왔다. 창백한 얼굴에 무연탄 같은 눈을 하고 콧수염은 납으로 굴려놓은 듯했으며 맥고모자를 쓴 풍모는 당시의 멋쟁이 사내들이 특히 즐기던 차림이었다. 사내는 물끄러미 어머니를 지켜보더니 말은 나에게 걸었다. '너는 응석받이로구나, 아가야. 너는 너무 귀여움을 받고 있어.' 처음 나는 그저 불쾌할 뿐이었다. 갑자기 이처럼 친한 듯이 말을 걸어오는 자는 아무도 없었기 때문이다. 그러나 나는 불쑥 그의 미치광이 같은 시선을 보았다. 안느 마리와 나는 이미 겁에 질려 뒷걸음질치는 소녀에 지나지 않았다. 어리둥절해진 사내는 뒤돌아 사라져갔다. 나는 수천 명이나 되는 사람의 얼굴을 잊고 말았지만 그 천해 보이는 품성 나쁜 사내는 지금도 기억하고 있다. 나는 육체의 전부를 알지 못했으며, 그 사내가 우리에게 무엇을 원했는지 생각조차 해보지 않았다. 그러나 육체적 욕망이 너무나 노골적이었기 때문에 어떤 의미에서 모두가 나에게는 너무나 뚜렷했을 정도였다. 이 욕망을 나는 안느 마리를 통해서 느꼈다. 그녀를 통해서 수컷을 냄새 맡았으며 두려워하고 싫어하는 것을 배웠다. 이 사건은 우리의 유대를 더욱 굳게 했다. 나는 어머니와 손을 잡고 험악한 표정을 지으며 총총걸음으로 걸었다. 그렇게 함으로써 어머니를 지킨다는 확신을 가질 수 있었던 것이다. 이것은 그 당시의 추억뿐일까. 아니, 오늘날에도 여전히 나는 아직 어린 티가 남아 있는 어머니에게 엄숙하고 다정스레 말을 거는 진지한 아이들을 보면 기쁘다. 나는 남자들과는 훨씬 떨어진 곳에 위치하여 그들과 대립함으로써 싹트는 그 어머니와 아들의 감미로운 폐쇄적 애정이 좋은 것이다. 이와 같은 천진난만한 커플을 물끄러미 바라보는 사이에 문득 자신이 남자임을 깨달으며 나는 얼굴을 돌리고 만다."

플루의 교육문제를 피해서 지나친다는 것은 더욱더 어려워졌다. 그는 아직도 어딘가의 학교에서 반 년 이상을 보내야만 했다. 외할아버지 샤를르는 한을 품고 르 고프 가(街)에서 걸어서 5분 거리인 앙리4세 고등중학에 외손자를 입학시키기로 했다. 입학시험 뒤 10세인 사르트르는 6학년에 편입되었다. 개인적인 학습으로부터 전원이 동시에 공부하는 교실수업에의 변화는 낯선 것이었으나 그의 우월감을 급속하게 고쳐주는 것이기도 했다. 교사의 질문에 대하여 그보다 빨리 대답할 수 있는 자가 언제나 누군가 있게 마련이었다. 그가 엉터리 숙제를 제출하여 샤를르가 이마를 찌푸리기 시작하면 안느 마리는 당황하여 플루의 담임교사에게 면회를 청했고 그는 샤를르 모자를 독신 아파트로 맞는 것이었다. 그녀는 아들의 사물에 대한 이해는 성적표에 나타난 것보다 훨씬 깊다는 것을 키가 크고 여위었으며 약간 매부리코인 교사에게 역설했다. 글자를 혼자서 익혔다는 것이며 소설을 쓰고 있다는 것 등……. 이야깃거리가 없어지면 아들이 열한 달만에 태어났다는 것마저 털어놓고는, 자궁 속에 필요 이상으로 더 머물러 있었기 때문에 다른 아이보다 성숙하지 않겠느냐는 그런 투였다. 플루의 장점보다는 그녀의 매력에 이끌린 교사는 개인수업에 대한 요구는 거절했으나 그를 '특별배려' 하겠다고 약속했다. 교실에서 플루는 선생이 자기에게 말을 걸고 있다고 상상하며 나머지는 두세 마디의 다정한 말을 걸어주는 것만으로 충분했다. 샤를르는 학기말의 성적을 보고는 투덜대긴 했으나 그래도 외손자를 학교에서 중퇴시킬 생각은 없었다. 1915~16학년도를 그는 좋은 성적으로 마무리지었으며 이듬해에는 특별배려를 받지 않아도 되었다.

11세 때 그는 처음으로 친구를 사귀었다. 학교의 공부가 바빠졌으며 쓰는 시간이 없어지고 흥미도 잃었다. 학교친구들은 그와 마찬가지로 응석받이로서 난폭하고 시끄러우면서도 어머니의 눈이 미치지 않은 곳에서는 빠져나갈 엄두조차 내지 못했다. 1916년의 파리에 남은 사내라면 어린이와 노인밖에는 없었다. 학교의 난방시설도 멎어버렸으며 커리큘럼도 임시방편으로 작성된 것이었다. 막스 베르코는 결핵을 앓는 허약한 아이로 이미 부친을 전쟁에서 잃고 있었다. 전사자가 없는 가족은 거의 없다고 할 수 있을 정도였다. 전선에 나아가지 못한 남자는 경멸의 대상이었고 그들은 자기의 아들들 눈에 띄지 않게 숨죽이며 살았다. 폴 이브 니잔은 그 해에 편입해온 신입생으로서 곧 사르트르와 친해졌다. 사시의 눈에 쇠붙이 안경을 걸친 니잔은 친구 가운데에서 오직 하나, 양친에 대해 짓궂게 말하는 아이였다. 화가 나면 말을 더듬는 것이 그의 버릇이었고. 많은 책을 읽고 작가가 되는 것이 그의 희망이었다.

1917년 4월, 플루의 생활은 붕괴했다.——어머니인 안느 마리가 재혼을 한 것이다.

새 아버지는 조셉 만시라고 하는 기술자로서 선박이며 자동차를 제조하는 드로네 벨빌 회사의 공장장이었다. 안느 마리는 35세가 되기 직전이었으며 만시는 40대의 전반이었다. 이 결혼은 이제 73세가 된 슈바이처의 어깨에서 상당한 무거운 짐을 덜어주었으며 또한 오랜 친정살이에서 벗어나려는 안느 마리의 소망을 겨우 이루어주는 것이었다. 자전(自傳)에 의하면 사르트르는 만시에 관한 언급이 전혀 없으나, 훗날 어머니의 재혼으로 배신당한 느낌을 품었었다고 말하고 있다.

"어머니의 재혼은 사랑 때문이 아닌 것만은 틀림없다."고 후년에 그는 필자에게 말한 바 있었다.

"새 아버지는 키가 큰 사람으로, 검은 콧수염에 주름살이 깊이 새겨진 얼굴, 큼직한 코와 아름다운 눈을 지녔었다. 어머니의 재혼은 내가 그때까지 지녔던 그녀와의 내면적인 유대마저 단절시켰다. 어머니에게는 단 한 번도 말하지는 않았으나 어머니가 나를 배신했다고 느꼈었다."

플루는 학년말까지 외조부모 곁에 남았으며 어머니와 새로운 아버지는 아파트로 옮김으로써 그 내면적인 단절은 결정적인 것이 되었다. 전쟁준비는 전력을 다하여 진행 중이었으며, 1917년의 여름에 만시는 드로네 벨빌회사의 군함조선부문 책임자로 임명되어 대서양 기슭의 해군기지인 라 로셸에 전근되었다. 아내와 새 아들이 된 사르트르도 그를 따라가기로 되었다.

그 뒤의 몇 년 동안은 사르트르의 인생에서 가장 불행한 시기가 되었다. 사춘기의 어려움을 가슴에 안은 이 시기에 입은 어머니와의 단절, 나아가서는 의붓아버지와의 심리적 갈등이 겹쳐 비행(非行)으로 치닫기 직전까지 갔었다. 학교에서는 성적이 중간으로까지 떨어졌으며 친구와 깊이 사귀지도 못했고 싸움질마저 하게 되었다. 자기의 못생긴 얼굴을 의식하게 되었으며, 또한 학교 친구들에게 자신의 인상을 돋보이게 하려고 상습적으로 어머니의 지갑에서 돈을 훔쳤다. 그의 손버릇은 외할아버지가 라 로셸에 찾아오기 조금 전에 발각되었다. 외손자에게 도둑질은 자신을 사회에서 매장시키는 길임을 깨닫게 하기 위해서 샤를르는 10수우 동전을 마룻바닥에 떨어뜨렸다.

"가정교육을 받은 아이로서 나는 머리 숙여 그 동전을 찾으려 했다. 그런데 외할아버지의 준엄한 태도가 나로 하여금 그것을 못 하게 했다."고 60년 이상이나 지난 뒤에 사르트르는 회상하고 있다.

"외할아버지는 무릎을 꿇으며 바닥에 허리 굽혀 동전을 찾아냈다. 나는 이제 돈을 손으로 만진다는 것조차 허락되지 않았다. 나는 완벽하게 소외된 것이었다." 플루는 카톨릭교를 원수처럼 여기는 샤를르 슈바이처의 자유사상, 실천이 따르지 않는 외할머니의 카톨릭 신앙 가운데서도 간신히 지녀온 약간의 신앙심을 11세 때 잃고 말았다. 의붓아버지 조셉 만시는, 자기의 역할을 사르트르가 가진 적이 없는 아버지가 된다는 것이 아니라 자애도 거리를 둔 권위로써 임해야 한다고 생각했다. 밤이면 그는 이 아들에게 기하학을 가르쳤으며 과학교사가 되도록 권했다. 사르트르가 철학으로 박사학위를 받겠다고 작정한 이유는, 철학이 영원한 진리를 밝히는 학문이라고 생각했기 때문이 아니라 의붓아버지를 부인하기 때문이기도 했다.

어른이 된 사르트르는, 어머니의 결혼 상대인 이 남자에게서도 약간의 장점을 발견할 만큼의 객관적인 여유를 갖게 되었다.

"그는 그 나름으로 괜찮았다. 결국 나는 내가 되고 싶었던 것이 되었기 때문이다. 나는 그가 하는 말, 그가 믿는 것은 무엇이건 언제나 반항했다. 나는 우리의 사이에 상당한 애매함이 있음을 깨달았다. 나는 의붓아버지에 대하여 자식으로서의 느낌을 가진 적이 없었다. 표면적으로 둘의 관계는 정상이었으며, 나는 어느 정도 우위에 선 그의 권리를 인정도 했겠지만 사실은 우리 둘 사이에는 근본적인 적의(適意)가 있었다."

폴 니잔이 1931년의 식민지주의를 고발한 책인 《아덴 아라비아》가 그가 죽은 뒤에 재판되었을 때 그 책 서문에서 사르트르는 자신이 '어떤 기술자의 억압 아래에서' 10년을 보냈다고 썼었다. 그런데 1973년의 라디오 인터뷰에서는, 계급투쟁에 관한 생각을 처음으로 알게 된 것은 라 로셸의 드로네벨빌의 조선소(造船所)에서였다고 말하고 있다.

1918~19학년도에 그는 다시 공부에 열중하기 시작했으며, 작문과 라틴어 및 독일어 성적은 반에서 수석이었다. 좋은 성적을 올리게 된 데에는 1년만 더 라 로셸의 남자 고등중학교에 다니면 앙리4세 고등중학교로 돌아가도 된다고 어머니와 의붓아버지가 약속해준 까닭도 크게 작용했다. 1920년 7월, 라틴어로는 1등, 국어로는 2등의 우수한 성적으로 학년을 마친 그는 대학입학자격 시험을 치르기까지의 2년 동안 앙리4세 학교에서 폴 니잔과의 우정을 쌓았고 외조부모가 있는 마음 편한 하숙생활로 돌아갈 수 있었다. 15세가 되었을 때 그는 갑자기 외할머니의 환심을 독차지하게 되었다. 비가 내리는 오후면 그녀를 위해 피아노를 연주했으며 또한 자신의 즐거움을 위해서는 도스토예프스키나 톨스토이의 작품을 읽기 시작했다. 문학에의 취향이 그보다 훨씬 앞서고 있던 니잔은, 장 지로드의 재기에 넘치는 사춘기 소설, 앙드레 지드의 이교적(異敎的) 가치, 봐렐리 라르보나 폴 모랑의 작품이 지니는 이국적인 심미성(審美性), 세련된 창의(創意)가 그의 눈을 뜨게 해주었다. 몽마르트르의 시인 프란시스 카르코는 사르트르가 독자적으로 찾아낸 사람이었다. 카르코는 《메추리의 예수》, 《피갈 거리》 같은 훗날에 곧잘 영화화된 소설로서, 아이러니와 공감이 뒤섞여 있는

몽마르트르 언덕의 범죄자들이나 포주(抱主), 창녀들의 생활을 그렸다. 앙리 4세 학교에서의 마지막 학년시절에는 재즈에 열중하고 졸업파티에서는 급우들로부터 골목대장으로 추대되기도 했다. 1921년 6월에는 대학입학 자격시험의 전반을, 이듬해에는 후반을 합격했으며 학부과정을 모두 마친 것은 17세의 생일을 맞기 1주일 전이었다. 샤를르는 상으로 파펜호헨에 있는 슈바이처 가문 대대로 이어내린 가족묘지의 방문이 포함된 여행에 그를 데리고 갔다.

그 여름에 사르트르는 다시 글을 쓰기 시작하여, 1편의 단편과 소설의 첫머리 부분을 마무리지었다. 양쪽 모두 〈제명없는 잡지〉에 발표되었다. 이 문예잡지는 4호밖에 발간되지 않았으나 지로드, 니잔, 그리고 니잔의 급우이며 후기 유네스코 사무총장이 된 르네 마위의 문장, 또한 후년의 수상 피엘 만데스 프랑스의 편집장에게 보낸 서간 등이 실렸다. 《병든 천사》는 프랑스·알프스를 무대로 전개되는 알자스 출신의 교사와 요양소에서 치료 중인 결핵환자의 이야기로서, 교사가 간신히 용기를 내어 요양소 뒤의 숲에서 상대방에게 사랑을 고백하나 그녀는 기침의 발작으로 죽기 직전 이라는 줄거리였다. 《부엉이 예수》는 카르코의 유명한 소설 제목을 모방 하고는 있으나 지방색을 발자크식으로 묘사해보려고 시도한 것이었다. 빈약한 수입을 보충하기 위해 학생을 하숙시키는 겁많은 대학교수와 오 만스런 아내, 그리고 혼기를 놓친 아가씨를 그린 이 이야기는 라 로셀의 고등중학 시절의 사르트르의 교사이며 악동들의 놀림감이 되어 만족스런 수업을 하지 못하고 결국은 자살해버린 남자를 소재로 한 것이었다. 〈제 명없는 잡지〉에 발표된 부분은, 이 교사의 집에 하숙하기로 된 학생이 도착하기까지를 1인칭의 형식으로 묘사하고 있다. 《병든 천사》와 《부엉이 예수》의 첫머리 부분이 사르트르의 청춘시대에 쓴 작품 가운데에서 오늘 날까지 남아 있는 것이 된다. 《부엉이 예수》의 나머지 부분은 그가 10세 때부터 써두었던 수많은 수의 노트와 함께 분실되고 말았다.

의붓아버지 만시는 다시금 파리로 전근되어 몽마르트르의 살기 편한 아파트로 옮겨왔다. 사르트르는 여기서 어머니 및 의붓아버지와 함께 살면서 고등사범학교의 입학시험을 치르기까지 루이 르 글랑 고등중학교에서 준비기간을 보냈다.

1923년 10월에 징집되었으나, 학업이 끝날 때까지 관례에 의한 연기 조치를 받았으며 또한 반 년 동안에 걸쳐서 니잔과 격렬하게 충돌했다. 이듬해 6월에 시험에 합격했으며——니잔, 마위, 그리고 새로이 친구가 된 레이몬 알론도 함께였다.

소르본의 고등사범학교에서 보낸 4년 동안은 참으로 충실하고 유쾌한 세월이었다.

"첫날부터 고등사범학교는 우리의 자립(自立)의 시작이었다."고 그는 1975년에 저자에게 말해주었다. "나는 시대의 젊은이에 속했다——사회주의 지향(志向)으로 공산주의로 기울어지는 자는 드물었다.——그러면서도 정치적으로 조직화된 것도 아니었다. 우리는 혁명가라기보다는 아나키스트〔무정부주의자〕였는데, 그것도 개인적인 면에서 그러했다. 사회의 전반적인 일은 우리의 흥미를 끌지 못했다. 중요했던 것은 자신의 존재를 어떻게 할 것이냐는 문제였다." 루이 르 글랑의 한 교사는 사르트르를 평하여 "그는 스스로의 자신과잉에는 상처입기 쉬웠으나 두뇌가 명석하여 장래의 성공이 보장되어 있었다."고 말했다. 이 기골있는 재능은 고등사범학교에 들어간 뒤에도 변하지 않았다. 그는 대부분의 학과성적에서 우수했으며 철학 교사에게 특히 촉망이 두터웠다. 그러나 그러면서도 우등생처럼 사색에 잠기는 듯한 티는 추호도 내지 않았다.

"그는 그 유머로 모두를 매료시켰다."고 동급생인 조르주 칸기렘은 당시를 회고하며 말한다. "그는 재치있는 농담을 즐겼으며 대소동을 빚어내는데 반대란 어림도 없었다."는 것이다. 니잔, 칸기렘, 피에르 귀유, 그 밖의 동급생들과 함께 그는 독자적인 지적(知的) 테러를 행사하는 내면적 자기 단련소를 만들었다.

앙리 베르그송의 《의식의 직접여건에 관한 시론(詩論)》을 읽었을 때 철학은 그에게 있어서 하나의 계시가 되었다. 철학교수는 그에게 《의식의 지속》에 관한 논문을 과제로 주었다. 고등사범학교의 선배이며 1920년대의 프랑스의 대표적 철학자였던 베르그송에게 있어서 지속(持續)이야말로 삶의 본질이었다. 본능적 생명력과 창조적 진화에 관한 그의 반합리주의적이고 매우 난해한 개념은 그의 기억의 해석과 결부되고 있었다. 기억은 지속 가운데에 존재한다고 그는 주장했다. 기억한 일들은 기억 속에서 존속하며 현재의 일들에 침투하여 과거와 현재를 의식 속에서 혼합시키는 것이다. 행위란 존재를 구성하는 것이라고 베르그송은 믿었다.

"베르그송의 책을 읽은 나는 존경심을 억제할 수 없어 자신에게 이처럼 말했다. '철학이란 훌륭한 것이다. 진실이 하늘에서 굴러내려온다. 요는 하늘에서 보다 더 많은 진실을 내려오게 하는 것이다.'라고." 후에 사르트르는 이처럼 말하기도 했다. "데카르트처럼 나 역시 '나는 생각한다. 그러므로 나는 존재한다.'고 믿었다. 클래스에서 나는 '테이블이란 무엇이냐'에 대해 토론하려 했다. 물질로서의 테이블이 아니라 테이블의 철학적 개념에 관해서 말이다."

철학교수는 그의 최초의 논문에 특별상을 주었다. 인정을 받자 훗날의 《구토(嘔吐)》에서 볼 수 있듯이 알파벳순으로 아르〔藝術〕, 보우테〔美〕 등으로 자신의 생각을 씹으며 또한 마찬가지로 알파벳순으로 조셉 콘랏드, 쥴 라포르그, 휴고 폴 호프만시타르, 니체, 쇼펜하워 같은 식으로 읽기 시작했다. 이듬해에는 이 독서 리스트에 칼 마르크스, 지그문트 프로이트, 스탕달 등이 추가되었다. 그는 마르크스를 이해하는데 힘겨웠으며 프로이트는 마음에 들지 않았다. 무의식을 두고, 한쪽에서는 하나의 기계론적 결정요인이라 하고 다른 한쪽에서는 신비적 합목적성(合目的性)을 지니게 한다는 그 양의성(兩義性) 때문이었다. 합리주의와 로망주의적 열정을 융합시키는 스탕달은 그의 마음에 들었다.

19세 때, 사르트르는 로맨틱한 열정을 갖게 된다. 그것은 티비에에서 거행된 먼 친척의 장례식 때로서 그는 얼마 뒤 동정(童貞)을 잃고 한때는 이성마저 잃을 정도였다. 시몬느 카뮈 상이라는 이 여성은 많은 남자친구들이 따르는 23세의 미인으로 훗날에 시몬느 졸리베라는 예명을 갖게 된다. 투르즈의 약제사 딸로서 모두에게 카뮈로 불리던 그녀는 어깨까지 늘어진 긴 금발의 머리칼에 푸른 눈, 매혹적인 몸매를 갖추고 있었다. 아주 어릴 적에 가족의 친구에게 능욕을 당했던 그녀는 18세 때부터 양친에게 잘 주무시라는 인사의 키스를 하고는 몰래 집에서 빠져나와 고급 창녀의 집에서 밤을 보냈다. 남의 눈을 끄는 효과며 호들갑스러운 제스처를 몹시 좋아했으며 때로는 손님들을 초대하여 알몸의 나체로 난로 앞에 서서 《프랑스 대혁명사》를 낭독하기도 했다. 그녀의 세련된 정신, 매혹적인 아름다움, 남성에 관한 지식은 투르즈의 관리나 변호사들을 현혹시켰으며, 그들이 뜨거운 동경심(憧憬心)에서 그녀의 베개에 희열의 눈물을 뿌리게 했다. 그들은 가정이나 가족을 버릴 각오가 없는 경우에는 부지런히 그녀에게 선물을 보내거나 그녀를 데리고 여행을 했다. 그녀가 사랑에 빠질 때에는 골격이 건장한 얼굴생김이라든가 길고 창백한 손 같은 남성의 육체가 그 대상이었다.

티비에의 장례식에서 사르트르는 검정양복을 입고 조부로부터 빌린 모자를 깊숙이 쓰고 있었다. 카뮈는 얼이 빠진 그를 두고, 프랑스혁명의 탁월한 연설가 오노레 드 밀라실(추남으로 유명하다)의 지적 추악함을 지닌 사람으로 생각했다. 상복인 베일에도 불구하고 그녀는 쉽사리 사르트르의 관심을 끌었으며, 그 주(週)에 두 사람은 사흘 낮과 밤을 함께 보냈으며 마침내는 조카나 아저씨들에게 들켜 제각기 가족에게로 끌려갔다. 카뮈는 유복한 난로 제조업자의 아들이 열렬히 뒤따르고 있었는데, 사르트르는 그녀를 시골의 따분함에서 구해내는 데에는 자기밖에 없다고 설득, 그가 만난 모든 여성에게 그러했듯이 그 여자에게도 자기 자신을 믿고 독서경험을 쌓으며 글을 써보도록 열렬히 권했다. 1주일 뒤, 소르본으로 돌아온 그는 열에 들뜬 것처럼 카뮈와 편지를 주고받았으며 자기의 인생관을 말하고 스탕달, 도스토예프스키, 니체를 포함하는 독서 리스트를 그녀에게 주었다. 6개월 뒤, 그는 다시금 투르즈로 그녀를 찾아갔다. 주머니 사정이 가난했던 그는 호텔에 묵기를 단념하여 밤중까지 거리를 헤매며 약국 위층의 그녀 방 불빛이 꺼지기를 기다렸다. 그것은 그녀가 양친에게 취침 인사를 하고 그가 위층으로 올라갈 수 있었음을 의미했다. 그는 새벽녘에 나왔으며 공원의 벤치나 영화관에서 다음 밤의 한밤중이 되기까지 멍청하게 보낸 뒤 다시 신호의 불빛을 찾아 거리의 건너편에서 기다려야만 하는 것이었다. 나흘 밤째가 되자 지칠대로 지쳐버린 그를 보고 카뮈는 "어머, 그럼 자도록 해요, 나는 니체를 읽을 테니까."라고 말하는 것이었다. 그가 잠에서 깨어나자 그녀는 《차라투스트라는 이렇게 말했다》를 암송해 보였다.——사나이가 그 천박한 욕망을 의지로써 어떻게 극복하는가를 논한 부분이었다.

파리에서 사르트르는 공부에만 열중하여, 심리학과 사회학이며 논리학의 시험 등에 합격했다. 니잔과 함께 그는 칼 야스퍼스의 《정신병리학》의 번역과 그 교정을 감수했다. 그의 철학교수인 앙리 드라크로와의 권유를 받아들여 그는 9월에 논문 《심리생활에서의 상상력》에 착수하기 시작했다. 9월에 니잔은 휴학하여 사우디 아라비아의 영령(英領) 아덴으로 여행했다. 제 1 차대전 후의 세대를 매혹시킨 것 하나가 있다면 그것은 여행이었다. 이 세대의 사람들은 대규모의 여행을 하고, 이스탄블에서는 항만 노동자와 친해지며 죄악의 소굴에서 청객(請客)꾼이나 노예 매매인들과 함께 쓰러질 때까지 술을 퍼마시고, 또한 이슬람교 수피파(派)의 선교사와 그리고 갠지스 강변에서는 성인(聖人)들과 인생의 의미에 대해 이야기할 것을 꿈꾸었다. 그러나 니잔이 여행에서 얻은 여러 경험은 보잘것없었고 결국 니잔은 학부과정만 1년 늦은 셈이었다.

투르즈에 가지 못하는 동안의 위안으로 사르트르는 학교 연극부에 참가하여 몇 개 작품에 출연했으며 또한 비참한 어린 시절을 그린 쥴 르나르의 소설 《당근》을 무대용으로 각색했다. 학기말의 댄스 파티를 위해 그는 빌릴 수 있는 모든 돈을 빌려 카뮈를 투르즈에서 불러들였다. 대학 무도회에서 그녀는 기대한 대로의 화제를 모으기는 했으나, 사르트르가 준비한 호텔이며 데리고 간 레스토랑에서는 노골적으로 실망을 드러냈다. 그는 고생한 끝에 겨우 문방구점에서 그녀의 일자리를 마련해두었으나 그녀는 생활을 위해 봉투를 팔 생각이 추호도 없었으며 얼마 뒤 투르즈로 다시 돌아가고 말았다. 사르트르와 헤어진 그 이듬해에 그녀는 화려하게 파리에 다시 나타났다. 부자이며 나이 든 친구로 예술을 좋아한다 하여 그녀가 '이해심 많은 연인' 이라고 부르는 어떤 남성을 동반한 출현이었으나, 그녀는 곧 배우 겸 연출가인 샤를르 듀랑과 사랑에 빠지고 말았다. 그는 프랑스 연극계에 새로운 기법을 확립하고 파리의 연극 애호가들에게 루이지 피란델로를 소개한 인물이다. 카뮈는 역사영화에서 왕의 역을 맡은 듀랑을 본 것이 계기가 되어 그 뒤로 그의 극장 아트리에좌(座)에서 상연 중인 아리스토파네스의

《새》에 출연하는 그를 보기 위해 계속 다녔다. 유별나게 화려한 옷차림으로 맨 앞줄의 같은 자리에 며칠 밤을 계속 다닌 끝에 그녀는 듀랑에게 면회를 청했다. 그도 카뮈를 물리치지 않아 얼마 뒤부터 몽마르트르의 자기 극장 가까이에 그녀를 위해 아파트를 얻어주었다. 때마침, 카뮈는 부모를 만나러 간다면서 1, 2주간 투르즈로 돌아와 예의 '이해심많은' 건달의 연인과 함께 시간을 보냈다. 듀랑도 역시 아내와의 생활을 계속하고 있었기 때문에 카뮈의 이 일을 별로 추궁하지는 않았다.

　학업으로 말미암아 사르트르에게는 글을 쓸 시간이 거의 없었으나 그래도 시와 에세이, 그리고 1편의 소설을 완성했다. 그 에세이 가운데 1편인 〈현대프랑스의 사상 상황에 관해서〉는 프랑스어와 독일어로 국제학생 평론에 실렸다. 소설 《어떤 패배》는, 사실은 사르트르와 카뮈의 연애를 픽션으로 한 것이다. 다만 표면상으로는 1862년의 니체의 코지마 바그너에 대한 비련(悲戀)에서 착상을 얻은 것으로 되어 있다. 프란츠 리스트와 마리 다그르 백작부인 사이에 태어난 사생아의 딸 코지마는 32세 때 지휘자이던 남편을 버리고 55세의 리하르트 바그너와 함께 생활했는데, 그녀와 사랑했을 때의 니체는 24세의 전도가 촉망되는 대학교수였다. 소설의 제명은, 처음은 《엔페도크레스》였었다. 이 남자는 철학자에 과학자이며 사기꾼이기도 했던 인물로서 사랑이야말로 모든 것을 결합하는 원리라고 하여, 자기가 신임을 증명하기 위해 서기전 430년경에 에트나 산의 분화구에 몸을 던진 것으로 되어 있다. 사르트르는 이 원고를 가리마르 출판사에 보냈으나 받아들여지지 않았다——"현명한 판단이었다."고 10년 후에 사르트르는 시인하고 있다.

　1927년의 크리스마스 이브에 거행된 니잔과 앙리에트 알판과의 결혼식에 사르트르는 알롱과 함께 증인이 되었다. 니잔과 사르트르는 11세께부터의 친구였다——너무나 사이가 좋아 고등사범학교에서는 이따금 니트르 사르잔으로 불릴 정도였다. 니잔의 결혼으로 사르트르에게는 어떤 한 가지 생각이 떠올랐다. 전에 여름방학을 보낸 적이 있는 프랑스 중남부의 마시프 산트랄 지방에서 만난 적이 있는 젊은 여성에게 청혼을 해주도록 양친에게 부탁한 것이다. 이 여성은 그의 친구 사촌이 되며 잡화상 주인의 딸이었다.

"상당히 좋은 사람인데 자기가 사는 환경에 대해 약간 저항하고 있었다." 고 사르트르는 회상하고 있다. "우리의 혼약은 이루어졌다. 외할아버지는 이 말을 듣자 격노했다. '뭐라고, 내 손자가 잡화상 딸과 결혼이라니!'"

그러나 이듬해인 1928년의 충격적인 사건은 약혼 파기에 의한 감상적 환멸도 아니거니와 달리 결혼의 희망이 없었다는 것도 아닌 '우등졸업증서'의 필기시험에 실패했다는 것이었다. 그 전년에 드라크로와 교수는 데카르트 이후의 상상력의 인식을 고찰한 《심리생활에서의 상상력》에 우(優)의 평점을 주었다.

졸업증서를 얻기 위해 사르트르는 독창적인 것으로 하기 위해 그 논문을 고쳐 썼고 결과는 클래스에서 50등인 최하위였다. 이 때문에 그는 1년을 낙제하여 다시 니잔과 동급생이 되었는데 이 경험은 또 하나의 교훈을 그에게 주었다. 훨씬 훗날에 가서 그는 이렇게 말하고 있다.

"낡아빠진 주제를 방법만 오리지널한 것으로 하여 제시할 것——그것이 요구되고 있었던 것이다."

그의 사고(思考)는 1920년대의 후반에 소르본에서 배운 철학에서 이미 멀리 떨어져 있었다. 〈누벨 리테레이르〉가 '현대학생 전망'을 연재하기 시작했을 때 그는 편집장 앞으로 장문의 편지를 보내어, 자기들의 세대는 소외감을 품고 있으며 기성세대가 유지하고 있는 테두리나 규범과는 일치하지 않는다고 말하고 있다. 사르트르의 관찰은 관심을 끌 만하다면서 이 잡지는 다음 호에 장문의 발췌를 게재했다. 인간성을 실제로 진실시 킨다는 사고방식은 넌센스라고 사르트르는 쓰고 있다.

인간은 그 존재 자체가 패러독스이며 타인의 미래에 관해서는 말할 수 있는 점쟁이가 자신의 미래에 대해서는 전혀 말을 못 하는 것과 비슷한 데가 있다.

"모두가 너무나 나약하다. 모든 것이 죽음의 씨를 잉태하고 있다. 특히 모험——이 말은 상황과 실제로 생겨나는 일 사이에 있는 무차별하면서도 불가피한 유대를 맹신함을 뜻하는데——은 기만이다" 이 장(章)은 흔히 인용되는 다음과 같은 말로 맺어져 있었다.

"우리는 보다 더 불행하지만 공존하기 쉬운 세대이다."

　부활제의 휴가가 끝난 뒤, 사르트르가 면접시험의 준비로 바쁜 나날을 보내던 어느 날, 마위가 라이프니츠에 대해 상당히 박식한 여학생을 데리고 왔다. 시몬느 드 보브와르라는 이름의 여학생이었는데 사르트르에게 그날은 평생토록 잊지 못할 월요일이 되었다.

2. 1938년, 부활절

사르트르의 작품 중 첫 출판이 된 소설의 제목은 가스통 갈리마르가 생각해냈다. 제명을 잘 짓기로 유명했던 갈리마르는 《멜랑콜리(憂愁)》를 적당치 못하다고 생각했으며 또한 저자가 대안(代案)으로서 내놓은 《안토와느 로캉탕의 놀라운 모험》도 마음에 들지 않는다면서 '모험이란 존재하지 않는다'라는 제호가 붙은 띠를 둘러 출판했다. 《구토(嘔吐)》는 대출판사인 갈리마르의 출판목록 1938년 춘계호에서는 등외작〔等外作〕이었고 당시 격렬한 양상을 띠던 스페인 내전을 다룬 앙드레 말로의 대작 《희망》에 비하면 어림도 없는 것이었다.

사르트르에게 있어서 안토와느 로캉탕의 이야기는 1931년 처음으로 교직(敎職)을 가진 이후 그의 생활과 함께 있던 어떤 것이다. 그 중심적 사상은 소르본의 최종학년 이후 그의 품에서 자라온 것——형상적(形相的) 인식에서 상상의 세계를 창조함으로써 어떻게 구원을 발견하느냐——이었다. 《구토》는 한 사내의 일기로서, 그는 실세계의 혼돈된 유질적(謬質的) 상황에 괴로워하며 뉴턴적인 물리학이 예견할 수 있는 설명 가능한 세계를 희구한다. 서평(書評)은 모두가 호의적이었으며, 모리스 브란쇼는 《구토》를 중요하고 필요불가결의 책이라고 평해주었는데, 사르트르는 이 책의 출판에 머쓱한 느낌이었다. 갈리마르의 수완좋은 편집장 장 폴랑은 처음에 《멜랑콜리》의 원고를 반송했었는데, 샤를르 뒤랑이나 사르트르의 옛 제자의 형이며 주작가인 피에르 보스트가 강력하게 추천하여 재검토를 하게 된 것이었다. 다음에는, 편집원인 브리스 발랑이 따분하고 표현이 세련되지 못하다면서 문장의 삭제를 제안해왔다. 사르트르는 원고를 그랏세 출판사로 갖고 갔는데, 거기서도 채용되지 않자 다시금 갈리마르 출판사로 돌아와 지시에 따라 손질을 했다. 그는 이 소설을 카스트르에게 헌정했는데 그녀는 그의 작품의 완성도를 높여주었다. 그러나 이것보다도 짜증스러웠던 것은 발랑이 그녀의 소설도 채용하지 않았다는 것이었다.

사르트르는 임지(任地)가 르 아브르로 결정되고 보브와르는 마르세유의 여자고등중학의 강사로 임명되어 둘은 처음으로 정말 헤어지게 되었다. 자칫하면 혼인관계를 맺게 될 뻔한 이후로 《구토》와 같은 경우를 실제로 겪게 된 것이다. 도쿄(東京)에 마련된 강사의 일자리에 다른 사람이 임명되었다는 말을 들은 것은 1931년 2월의 일이었다. 일본은 너무나 멀었기 때문에 두 사람은 국내에서 헤어진 채 산다는 것을 어른으로서, 또는 이성(理性)으로 받아들이기로 했다. 그러나 그렇다해도 르 아브르라니 터무니도 없는 일이었다——참으로 가깝건만 그래도 마르세유에서 기차로 20시간이나 걸리는 것이었다. 시몬느의 당황하는 모습을 본 사르트르는 결혼을 제안했다. 그렇게 하면 둘은 같은 도시에 임명될 수 있을 것으로 생각했기 때문이다. 두 사람은 모두 혼인이라는 관습에 몸을 맡긴다는 것은 부질없는 일로 여겼고 혼인의 수속을 취했다 해서 생활이 크게 달라지는 것은 아니라고 그도 주장했다.

"우리는 스스로의 신념에 따라 행동하는 것을 도덕적이라고 생각하며, 혼인관계를 맺지 않는 상태를 당연한 것으로 생각했었다."고 그녀는 《방년(芳年)의 아가씨》에 계속되는 자전(自傳) 《여자의 한창나이》에 쓰고 있다.

"상당히 중요한 일만이 우리를 혐오하는 전통적인 관습에 따르게 할 수 있었다. 그러나 마르세유로 가는 것이 나를 몹시 불안하게 했기 때문에 바로 그와 같은 중요한 사태가 생겨난 것이다. 이런 경우, 신념을 위해 자신을 희생한다는 것은 어리석다고 사르트르는 말했다. 그러나 한순간도 나는 그의 제안에 동의하겠다는 생각이 들지 않았다. 혼인으로써 가정적인 의무와 사회의 부질없는 모든 일들이 배가(倍加)된다. 타인에 대한 우리의 관계를 바꿈으로써 필연적으로 우리 둘 사이에 있던 관계마저 바꾸게 된다. 나 자신의 자립을 유지하는 과제는 별로 성가신 것이 아니었다. 사르트르의

50

부재(不在)를 나 자신의 자유——나 자신의 내부에만 있는 것——와 동등하게 다룬다는 것은 매우 부자연스럽다고 나는 생각했을 것이다. 그러나 사르트르가 그의 여행, 그 자신의 자유, 그의 청년과 작별한다는 것—— 시골의 교사가 되고 그것도 결정적으로 영구토록 하나의 어른이 되어버리기 위해서——이 얼마나 큰 희생을 치르게 되는가를 나는 알고 있었다."

두 사람이 그 이후로 계속되는 생활양식을 발견한 것은 사르트르가 병역에 복무하기 전 허송세월을 하던 시기였다. 세느 강 왼쪽 기슭의 조그만 호텔을 거처로 삼는 습관이 생겨난 것은 그보다 몇 해 뒤의 일로서, 그 10월의 나날에는 자기들만의 마음 편한 생활이 있어 두 사람은 뢱산브루 공원에서 만나 아침식사를 들고 늦게서야 헤어져 그는 외조부모에게로, 그녀는 하숙하던 당펠 로슐로 거리의 할머니 집으로 돌아가는 것이었다. 처음부터 두 사람은 외부로부터의 제약, 모든 것을 지배하는 권위, 강요된 패턴을 거부했다. 처음부터 두 사람은 이성의 벗으로 생각되는 것에 비추어 모든 일을 결정하는 한편 자기만의 갖가지 공상의 이야기를 창출해 왔었다. 팬터마임과 간단한 심리극(心理劇)을 함으로써 곤란한, 혹은 불쾌한 상황을 극복할 수가 있었다. 극적인 사건을 다른 각도에서 살펴 희화화(戲畫化)하고 모든 방면에서 검토했기 때문이다. 두 사람은 자기들의 사이를 '귀천상혼 (貴賤相婚)'이라고 불러, 때로는 야심도 없이 사소한 것에 만족하고 있는 중산계급의 커플인 M. 오르가나틱 부부의 역할을 맡기도 했다. 때로는 시몬느가 몸치장을 하여 둘이서 샹젤리제의 영화관이나 라 주포르로 춤을 추러 간다. 그런 때의 두 사람은 부자의 미국인 커플, 또는 모건 허티크 부부가 되기도 한다.

두 사람은 서로가 결코 거짓말을 하지 않기로 정했다. 그녀는 어느 정도 말을 않는 데에 익숙했으나 이윽고 자신의 행동을 그녀 자신이 익힌 자 기검토보다도 훨씬 공평한 남의 눈에 의한 검토에 맡긴다는 것에 순응하기 시작했다.

"사르트르는 이제 나에게 있어서 펼쳐진 책이며 자신의 마음을 읽는 것과 마찬가지로 쉽사리 읽을 수 있다는 느낌은 내 기분을 매우 편하게 했다."고 그녀는 쓰고 있다. "훗날에 이르러 나는 보다 더 많은 것을 배웠다.

사르트르는 나에게 숨기는 바가 전혀 없었기 때문에 그의 문제에 대하여 생각할 필요가 없는 듯한 느낌이 들었던 것이다." '모든 것을 털어놓고 이야기한다'는 것의 외적인 제약에 관해서 그녀는 《레 만다랭》에서, 그리고 그는 《분별(分別)의 한창나이》에서 고찰하게 된다.

두 사람 사이에는 여러 가지 차이가 있었다. 그녀는 방해를 심각하게 받아들여 낯빛이 달라지고 내향적이 되었으며 완고하고 고집스러워졌다. 여러 가지 일이 그로 하여금 우울하게 했으나 특히 아침이나 아무 할 일도 없는 때에 그는 두 사람이 마치 언젠가 뱐센스 동물원에서 본 적이 있는 코끼리나 바다표범처럼 보이는 경향이 있었다. 그가 그런 모양을 하고 있노라면 그녀가 코끼리나 바다표범에 대한 말을 한다. 그러면 그는 이 동물의 시늉을 내어 하늘을 우러러보고 한숨 지으며 소리없이 애원하는 흉내를 낸다. 그리하여 마침내는 둘이서 허리를 잡고 웃어대는 것이었다. 자기들을 우스꽝스럽게 만드는 이 방법은 그 뒤에도 줄곧 계속되었다. 그는 그녀를 가리켜 '냉장고 속의 시계'라고 평했으며 그녀는 '사르트르는 사르트르와 사귀는 사람들과 사귈 뿐'이라고 말하고 있다.

그녀는 사르트르에 비하면 문학에 덜 열중하는 것 같았다. 그는 창조적 행위는 세계가 필요로 하는 것을 주고, 세계에 대하여 책임진다는 것을 의미한다고 믿었다. 그녀는 비극적인 것, 비장한 것에 대해서는 모두 불신했으며 연금술적(鍊金術的)인 시, 초현실화의 영화, 추상화, 인형극 등을 즐겼다. 그는 모든 것을 언어로 대치했으며 감정보다는 '정동적(情動的) 추상'에 보다 많은 가치를 인정했으며 풍경에 대한 설명은 그녀보다 더 잘했다. 그녀는 바하를 좋아하고 그는 베토벤이 좋았다. 그러나 두 사람 모두가 정신분석과 지그문트 프로이트를 인간의 자유의지의 파괴로 인도하는 것이라 하여 거부하고 있었다. 그녀는 버지니아 울프의 언어, 그리고 문필표현과 실생활의 사이에 있는 격차에 대한 성찰에 영향을 받았다고 느꼈다. 그도 또한 산다는 것은 진실 위에 말하자면 속임수의 무의를 그리는 것이나 다름없다고 믿고 있었다. 작가는 현실세계와 그 예술적 재현과의 격차를 유리하게 전환시킬 수 있다고 그는 생각했는데, 그녀는 그 격차의 폭을 좁히기 위해 작가는 노력해야 하는 것으로 생각했다. 그에게는 자신을 잊고 저돌적으로 나아가는 경향이 있으며 그녀는 엉뚱한 상상력의 확대를 제어하는 경향이 있었다. 그녀는 그의 경솔한 부정확성을 비난하기는 했어도 그의 과장된 사고방식 쪽이 자기의 세심하고 면밀한 정확성보다도 자극적임을 깨닫고 있었다.

그들은 모두가 참으로 엄청난 수의 책을 읽었다. 그녀는 19세 때부터 오레온 거리에 있는 아드리엔느 모니에의 대본(貸本)집에서 책을 빌렸으며 또한 길을 사이에 두고 건너편에 있는 실비아 비치의 셰익스피어 앤드 컴퍼니 서점에 출입하기 시작했다. 거기에는 허약한 느낌이 드는 제임스 조이스가 별로 깨끗하다고는 할 수 없는 운동화를 신고 나타나거나 또는 국외추방이 된 미국인들이 들락거렸다. 그녀의 영어 실력은 사르트르보다 뛰어났으며, 버지니아 울프의 모든 작품과 산더미만큼의 헨리 제임스, 그리고 레베카 웨스트, 싱클레어 루이스, 세이도어 드라이저, 셔웃드 앤더슨 등을 읽었다. 사르트르가 번역으로 읽고 감동한 것에는 도스 파소스우 신작인 《북위 42도선》이었다. 이 소설의 등장인물은 한결같이 완벽하게 자신의 운명을 스스로 결정하는 자가 없었으며 각자의 사회적 배경에 따라 조건 지어진다는 것이 그 이유였다.

사르트르는 영화를 문학과 비슷한 수준의 높이로 평가하고 있었다. 그가 말하는 바의 '예술의 근원적 필연성'과 자기들의 인생에 있어서의 부수적 우연성——그가 즐겨 쓴 말이었다——을 발견한 것은 영화를 통해서였다. 그가 말하는 '부질없는' 만화책 외에 카우보이 영화나 추리영화를 매주마다 보지 않고는 직성이 풀리지 않았던 그는 카스트르를 예술영화에서 멀리하고 말았다.

"《싱깅 풀》에서의 알 존슨의 '소니 보이'의 연기는 관중에게 감동을 준 것이었기 때문에 영화가 끝나고 불이 켜졌을 때 사르트르의 눈에 눈물이 괸 것을 보고 나는 놀랐다."고 그녀는 썼다. "그는 영화를 보고는 언제나 창피함도 아랑곳않고 눈물을 흘리기 때문에 나는 울지 않으려고 한 자신의 노력을 후회했다."

교사라는 직업은 필요하긴 하나 짜증스러운 것으로 두 사람의 생활에서 그 중심 목적과는 거의 관계가 없는 생활수단이었다. 그러나 두 사람은 각자가 지니는 문학적 사명감을 반드시 충족시켜줄 때가 올 것으로 확신하고 있었다. 사르트르가 무엇보다도 관심을 가졌던 것은 인간이며, 그가 쓰려고 했던 것은 주관적 휴머니즘으로서 실존의 모든 문제에 이성을 적용한다는 것이었다. 이 생각은 그가 니잔과 함께 야스퍼스의《정신병리학》의 교정을 보고 있을 때에 가졌던 것이었다.

니잔은 활동적인 코뮤니스트이긴 했으나 정치는 사르트르와 카스트르를 따분하게 했다. 니잔과 함께 두 사람은 부르주아적 가치를 철저히 공격은 했었으나 사르트르는 시몬느의 지난날의 동급생이 말했던 그 자신이 '프티 부르주아지' 출신이라는 견해를 그러한 분류는 온당치 못하다면서 거부해왔다. 공산주의자로서의 니잔은 혁명가라기보다는 현재의 사회에 대한 반항자이며, 이 점에서는 사르트르나 카스트르도 일치하고 있었다.

"우리들은 반(反)자본주의자이기는 했으나 마르크스주의자는 아니었다."고 그녀는 회상한다. "우리는 순수의식과 완벽한 자유가 지니는 힘을 미화하고는 있었으나 그러면서도 유심론적인 접촉을 거부하고 있었다. 인간과 세계의 물질성을 인정은 했어도 신학과 테크놀로지는 경멸하고 있었다. 사르트르는 이러한 모순에 구애되지 않았으며 모순에 대한 체계 확립도 거부하고 있었다. '문제의 관점에서 생각하고 있을 때에는 아무것도 생각하지 않는 것과 다름없다.'고 언제나 그는 나에게 말하는 것이었다. 그는 마음이 내키는 대로 하나의 확신에서 다음 확신으로 나아가는 것이었다."

어느 날 오후, 니잔 부부와 샹젤리제로《아시아의 폭풍》이라는 U. I. 프도프킨의 영화를 보러 갔었다. 그들과 헤어진 둘은 칼체 라탕의 방향으로 걸어서 돌아갔는데, 그때 사르트르가 "2년간의 계약을 맺읍시다."고 말했다. 그동안 그는 적어도 병역의 일부를 베르사유 가까이에 있는 생 시르에서 보내기로 되어 있었다. 그녀는 개인교수를 하여 파리에서 살 수 있도록 대책을 강구하면 되며, 그렇게 한다면 이 2년간을 되도록 친밀하게 보낼 수 있을 것이다. 그런 뒤로는 그녀도 역시 외국에서 직업을 구하는 것이 좋겠다고 그는 권했다. 2, 3년 동안 헤어져 살고 그런 뒤 다시 세계의

54

어딘가에서 함께 살면 된다. 그가 제안한 작별은 그녀의 마음에 어떤 고통을 일깨우는 것이었으나, 그러나 그것은 훨씬 뒷날의 일이며 그녀는 무슨 일에서나 뒷날의 일을 근심하지 않기로 하고 있었다. 그 2년의 '계약' 기간에 두 사람이 서로 이론적으로 시인하는 '자유'를 둘 가운데의 어느 하나가 이용하겠다는 심정은 그녀에게 추호도 없었다.

11월, 사르트르는 18개월의 병역에 복무하기 위해 출발했다. 생 시르 요새엔 이전의 철학과 동급생인 레이몽 알롱이 교관 하사관으로서, 그리고 피실 귀유가 동배로서 있었으며 사르트르는 기초훈련을 받은 뒤 기상반 (氣象班)으로 배속되었다. 풍속계(風速計)를 다루는 것이 그의 임무였다. 그는 이 일이 싫었으나 1930년 1월이 되자 파리의 남서 150마일에 있는 투르 가캉에 전속되었다. 소장 및 3명의 신병과 함께 그는 측후소로 개조된 한 민가에 근무했다. 그의 일과는 2시간마다 풍속계를 읽고 측정된 풍력을 다른 기지로 전화연락을 해주는 것이었다. 소장은 민간인이며 병사들에게 스스로 근무 스케줄을 결정해도 된다고 허락해주었다. 이로써 정규의 휴가 이외에는 각자가 한달에 1주간의 휴가를 얻을 수 있게 되었다. 일요일마다 시몬느가 찾아왔다――아드리엔느 모니에의 서점에서 약간이나마 합법적으로 대출받은 한아름의 책을 갖고 오는 것이었다. 그리고 사르트르는 3주에 한 번은 파리로 나왔다. 8월, 그녀는 측후소에서 10분 거리가 되는 생 라도곤드의 조그만 호텔에 1개월간 체류했다. 날씨가 좋은 날에는 강기슭에서 책을 읽으며 오전을 보내고, 비스킷과 초콜릿의 점심을 들고 나면 언덕을 올라 측후소에서 몇 야드 떨어진 곳에서 사르트르와 만났다. 대낮부터 호텔의 그녀 방에 들어갈 용기가 없었던 두 사람은 야외에서 섹스를 했다. 그 여름에 사르트르의 외할머니 루이즈가 81세로 숨졌으며 약간의 유산을 상속받은 사르트르는 로와르 강변에 있는 몇 군데의 훌륭한 레스토랑으로 카스트르를 데리고 가기도 했다.

군대 측후소 근무는 자유시간이 충분히 있었기 때문에 사르트르는 피란델로에게 계시를 받아 단막물의 희곡과 소설만한 길이의 에세이를 썼다. 《에피메테》는 프로메테우스의 형제로서 자신의 매장을 준비하는 에피메테우스가 중심인물이었다. 그리스 신화에서 제우스는 인류에게 불의 지식을 준 프로메테우스를 벌하기 위해 판도라를 에피메테우스에게 보냈으며, 그녀가 앙화와 고통과 병이 가득 찬 상자를 열지 말라는 명을 어기고 상자를 열었을 때 에피메테우스는 비로소 자신의 잘못을 깨닫는다. 사르트르의 현대판(現代版)에서는, 프로메테우스는 기사(技師), 에피메테우스는 실제적인 재담가이며 판도라는 미장원의 경영자로서 등장한다. 그의 초기 저술의 태반이 그러하듯이 《에피메테》의 초고도 분실되었으며 사르트르는 40년 후에 있은 어느 인터뷰에서 이 초고에 관해 언급하고 있을 뿐이었다.

《진리전설(眞理傳說)》은 '진리'에 관한 이야기로서 신화 창작을 시도한 것이었다. '진리는 처음으로 생겨난 것이 아니었다.'는 문장으로 그것은 시작되고 있었다. "서로 다투는 유목민들은 약간의 신조만큼은 진리를 필요로 하지 않았다. 전투가 한창일 때에 무엇이 진리인가를 과연 누가 말할 수 있겠는가?" 물물교환에 앞서 진리가 나타나 직인(職人)들은 진리의 이용을 배웠으며, 그리고 진리는 사람들이 실제로 자기들이 하고 있는 것에 관해 생각하기 시작했을 때 독자적인 것이 되었다. 그리스인은 대문자의 T를 지니는 진리를 안출(案出)하여 그로써 진리라는 것은 오직 무엇인가가 존재하기 때문은 아니라고 말할 수 있게 되었다. 이것이 바로 민주주의로 이끌었다. 왜냐하면 이로써 범인들은 '위대한 것'과 대등하다고 생각할 수 있게 되었기 때문이다. 훗날의 사람들은 고독한 인간에게 불신의 눈을 돌리는 것을 배웠으며 복수(複數)의 타인을 위해 일을 하는 자는 질서 파괴자라는 것이 되었다. 이것은, 이윽고 유익한 것으로 알게 되는 위기를 빚었다——기적을 행하는 사람들은 도시에서 쫓겨나고 깊숙한 숲에 거처를 정하여, 자연이 그 비밀을 밝히는 역대 현인의 선조가 되었다. 불신감으로 가득 찬 채 이 쫓겨난 사람들은 이 고장에서 저 고장으로 헤맸으며, 가죽끈으로 묶인 그들과 함께 그들의 가공할 지식을 끌고 다니며 사람들에게 가죽끈을 약간 당김으로써 사람들로부터 시주물을 갈취했다. 이 무뢰한들이 예술가이며 작가이며 철학자——살아 있는 현실을 진정으로 포착한 약간의 사람들——였다. 이러한 사람들이 숨져 없어지면서부터 어떤 종류의 불안이 남았으며, 여느 대담한 정체(政體)가 탐험대를 파견, 인간 사이에 커다란 불평등이 있음을 발견했다. 이리하여 계몽기의 정치가들, 아프리카의 식

56

민지주의를 거쳐 '개연성(蓋然性)'의 탄생에 이른다. "어느 날인가, 나는 이 늦게 태어난 '따분함'과 '진리'의 아들 찬가(讚歌)를 쓸 작정이다. 그것은 어른을 위한 우화가 될 것이다." 니잔의 도움으로 《진리전설》의 오랜 제1장은, 중요한 저작에 대해서는 대담한 취향성을 지니고 있던 전위적(前衛的)인 잡지로 조이스도 편집위원의 하나로서 참여했던 〈비뷔 유르〉지의 종간호에 게재되었다.

시몬느 역시 소설 창작에 착수했다. 그녀는 제1차대전 후 젊은 지식인 세대를 매료했던 알랑 푸르니에의 것으로 생각되는 《방랑자》와 영국의 작가이며 사랑하는 여자들의 고통을 강렬하게 묘사한 로자몬드 레만의 영향을 깊이 받고 있었다. 알랑 푸르니에와 레만을 흉내내어, 그녀는 정상과 광기의 경계에 대해 쓰려고 했으며, 고성(古城)에서 말없는 아버지와 함께 사는 소녀의 이야기를 쓰기 시작했다. 이 소녀는 어느 날 3명의 상냥한 젊은이를 만난 뒤 파리로 탈출한다. 파리에서는 갖가지 모험이 일어나는데, 시몬느는 제3장에서 더는 쓰지 못하고 말았다. 그녀는 학교의 숙제를 하고 있는 듯한 느낌이 들었으며 또한 이 소설을 시작한 것은 사르트르로부터 작가가 되라는 단호한 권유를 받았기 때문에 시작한 것에 불과한 것이라는 등으로 생각하기도 했다.

그녀는 자신이 공허하다고 느꼈으며, 사르트르를 실망시키고 있다는 생각에서 자신에게 화를 냈다. 자기 이외의 인간의 구원에 희망을 준다는 것은 자기를 상실케 하는 가장 확실한 길이 아닌가 하고 그녀는 생각했다. 친구인 자자는 어머니가 장 프라델로와의 결혼에 반대한——그가 사위로서 적합하지 않다기보다도 그가 시몬느의 친구라는 이유에서였다——뒤 뇌 막염과 뇌염에 걸려 죽었다. 자자는 죽음에 대가로서 자신의 자유를 획득한 것이라고 오랫동안 시몬느는 생각했다.

그녀 자신의 성욕의 발견 또한 마음을 산란케 하는 것이었다. 며칠 동안, 몇 주 동안을 사르트르와 떨어져서 사는 사이에 자신의 육체가 그를 갈 망하고 그의 육체적 부재(不在)가 실제로 고통이 될 수 있음을 그녀는 발견했다. 괴로워한다는 것이 무엇보다 싫었던 그녀는 자기 자신의 육체적 욕망에 어찌할 바를 몰랐다. 더욱 나쁜 것은, 지하철이나 다른 장소에서 그녀의 육신에 뻗쳐오는 낯선 사내의 손이 자기를 산산조각으로 무너뜨릴 만큼의 강렬한 흥분을 일깨운다는 것이었다.

"나는 이와 같은 창피스런 일에 대하여 아무 말도 하지 못했다."고 그녀는 쓰고 있다. "모든 것을 말한다는 우리들의 방침이 당연한 것으로 되고 있는 지금 와서 보니 이 침묵은 일종의 시금석이었던 듯이 느껴진다. 그러한 일들을 감히 고백하지 않았다고 한다면 그것은 그것들을 시인할 수 없는 것이었기 때문이다. 나를 그러한 비밀로 몰아넣음으로써 나의 육체는 두 사람을 결부시키는 유대가 되기보다는 오히려 좌절의 독뿌리가 되어 나의 육체에 대하여 격렬한 한을 품었다." 사태를 더욱 악화시킨 것은, 사르트르가 시몬느 생 카뮈를 자기 인생을 뜻있는 삶으로 바꾸려고 노력하는 젊은 여성의 예로 삼기 시작했다는 것이다. 시몬느는 이 매혹적인 여성을 만나고 싶다고 생각하여 어느 날 밤, 알망 빌라클의 희곡 《파튈리》에서 술집 접대부의 역할을 하는 그녀를 보러 갔으며, 그리고 그녀를 특대(特大)의 도기(陶器)로 된 인형 같다고 생각했다. 두 사람이 만났을 때, 몸을 움직일 때마다 소리가 나는 이국취미의 장신구는 그렇다 하더라도 카뮈에게는 특유의 사람을 현혹시키는 매력이 갖추어져 있음을 시몬느는 인정하지 않을 수 없었다. 듀랑을 위해 카뮈는 중세 스페인의 희비극 《라 세레스티나》를 번안하여 상연할 것을 생각하고 있었으며, 또한 자작의 희곡 《그림자》를 쓰고 있었다. 카뮈의 방 벽에는 니체, 알브레히토 뒬러, 에밀리 브론테의 초상화가 걸려 있었으며, 그녀는 시몬느에게 여자라면 별 힘도 안 들이고 사내를 사로잡을 수 있을 것이라고 말했다. 시몬느는 여동생과 카뮈의 다음 무대를 보기 위해 마드리드에서 파리로 나온 페르난도 게르시에를 데리고 아틀리에 극장으로 갔었는데, 카뮈의 의상이며 화장, 춤을 그로테스크하다고 여겼다. 카뮈가 자신이 사랑하지 않는 사내들과 잠자리를 같이 한다는 것은 결국 따분한 자기비하이며 카뮈 전설에서도 엿볼 수 있는 것보다도 그녀가 상당히 굴종적인 퍼스넬리티임을 사르트르가 시인하지 않을 수 없음을 알자 비로소 시몬느는 자신을 되찾을 수 있었다.

그러나 시몬느 스스로가 사랑도 하지 않는 남성들과의 성적인 교제를 어떻게 생각하느냐 하는 문제를 다루어야만 하게 되었다. 그것은 사르트르가 병역을 마친 뒤 일본으로 가겠다는 계획을 여전히 바꾸지 않았기 때문이다. 그녀는 자기도 외국에 가서 교직생활을 하려고 결심하고 지금은 다시 스테파 아브리코비치와 함께 마드리드로 돌아가 있는 페르난도에게 편지를 써서 일자리를 알아봐달라고 부탁했다. 모로코에서 취직을 할 수 있을지 모른다고 말해주는 사람도 있었으며, 스테파의 지난날의 한 숭배자는 부다페스트 대학을 시도해보는 것이 어떻겠느냐고 권하기도 했다. 그녀는 새삼스럽게 자신을 재평가한다는 것에 대해 기대를 품었으며 산다는 것에 관해서나 또는 자기의 인생을 뜻있는 것으로 한다는 점에 대해 틀림없이 결론을 얻을 수 있을 것으로 여겼다.

두려워하던 2년간의 이별이라는 문제는 1931년 2월에 와서 갑자기 사라져버렸다. 군대 근무를 마치고 민간인으로 복귀한 사르트르는 도쿄의 강사 일자리가 남에게 주어졌다는 말을 들었다. 그는 실망했으나 그 주(週)에 파리 북서 150마일인 세느 강변의 공업항만도시인 르 아브르의 남자 고등중학에서 병결교원(病缺敎員)의 대리로서 최종학기를 맡아달라는 요청을 받았다. 수도 파리와는 매우 가까운 곳이었으므로 그는 수락했으며, 그리고 카스트르의 최초의 취직이 마르세유의 여자고등중학이라는 말을 들었을 때는 미소가 감돌았을 정도였다. 학기가 있는 기간은 연간 9개월에 불과했으며 1주 2일의 휴가가 있을 뿐만 아니라 약간의 유행성 감기라도 구실로 삼는다면 그녀 역시 때때로 파리에 나올 수 있지 않겠는가. 더구나 앞으로 여름의 휴가가 있다. 그녀의 새 학기는 10월 2일에서야 시작될 것이다.

스테파와 페르난도가 파리로 와서, 사르트르와 시몬느에게 스페인에 겨우 공화국이 수립되었다고 흥분하여 들려주었다. 스테파는 임신 9개월의 몸이었으며, 그녀의 아이가 태어났을 때는 몽파르나스의 사르트르가 단골로 다니는 카페 코로즈리 드 리라에서 모두 모여 축하를 했다. 아이는 사르트르, 특히 시몬느가 가지려고 생각조차 하지 않은 것이었다. 특히 그녀 쪽에서, 자기들 두 사람은 자족(自足)하며 서로 충족한 것으로 생각하고 있었다. 더구나 그녀 자신이 부모에게 친근감을 갖지 못했기 때문에 자기의 아이들로부터는 무관심이나 적의(適意)밖에는 기대하지 못하는 것으로 느끼고 있었다. 모성에 대해 반감을 품었던 것은 아니며 아이를 갖는다는 것은 인생에서의 자신의 자연스러운 운명이 못 된다고 생각했던 것이다.

두 사람의 사랑은 깊어졌으며 요구 또한 보다 더 많아졌다. 두 사람은 잠정적인 '계약'을 개정하기로 했다. 단기간의 이별 같으면 인정할 수 있어도 어느 하나가 끝없이 사잇길로 벗어나버린다는 것은 인정하기 어려웠다.

"우리는 영구히 정절(貞節)하겠다는 맹세는 하지 않았으나 훨씬 앞날인 30대가 되기까지 이별의 가능성을 연기하자는 데 의견이 일치했다."고 그녀는 쓰고 있다. 《초대받은 여인》에서 그녀는 주인공의 입을 빌려 여주인공에게 이렇게 말을 시키고 있다. "'우리들에 관해서는 정절이나 부정(不貞)을 논한다는 것은 불가능하오.' 하고 피엘은 프랑소와즈를 끌어당기며 말했다. '당신과 나는 하나인 거요. 우리 가운데 누구나가 상대를 빼고는 설명이 되지 않는 거요.'"

스테파와 갓난아기는 파리에 남고 페르난도는 마드리드로 돌아갔다. 마드리드에서 그는 그림을 그릴 시간이 거의 없는 채 라디오의 세일즈맨을 하고 있었다. 사르트르와 카스트르는 그를 만나러 가기로 했다.

둘이서 함께 하는 본격적인 여행은 이것이 처음이며 또한 프랑스 밖으로 나아가는 것도 처음이었다. 국경에서 스페인의 세관 관리를 보았을 때 두 사람은 새로운 이국적인 풍경의 세계로 들어서는 기분이었다. 피게라스에서 조그만 여인숙에 든 뒤 식사를 마치고는 자리를 거닐어보았다. 두 사람은 두근거리는 가슴을 달래며 "우리는 스페인에 있다!"고 서로 이야기를 주고받기도 했다.

사르트르는 외할머니로부터 상속받은 유산의 마지막 나머지를 페세타로 바꾸었다. 그리고 둘이서 바르셀로나에서 마드리드, 트레도, 판프로나, 부르고스, 산 세바스챤 등으로 돌아다녔으며 멋진 여름을 보냈다.

"우리 같은 세대의 여행자는 거의가 그러했지만 우리 역시 여러 도시나 지방은 비밀스런 영혼, 변함이 없는 본질적인 요소를 지닌다고 상상했다. 그리고 여행자가 해야 할 일은 그것들을 발견하는 것으로 여겼다."고 그녀는 쓰고 있다. "트레도나 베네치아를 여는 열쇠는 과거로 거슬러 박물관이나

기념물에서만 찾은 것이 아니라 빛과 그늘, 군중 그 고장의 특징적인 향기, 그 고장 특유의 음식 같은 지금 당장 이곳에서 찾아야만 하는 것임을 우리는 알고 있었다. 랭보, 지드, 모랑, 드뤼 라 로셸 같은 사람들로부터 그것을 배웠던 것이다. 조르주 뒤아멜의 말에 의하면 베를린의 신비는 거리에 감도는 독특한 향내에서 추출된다는 것이다. 스페인의 핫 초콜릿을 마신다는 것은 스페인 전체를 입에 머금는 것이라고 지드는 말하고 있다. 그래서 우리는 매일 시나몬의 향기가 몹시도 짙은 검은 소스 스타일의 액체를 몇 잔이고 억지로 마시는 것이었다."

마드리드에서는 페르난도가 자신의 아파트에 두 사람을 재워주었으며 프라도 박물관으로 안내해주기도 했다. 사르트르는 히에로니무스 보슈의 그로테스크한 그림을 사랑했는데 티치아노의 능숙함은 싫어했다. 스페인 공화국은 그 승리에 자신도 놀라는 형편이었으며 안쪽이 깊숙하고 어슴푸레한 술집에서 사내들이 열을 올리며 스페인의 장래를 논하고 있었다. 어떤 카페에서 사르트르 일행은 라몬 델 발레 인크란에게 정중히 소개되었다. 그는 마드리드 문단의 원로로서 그의 소설이나 희곡은 부조리(不條理) 연극을 예감케 했다. 발레 인크란은 수염투성이에 외팔의 건장한 체구로, 귀를 기울이는 사람이면 누구건 가리지 않고 한쪽 팔을 잃은 경위를 이야기하는데 그때마다 이야기의 내용은 달라지는 것이었다.

두 사람은 9월 하순에 파리로 돌아와 친구들이며 서로에게 작별인사를 한 뒤, 사르트르는 르 아브르에, 그리고 카스트르는 마르세유로 향했다. 사르트르는 이미 르 아브르우 고등중학에 몇 차례 갔었으며——7월에는 졸업식에서 영화의 영광에 관한 강연을 한 바도 있었다.——그리고 영불해협을 마주한 이 커다란 항구도시가 마음에 들지 않는 것도 아니었다. 또한 가르친다는 것이 싫어서 못 견디겠다는 정도는 아니었기 때문에 많은 학생들도 그의 수업을 애정 어린 말로 회상하고 있다.

"그는 좋은 교사로서 꾸밈이 없었으며 놀랍도록 재미있었다."고 알베르 팔은 말하고 있다. "그는 여러 가지에 대해 진지하게 생각했었는데, 자기 자신의 직업인 교직(敎職)은 거기에 들어 있지 않았다. 우리는 그때까지 어떠한 어른도 지닌 적이 없던 마음이 통하는 것을 그에게서 느꼈다.

그 정신적인 유대감은 가족이라든가 권위 같은 것과는 아무런 관계도 없으며 흔히 있는 장벽을 초월한 관계였다."

자크 롤랑 보스트는 교사와 학생들의 자유로운 유대를 나타내는 예로서, 사르트르가 교실에 들어오기 전에 흑판에 그들이 그려놓은 외설스런 수수께끼 그림에 대한 것을 말하고 있다. "그 퀴즈 그림에는 'Con'(여성의 음부, 또는 항문의 구명)의 음절(音節)이 남자의 그림과 함께 반드시 들어 있으며 그 남자 입에서는 만화로 쓰이는 대화표시가 있어 '내 이름은 사르트르'라고 씌어 있는 것이었다. 그러자 사르트르가 들어와서는 '뭐야, 이건' 하면서 그 퀴즈그림을 풀어보려고 하는 것이었다……. 일이 잘 안 될 때에는 그는 돌처럼 굳게 입을 다문 채 교실의 학생들을 노려보고는 '여기 있는 모두의 얼굴에는 지성이라고는 털끝만큼도 찾아볼 수 없다.'고 하는 것이었다. 그러면 교실 안에는 섬뜩한 냉기가 치닫는 것이었다. 그러나 그것도 오래 계속되지는 않았다."

교사의 직업을 사르트르가 몹시 싫어한 데에는 다른 이유가 있었다. 그는 학교에 결여될 수 없는 규율, 위계제도(位階制度), 규칙 같은 것을 싫어했었다. 그리고 철도역 가까이에 있는 호텔 겸 맨션에 거처를 정한 그는 이해하기 어렵고 까다로운 '한창나이'의 그 '분별'이라는 것이 자기에게도 시작되고 있음을 강력하게 느꼈다. 교사의 일을 시작하긴 했어도 경제 사정은 여전히 어려웠으며 더구나 그의 《진리전설》 전문(全文)은 몇 군데의 출판사로부터 거절을 당하는 형편이었다. 외할머니가 물려준 유산도 모조리 없어져버렸으며 앞으로는 교사의 봉급만으로 살아야만 했다. 르 아브르는 비가 많은 잿빛 공업도시로서 시몬느는 마르세유에, 친구들은 파리에 있어 나는 고독했다.

거의 몰리듯이 하여 그는 집필과 방대한 독서에 몰입했다.

"지금까지 써온 것을 남겨둔 채 르 아브르에 왔을 때 나는 스스로에게 말했다. '이제부터 정말로 쓰기 시작할 때이다.'라고." 하고 그는 훗날 필자에게 말하고 있다. 우연성은 그가 마음속 깊이 느끼고 있던 것이었다. 그의 인생은, 그것이 원인불명인 채로 뜻하지 않게 일어나며 전혀 예측할 수 없었다는 점에 있어서는 우연적인 것이었다. 각자는 종국적으로는 자신의 존재양식에 대해 책임을 지고는 있어도 우발적이라고 하겠다. 그는 익살스럽게 《우연성에 관해서의 반박서》라고 불렀던 작품——안토와느 로캉탕이라는 이름의 시골 교사에 의한 추상적이며 긴 명상——을 쓰기 시작했다. 그리고 광장에 앉아서 한 그루의 마로니에 나무를 바라보면서 그 나무에 관한 시를 쓰고 또한 시몬느에게 보내는 장문의 편지에서 공원의 벤치에 앉아서 명상과 나무가 무엇인가를 '이해했음'을 적어보냈다. 크리스마스 휴가 때에 그는 그녀에게 《우연성에 관해서의 반박서》를 보여주고, 그녀는 허구적인 깊이를 로캉탕에게 부여할 것과 추리소설을 읽으며 둘이서 즐겼던 서스펜스를 약간 줄거리에 담아보는 것이 어떻겠느냐고 권했다. 그는 동의했으며 르 아브르로 돌아와 줄 것을 손질했다.

로캉탕의 이야기가 추상적인 명상에서 감미로운 철학소설로 서서히 변모해가는 데에는 그가 발견했던 여러 책에서의 영향도 있었다——폴 봐레리에 의한 소크라테스와 페돌이 나눈 대화 형식의 책 《유파리노스, 혹은 건축가》, 라이나 마리아 릴케의 단 하나의 소설이며 지드가 프랑스어로 번역했던 《말테의 수기》 등이다. 《유파리노스》는 그 수학적이라고도 할 수 있는 상징주의에 의해서, 또한 《말테의 수기》는 그 강렬한 이미지와 남의 빈곤 및 비참의 한가운데에서 겪은 고독한 시인의 고뇌의 이야기가 사르트르의 흥미를 끌었다. 로캉탕의 이야기는 일기의 형식을 취한 것으로, 사르트르는 자신의 일기도 쓰기 시작하여 《언어》 가운데에서 《구토》를 쓰는 것은 자기정화를 위한 행위였다고 말하고 있다.

"나는 로캉탕이었다. 나는 희열을 느꼈던 것은 아니었으나 로캉탕을 이용하여 자신의 인생의 무의를 제시했던 것이다. 그와 동시에 나는 나였다. 선택받은 자, 지옥의 연대기 작자(年代記 作者), 나 자신의 원형질액(原形質液) 위에 세트된 유리와 강철로 만들어진 사진 현미경이었다."

시몬느의 마르세유에서의 존재는 부수적이며 또한 평행적(平行的)인 것으로서 우편함과 캘린더를 지켜보며 사는 생활이었다. 마르세유에 도착한 지 1시간 뒤에 그녀는 적당한 셋집을 얻어 들었으며, 구항(舊港)의 콜타르며 바다향기를 마시고 캐느비엘의 번잡한 군중 사이에 섞이는 등으로 자신의 귀양살이를 축제 기분으로 바꾸려고 작정했다. 일요일과 학교의 수업이 없는 날은 아침부터 저녁 나절까지 하이킹을 갔다. 그리고 미슈란의 지도를 의지 삼아 계통적으로 이 지방을 돌아다니고 오를레앙 산, 산토 빅트와르 산을 비롯한 사암질(砂岩質)의 봉우리에 오르고 로왈 강 델타지대의 협곡 등을 답파했다. 미술을 전공하는 여동생이 11월에 놀러 왔을 때, 시몬느는 그녀를 데리고 하이킹을 갔다. 푸페트의 발은 부르트고 더구나 열까지 나 지쳐버렸기 때문에 그녀를 버스에 태워 마르세유로 돌려보낸 뒤 시몬느는 혼자서 하이킹을 계속했다. 철학은 그 학교에서는 처음으로 개설된 학과 였으며 더구나 시몬느 자신의 지식도 아직은 신선했기 때문에 그녀는 수 업을 즐길 수가 있었다. 23세의 그녀는 아직도 학생 티를 벗지 못했기 때문에 다른 교사들은 곧잘 리세엔느〔學生〕로 착각했다. 윤리를 담당하게 되어, 노동과 자본이며 정의, 식민지주의 등에 관한 숙제를 내자 학생들은 부 모로부터 주입된 지식의 토론을 노트에 전개했으며 그녀는 그러한 논의를 정열적으로 분쇄했다. 고통의 테마에서, 알렉산드르 뒤마의 쾌락의 문제로 논한 《개론(槪論)》을 텍스트로 내놓았을 때는 소동이 일어나고 말았다. 일부의 부모들이 항의하여 그녀는 여성 교장에게 불려갔었는데 결국 교장은 불문에 붙이기로 했다. 학교 동료의 태반은 나이 많은 독신여성이었고 그녀는 《한창나이의 여자》에서 투르므랑 부인으로 불리는 영어 교사와 친해졌다. 그 여성의 남편은 알프스의 요양소에서 결핵을 치료하는 중이 었다. 모두가 고독했던 두 교사는 관극(觀劇)이며 식사, 또는 하이킹 등에 같이 어울렸는데 언젠가 그 부인의 아파트에 갔을 때 부인은 시몬느를 포옹하고 격렬한 키스를 하며 가면을 버립시다라고 말하는 것이었다. 기겁을 한 그녀는 그 자리에서 도망쳐나왔다. 이튿날 학교에서 얼굴을 마주한 투르므랑 부인은 간신히 웃는 얼굴을 지으며 어젯밤에 있었던 일을 시몬 느가 믿지 말아주기를 바란다고 말했다. 그런 일이 있은 뒤부터 학년말이 되기까지 시몬느는 이 영어교사와 단 둘이서만 있는 자리를 피하려고 조 심했다. 양친인 조르주와 프랑소와즈가 1주일쯤 놀러 왔었다. 마르세유의 최고급 레스토랑인 이스날에서 아버지가 부야베스를 대접해주거나 어머 니와 산토 봄으로 하이킹을 가는 등 즐거웠다. 사촌도 가끔 찾아왔었으나 시몬느는 오히려 고독한 것이 더 좋았다. 그녀는 캐서린 맨스필드의 《서간집

(書簡集)》을 읽고 맨스필드 역시 로맨틱할 정도로 '고독한 여자'라고 생각했다. 여가가 너무나도 많았기 때문에 그녀는 새로운 소설을 쓰기 시작했는데, 이번에는 엄격히 자신을 비판했다. 쓰는 훈련을 하기 위해 그녀는 자신이 식사를 하는 레스토랑의 모양을 낱낱이 표현하려고 했다.

"옛날, 자자에 대해서 그러했듯이 지금의 사르트르와의 교제에서 나는 우리의 관계를 완벽하게 솔직한 것으로 해두지를 못하여, 자신의 자유를 희생할는지 모를 자기 자신을 비난했다."고 그녀는 쓰고 있다. "이 잘못을 소설의 형태로 옮겨놓을 수 있다면 이 잘못을 깨끗이 정화시키는 것이 되며 그 보상이 되지 않겠느냐 하는 느낌이 들었다. 난생 처음으로 나는 말해야 할 것을 가졌던 것이다."

그녀가 말하는 '타인의 환영'을 추구하여 그녀는 상반된 두 여주인공을 창조했으며, 그녀 자신의 내부에 있는 두 대조적인 경향——산다는 정열과 문학에의 격렬한 의지——을 두 사람에게 고루 나누었다. 드 프렐리안느 부인은 40세로서 사르트르의 친구 모레르 부인처럼 잘 다듬어진 우아함, 처세술, 겸손함을 지니고 있었다. 많은 친구들에게 둘러싸여 있기는 해도 자기 혼자의 생활에서는 '고독한 여자'였다. 20세의 쥬느비에브는 약간 거친 총명함을 지니고 둔중한 감동 쪽으로 기울어지고 있었다. 적당히 살며 심리적 전망(展望)이 결여되고 남을 고려하지 않고 생각하거나 느끼는 인물이었다. 그녀는 드 브레아린느 부인을 숭배하고, 부인은 어떤 남성을 사랑했었는데 운명이 두 사람 사이를 갈라놓고 말았다. 자자도 이 소설에는 등장하여 인습의 굴레에서 벗어나지 못하는 남자와 결혼하고 있다.

이 소설은 제대로 정리되지 못했다고 시몬느는 느꼈다. 안느가 죽은 이유도 설명되지 않았으며 또한 줄거리가 진실을 지닌 상황에서 유리(遊離) 되어버렸기 때문이다.

"이 습작에서 가장 좋은 점은 갖가지의 다른 관점에서의 처리방법이었다."고 그녀는 쓰고 있다. "주느비에브는 안느의 눈을 통해 묘사되었으며, 그녀의 단순한 성격에 약간이나마 신비적인 느낌을 주었다. 드 브레아린느 부인과 안느는 주느비에브가 본 대로 그려져 있으며, 또한 주느비에브는 이 두 여성에 대하여 잘 이해하지 못함을 알고 있다. 그렇기 때문에 그녀의 관찰이 부족한 부분에서 진실을 추정한다는 것은 독자에게 맡겨져 있으며, 이 약점이 노골적으로 독자 앞에 드러나는 일은 없다. 이처럼 면밀히 준비가 되어 있음에도 불구하고 우리의 여주인공들은 맥락이 맞지 않는 존재였다."

휴일은 무엇보다도 즐거웠다. 학교가 끝나기를 기다려 사르트르와 카스트르는 파리행의 기차를 잡아탔으며 서로가 어느 한쪽의 종착역에서 만나 호텔로 갔다. 그리고 휴가가 짧을 때에는 시몬느의 여동생 이외에는 아무도 만나지 않았다. 오랜 휴가 때에는 친구들을 만났다——니잔은 교외도시인 부르그에서 정치에 여념이 없었으며 듀랑은 카뮈의 연극 《그림자》를 상연하고 있었다. 1932년의 부활제 휴가에는 둘이서 부르타뉴에 갔으며, 여행 중에 보았던 〈N. R. F〉지의 어떤 호에서 프란츠 카프카의 이름을 발견했다. 6월, 사르트르는 마르세유로 놀러 와서 시몬느의 단골장소——구항(舊港)이며 카느비엘의 술집, 샤토 디프나 카시스의 해변 등이 마음에 든다 하여 그녀는 여간 기쁜 것이 아니었다. 무엇보다도 기쁜 소식은 이듬해에 르 아블에서 60마일 떨어진 노르망디의 옛 수도 루앙으로 그녀가 전임된다는 것이었다. 여름에는 다시 스페인을 방문, 스페인령(領) 모로코까지 갔었는데, 모로코는 두 사람을 매료시켰다. 세빌랴에서는 공화국을 전복시키려는 실패로 끝나고 만 호세 산프르호 장군의 쿠데타를 만나기도 했다. 돌아오는 길에 투르즈에 들린 두 사람을 카뮈가 안내해주었다.《그림자》는 성공하지 못했으나 카뮈는 지금 소설을 쓰고 있다고 했으며 한밤중부터 아침까지 매일 6시간이나 계속해서 쓰는 그녀의 정력이 사르트르와 시몬느는 부럽기만 했다.

루앙은 르 아브르에서 기차로 1시간, 파리에서는 1시간 반의 거리에 있었다. 시몬느는 안도감을 안겨주는 기적 소리가 들리는 호텔 라 로슈프코에 여장을 풀고 카페 메트로폴에서 아침식사를 들었다. 두 사람은 루앙 르 아브르 사이의 철도 정기권을 구입하여 매주 적어도 하루만은 함께 보내기로 했다. 재미가 없고 비가 많이 내리는 노르망디는 시몬느로 하여금 하이킹을 갈 생각을 들지 않게 했으며, 또한 잔느 라르크 여자고등중학교의 동료들은 하나만을 제외하고는 마르세유의 동료들보다도 더 곤란했다. 그 유일한 예외는 휴일이면 코뮤니스트로서 활동을 하던 코렛 오드리였다. 코렛 역시 역 근방에 살고 있었으며, 세든 방을 골풀의 매트나 쥬우트 등으로 매력있게 장식하고 있었다. 책장에는 마르크스나 로자 룩셈브르크의 저작이 있었다. 그녀는 공산당원이 아니라 소련 내부에서 반(反) 스탈린의 혁명이 가능하다고 믿는 트로키스트의 분파(分派)에 속했다. 시몬느는 코렛을 사르트르에게 소개하여 세 사람은 의기투합했다. 코렛은 때때로 시몬느 베유에 관해서 이야기를 나누었다. 시몬느의 고등사범학교 시절의 동급생인 베유는 뷔 드 돔의 대학에서 교수로 있었다. 그녀는 트럭 운전자들이 묵는 숙소에 살았는데 매월 월초에 자기의 월급봉투를 테이블 위에 놓고는 누구이건 자유롭게 쓸 수 있도록 한다고 했다. 그리고 보다 더 놀라운 것은, 베유는 스트라이크 대표단의 지도자가 되어 철도 노동자와 함께 활동하는데도 대학에서 쫓겨나지 않는다는 것이었다. 그녀의 전면적인 가담과 그 용기가 모든 사람에게 감명을 주었기 때문임은 분명했다. 그것에 비하면, 시몬느 자신과 사르트르의 생활은 안전노선(安全路線)인 것으로 여겨졌다. 두 사람은 프랑스 심리학을 불신했으며 정신분석에도 한정된 신뢰밖에는 갖지 않았었다. 공산당원은 정신분석을 탄핵하고 트로키스트들은 열심히 달려들고 있었다. 코렛이나 그 친구들은 자기들의 감정이나 개개인의 행동을 프로이트나 아들러의 도식(圖式)에 의해 해석하고 있었다.

사르트르와 카스트르는 자기들의 독자적인 철학을 확립하려고 노력했으며, 그리고 그는 선택을 행할 책임을 피하기 위해 자신에 대해 거짓말을 하는 ‘자기기만’의 개념에 직면했다.

“우리는 모든 형태로써 나타나는 이 불성실함을 드러내는 일에 착수했다——언어의 기만성, 기억의 착오, 도피, 대상적 공상(代償的空想), 승화 등등.” 이라고 그녀는 회상한다. “우리는 새로운 도피구, 형태를 바꾼 기만을 파헤칠 때마다 기뻐했다. 우리의 한 젊은 동료는 교직원실에서 독단적인 의견을 내세우는 극단적인 기분파인데, 개인적으로 그녀와 이야기를 해보면 나는 정신적 유사(流砂) 속에 빠져드는 듯한 느낌이 들었다. 이와 같은 대조는 나를 당황케 했는데 어느 날 정신이 번쩍 들었다. ‘알았어요.’ 하고 나는 사르트르에게 말했다. ‘지네트 뤼미엘이란 실체(實體)가 없는 거예요. 일종의 환영인 거라구요.' 그 이후로 우리는 자신이 실제로는 갖지 않은 확신이나 감정을 지니는 체하는 사람에게는 이 말을 적용했다. 우리는 또한 그것과는 다른 이름으로 역할연기(役割演技)라는 것을 발견했다."

무엇보다도 파리는 즐거웠다. 앙리에트와 폴 니잔 부부는 자기들의 집으로 초대해주었는데 사르트르와 카스트르는 소르본과 룩센부르그공원 가까운 게이 류사크 거리에 있는 호텔 브로와를 더 좋아했다. 시몬느의 여동생 푸페트는 비서의 일을 하고 있었는데 여전히 그림 그리는 일을 계속했다. 학생시절부터 두 사람이 줄곧 연락을 해온 친구 중 레이몬 알롱이 있었는데 그는 베를린의 프랑스 학원에서 1년을 보낸 뒤 역사의 논문을 준비하면서 에드문트 루살의 현상학(現象學)을 공부하고 있었다. 그가 파리에 왔을 때, 모두 모여 몽파르나스의 나이트 클럽에서 하룻저녁을 보냈으며 그 가게의 명물인 살구 칵테일을 주문했다. 알롱은 자기의 술잔을 가리키며 말했다.

"이것 보게나, 자네가 현상학자였더라면 이 칵테일에 대해서 말하고 그것을 철학으로 할 수 있는걸세."

사르트르는 감동으로 창백해졌다. 바로 이것이야말로 그가 암중모색하던 사상——사물을 그가 본 대로 만진 대로 기술하고, 그리고 그 과정에서 철학을 추출시킨다는 것——이었다. 생 미셸 거리에서 사르트르는 에마누엘 레뷔나스의 《후살의 현상학에서의 직관이론(直觀理論)》을 사서, 내용을 한시라도 빨리 알고 싶어 거리를 걸으면서 읽기 시작했다. 그 속에서 우연성에 관해 언급한 것을 발견했을 때 그는 두근거리는 가슴을 억제하지 못했다고 카스트르는 회상하고 있다. 보다 더 충격이 적었던 일들은 여러 가지 있었다. 언젠가 듀랑은 《리차드 3세》의 무대 연습에 두 사람을 입회시켜 연출가인 그가 배우들에게 일러주는 액센트, 리듬, 억양이며 배우의 재능이나 결점을 교묘하게 이용하는 방식을 알게 해주었다. 코렛 오드리의 동생 자크리느는 스크립 걸로 일하고 있으며 코렛이 영화의 촬영소에 데려다주었을 때는 두 사람 모두 흥미가 있었고 신바람도 났다. 어느 배우가 "무슨 일이신가요?" 하는 장면을 말소리의 억양이나 동작도 전혀 바꾸지 않은 채 열세 번이나 재촬영하는 것이 깊은 인상으로 남았다.

"오후 8시에 산 라잘 역에 도착하여 우리를 루앙과 르 아브르에 데려다줄 열차에 올라탈 때면 언제나 기분이 가라앉는 것이었다."고 시몬느는 쓰고 있다. "우리는 S. S. 반 다인의 최근작인 화이트필드의 피비린내나는 스릴러 소설, 비평가들이 '신소설'의 선구자라 하여 절찬하던 다실 하메트 등을 탐독했다. 내가 역 밖으로 나올 때면 거리는 이미 깊이 잠들고 있었다. 가게 문을 닫기 직전 메트로폴에서 나는 크로와산을 먹고 내 방으로 돌아갔다."

파리로 가는 것이 두 사람의 줄기찬 입씨름의 원인이 되는 수도 있었다. 언젠가 두 사람은 문득 모두가 빈털털이임을 안다. 돈을 빌릴 만한 사람도 없었다. 시몬느는 매주 숙박하러 가는 호텔 브로와의 지배인에게 부탁하면 어떻겠느냐고 제안했다. 두 사람은 한 시간 남짓이나 말씨름을 한 끝에 결국 시몬느가 말했다. "그처럼 싫은 녀석이라면 그가 무슨 소리를 하건 상관없잖아요." 이에 대해 사르트르는, 이 사내에 대한 자신의 평가가 있기 때문에 돈을 빌리는 것이 싫다는 대답이었다.

레뷔나스의 책은 사르트르를 사로잡았다. 다만 그와 동갑내기인 이 리투아니아 태생의 레뷔나스는 후살에 관해서 결정적으로 막연하고 형식적인 개략만을 논하고 있는 데 불과하다고 사르트르는 단정했다. 때문에 후살 현상학에서는 우연성이 중요한 구실을 하고 있지 않음을 알았을 때 사르트르는 약간 마음이 놓였다. 그는 현재 70세의 후살을 진지하게 연구해 보려고 결심했다. 1929년까지 프라이부르크 대학에서 가르쳤던 후살은 아직도 슈바르츠발트의 대학도시에서 살고 있었다. 사르트르는 베를린의 알롱에게 편지를 보내어 자료를 청했다. 곧이어 알롱은 1933~34학년도에 베를린의 프랑스학원 연구생으로서 자기 후임으로 오도록 권유하는 회답을 보내왔다.

1933년 1월, 〈N. R. F〉지는 앙드레 말로의 《인간의 조건》을 연재하기 시작했으며 둘은 매주마다 혁명적 사건에 말려드는 사람들의 이야기를 읽었다. 말로는 사르트르보다 4세 연장에 불과했으나 어찌된 셈인지 전(前)세대에 속하여 이미 좌익의 유력한 대변자가 되어 있었다. 그의 소설은 사르트르의 이상에 가까웠다. 말로의 등장인물들은 '앙가주[參加]'하고 있었으나 동시에 고루(孤壘)를 지키는 사람들이기도 했다. 둘을 감동시킨 신간서는 루이 페르리낭 세리느의 《한밤중의 여행》이었다. 두 사람은 저자 자신이 경험했던 끈적끈적한 불투명(不透明)으로 침잠(沈潛)하는 괴로움을 환상적으로 묘사한 부분을 여기저기 암기하기도 했다.

부활제의 휴가를 런던에서 보낸 사르트르와 카스트르는 피커딜리, 구시가 (舊市街), 함스텟드, 푸토니 등을 몇 시간이고 걸어다녔으며 스트랜드의 스테이크 하우스나 소우호에서 식사를 하고 테이트 갤러리에서 몇 시간씩 보내며 고흐의 '황색의자'나 '해바라기'를 응시했으며, 또한 올드 치즈 위크에서는 셰익스피어며 디킨스의 옛 자취를 탐방했었다. 영화는 사르 트르의 집념이었다. 비가 내리는 가운데 그는 시몬느를 끌고 다니며 화 이트차펠의 온 거리를 한 조그만 영화관을 찾아 종일토록 헤매기도 했다. 포스터에 비하면 그 영화관에서 케이 프란시스와 윌리엄 파웰의 《돌아오지 않는 여로(旅路)》를 상영하기 때문이었다. 그녀는 그를 대영박물관으로 끌어들이지는 못했으나 그래도 그는 그녀가 세운 계획이며 일정에 비교적 잘 따르는 편이었다. 비가 내리기 시작하여 어디서 비를 피해야 좋을지 모를 때 프랑스식의 카페가 없음을 알고 두 사람은 당황했다. 초라한 택시, 낡아빠진 포스터, 다방, 촌스러운 윈도 디스플레이에 두 사람은 어찌할 바를 몰랐다. 캔터베리나 옥스포드에도 갔다. 캔터베리의 대성당은 아름답다고는 생각했으나 옥스포드에서는 영국인 학생의 신사인 체하는 태도에 사르트 르는 몹시 짜증스러웠다. 런던에서 12일간을 보낸 뒤, 둘은 말다툼을 했다. 사르트르가 영국의 수도에 그의 후살 현상학을 적응시키려 하고 그녀는 그의 총체적인 안목이 전체상(全體像)의 수많은 면을 보지 못하고 있다고 생각했기 때문이다. 로캉탕의 '부빌'로서 묘사된 르 아브르를 읽었을 때 에는 사르트르가 그 고장의 본질을 밝혀주었다는 인상을 그녀는 느꼈다. 그러나 런던에 관한 그의 전반적인 인식은 전혀 틀린 것이라고 그녀는 말하고 있다.

베를린의 프랑스 학원에서 1933~34학년도 연구장학금의 신청서가 받 아들여졌다. 사르트르는 의기양양했다. 이것으로 꼬박 1년을 가르친다는 것에서 벗어날 수 있는 것이다. 베를린은 철학을 공부하기에 가장 조용한 곳이라고까지는 말할 수 없어도 히틀러의 집권이 그렇게 오래 가지 못하리라고는 누구나 생각하고 있었다. 1월, 히틀러는 수상이 되었으며 2월 17일의 독일 국회의사당 화염(火炎)을 계기로 하여 강력한 독일공산당의 박멸에 착수했다. 프랑스의 여론은 독일의 지식인에 대한 나치스의 정책으로 동요했다. 독일의 지식인이나 예술가, 특히 유태계(系)의 사람들이 망명하기 시작했다. 그러나 독일 공산당의 지도자 에른스트 텔만은 독일의 1천4백만 노동자는 파시즘이 항구적인 해결이 된다는 것을 결코 용납하지 않으며 또한 히틀러가 그들을 전쟁으로 이끄는 것도 용납할 수 없다고 단언했다. 텔만이 불가리아 출신의 코민테른 서기장 게오르그 디미트로프와 함께 히틀러에 체포되고 의사당을 불태웠다는 이유로 재판에 회부되자 말로는 텔만 옹호위원회를 조직하여 독일인 망명자의 지도자 윌리 뮌첸부르크와 함께 파리, 런던, 암스테르담에서 모의 '반대재판'을 계획했다. 그러나 프랑스 좌익의 대다수는 〈르 몽드〉지의 논설위원인 앙리 바르뷔스의 의견에 동의했다. 히틀러는 독일경제를 재건하지 못할 것이며 강대한 독일 프롤레타리아는 다시금 우세해질 것이다. 그리고 참다운 위협은 프랑스에서 우익이 공황(恐慌)의 씨를 뿌리고 있는 것이라고 바르뷔스는 논했다. 프랑스 국민의회에서는 사회주의자나 공산주의자도 프랑스의 군비확장에 대해 반대투표를 계속하고 있었다. 사르트르와 시몬느는 좌익이긴 했으나 열렬한 반정치주의였다. 정치는 자기들의 투쟁과는 아무런 관계도 없을 것으로 둘은 생각했다. 《한창나이의 여자》에서 시몬느는, 사르트르가 공산당에 들어가는 것을 막연하게나마 생각한 적은 있었으나 그의 사상, 목적, 기질이 그것을 방해했다고 쓴 바가 있다. 그러나 1939년까지의 그는, 자신에 대해서 그 존재가 국가와는 아무런 관계도 갖지 않는 개인으로 살았다고 되풀이하며 말하고 있다.

"나는 '고독에 철저한 사나이' 였다. 그는 사회에 반대하나 그것은 그가 사회에 아무런 책임도 없기 때문이며 또한 매우 중요한 일이지만 사회가 그에 대하여 아무런 지배력도 없기 때문인 것이다."라고 사르트르는 필자에게 말했었다. "나는 어떠한 정치적 의견도 갖지 않았으며 어떤 선거에나

단 한 번도 투표한 바가 없었다. 니잔의 정치적 논의에 귀를 기울이긴 했으나 동시에 알롱이나 사회주의자가 말하는 것에도 귀를 기울였다. 나의 일은 쓰는 것이며 또한 쓴다는 것은 전혀 사회적인 활동이 아니라고 나는 생각했었다. 부르주아지 따윈 알게 뭐냐는 식이었으며 또한 아무런 망설임도 없이 신문 같은 데에 그처럼 쓰기도 했었다. 《구토》는 단순히 부르주아 멘탈리티에 대한 공격이 아니라 이 작품 자체가 부르주아 멘탈리티이기도 한 것이다. 이 소설은 '고독에 철저한 사나이'적인 발상의 문학적 귀결이며 내가 간신히 거기에서 피할 수 있었던 것은 겨우 1939년에 벽이 무너졌을 때였다.

그 여름에 두 사람은 그 뒤로 되풀이하며 찾아가게 되는 이탈리아를 처음으로 갔었다. 베니토 무솔리니 정부가 이른바 '파시스트 전람회'를 개최하고 있었으며 외국인 관광객을 유치하기 위해 이탈리아 국영철도는 70퍼센트의 운임할인을 하던 참이었다. 이 특전을 이용하여——'아무런 거리낌도 없이"라고 시몬느는 쓰고 있다——둘은 북이탈리아의 각지를 다녔으며 피렌체에서는 2주간을 보냈다. 그녀는 곧 이탈리아에 매료되었으나 사르트르는 달랐다. 곳곳에 검은 셔츠의 사내들이 있고 모든 벽은 파시스트의 구호로 묻혀 있었다. 밤이 되면 거리에는 인적이 끊겼다. 로마에서 두 사람은 새벽녘까지 자지 않기로 작정했다. 한밤중의 나보나 광장에서 2명의 검은 셔츠로부터 불심검문을 받고는 숙소에 돌아가 자라는 말을 들었으나 둘은 그 말에 따르지 않았다. 그러나 3시쯤, 콜로세움에서 불쑥 회중전등이 둘의 얼굴을 비추자 하는 수 없이 호텔로 돌아오고 말았다. 9월에 사르트르가 베를린에 도착하자 프랑스 학원의 교수나 학생들은 나치즘이 지금 마지막 발악을 하는 중이라고 말했다. 학생들은 반(反)파시스트의 학생이나 지식인 이외에는 사귀지 않았으며 이들 학생이나 지식인은 모두 30만 명의 각색 셔츠를 입은 나치스가 행진했던 뉘른베르그 회의는 집단 히스테리의 일시적 발작에 지나지 않는다고 확신하고 있었다. 프랑스 학원에 있던 키가 크고 날씬한 미남의 유태인과 키가 작은 곱슬머리의 코르시카 인은 인종적 편견을 갖는 사람들로부터 어김없이 후자는 유태계(系), 전자는 아리아계로 착각되어 모두들 인종적 편견의 어리석음에 대해 웃음거리로 살았다.

학원에서의 사르트르의 생활은 안정되어 있었다. 고등사범학교 시절 이후의 오랜만인 자유와 우정을 누릴 수 있었던 것이다. 뿐만 아니라 바람마저 피웠다. 상대방은 다른 유학생의 아내였다——시몬느는 그녀를 가리켜 '마리 지랄'이라고 불렀으며 느긋하게 미소 짓고 백일몽에 잠기는 매력적인 여성인데 파리에서는 카르체 라탕을 오래도록 헤맸던 사람이라고 쓰고 있다. 사르트르와 '마리'는 늘 만나고 있었다. 이 두 사람은, 이 관계에는 미래가 없으며 지금의 현실만으로 충분함을 서로가 양해하는 처지였다. 크리스마스 휴가 때에는 파리로 돌아가겠어, 하고 그는 그녀에게 말했었다.

그는 다시금 부지런히 일하기 시작했다.

현상학(現象學)은 1934년 당시 '인간'의 사고방식을 이해하고 인간의 자아와 세계와의 관계를 다시 정의하려는 운동이었다. 영미(英美)의 관심 영역과는 전혀 동떨어진 곳에서——영국의 버트런트 러셀은 분석적 논리를 탐구하고 있었으며 미국 철학계에서의 지배적인 세력은 일종의 수정된 프래그머티즘이었다——현상학은 사상(事象), 바꾸어 말해서 현상을 설명 혹은 분석하지 않고 기술함으로써 근원적인 것으로 거슬러 올라가려 하며 또한 이 좁혀진 사고의 개념에서 출발하여 세계의 존재의미의 새롭고 보다 직관적인 파악으로 향하려 하고 있었다. 현상학이란 모든 판단을 소급하고 중지하며 일종의 근원적 직관으로써 사상(事象)이나 개념을 파악하려 하는 것을 의미했다. 후살의 말에 의하면 우리는 설사 천 가지 일을 '생각'할 수는 있어도 직관적인 상상이 가능한 것은 서넛에 불과하며 현상학은 바로 그것의 인식을 뜻하는 것이었다. 데카르트의 방법적 회의를 받아들여 현상학은 '우리는 확실히 무엇을 알고 있느냐'를 물으려 했으며 또한 칸트의 흐름에서 '지식은 어떠한 형태를 취하려 하는가'를 반문하려고 했다.

현상학은 인간존재의 의미를 설명하기에는 충분치 못하다 하여 합리주의적 형이상학을 전면적으로 거부하고, 또한 그 반대로 마르크스주의자들로부터는 인간을 역사적 과정에 참여하는 자가 아니라 방관자로 만드는 일종의 신비주의적 관념론이라 하여 거부되었다. 현상학은 판단한 기반 위에 서 있는 것이 아니라 생성발전의 단계였다. 후살은 그 원천이며 일찍이 유태교로부터 프로테스탄티즘으로 전향한 후 염소수염을 기르고 쇠붙이 테의 근시안경을 걸친 정력적인 체구의 작은 남자로서, 철학은 엄밀한 학문일 수 있다고 열렬히 믿고 있었다. 또한 오만과 슬픔을 뒤섞어 스스로를 '영원한 초심자'라고 부르기를 즐겼다. 이제 95세의 그는 프라이부르크 대학에서 물러나기는 했어도 여전히 활발하게 활약하고 있으며 베오그라스에서 있을 예정인 연속강의의 준비에 바쁜 나날을 보내고 있다. 또한 그가 가장 촉망하던 학생 마르틴 하이데거가 설사 1년 동안 나치즘 찬미로 기울어졌다고는 하나 그의 후임으로 임명된 것을 흐뭇하게 여기고 있었다. 후살은 그 뒤 80세 가까이까지 살았으며 그 만년에는 유태계이기 때문에 나치스로부터 온갖 압박을 받아야만 했다.

처음에는 수학을 전공했던 후살은 어렴풋한 개념으로 수학을 계속한다는 데에 만족할 수 없어 1891년에 수론(數論)의 몇 가지 기초개념을 심리적 분석으로 시도한 《산술(算術)의 철학》을 공포했다. 이 저술의 서평을 쓴 사람은 기호논리학의 창시자 고트로프 프레게였는데, 그는 후살을 심리학과 논리학을 혼동하고 있다고 비난했다. 프레게의 반론에 심각한 영향을 받은 후살은 그것을 역이용하여 이번에는 수학의 심리분석 대신에 철학을 엄밀한 학문으로 성립시키는 데 온 힘을 기울였다. 게틴겐 대학에서 가르치던 1910 년경에 그는 의미를 신중하게 정의하는 '방법'을 확립하여 '판단'의 문제에 착수했다. 각고의 연구를 거듭하는 가운데에서 그는 감각경험을 배제하여 관계·본질·가치의 직관적 '부여'로 길을 개척함으로써 사고한다는 것의 개념을 좁혔다. 주어진 어떤 것은 우발적이다라고 그는 말한다. 그것은 이와 같은 것, 하나의 사실이긴 하나 다른 것일 수도 있다. 사실성(事實性)이란 무엇인가의 본질을 밝힌다——자유의 사실성이란 자유는 자유가 아니라는 것이 가능하지 않다는 사실인 것이다.

일반적인 사고와 근원적 인식을 구별하기 위해 후살은 모든 사실의 구성물(構成物), 또는 해설에서 현상을 순화하기 위해 판단의 '환원' 또는 '괄호'에 넣는 방법을 발전시켰다. 이 환원을 행하면 우리는 '초월론적

자아’ 또는 ‘순수의식’에 이르며 이전에는 알지 못했던 존재의 영역——의식의 본질적 성격을 탐구하고 기술하는 일에 착수할 수 있다고 그는 주장했다. 모든 의식은 무엇인가에 대한 의식이다라고 그는 말했다. 존재하기 위해서 지각(知覺)은 그 자체 이외의 무엇인가에 대해 의식해야만 한다. 후살은 프라이부르크 대학의 철학부장이었던 1920년대에 몇 가지의 극단적인 견해를 전개했다. 이를테면 순수의식은 설사 세계 전체가 파괴된다고 해도 존속할 수 있다고 주장했다. 과연 SF작가들이 좋아함직한 사고방식이다. 현상학자 가운데에는 이것을 형이상학에의 한심스러운 타락이라고 생각하는 사람도 있었는데 1930년에 그는 이것을 수정하여 순수의식은 세계와 ‘상관적(相關的)’이라고 말하기에 이르렀다.

사르트르는, 인생은 내부에서 파악되어야 한다고 믿었으며, 후살의 현상학에서 존재를 내부에서 탐구하는 강력한 수단과 아울러 작가의 도구로서 상상과 감정의 내면적 탐구를 기술하는 방법을 보았다. 그가 현상학에 도달한 것은 칼 야스퍼스를 경유해서였다. 야스퍼스는 하이델베르크 대학의 현상학파 철학자이며, 인간 존재를 개인의 현존재(現存在)와 초월에의 희구에 대한 갈등으로 보았다. 후살을 프랑스에 소개한 레뷔나스의 작업을 사르트르가 좋아한 까닭은 삶의 직접성(直接性)을 충분히 인정한다 하여 합리주의를 거부한 점이었다. 현상학파는 인간을 절망, 고뇌, 반역으로서 완벽한 세계로 다시 되돌리고 있다고 사르트르는 느꼈다. 안토와느 로캉탕을 주인공으로 하는 소설(구토를 말함)을 더욱 현상학적으로 하기 위해 손질을 하는 한편 후살과 하이데거의 모든 저술을 원어(原語), 즉 독일어로 읽기 시작했다.

그는 후살이 순수의식에서 주관성을 ‘괄호로 묶음’에 있어서 충분히 철저하지 못함을 깨달음과 동시에 사물보다는 정신을 보다 확실한 것으로 하는 데카르트의 ‘코기토’(Cogito, 생각한다는 뜻)——나는 생각한다, 그러므로 나는 존재한다(Cogito, ergo, sum)——는 ‘나는 의심한다. 그러므로 나는 존재한다.’를 의미하는데, 그보다도 ‘나는 의심함을 안다. 그러므로 나는 존재한다.’로서 파악해야 한다고 생각했다. 데카르트는, 의식인 자발적 회의와 행위인 체계적 회의를 혼동하고 있다고 사르트르는 주장했다. 이 생각은 사르트르를 전반성적(前反省的) '코기토'를 제 1 차적 의식으로서 파악하는 입장으로 인도했다. 의식의 본질 그 자체로 보아 의식에 있어서 존재한다는 것, 그리고 그 자체를 안다는 것은 한 가지 것에 지나지 않는다고 그는 1936년에 가서야 겨우 발표된 에세이《자아에의 초월》에서 썼다. 내가 의자의 존재를 지각할 때 나는 비반성적(非反省的)으로 나의 지각을 의식하고 있다. 그러나 이 지각을 의도적으로 포착할 때 그것은 전적으로 새로운 의식의 행위가 되는 것이다.

그는, 의식이란 어떤 것에 관해서의 의식이라고 하는 후살의 견해에 찬성이었다. 그러나 진정한 문제는 존재의 의미라고 하는 하이데거의 생각에 더욱 끌리고 있었다. 《존재와 시간》(1927)에서 하이데거는 이 의미를 발견하기 위해서는 '실체' 또는 '사례(事例)'에 관한 정교한 이론은 필요하지 않다고 주장했다. 필요한 것은 사람들이 관련을 갖는 도구와 그리고 그들의 근본적 상태, 목적, 기분을 살핀다는 것이다. 이처럼 생각할 때, 하이데거는 인간존재란 궁극적으로 부조리한 것이라고 주장한다. 우리는 자신이 창조한 것도 아니거니와 선택한 것도 아닌 세계에 존재한다. 이 세계의 모든 생물 가운데에서 과거를 이해하고 미래에 관한 생각을 하며 우리의 이해력으로써 현재를 형성하고 운명에 영향을 줄 능력이 있는 것은 우리뿐인 것이다.

에고〔自我〕와 현실세계가 함께 의식의 대상이라고 한다면, 또한 그 한쪽이 다른 한쪽을 만든 것이 아니라고 한다면 이 자각은 인간의 세계에의 적극적 참여를 보장한다고 현상학에서는 말하나, 이로써 현상학이 관념론에 빠져 버렸다고 하는 비난에 대해 사르트르는 현상학 옹호의 입장을 취했다. 의식은 일반적으로는 의식을 동일한 작용을 하는 '나'에서 무한히 유출된다고 그가 주장했던 것은 매우 중요한 점이었다. 이 사고방식은 훗날 그를 다음과 같은 신념으로 이끌게 된다. 즉, 우리가 두려움이나 불안을 느끼는 것은 우리 과거에 있어서의 어떠한 것도, 그리고 식별할 수 있는 퍼스널리티에서의 어떠한 것도, 우리가 흔히 취하는 행동양식의 어떤 것을 장래에는 취함을 확실히 하지는 않는다고 우리가 깨달을 때이다. 그야말로 우리가 어떠한 가치를 선택하건 그 타당성을 아무것도 보장하지는 않는다는 것이다.

"마치 지각이 그 자체의 허상(虛像)으로서의 에고를 구성하듯이 의식은 마치 그것이 확립되고 그 일부가 되어버린 이 자아에 의해서 최면술에 걸리기라도 한 것처럼 모두가 일어나고 있다."고 그는 쓰고 있다. 이것은 시몬느나 그나 그 밖의 사람들이 사용해온 허위의 어법(語法), 속임수의 회상, 그 밖의 갖가지 미화작용(美化作用)을 정확히 하기 위해 시도해본 '자기기만'의 사상을 나타내는 새로운 방법이었다. 자기기만이란 의식이 이미 확립된 자아 속에 폐쇄된 체하며 그럼으로써 꾸준히 선택을 행한다는 책임에서 피하려 함을 의미했었다.

사르트르는 언제나 복잡한 형이상학적 개념을 소설로 옮기는 데 능란했으며 1933년부터 34년에 걸쳐서 몹시 추웠던 베를린에서 보낸 그 겨울에도 '마리'와 사귀거나 시몬느에게 장문의 편지를 쓰는 그 사이사이에 의식에 관해서 짜맞춘 자기 주장을 안토와느 로캉탕의 이야기에 쏟아넣고 있었다. 이 무렵에는 이미 그는 주인공 안토와느에게 일어난 일은 우연이다——안토와느의 인생은 이러하지만 그것과는 다른 것도 있을 수 있었다——는 것으로 하려고 작정하고 있었다. 이때의 개필(改筆)로 그는 주인공이 존재의 의미에 관해서의 계시를 향해 나아가는 그 과정에 정확한 범위를 부여했다. 안토와느의 인생을 앞뒤가 맞는 것으로 하고 있던 것은 환상이었는데, 이제 이 환상의 붕괴는 신비화를 깨는 촉진제가 되는 것이다. 결국 안토와느는 자신의 존재를 정당화하는 것은 아무것도 없다는 것, 어떤 정당화가 필요하다면 그것은 단순히 그러한 것임에 지나지 않다는 것을 받아들이기에 이른다. 사르트르는 1936년에도 다시금 이 소설을 고쳐 썼으며 후살을 읽는 한편으로 썼던 초고는 결국 햇빛을 보지 못하고 말았다. 그러나 부뷜 시립도서관의 모든 장서를 알파벳순으로 독파하는 데 온힘을 기울이긴 했으나 결국에 가서는 '자기기만'의 불성실성에 빠져버리는 그로테스크한 동성애적, 전통적인 인도주의를 회화화(戱畵化)한 '독학자(獨學者)'를 창조한 것은 바로 이때였다.

크리스마스 휴가로 사르트르가 10일 동안 파리에 돌아왔을 때에 시몬느는 '마리'에 대한 이야기를 듣고 2월 중순에는 앞뒤 가리지 않고 베를린으로 달려가고 싶어졌다. 사르트르가 다른 여성과 함께 있어야 할 필요를 느낀

것은 이번이 처음이었다. 그가 자유를 달성하기 위하여 필요로 한다는 사실이 그녀에게 상처를 입힌 것이다. 학교를 결근하기 위해 그녀는 몸이 몹시 피로하다는 구실을 생각해냈으며 어떤 의사가 곧 2주간의 휴양을 요한다는 진단서를 써주었다. 베를린에서 기차를 내리자 몹시 추웠다. 둘이서 이야기를 나누며 걸었는데 사르트르는 그녀를 쿠르퓌르시헨담에서 알렉산드르 광장까지 걷게 했다. 사르트르가 다른 여성과 관계를 가졌다 해서 자기들 둘의 관계가 깨어질 리는 없다. 그것은 그녀 자신도 잘 알고 있었다. 그러나 안심하기 위해서는 그가 거기 있어야만 했던 것이었다.

그 뒤의 2주간을 사르트르는 그녀와 함께 보냈다. 그는 그녀를 섬뜩한 느낌이 감도는 베를린의 동성연애자만이 모이는 술집이며 오전 11시부터 입석(立席)만으로 영업하는 비어 홀 등으로 안내했으며, 또한 작가며 예술가들이 몰려드는 지난날의 지식인 집합장소이던 카페 로마니셰스에도 데려갔다. 하노바로 간단한 여행을 하여 라이프니치의 집을 방문했으며 또 프랑스 학원에서 그는 학생이나 교수진이 심심풀이로 하는 외화의 암거래에 대한 이야기를 그녀에게 들려주기도 했다. 시몬느가 마리를 만나자 그녀의 걱정은 거의 기우에 불과한 것임을 알 수 있었다. 《한창나이의 여자》에서 그녀는 약간 과장하여 마리에 대해 아무런 질투도 느끼지 않았다고 쓰고 있다.

"그런데 우리가 사귄 이후로 사르트르가 다른 여자에게 진지한 관심을 품었던 것은 이것이 처음이었으며, 더구나 질투의 감정은 나와는 관계가 없거나 얕잡아보는 그런 정도의 것이 아니었다. 그러나 이 외도는 나를 놀라게 하거나 우리의 공동생활에 대하여 내가 품었던 생각을 뒤집는 것도 아니었다. 애당초부터 사르트르는 그와 같은 모험을 할 기회가 있으면 미리 양해를 구했기 때문이다. 그 원칙을 받아들였던 내가 사실을 그대로 받아들인다는 것은 어려운 일이 아니었다. 세계를 알고 그것에 표현을 부여한다는 것, 이것이야말로 사르트르의 모든 생애를 지배하는 목적이었다. 그리고 그가 얼마나 그것에 집착하는가를 나는 알고 있었다."

1950년대에 그녀의 전기를 썼던 친구이기도 한 프란시스 쟌슨은 그녀의 마음이 그렇게 평화로운 것은 아니었다고 말하고 있다.

"그렇다, 확실히 이 여성은 질투를 알고 있었다. 이를테면 사르트르와 카뮈와의 또는 마리 지랄과의, 올가와의, 혹은 'M'과의 관계의 역사를 보아주기 바란다."

올가는 사르트르가 베를린에서 1년 동안의 연구를 마치고 다시 르 아브르의 직장으로 돌아왔을 때 가장 두드러지지 않고 가장 오랜 형태로 두 사람의 생활 사이에 파고들었다. 그녀의 이름은 올가 코자키에비치——시몬느의 자전에 의하면 올가 D.——로 전에 시몬느가 가르친 제자로서 반동적(反動的)인 백계(白系)의 러시아인 아버지와 마찬가지로 보수적인 어머니 사이에 태어난 딸인데, 루안에서 40마일 떨어진 곳에 살고 있던 부모가 그 딸을 코렛 오드리와 같은 호텔 겸 아파트에 하숙시키고 있었던 것이다. 창백한 얼굴에 금발의 머리를 한 18세의 올가는 이제 학부 학생으로서 급진적인 정치활동에 몰두하여 열렬한 시오니스트나 아니면 열렬한 코뮤니스트인 한 무리의 망명 폴란드인과 같이 사귀고 있었다. 어느 날, 올가로부터 유태인으로 있다는 것은 무엇을 의미하느냐는 질문을 받은 시몬느는 절대적인 확신으로써 이렇게 대답했다.

"아무런 의미도 없어요. '유태인'이니 하는 건 존재하지 않으니까요. 있는 것은 오직 인간뿐이에요."

훨씬 훗날에 가서 올가가 시몬느에게 말한 바에 의하면 폴란드인 친구들의 방에 들어온 올가는 "여러분, 여러분은 누구 하나 존재하지 않는 것입니다! 철학 선생님이 나에게 그처럼 말했습니다." 하고 선언하여 대단한 감명을 주었다는 것이다. 시몬느가 시인하듯이 그녀와 사르트르는 때때로 난처할 정도로 사물을 추상화하는 경향이 있었다. 올가는 마음이 내키지는 않지만 의학부로 진학할 준비를 하고 있었다. 그리고 사르트르가 아직 베를린에 있던 해에 시몬느는 1주에 한 번 올가를 데리고 점심을 먹으러 다녔으며 이 젊은 아가씨의 발랄한 퍼스널리티며 그녀의 폴란드 친구들과의 이야기, 그녀의 변덕스런 기분에 곤혹을 느끼기도 하고 기분 전환을 꾀하기도 했었다. 입학시험에 실패한 올가는 밤낮을 가리지 않고 산책을 하거나 춤을 추고 음악을 듣는 한편 지루한 토론을 했다. 또다시 낙제할 것만 같았고 그렇게 되면 부모와 한바탕 말썽이 일기 때문에 그녀는 몹시 참담한 심정이었다.

올가의 그와 같은 고민을 잊게 해준 것은 시몬느의 새 친구인 마르크 즈올로의 익살과 클래식의 레코드였다. 지중해 연안의 지방적(地方的) 미소의 소유주로 어느 고등중학교 교사이던 그는 오페라 가수를 지망했었는데 앞머리가 급속하게 벗겨지기 시작하던 참이었다. 그가 지껄이는 농담이 악취미였다 해도 밉지 않는 그런 인품이었다.

르 아브르에 복직한 사르트르는 작업에 몰두했으며 시몬느는 여가가 있을 때면 거의 오랜 항구도시인 그가 있는 데서 시간을 보냈다. 이곳은 루앙만큼 우울하지 않다는 점에서 두 사람은 의견을 일치하고 있었다. 사르트르가 고쳐 쓴 안토와느 로캉탕의 이야기는 그녀도 마음에 들었으나 그래도 지나치게 형용사나 비유가 많다는 느낌이 들었다. 그래서 그는 다시금 철저히 손질할 작정이었다. 그런데 소르본 시대의 철학교수였던 앙리 드라크로와가 사르트르의 학생시대의 논문《심리생활에서의 상상력》을 바탕으로 하여 책을 쓸 생각이 없겠느냐고 제의해왔다. 드라크로와 교수는 조그만 출판사의 신철학(新哲學) 시리즈의 편자(編者)이기도 했던 것이다. 크게 흥미를 느낀 사르트르는 안토와느 로캉탕을 일단 젖혀놓고 심리학에 착수, 이것을 빨리 끝내려고 생각했다.

그런 참에 갑자기 니잔이 찾아왔다. 어떤 공산당의 집회에서 연설을 하기 위해서라며 아무렇게나 걸쳐입은 듯하면서도 빈틈없는 옷차림을 하고 있었다. 그의 모든 것이 성공을 말해주고 있었다. 그는 소련에서 1년을 보내고 귀국한 지 얼마 안 된 참이었다. 마를로, 루이 아라곤, 나이 많은 극작가인 장 리샬 브로크 등과 함께 프랑스 대표단을 만들어 전(全) 소련 작가회의에 참석, 스탈린이며 막심 고리키와 직접 이야기를 나누었다는 것이며 구르지아산(産)의 포도주에 쾌적한 침대와 그들이 묵은 호화로운 호텔에 관한 이야기를 열띤 어조로 들려주는 것이었다. 그러면서 니잔은 이러한 호사스러움이 소련이라는 나라의 엄청난 풍요를 반영하는 것이라고 은근히 비치기도 했다. 그는 작가회의가 조이스, 플루스트, 도스 파소스 등을 '퇴폐적'이며 '허무주의적'이라 하여 탄핵한 데 대한 말은 한 마디도 않고 유리 오레샤의 표현주의적 소설인《선망》에 대해 이야기했다. 이 소설은 낡은 러시아와 새로운 러시아의 갈등에 신선하게 접촉하고 있으며 '새로운 남성'과 시대착오적인 그 동생과의 관계를 양자에 똑같이 공감을 보내면서 '해결'을 시도하려 하지 않은 채 묘사하고 있다는 것이었다.

"사르트르는 오레샤일세." 하고 니잔은 혼자 신바람이 난 듯이 손톱을 씹으며 말하는 것이었다.

"내어놓고 입에 올리는 일은 결코 없었으나, 니잔이 언젠가는 자기도 이 세상에서 영원히 소멸한다는 것을 생각만 해도 얼마나 심각한 고민에 빠지는가를 우리는 알고 있었다. 이 무서운 전망(展望)을 멀리하기 위해서 며칠 동안이나 싸구려 술집을 차례로 찾아다니며, 술을 마시고 싼 포도주를 물 마시듯 마시며 다니는 수가 있었다."고 시몬느는 회상하고 있다.

"그는 사회주의적 신조(信條)가 어떤 구원이 되지 않겠느냐고 생각했으며, 이 전망에 대해 상당히 낙관적이었다. 그런데 이 점을 장황하게 추궁해 본 젊은 공산당원들은 한결같이 이렇게 대답했다——죽음에 직면하면 우애나 유태는 아무런 소용도 없다. 자기들도 모두 죽음이 두렵다.'고."

니잔은 그의 세 번째 작품인 《트로이의 말》을 출판할 참이었다. 이 작품에는 사르트르가 어두운 형이상학적인 고찰에 몰두한 채 아스팔트의 거리를 걷는 시골 교사이며 아나키스트인 랑쥬로서 등장하고 있다.

크리스마스 휴가 때, 사르트르와 시몬느는 그녀가 '발견한' 새로운 것을 했다. 알프스에 스키를 타러 간 것이다. 매일, 오전과 오후에 줄곧 둘은 똑같은 초심자용 슬로프에 모습을 나타냈다. 거기서 열 살 난 사내아이가 회전하는 방법을 두 사람에게 가르쳐주었다. 두 사람은 은백의 경사면에 무지개 빛깔의 햇빛을 쏟아놓는 태양을 사랑하고, 날이 저물면 행복한 기분으로 묵고 있는 여관으로 돌아와 따끈한 차를 마셨으며 밤이면 갖고 온 연구서를 펼쳤다. 드라크로와 교수로부터 부탁받은 책을 쓰기 위해서는 신경계통에 관해서 알 필요가 있다고 사르트르는 생각했던 것이다. 새해는 샤모니 계곡을 굽어보는 몽로코에서 맞이했다. 그러나 1935년은 두 사람에게 있어서 위기의 해를 뜻하는 것이 되었다.

사르트르는 30세가 되었다.

30세는 젊음의 종말을 의미했다. 그것은 현재의 상황을 돌아보며 지금의 자신——시골 교사라는 것——을 시인한다는 것을 뜻하기도 했다. 또한 그것은 자신에게 새로운 일이란 아무것도 일어나지 않을 것임을 시인하고 인간의 노력이 얼마나 공허한가를 뜻하기도 했다. 그의 저작은 잇달아 거절당했으며 또한 테릭스 알칸 출판사는 그의 논문《승리생활에서의 상상력》의 제1부만을 인쇄하기로 결정하고 있었다. 시몬느는 여전히 그의 미래에 절대적인 신뢰를 두고 있었으나, 젊다는 것, 그리고 오늘을 위해 산다는 것에 전면적으로 자신을 투입해온 사르트르는 이제부터 앞으로 더 나아가기 위해서는 강렬한 매혹을 필요로 했다. 의식의 심부(深部)를 모색하기 위한 마약의 실험이 그 하나이며 올가와의 삼각관계 역시 또 하나의 것이었다. 시몬느는 개의치 않았다. 그녀를 실망시키고 말다툼을 빚게 하고 간청케 하고 결국에는 배신당했다는 느낌을 품게 했던 것은 그가 자신의 공포나 망상에 지고 있다고 느껴지는 사실이었다. 그와 같은 엉뚱한 생각이 공동의 생활을 위협하고 있을 때에 그가 그것에 골몰할 권리는 없을 터이었다. 그녀에게 있어서 직업을 갖는다는 것은 커다란 희열이었지만 그에게 있어서의 그것은 매우 당연한 일일 뿐이었다.

가르친다는 것이 그녀에게는 해방을 의미한 데 비해서 그는 자신의 자유가 진창의 늪에 빠져버린 듯이 느끼고 있었다. 그녀에게 있어서는 그가 다만 존재한다는 것이 세계를 정당화했었으나 그에게 있어서는 비슷한 의미를 지니는 것, 그녀이건 누구이건 아무것도 없었던 것이다.

"사르트르가 직면한 문제를 내가 대신해서 해결한다는 것은 불가능했었다."고 그녀는 쓰고 있다. "이 일시적인 동요에서 그를 바로잡기에는 나에게 경험도 없었으며 필요한 기술도 없었다. 더구나 내가 그의 불안을 나누어 가지려 해도 전혀 그의 도움은 되지 못했을 것이다. 어쩌면 나의 분노는 건전한 반응이었다고 말할 수 있다."

알프스에서 크로나크시아——전류가 흘러 신경섬유를 흥분시키는 최소한의 시간——에 관해 읽은 것은 지향성(指向性) 및 정신의 어떤 것이건 지각하지 않는 능력—— 의식이 무엇인가에 관해서의 의식이라고 한다면 거의 불가능한 것——의 현상학적 탐구의 일환이었다. 사르트르는 꿈이나 꿈이 유발하는 심상(心象), 지각이상(知覺異常) 등에 강한 관심을 품었다. 그의 고등사범학교 시절의 동기생이며 의학으로 옮겨 정신의학을 전공하는 다니엘 라가슈에게 이야기를 해보았더니, 실험 심리학에서 환각을 일으키기 위해 사용되는 새로운 마약 메스카린을 시험해보는 것이 어떻겠느냐는 권유를 받았다. 파리의 생 탄느 병원에 있는 라가슈 박사의 진료소에 와서 메스카린의 주사를 맞으면 사르트르는 자신이 직접 그 현상을 확인할 수 있을 것이라고 한다. 다만 부작용으로서 사르트르가 몇 시간 동안 '기묘한 언동'을 하게 되리라고 라가슈는 주의를 주었다.

사르트르가 생 탄느 병원에 간 그날 오후를 시몬느는 모렐 부인 및 피엘 귀유와 함께 보냈다. 약속된 시간에 병원으로 전화를 하자 사르트르는 혀가 꼬부라지고 착 가라앉은 목소리로 전화의 벨 덕분에 몇 마리의 문어와의 격투에서 살아났다고 하는 것이었다. 그녀가 가서 보니, 그는 눈에 띄는 모든 것이 무척 음산스럽게 변형된 모습으로 보인다고 했다. 우산이 독수리로, 구두가 해골로 변하고 사람의 얼굴은 귀신처럼 보일 뿐만 아니라 또한 등 뒤나 시야의 양 끝에는 게 같은 기묘한 것이 우글댄다고도 했다. 한 인턴이 자기가 메스카린을 맞았을 때에는 꽃이 만발한 목장을 뛰어다녔다고 말하면서 사르트르의 반응에 몹시 놀라고 있었다. 르 아브르로 돌아가는 기차 안에서 사르트르는 지껄이는 것이 몹시 힘겨워 보였으며 시몬느가 신고 있는 도마뱀 가죽의 구두를 물끄러미 응시하는 것이었다. 그러나 이튿날은 분명히 자기 자신을 되찾았고 시몬느는 그에게 병원에서의 경험을 밝은 냉정함으로 들려주었다.

그런데 그로부터 얼마 안 되는 일요일에 코렛 오드리를 데리고 시몬느가 르 아브르로 갔을 때 그는 언짢은 표정에 멍청해보였다. 다음에 둘이서만 만났을 때 그는 그 까닭을 설명했다. 극심한 우울상태에 놓여 지각에 이상이 왔다는 것이다. 눈앞에 검은 얼룩이가 보이고 집들은 음산하고 찌푸린 모양을 하며 곳곳에 축 튀어나온 눈알에 날카로운 이를 드러낸다는 것이다. 어떤 시계의 문자판도 부엉이 얼굴로밖에는 생각되지 않는다. 그는 그것이 실제로는 집이며 시계라는 것을 알며 그 눈알이며 드러낸 이빨임을 믿지는 않으나 언젠가는 믿게 될 때가 올는지 모른다. 언젠가는 왕새우가 자기 뒤에서 엉거주춤하게 따라오는 것이라고 진정으로 믿게 될는지 모른다는 것이었다. 어느 날 오후, 루앙의 철도 대피선(待避線)을 따라 산책하고 있을 때 그는 불쑥 이렇게 말했다.

"나는 이것이 무엇인가를 안다. 만성 환각성 정신증이 시작되고 있는 거다."

부활절의 휴가 때 둘은 북이탈리아를 방문했는데 그의 기분은 몹시 좋아 보였다. 그러나 둘이서 파리에서 열린 페르난도 게라시의 개인 전람회에 초대받아 갔을 때 그는 무표정한 모습으로 한구석에 웅크리고 있었다. 모렐 부인은 과로한 탓으로 여겨 잘 아는 의사에게 그를 보냈는데, 이 의사는 그에게 요양 휴가의 증명서 발급을 거부했다. 아트로핀의 흥분제를 처방하며, 의사는 사르트르에게 필요가 없는 것은 한가롭게 있는 것과 고독 정도라고 말하는 것이었다. 그래서 그는 수업과 집필을 계속하고 기분전환을 위해 지난날의 제자인 보스트와 아르벨 파르를 데리고 외출을 했다. 그들이 있어주면 게를 비롯한 갖가지 흉칙한 도깨비가 뒤따라오지 않는다는 것이었다. 시몬느가 강의로 바쁠 때는 올가가 그를 따라다녔다.

7월이 되자 사르트르의 어머니가 걱정하기 시작하여, 그는 어머니 및 의붓아버지가 권유하는 대로 노르웨이의 피요르 관광여행을 했다. 배에서 열리는 가장무도회 때 그는 어머니로부터 검은 벨벳의 드레스를 빌려입고 길게 드리운 금발의 가발을 썼다. 후에 그가 시몬느에게 말한 바에 의하면, 미국인 여성의 동성연애자가 밤새껏 그를 뒤쫓아다녔다는 것이다. 이때부터 모두가 루앙의 올가 집에 모여 흥겹게 떠들며 놀 때면 여장(女裝)이 그의 특기가 되었으며 마르크는 노래를 부르고 보스트는 발가락으로 성냥불을 당겼으며 제제라는 아가씨는 배꼽춤을 추었다. 길을 잃어 이 바위에서 저 바위로 위험한 하산을 한 적도 있었다. 피엘 귀유가 여자친구를 데리고 두 사람과 어울렸으며, 여기 저기를 하이킹도 하고 타룬 계류에서 멱을 감고 둑에서 숨으며 게의 바비큐를 즐기기도 했다. 어느 날 저녁, 소낙비가 내리는 가운데 만원버스에 시달리며 아르비 근방의 마을에 도착했을 때 사르트르는 갑자기 이제 미치광이 노릇을 더는 못 하겠다고 선언하더니 평소의 그로 되돌아갔다. 훨씬 훗날에 가서야 두 사람은 메스카린 트립이 우울상태를 빚어낸 것이 아님을 알게 되었다. 그들이 만난 의사들은 메스카린이 그에게 몇 가지 환각의 형태를 제공했던 것이며 실제의 원인은 지나친 작업에서 온 과로 탓이라고 생각했다. 사르트르 자신은 이렇게 말하고 있다.

"나의 신경증의 근본원인은 내가 장년기에 들어선다는 사실을 납득함에 따라 겪은 곤란이었다. 그것은 일종의 아이덴티티의 위험이었던 것이다."

그 해에 사르트르의 외할아버지가 죽었다. 슈바이처 집안의 장수(長壽)는 과연 놀랄 만한 것이었다. 그는 92세까지 살았다. 1922년에 노벨 평화상을 수상하게 되는 그의 조카 알버트 역시 90세까지 살았던 것이다.

시몬느가 올가의 보호자 역할을 자청한 것은 사르트르와 그녀가 다시 작업을 시작한 뒤부터였다. 올가는 의학부의 입학시험에 계속 실패하여 바로 부모가 있는 집으로 귀가하지 않고 루앙의 거리를 밤새도록 헤매거나 댄스 홀 로와이얄에서 밤마다 춤으로 지새웠다. 그리하여 1주일이나 늦게 집으로 돌아온 그녀는 지칠대로 지쳐 있었고 더구나 간질병의 기미마저 있는 들고양이까지 데리고 왔다. 양친은 그녀를 기숙사가 딸린 학교에 보내려고 했기 때문에 반항적인 패배주의의 상태에서 그녀는 시몬느에게 매달렸다. 철학의 옛 스승인 시몬느보다 아홉 살 반이 아래인 올가에게는 분방하고 극단적인 데가 있었는데 그것이 시몬느의 마음을 끌었다. 올가는 '진짜' 자신의 감정을 결코 속이지 않고 즐거움에 자신을 잊고 몰두했다. 너무 피로하여 실신할 때까지 춤을 추는 수도 있었다. 또한 인간에 대해서는 그칠 줄 모르는 호기심을 품었다. 시몬느의 내부에서 올가는 지금의 자신이 지닌 증오나 거절을 극복한 여자, 인간을 이해하는 어른스러운 여자, 매력적인 친구들을 갖고 자기가 나아가는 길을 개척하는 여자를 보았던 것이다.

사르트르의 격려로 시몬느는 올가의 양친에게 편지를 써서 자기가 그들의 장녀를 돌보겠다고 하여 승락을 얻어냈다. 올가는 자연과학 계열에는 흥미가 없었으나 철학에서는 발군의 실력을 보였다. 그래서 시몬느와 사르트르의 지도를 받아 그녀는 학사과정을 이수하기 위해 열심히 공부했다. 시몬느는 루앙에 있는 자신의 집에 올가의 공부방을 얻어주었다. 올가는 새로운 공부를 즐기는 듯했다. 그러나 추상적인 사변(思辨)은 그녀에게 별로 흥미가 없었다. 더구나 실패에 대한 공포와 태타(怠惰), 거기에 뒤따르는 죄의식은 그녀를 다시금 패배주의자로 만들어 그녀는 노력을 중단하고 말았다. 시몬느는 자신의 실망감을 감수할 수밖에 없었다. 그런데 공부에서 낙오해버린 그녀는 생기가 되살아났다. 학생시절 그녀는 내성적이었다. 그러나 이제 그녀는 나날을 열렬히 살고 있었다. 시몬느와 사르트르를 이곳 저곳의 술집으로 끌고 다녔으며 여자뿐인 악단이나 집시 바이올리니스트만의 연주를 들려주고 포커를 하기도 했다. 올가에게 있어서는 현재만으로 충분했으며 정의하고 한정지으며 예측하는 말 따위는 전혀 관계가 없는 일이었다.

시몬느는 사르트르의 올가에 대한 관심이 차츰 많아지는 것이 여간 마음에 걸리는 것이 아니었다. 그러나 사르트르가 올가의 마음을 사로잡으려 하고 있는 편이 차라리 다시금 우울상태에 빠지는 것보다는 훨씬 바람직했다. 사르트르에게도 이 관계가 육체적 구체화를 부여할 생각은 추호도 없음이 분명했기 때문에 더욱 그러했다. 이 '어린 아가씨'에게 두 사람 모두가 정신이 빠져 있다는 것은 친구들을 흥겹게 했으며 또한 분개시키기도 했다. 그리고 시몬느가 쓰고 있듯이 이와 같은 열중은 어른의 세계가 두 사람 사이에 빚어낸 혐오감의 관점에서만 설명할 수 있는 것이었다.

"어른의 세계와 타협하기보다는 차라리 신경증에 사르트르는 자신을 맡겨버렸다. 그리고 나는 나이 든다는 것은 시들어버리는 것이라고 곧잘 눈물을 흘리며 자신에게 말했던 것이다. 매일처럼 나는 올가와 비교했을 때의 나의 상대적인 원숙성을 깨달아야만 했다. 반항적인 소란스러움, 자유의 비타협적인 강조 등에 포함하는 젊음을 우리 역시 찬미는 했으나 그렇다고 해서 그 사실이 사태를 바꾸는 것은 아니었다……. 그렇기 때문에 우리는 온갖 가치나 상징으로 그녀를 장식했다. 그녀는 랭보가 되고 안티고네가 되고 가공(可恐)할 아이가 되고 다이아몬드처럼 빛나는 하늘에서 우리를 심판하는 흑천사(黑天使)가 되기도 했다. 그녀 자신은 그와 같은 변신을 빚어낼 만한 어떠한 것도 한 일이 없었다. 오히려 그것은 그녀로 하여금 초조하게 만들었다. 그녀는 자신의 자리를 빼앗는 가공(架空)의 인물을 싫어했다. 그러나 그녀는 자신이 열중의 대상이 된다는 것을 방해할 수는 없었다. 우리는 아낌없이 현재에 사는 그녀를 찬미하고 있었다. 그러나 무엇보다도 우리가 힘썼던 것은 그녀를 위해, 그리고 우리를 위해 미래를 구축하는 일이었다. 앞으로 우리는 커플이라기보다 트리오가 될 것이다. 인간관계는 항상 새롭게 발견되어야 할 일이며 선험적(先驗的)으로 유별나게 우월한 형태가 있거나 불가능한 형태가 있는 것은 아니라고 우리는 믿고 있었다.——트리오라는 형태는 저절로 생겨난 듯이 여겨졌었다."

사르트르가 올가의 연인이 되었음을 알았을 때 그들 두 사람이 그녀 자신의 가치체계와는 모순되는 체계를 만들어버렸기 때문에 그의 의견이나 취향 같은 것을 그녀가 다룬다는 것은 이제 불가능해져버렸다. 시몬느는 프랑스 쟌슨에 대해 이렇게 말하고 있다.

"질투에는 절대적으로 정당하고 진실한 무엇인가가 있어요. 만약 A가 B와 무엇인가를 산다[生存]하고, B가 그와 똑같은 생존을 시작한다면 쫓겨났다는 감정이 A에게 생겨날 것임은 분명해요. 어느 공통된 무엇, 말하자면 그가 B와 함께 살았던 더할 수 없이 소중한 그 무엇이 파괴되어 버렸으니까요."

'트리오'는 그녀에게 출판의 가치가 있는 최초의 소설 《초대받은 여자》의 테마를 제공했다. 사르트르에게 있어서는 훗날 그의 가장 유명한 희곡이 된 《출구는 없다》를 암시한 것이 올가의 남편이 되는 인물이었다.

시몬느는 계속 쓰고 있었다——자기 과거에의 충실한 구애 때문이었으며 또한 사르트르의 격려가 있었기 때문이었다. 그녀는 그때까지 두 개의 장편을 썼었는데, 이제 와서 보니 그것은 서장(序章) 정도로밖에는 여겨지지 않는 것이었다. 두 사람은 프랑스어로 된 윌리엄 포크너의 《8월의 빛》과 《샌크튜얼리》를 탐독했으며, 저자가 완벽하게 현실주의적인 작품에 무한한 상징적 덮개를 씌우고 있는 데 경탄했다. 시몬느는 단편을 쓸 훈련을 해야 한다고 생각했다——공상이나 속임수의 로맨티시즘을 금하고 자신도 믿기 어려운 줄거리나 알지 못하는 배경을 시도하지 말아야 하며, 자기가 아는 사람들이며 일에 한정시키는 그러한 단편 말이다. 표제(表題)에는 약간 짓궂게 자크 마리캉의 《정신성의 우위》를 차용했다. 이 사람은 네오(新)

토마스 아퀴나스파(派) 신학으로 베르그송 철학과 싸운 크리스트교 철학자이다. 최초의 단편에서는 머뭇거리듯이 하여 세계로 손을 뻗치나 재학중인 성당 부속여학교의 신비주의와 책략으로 좌절하고 마는 소녀의 완만하게 위축되는 발자취를 더듬은 소설로서 실제로 데질 사립학교에 있던 동급생의 이야기였다. 두 번째 것은 '자기기만'을 고찰한 것으로서 루앙 시절의 동료를 그렸다. 그 여성은 겉으로는 해방된 여자 행세를 하나 그녀에게 현혹된 두 여학생이 그녀를 모방하려고 하여 엉뚱한 재난을 입는다. 포크너 스타일의 내적 독백으로 쓰여진 이 이야기는, 이 교사가 재난에 말려든 두 학생을 위해 자기의 허위의 가면을 벗어버리는 데에서 끝난다. 세 번째 이야기는, 시몬느에게 있어서 잊을 수 없는 부르주아적 솔직성의 희생으로서 요절한 저자에게 생명을 주려는 재차의 시도였다. 이번에는 안느 비뇽이라는 이름이 주어진 주인공은 역시 저자의 마음에 들지 못했다. 마지막 이야기는 저자 자신의 10대의 위기와 거기서부터의 해방을 풍자적으로 이야기한 것으로서 여주인공이 세계를 직시하려고 결의하는 데에서 끝나고 있다. 이 이야기는 1인칭으로 씌어졌으며 그때까지 쓴 것 가운데에서 뛰어나게 잘 씌어졌다고 시몬느는 느꼈다.

사르트르 역시 자기 작업에 몰두하고 있었다. 그리하여 1936년에는 그의 저작이 처음으로 출판되었다. 페릭스 아르칸 출판사는 그의 논문을 《상상력》이라는 표제로 하기로 했다. 162페이지의 이 책은 사르트르가 원했던 것은 아니었다. 그로부터 4년을 소요하여 그는 아르칸 출판사가 채용하지 않았던 부분을 손질하여 갈리마르 출판사로부터 《상상력의 문제》를 출판했다. 전자의 《상상력》은 결국 후자의 별로 중요하지 않는 서장(序章)의 위치에 놓이게 된다.

이 해에 히틀러는 라인란트를 다시금 점령하고 프랑스는 좌익의 인민전선(人民戰線)을 총선거로 택했으며 스페인은 내전으로 치닫는데, 사르트르의 마음을 진정으로 사로잡고 있던 것은 소설이었다. 우선 처음으로 안토와느 로캉탕이었다. 이른 봄에 손질을 한 제3판은 예(例)의 메스카린 트립, 우울증상 그리고 그와 시몬느가 겪었던 정신병원의 경험이 들어 있었기 때문에 음산한 분위기가 감돌고 있었다. 지금 와서의 사르트르는 이 소설을 《멜랑콜리》——뒬러의 1514년의 작품으로서 수수께끼로 가득 찬 에팅그의 표제를 붙어서——라고 이름짓고 있었다.

니잔을 통해서 갈리마르 출판사의 원고 심사위원회에 《멜랑콜리》를 넘겨주자, 사르트르는 곧 단편에 착수했다. 이 작품은 그리스 신화 가운데에서 불멸의 생명을 얻기 위해 에페우스의 아르테미스 신전에 불을 지르는 젊은이에 비유하여 그는 《에로스트라토》라고 불렀다.

갈리마르 출판사로부터는 원고를 채용하지 못하겠다는 통지가 왔다.

1936~37학년도에 사르트르는 리용의 고등사범학교 수험준비 과정을 가르쳐달라는 초빙을 받았으나 시몬느가 파리의 모리엘 여자고등중학으로 전임되어 그는 파리와 벨기에 국경의 중간에 있는 오랜 로마시대의 도시 란의 포스르에서 일하기를 택했다. 기차를 타면 파리에서는 루앙으로 가는 것과 거의 다름없는 거리였다.

올가를 빼고 둘이서 여름의 휴가를 이탈리아에서 보냈다. 로마에 10일간 머무른 뒤 나폴리로 갔으며 부스럼투성이인 벌거벗은 아이들이며 빈민가, 그리고 그 빈민가의 어느 모퉁이에도 서 있는 성모 마리아상에 충격을 받았다. 시몬느가 아마르피와 솔렌토로 하이킹을 간 사이에 사르트르에게는 그 나름으로 재미난 일이 있었다. 어떤 술집에서 만난 젊은 사내가 폼페이의 유적지에 있는 에로틱한 프레스코 벽화 그대로인 활인화(活人畫)로 안내하겠다고 제의했다. 적당한 금액의 요금을 치른 그는 전면의 벽이 거울로 된 살롱에 홀로 앉아 두 여자 —— 하나는 상아제(象牙製)의 남근(男根)을 손에 들고 있었다——가 갖가지 에로틱한 자세를 모방하는 모양을 바라보았다. 그는 어느 쪽이건 마음에 드는 여자와 별실로 옮길 수 있다는 여주인의 권유를 뿌리치고 밖으로 나왔으나 시몬느에게 말한 바에 의하면 무엇보다 그를 기쁘게 했던 것은 두 여자가 우스꽝스럽기도 하고 진부하기도 한 행위를 하는 동안 오직 혼자서 그 요란스런 방에서 거울에 비치는 자신의 모습에 둘러싸여 있을 때에 느꼈던 철저한 소외감이었다는 것이다. 그는 이 일을 소재로 하여 단편 《고향상실(故鄕喪失)》을 쓰고, 그 일부가 《음식》이라는 제목으로 발표되는데 이 가운데에서 그는 음란한 육체에의

'구토적(嘔吐的)' 감각을 말해보려고 시도했다.

두 사람이 파리로 돌아와서 보니 레옹 불름의 좌익 연합정권은 그 자매(姉妹)인 마드리드의 인간전선에의 무기 원조를 거부하고 뿐만 아니라 영국, 독일, 이탈리아, 소련에게 프랑스와 함께 스페인 불간섭 조약을 맺자고 제의하는 형편이었다. 스페인 내전은 곧 극심한 논란의 대상이 되었다. 좌익적 경향을 지니는 태반의 유럽인과 마찬가지로 사르트르와 시몬느는 보통선거로 선출된 스페인 정부의 군사 쿠데타를 진압하려는 그 노력 가운데에 민주주의 대 파시즘의 대문제가 있다고 보았다.

"불름의 중립주의는 히틀러와 무솔리니가 공공연히 반도(叛徒)들에게 병력이나 물자를 제공하고 있던 만큼 더욱 타기해야 마땅하다."고 시몬느는 쓰고 있다. '8월 28일에 마드리드에 투하된 최초의 폭탄은 독일 융커 비행기가 투하한 것이었다. 우리는 공화국에 봉사하기 위해 의용군으로서 현지에 간 말로와 그 비행중대에 큰 감명을 느꼈다. 그러나 그들만으로 어떻게 나치스의 공군에 대항할 수 있겠는가?'

프랑코가 이끄는 반란군이 마드리드로 다가왔을 때 페르난도 게라시는 더 이상 파리에 머물 수는 없다면서 싸우기 위해 떠날 결심을 했다.

사르트르와 시몬느는 제각기 강의를 하기 위해 학교로 돌아갔다. 마침내 파리에서 가르칠 수 있게 된 시몬느는 몽파르나스 거리에서 2블록 떨어진 번화한 상점과 환락의 거리인 괴테가(街)의 호텔로 옮겼다. 아파트에 세 든다는 것을 막연히 생각은 했었으나 주거를 갖춘다는 것만으로도 섬뜩한 느낌이 드는 것이었다. 더구나 사르트르는 자신을 구속하는 따위는 아예 갖지 않으려고 굳게 결심하고 있었으며 침대와 테이블만 있으면 충분하다고 생각했다. 푸페트는 비서직의 일을 그만두고 그림의 첫 개인전람회를 가졌으며 프란시스 글뤼벨과 함께 몽파르나스에서 살고 있었다. 글뤼벨은 베르날 로르주며 앙드레 마르샹 등과 함께 피카소의 《게르니카》가 표현한 가슴 아픈 분노의 표현주의 화가들이었다. 페르란도와 스테파는 벌써 네 살 된 아들과 함께 가까이에 살고 있었다. 마르크 즈올로는 루이 르 그랑의 고등중학에서 교직생활을 하고 있으며 카페 돔에서 모퉁이를 돌면 있는 호텔에 살았다. 보스토는 소르본의 고등사범학교에 다니며, 생 제르만 데 프레 광장에 있은 극작가의 형 아파트에 살고 있었다. 샤를르 듀랑과 예명을 졸리베라고 한 카뮈는 훨씬 떨어진 몽마르트르에 살며, 현재 카뮈가 번안하고 듀랑이 카시우스의 역을 맡는 셰익스피어의 《쥴리어스 시저》의 무대연습을 하고 있었다.

올가를 루앙에 남겨둔다는 것은 생각할 수 없는 일이었다. 그녀의 부모가 딸이 노르망디를 떠나는 것에 반대했으므로 올가는 허가를 받지 않은 채 파리로 나왔다. 그녀는 시몬느가 있는 호텔에 방 하나를 얻어 살면서 우선은 카테리아와 책방 및 레코드 가게를 함께 하는 가게에서 웨이트리스로서 일했다.

1주에 두 번, 시몬느는 란에서 파리로 나오는 사르트르를 북(北)역으로 마중나갔다. 란에 있는 그의 학생들은 '돈은 돈, 소는 소로만 여기는 완강한 농부들의 아들이라오.'라고 했다. 두 사람의 새로운 장소는 카페 돔이었는데, 푸페르와 글뤼벨 덕분에 두 사람은 그곳에 출입하는 사람들의 이름과 낯을 함께 익힐 수 있었다. 소련의 예술과 정치의 전초적 기지 역할을 혼자서 맡고 있는 〈이즈베스차〉지의 통신원이며 스탈린과 아는 사이이기도 한 뚱뚱하고 머리숱이 많은 이리야 엘렌브르크가 있었다. 망명 러시아인의 화가들이나 오시프 자도킨, 모이즈 키슬링 등도 있었다. 또한 탐욕스런 시선에 바늘처럼 뻣뻣한 머리를 한 미남의 스위스인 알베르토 코메티도 있었다. 사르트르와 시몬느, 그리고 올가가 거리를 마주한 카페에 앉아 바라보노라면 남자들보다도 여자가 더욱 재미있게 여겨지는 것이었다——여류화가, 화가의 애인들, 모델, 삼류 여배우, 아름다운 창녀들, 그 모두가 많건 적건 누군가의 정부였다. 그럭저럭 하는 동안에 사르트르와 시몬느는 공무원이며 비교적 주머니 사정이 넉넉하다는 소문이 번졌다.

"그래서 곧잘 주정뱅이나 공갈배, 거지들이 우리에게 와서 푼돈을 구걸했는데 그들에게 얼마간 돈을 주면 그 답례로 엉터리 얘기를 우리에게 한바탕 들려주며 고맙다는 인사를 하는 것이었다."고 시몬느는 회상하고 있다. "이 무대장치에는 고질병인 허황스런 증상이 번영하고 있었다. 이와 같은 망명자, 몰락자, 과대망상광(誇大妄想狂), 낙오자의 모두가 시골의 단조로움에 싫증이 난 우리들의 기분을 전환시켜주었다."

　그들 세 사람은 언제나 술집에서 살다시피 하고, 싸구려 식당에서 식사를 들었으며 시몬느는 거의 카페에서 작업을 했다. 학교 교사의 그 익숙한 손놀림으로 생각한 바를 노트에 적으면서 그녀는 카페 크레임을 주문하고 스웨스제의 재떨이가 놓인 겉이 대리석으로 된 원탁 앞에서 사람들과 함께 담배 연기, 소란스러움의 한가운데에서 몇 시간이고 쓰는 것을 좋아했다. 사르트르와 올가는 새벽녘까지 곧잘 파리의 거리를 걸어다녔다. 올가는 걸핏하면 우울해졌으며 그것이 사르트르로 하여금 짜증스럽게 했다. 그녀는 만성화된 따분함을 잊기 위해 때로는 혼자서 몇 시간이고 헤매거나 또는 술을 마시며 암울한 환상에 잠기기도 했다. 올가가 아는 사람은 사르트르와 시몬느 외에는 마르크와 보스톤——이 두 사람은 이제는 떨어지기 어려운 친구 사이었다.——밖에 없었으며, 올가는 이들과 함께 음악회나 영화를 보러 다녔다. 마르크가 지망하는 성악가의 길은 좀처럼 열리지 않아 이와 같은 그의 패배에 덧붙여 보스트가 그와 동성애의 관계가 되는 것을 거부한 것 등이 겹쳐 이것이 마침내는 사르트르, 시몬느, 올가의 삼각관계의 종지부를 찍게 하고 말았다. 마르크는 보스트가 언제이건 그의 방에 들어와 듣고 싶을 때에 레코드를 들을 수 있도록 방의 열쇠를 주었었다. 어느 날 저녁, 마르크가 방으로 돌아왔더니 자기 방에서 희미하게 음악과 말소리가 들렸다. 열쇠구멍으로 들여다보았더니 올가와 보스트가 포옹하는 모습이 보였다. 질투심에 미쳐버린 그는 밤새껏 이곳저곳의 술집을 찾아헤맸으며 마침내 시몬느가 돔에서 원고를 쓰고 있는 것을 발견하고는 눈물을 흘리며 그의 보스트에 대한 억압된 애정을 포함하여 모든 것을 털어놓았다.

　19세의 젊은 두 사람의 키스는 갑자기 모두가 꼼짝달싹도 못 하게 얽어놓았던 상태에 종지부를 찍고 말았다. 시몬느조차 삼각관계의 미로를 어떻게 타개해야 좋을지 모르던 참이었다. 사르트르는 “당당한 패배의 태도를 보였다.”고 그녀는 쓰고 있다. 마르크를 위로하기 위하여 사르트르와 시몬느는 크리스마스 휴가에 그를 스키장으로 데리고 갔다. 마르크는 약간의 경사지에도 지레 겁을 먹었으며 또한 둘이서 자는 방에 자기도 재워달라고 애원했다. 샤모니 산장의 음울한 방에서 그는 밤새껏 흐느끼면서 보스트의 젊음과 무의식적인 잔인함에 대해 소리 높여 하소연을 하는 것이었다.

파리로 돌아온 두 사람은《줄리어스 시저》의 무대연습을 몇 번이고 보러 갔다. 듀랑은 가스통 갈리마르의 오랜 친구였다. 지드나 쟝 슈란베르제와 함께 갈리마르는 뷔유 콜롬비에 극장 창립의 후원자로서, 듀랑은 이 극장에서 폴 크로와델의 초기 작품의 연출을 맡았으며 창립한 지 얼마 안 되는 출판사인 갈리마르 출판사는 약간 두려움을 느끼면서도 크로와델의 이러한 작품을 출판하기로 결정했다는 사정이 이전에 있었다. 그래서 듀랑은 이 오랜 친구에게 퇴짜맞았던《멜랑콜리》의 초고를 직접 읽어달라는 편지를 써주었다. 또한 피엘 보스트도 가스통 갈리마르를 만나 이 작품을 추천해 주었다.

보스트 아우──자크 롤랑은 극작가인 형과 구별하기 위해 이렇게 불렀다──는 위기에 처한 공화국 스페인을 위해 지원병으로서 싸우기를 원하여, 사르트르에게 지금은 폐쇄되어 있는 국경을 비합법적으로 넘는 것을 니잔과 공산당 당국이 도와줄 수 있는지 타진해달라고 부탁했다. 이 의뢰는 사르트르에게 있어서 현상학적인 문제가 되었다. 이론적으로는, 개인의 선택의 자유는 항상 존중되어야만 한다. 그러나 만약 보스트에게 무슨 일이 일어나기라도 한다면 사르트르는 직접 그 책임을 느끼게 된다. 결국 그는 니잔에게 슬쩍 이 이야기를 꺼냈고 니잔은 보스트를 말로에게 소개했다. 말로는 이 젊은이에게 기관총을 쏠 줄 아느냐고 물었다. 공화국이 필요로 하는 것은 훈련을 쌓은 전투원이며 미숙한 병사는 필요없다고 말했다. 보스트의 희망은 좌절되었다.

1937년초에 시몬느는 한쪽 폐가 파괴될 것만 같은 폐충혈(肺充血)을 일으켜 쓰러졌으며 구급병동에서 48시간 동안 의식이 몽롱한 채로 있었다. 이윽고 조금씩 의식은 되돌아왔다. 어머니가 아침마다 와서 간호를 했으며 사르트르도 란을 떠날 수 있는 날이면 오후에 어김없이 찾아왔다. 푸페트, 올가, 모렐 부인, 보스트 아우가 번갈아 와서는 간병을 해주었다. 부활제가 되어 퇴원하자 의사는 3주간의 요양 진단서를 써주어 그녀는 남프랑스의 프로방스로 가서 요양하기로 작정했다.

매일처럼 그녀에게 편지를 보내던 사르트르가 어느 날 갈리마르 출판사로부터 편집장을 만나보라는 연락이 왔음을 알려왔다. 약속된 날 편집장 폴랑은 지금까지의 일은 모두 오해였다고 말했다. 《멜랑콜리》를 채용하지 않았을 때의 그의 속셈은 원고가 《신(新) 프랑스 평론》——그 머릿글자를 따서 《N. R. F.》의 이름으로 널리 알려져 있다——에 연재하기에는 적당치 못한 것으로 여겼던 것이라고 말했다.

"그러나 그 작품은 훌륭한 것이었습니다." 하고 폴랑은 덧붙였다. "당신 작품을 틀림없이 내도록 하겠습니다."

그런데 안토와느 로캉탕의 고난은 여전히 계속되고 있었다. 편집자인 폴랑은 회사의 법제부(法制部)에서 부뷜의 선량한 시민들에 대한 사르트르의 묘사, 로캉탕의 아니라를 만나는 장면 및 밤의 호텔에서의 두 하녀의 장면 등을 삭제해달라는 요구가 있다고 주장했다. 폴랑이 원고를 모두 읽고 난 뒤에는, 로캉탕이 그 '하드 온'이나 그의 '조그만 회색의 공'도 없어지고 '조그만 고무 공'이 되었으며 두 하녀의 장면도 자취가 보이지 않았다. 그러나 어쨌든 사르트르의 공격적이며 비웃는 듯한 어조는 살아 있었다. 그 사이에 폴랑은 사르트르의 단편 둘을 계약했으며 〈N. R. F.〉지의 9월호에 《벽》을 발표하여 약간의 소동을 빚어냈다. 《벽》은 스페인 내전에서 총살대 앞에 선 세 사나이의 '부조리적 인간'의 이야기였다. 보스트 아우의 참전을 도울 것인가에 대해 망설였던 사르트르의 도덕적 딜레마를 소재로 하여 씌어진 작품이었다. 스카트로지〔異質的〕한 용어를 구사하면서 《벽》은 정신적 소외감, 성적 도착, '자기기만'의 이미지를 생생하게 묘사하고 있다. 이것을 읽은 지드는 폴랑에게 글을 보내어 '걸작'이라고 칭찬했다. 이 프랑스 문학의 원로(元老)는 이렇게 썼다.

"내가 읽은 것 가운데에서 이토록 기쁜 느낌이 든 것은 참으로 오랜만의 일이다. 이 장 폴이라는 신인이 어떤 인물인가를 알려주기 바란다. 앞으로 크게 기대할 수 있는 인재로 생각하기 때문이다."

보스트 아우를 데리고 사르트르와 시몬느가 한여름을 그리스에서 보낸 뒤, 사르트르는 드디어 파리의 고등중학으로 전임되었다.

"이제는 기차로 왕복하는 일도 없으며 더는 역의 플랫폼에서 기다리지 않아도 되었다."고 시몬느는 《한창나이의 여자》에서 쓰고 있다.

"내가 프로방스에서 요양하고 있는 동안에 사르트르가 구해둔 호텔로 우리는 옮겼다.…… 나의 방에는 소파와 책장, 그리고 매우 편안한 테이블이 있었고 사르트르는 나의 바로 위층에 거처했다. 이리하여 우리는 공동생활의 이점을 모조리 갖추었으며 그 불편한 점을 모두 제거할 수 있었던 것이다."

이 '가구가 딸린 호텔'은 카페 돔에서 3블록 떨어진 몽파르나스 묘지의 뒷편인 짤막한 세르 거리에 있었다.

사르트르가 추천문을 곁들여 폴랑에게 넘겨줄 수 있도록 푸페트가 시몬느의 《청춘의 좌절》을 타이프로 치는 동안, 폴랑은 사르트르의 《방》을 출판했다. 한 아가씨가 비밀의 지붕 밑 골방에 갇혀 있는 이야기로서 이 테마를 사르트르는 훗날 다시 다루게 된다. 10월, 가스통 갈리마르는 사르트르의 소설 표제를 《구토》로 하여 이듬해 봄에 출판하기로 작정했다. 성공은 사르트르를, 자기 자신에게만이 아니라 시몬느에 대해서도 대담하게 했다. 어느 날 저녁, 두 사람은 돔에서 그녀의 집필에 관해 이야기를 했다. 그는 그녀가 너무 겁을 먹는다고 지적했다.

"안 그렇소." 하고 그는 갑자기 말에 힘을 주었다. "어째서 당신 자신을 작품 속에 투입하지 않는 거요? 당신은 이런 루네니 리자니 하는 걸 모두 모은 것보다 훨씬 더 흥미로운 인물인데도 말이오."

작품 속에서 있는 그대로의 자기 자신, 소화가 미처 안 된 자신을 투입한다고 생각만 해도 처음에 겁을 먹었던 그녀였으나 이윽고 어머니의 이름을 따서 프랑소와즈라는 이름이긴 하나 감정의 면에서는 바로 그녀 자신인 아가씨의 이야기를 쓰기 시작했다. 로스 파소스에서 차용한 문체로 쓰면서 그녀는 젊은 아가씨가 자신을 훌륭하게 보이고 싶어 참으로 간단히 익힐 수 있는 속임수를 나타내려 하고, 또한 프랑소와즈에게 한 여자친구인 엘리자베스를 곁들이기까지 했다. 이 소녀는 같은 엘리자베스이긴 해도 자자가 아니라 시몬느의 15세 된 학생의 하나로서, 도발적일 정도로 자신만만한 아름다운 소녀이며 동급생인 프랑소와즈를 압도하는 것이었다.

사르트르는 〈푸슈〉라는 제목의 현상학적 심리학의 400페이지나 되는 논문을 썼었는데, 일단 그것을 젖혀놓고 그의 소설이 1938년 3월에 출판됨에 따르는 몇몇 인터뷰에 응하지 않을 수 없게 되었으며 또한《구토》의 호평에 기분이 좋아진 폴랑으로부터 단편집을 완성해달라는 독촉을 받고 있었다. 사르트르를 최초로 인터뷰한 사람은 시인이며 저널리스트로서 시에 의해서 역시 현실을 초월한 세계를 표현해보려고 시도하던 크로데이느 쇼네였다. 그녀의 질문에 답하여 사르트르는 다음 소설에서는 로캉탕은 전쟁에 동원되어 전쟁 가운데에서 자유의 선택을 관능적으로 발견하며 귀환해서는 곧 전적으로 영문모를 엉뚱한 행위를 하게 될 것이라고 말했다.

"자연스런 행위로서 그는 한 여성을 강간하고, 어느 다른 자로 하여금 죄를 범하게 합니다. 까닭없는 행위라는 것은 항상 사회의 상위에 있는 사람들을 향한 것이며, 흔히 사회가 용납할 수 없다고 보는 분야에서 행해집니다. 그럼에도 불구하고 구토에서 열정으로, 자살에서 인생을 즐기는 것으로, 독자적이며 돌이킬 수 없는 자유로운 생활로 나아간다는 것은 개인의 근원적인 도덕적 재건이나 참다운 부활이 아닐까요?"

'구토의 아들'은 결국 쓰이지 않고 말았다. 이 때문에 사르트르의 연구가들은 그가 인터뷰에서 거짓말을 한 것인지 아니면 그의 전시 중의 대작인《자유에의 길》의 주제의 핵심을 말한 것인가에 대해 그 어느 쪽도 결정짓지 못하고 있다.

까닭없는 행위는 시몬느와 사르트르를 매혹시켰던 그 어떤 것이기도 했다. 센세이셔널한 범죄의 신문기사, 살인 미스터리, 탐정소설의 탐욕스런 독자였던 그들은 어느 젊은 사내의 1934년에 있었던 재판에서 강력한 인상을 받았다. 이 사내는 택시 운전사를 살해하고 법정에서 요금을 낼 돈이 없었기 때문이라고 그 동기를 설명했다. 그들의 머릿속에서는 까닭없는 행위란 어떤 다른 사람의 존재를 정당화하기 위한 책임의 개념과 밀접하게 결부되고 있었다. 시몬느는 이번 작품에서 이것을 다루려고 노력했으며, 사르트르는 대개의 인간이란 그들의 자유를 다양하게 기만함으로써 자기 자신으로부터 숨기려 하며 그 가장 전형적인 것은 어떤 심리적 결정론의 형태를 취하는 신념이라는 현상학적 사고방식을 가지고 있었다.

두 사람은 메제브로 스키를 타러 갔으려 파리로 돌아오는 차 안에서 '순수하게 문학적 감동을 훨씬 넘는 감격으로' 말로의《희망》을 읽었다.

그 겨울은 스페인의 내전이 소강상태를 유지하고 있었으며, 공화국이 파시스트의 맹공을 막아낸다는 것은 불가능한 일이 아니었다. 프랑코는 독일과 말썽을 일으키는 중이었으며, 그 한편에서는 공화파(共和派)가 온건화한 것이 레동 블룸이 이끄는 인민전선(人民戰線) 붕괴 후에 성립된 불안정한 프랑스 정부와의 화해를 가능케 했다. 이탈리아의 파시스트 사단과 국제의용군의 쌍방을 철수시키기 위해 영국에서 나선다는 보도조차 있었다.

1월, 두 사람은 카뮈가 번안하고 듀랑이 주역을 맡았으며 달리우스 미요가 특별히 음악을 쓴 아리스토파네스의 《플르투스》의 무대연습에 몇 번이고 입회했다. 그리고 3월에는 《구토》가 나왔다. 《악시옹 프랑세즈》(1899년에 창간된 우익계 기관지)에 실린 로벨 브라작의 것을 제외하고는 그 서평은 모두 훌륭한 것이었다. 태반의 비평가는 로캉탕의 시야(視野) 주변이 확신으로 묘사되고 있음을 강조하고 있다. 공산당의 새로운 석간지 〈스 스와르〉에서 니잔은, 사르트르가 도덕적 딜레마에는 흥미가 없다는 사실만 없었더라면 그를 프랑스의 카프카로 부를 수도 있을 것이라고 썼다. 보다더 통찰력이 있는 비평가가 식민지인 알제리에서 발행되는 16페이지의 신문 〈알제리 레퓌브리겐〉에 모습을 나타냈다. 그 서평은, 공산당의 아랍정책을 비판하여 당을 탈당한 25세의 저널리스트 알베르 카뮈의 서명으로 씌어진 것이었다. 갈리마르 출판사는 4천1백 부의 《구토》를 인쇄했는데 매우 잘 팔리자 3천3백 부를 재판으로 내놓았다.

《구토》는 그 시대를 반영하는 책이며 또한 유럽의 소설이 제2차 세계대전 및 전후에 표현하게 되는 센티멘티(感情)를 예고하는 것이었다. 죠이스, 장 콕토, 초현실파의 사람들은 이미 겉보기뿐인 사물의 질서를 다룬 보다 더 신비적이며 포착하기 어려운 질서가 존재하는 것이 아닐까 하는 예감으로써 추궁하고 있었다. 대전(大戰)은 이 문제를 단순화하고 문학자들은 거짓말을 하여 획일화에 따르고, 그런 대로 살아간다는 식의 노골적인 필요를 넘어서 과연 어떤 질서가 있느냐를 묻게 되었으며, 그럼으로써 문학을 인생의 비밀을 푸는 수단이라기보다는 오히려 영혼의 탐구의 공명판(共鳴板), 환상의 제거에 도움이 되는 것으로 삼았던 것이다. 로캉탕은 가면을 벗어던진 자신의 공무(空無)를 발견하기 위하여 안도감을 주는 환생을 벗겨버린 바로 그 시대의 인물이었다. 단독으로는 그는 무(無)이다. 사르트르는 이브링 워와 함께 어떤 종류의 니힐리즘과 아이러니 및 긍지로 꾸며진 인생에의 혐오를 나누어 가졌던 것이다. 조르쥬 베르나노스——카톨릭 신앙을 사르트르는 갖지 않았으나——와 함께 사르트르는 자신에게 거짓말을 한다는 것의 모멸을 나누어 갖고, 또한 인간이 무(無)라고 한다면 행동한다는 것으로만 자신을 정당화할 수 있다고 하는 말로에게 동의했던 것이다. 다만 말로가 절망에서 인간을 구하는 것은 행동이라고 생각했음에 비하여, 사르트르는 인간은 그 자신의 무용성(無用性)에서 구원되어야만 한다고 믿었다. 인생은 본질적으로 부조리라고 하는 사고방식을 다룬 것은 카프카이며 셀리느, 말로, 베르나소스 등은 이미 고독하고 버림받은 자로서의 인간을 묘사하고 있었다. 사르트르——이윽고 카뮈도 계속되지만———는 형이상학적 희망, 종교적 또는 역사적 초월과 손을 끊기에 이르렀다.

그것은 흔쾌하고 분주한 봄이었다. 파스퇴르 고등중학교에서 전임교사로 교편을 잡고 출판을 위해 단편에 손질을 하고 편집을 하는 한편, 사르트르는 문예평론가가 되어 포크너의 《사르트리스》와 대단한 열의로써 도스 파소스의 《1919년》의 서평을 쓰기도 했다. 갈리마르 출판사는 《청춘의 좌절》을 각하시켰으며 그랏세 출판사도 마찬가지였다. 부활절의 휴가가 다가와 사르트르와 시몬느는 알제리로 가기로 결정하고 있었기 때문에 사르트르는 원고 반송 소식을 '상당히 밝은 심정으로' 받아들였다.

　두 사람은 알제리로 가지 않았다. 휴가 직전에 시몬느의 병이 재발하여 며칠 동안 몸져 누워야만 했기 때문이다. 그러나 태양과 화창한 봄날씨의 옥외생활은 그녀의 건강에도 좋을 것이라 하여 둘은 아직 남아 있는 휴가를 이용하여 바스크 지방을 한차례 돌기로 했다. 스페인과의 국경은 폐쇄되어 있었으나 국경으로부터 3마일 떨어져 있는 곳에 있는 이타크사스에서 둘은 매력적인 호텔을 찾아냈다. 두 사람의 방에는 한 그루의 나무가 별실(別室)로서 달려 있어 걸쳐놓은 널빤지 다리를 건너갈 수 있었다. 우거진 나뭇가지 사이로 테라스를 만들어놓았다. 시몬느가 가까운 언덕을 답사하는 동안 사르트르는 그 나무집에서 원고를 썼다.

3. 1940년, 크리스마스

그 연극은 제명을 《바리오나》라고 했다. 표면상으로는 그리스도의 탄생을 소재로 한 '성사극(聖史劇)'이었으나 수용소의 포로들은 얼마 뒤 그 연극이 전하려는 의미를 이해했다. 팔레스티나를 점령한 로마인의 태수(太守) 레리우스는 과세액(課稅額) 인상을 강행하기 위해서 모든 유태인의 인구통계를 이용한다. 그 유태인 협력자에 레뷔 퓌뷰리크스가 있으며 또한 유태인의 수령(首領) 바리오나는 점령자들에게 새로운 노예 노동력을 제공하지 않는다 하여 사람들의 섹스를 금지시킨다. 또한 '동방의 3박사' —— 작자 자신이 흑인으로 분장하여 바르타잘 역을 맡았다 —— 는 베들레헴으로 급행하여 갓 태어난 '왕'을 살해하려는 바리오나를 만류한다. 그리고 최종막에서는 그를 저항전사(抵抗戰士)로 변모시켜 요셉, 마리아, '아드님'의 세 사람을 헤로데의 포위망을 뚫고 도피시켜주는 것이다. 이 연주에는 통렬한 대사가 포함되어 있다 —— 바리오나가, 조국은 로마에게 점령당한 이후로 도탄에 시달려 있다고 하는 대목 등이다. 그러나 포로수용소의 소장은, 여기서 말하는 로마인이란 영국이 점령하고 있는 프랑스령(領)을 가리키는 것으로 이해하고 있었으며, 더구나 크리스마스 이브에 서서 구경하는 연극에 무슨 일이 있겠느냐고 대수롭게 여기지 않았다. 결국, 수용소의 전원에게 보이기 위해 연극은 12월 25일과 26일에도 되풀이 상연되었다.

그 수용소는 제12 D 슈타무러거 —— 독일어식으로 생략되어 슈타라즈로 불렸다 —— 라고 하여, 코브렌츠 남서쪽 20마일의 토리아에 있었다. 그리고

《바리오나》는 열혈한(熱血漢)인 파지 신부를 포함하는 동료 포로들과 신학상의 토론을 한 결과로서 쓰여진 것이었다. 파지 신부는 인간을 노예로 만드는 정치제도따위는 어떠한 것이건 하느님의 뜻에 대한 모욕이며 또한 '하느님'은 자유를 크게 지지하고 있으므로 인간이 완전무결하기보다는 오히려 자유이기를 원한다고 믿었다. 사르트르는 길고 단조로운 나날을 파지 신부나 두 예수회 소속의 수사와 보냈다. 그는 하이데거에 관하여 그들과 이야기를 나누었으며 하느님의 예언과 자유의지에 관한 종말론적 토론을 했다. 파지 신부는, 예수 그리스도의 강철 같은 의지의 인간성을 믿었으며 또한 '처녀 성모'는 기적으로써 낳은 것이 아니라 더러운 마구간에서 온갖 출산의 고통을 겪으며 '구세주'를 낳은 것이라고 주장했다. 사르트르는 파지 신부와 같은 의견이었다. 크리스트교는 모든 인간의 고통을 그리스도 등에 지워 주는 것이 아니고서는 아무런 의미도 없다고 그는 생각했었다.

"성사극을 썼다 하여 그 무렵의 나는 어떤 종류의 정신적 위기를 경험했다고 생각한 사람도 있었던 모양이다."고 사르트르는 25년 이상이나 지난 뒤에 말하고 있다. "그것은 다르다. 같은 포로였던 신부들과 나를 결부시켰던 것은 나치즘에 대한 공통된 증오였다. 그리스도 강림은 그리스도 신앙자인 포로와 무종교자인 포로와의 양자를 결집시키는 테마로 내게는 생각되었다. 그리고 내가 쓰고 싶은 것을 써도 된다는 것이 양해되고 있었다."

시몬느는 독일 점령하의 파리에서 섬뜩한 무력함에 몸을 맡기면서 얼음처럼 썰렁한 자기 방에서 기쁨이 없는 크리스마스를 보냈다. 사르트르로부터 받은 최근의 편지는 수용소 밖의 노동에 종사하는 동료가 몰래 갖고 나가서 토리아의 거리 모퉁이에 있는 우체통에 투함해준 '장문의 비공식' 편지 중 하나였다. 유럽의 반은 히틀러의 지배하에 놓였으며 독일 제국으로부터 점령지역으로 보낸 우편물에 관해서는 완벽한 정확성으로 배달되고 있었다. 크리스마스를 위해 쓴 연극의 무대연습으로 바쁘다는 것을 알리는 외에는 이제 곧 파리에 돌아갈 수 있음을 암시했다. 귀국의 날을 자신이 마음대로 정할 수 있다는 식의 말투였다. 그는 탈주할 생각인가? 그녀는 브랫하운드 견(犬)이 추적하고 경비병이 발포하는 모습을 상상했다. 그러나 사르트르의 편지에는 여러 민간인이 곧 석방된다고도 썼다. 물론 그는 민간인이 아니었다. 그는 틀림없이 무엇인가를 꾸미고 있는 것이다.

사르트르는 약 6개월간 포로로 있었다. 한 발의 탄환을 쏜 일도 없이 그는 프랑스의 붕괴하는 군대가 퇴각하고 앙리 필리페 페탕 원수의 정부가 히틀러의 정전조건(停戰條件)에 서명한 1940년 6월 21일인 35세의 생일에 몇십 만의 다른 프랑스병과 함께 포로가 되었던 것이다. 그러나 모든 사람이 그와 똑같은 행운을 누린 것은 아니었다. 니잔은 에리히 폰 만슈타인 장군이 이끄는 독일 장갑부대가 마지노선의 측면을 우회하고, 프랑스 정부가 파리를 탈출하여 보르도로 옮긴 5월 23일에 전선에서 전사했다.

불과 2년 후에 이런 일이 일어나리라고 누가 예상할 수 있었겠는가?

2년 전 사르트르와 시몬느는 '체코의 위기'에도 다시금 타오른 전쟁의 위험을 호소하는 소리에는 거의 관심도 갖지 않고, 바스크 지방에서 보낸 부활제 휴가로부터 파리로 돌아왔다. 태반의 친구들과 마찬가지로 두 사람도 모든 일은 소련에 달려 있는 것으로 믿었다. 문제는 프랑스 정부가 체코슬로바키아에의 가담을 떠맡느냐 않느냐가 아니라 소련이 그것을 하느냐 않느냐는 것이었다. 외무대신 조르쥬 보네가 소련의 외무위원 막심 리토비노프에게 그 점을 확인했을 때 그가 얻은 회답이란 소련은 프랑스에 따른다는 것이었다. 이어서 6월, 영국 수상 네빌 쳄벌레인은 비공식이긴 하나 영국과 프랑스, 그리고 어쩌면 소련도 체코슬로바키아의 구원에 나서지 않는다는 취지의 발언을 했다. 그리고 〈런던 타임즈〉는 즈데덴의 독일인에게 프라하 정부는 자결권을 주어야 한다고 시사했다.

사르트르와 시몬느는 1938년의 여름을 모로코에서 보냈다. 마르세유에서 카사브랑카까지 호화선의 2등석으로 여행한 뒤, 두 사람은 메크네스에서 마라케슈까지 프랑스 보호령을 걸어다녔으며 사하라 사막의 끝에 있는 우알자자르트까지 갔다. 거기서는 호텔의 소유주가 양 폐(肺)를 토해낼 것만 같은 맹렬한 기세로 가래침을 뱉고 다니며 최근 이 지방에서 번졌던 티프스의 유행을 너무나도 상세히 설명해주는 것이었다. 매일 낮이 되면 이 영감은 가공할 병이나 가슴 아픈 기형의 육신을 가진 이 지방 아이들에게 따뜻한 밥을 공짜로 대접했다. 이 아이들은 호텔의 뜰에 놓인 큼직한 솥을 에워싸고 앉아 분배가 불공평하게 되지 않도록 박자를 취하면서 맨손으로 밥을 움켜쥐는 것이었다.

9월, 히틀러는 체코슬로바키아 침공을 당장에라도 개시하려고 했으며 그리고 프랑스의 에드아르 달라디에 수상과 영국의 쳄벌레인 수상이 뮌헨으로 가서 히틀러 총통과 회담한 결과 뮌헨 협정이 성립되었다. 이렇게 해서 일어날지도 모를 2차 세계대전이 겨우 무마되었을 때 사르트르는 파리에서 혼자 니잔의 신작 《음모》의 서평을 쓰고 있었다. 다른 모든 사람과 마찬가지로 사르트르도 프랑스는 제1차 세계대전 같은 유혈(流血)을 되풀이할 생각은 추호도 없다고 여겼다. 그러나 또한 히틀러에게 끝없이 양보만 할 수는 없다는 의견에도 찬성이었다.

"나는 전적으로 똑같은 성실성으로 뮌헨 협정 찬성의 입장이었으며 또한 협정 반대의 입장이기도 했다."고 그는 회상하고 있다. "나는 완전히 분열되고 있었다."

올가와 함께 시몬느는 신학년이 시작되기 전의 마지막 주를 니스 근방의 언덕을 하이킹하면서 보냈다. 마르크 즈올로는 아직도 골을 내고 있었으나 올가는 여전히 친구였다. 사르트르와 시몬느의 후원으로 올가와 여동생 완다는 듀랑의 아틀리에 극단 배우 양성소에 다니고 있었다. 올가는 지금은 병역에 복무하는 보스트 아우와 둘이서 여름방학의 일부를 마친 참이었다.

9월 25일, 갸프의 우체국에서 시몬느는 사르트르로부터의 사서함 전보를 받았다. 정치정세는 악화하고 있다는 전문이었다. 황급히 파리로 돌아가는 차 안에서 그녀는 자신의 맹목적인 낙관주의를 책망했다. 파리에 도착하여 리용 역에서 산 신문은 '비상사태'의 큼직한 제호로 백만 명의 예비역 소집을 발표하고 있었다. 1주일 뒤, 사태는 다시금 안정을 되찾는 듯이 생각되었다. 히틀러는 다만 협박만 하고 있을 뿐이었다.

시몬느나 사르트르도, 그녀가 말하는 자기들의 문제에의 '신들린 듯한 관심'으로 돌아가고 있었다. 이제 와서는 1주 16시간의 강의를 맡았을 뿐인 그녀는 새로운 소설 창작에 착수하기 시작했다. 사르트르 역시 마찬가지였다.

시몬느의 소설은 그들 두 사람의 이야기에 살인을 곁들인 것이었다. 서로 사랑하기를 포기한다는 것은 생각할 수 없다는 지적인 커플 프랑소와즈와 피엘은 재능이 있고 인습에 사로잡히지 않으며 항상 비약을 추구하고 상대방을 사랑하면서도 상대방 이외의 사람과 새로운 관계를 가지려는 욕구를 느끼고 있다. 이것이 원인이 되어 젊고 아름다운 아가씨가 두 사람 사이에 끼어든다. 여러 가지 중요한 배치전환이 있기는 하나 피엘은 사르트르이며 프랑소와즈는 그녀 자신이었다. 피엘은 유능한 무대 연출가이며 프랑소와즈는 그의 심복이자 연극에 관해서는 만능가이다. 또 호주머니 사정이 여의치 못한 배우들을 여러 모로 돌보는 모성적인 존재이며 새로운 대사를 밤 늦도록까지 타이핑하는 타이피스트, 비평가, 그리고 피엘의 재능을 지탱하는 소중한 존재인 것이다. 그녀는 자기의 인생에 그가 중심적이며 지배적인 위치를 차지할 수 있도록 허락했으며 그 대가를 치르는 —— 자기 자신의 명확한 이미지를 상실하는 것이다. 젊은 아가씨는 그자비엘이라고 하여 무책임하고 광희(狂喜)와 시무룩한 악의(惡意) 등으로 뭉쳐져 있다. 이 세 사람이 함께 보낸 어느 날 프랑소와즈는 자신이 두 사람으로부터 '소외'되고 있다고 느끼는 자신을 재건하기 위해서 용기를 내려고 한다. 그러나 그것은 잘 되지 않는다. 왜냐하면 그녀는 얼굴도 개성이 없는 존재가 되어버렸기 때문이다. 누군가 다른 사람이 그녀로부터 세계를 훔쳐가고 그녀의 인격을 침범하며 그녀의 내적 자아를 일그러뜨리고 있는 것이다. 이 모든 것을 단절하기 위해 프랑소와즈는 그자비엘을 살해한다.

시몬느는 프랑소와즈와의 어린 시절을 다룬 첫 100페이지를 브리스 폴랑에게 보냈다. 편집자인 폴랑은 이것을 《청춘의 좌절》 수준까지는 미치지 못한다고 생각하여 채택하지 않았다. 사르트르 역시 그와 같은 의견이었다. 그래서 시몬느는 여주인공인 피엘과의 만남이나 그들의 8년간의 공동생활까지 포함시킨 그녀의 과거를 소재로 한다는 것은 중지하고 말았다. 그 대신 시몬느는 피엘의 새로운 연출에 의한 《줄리어스 시저》 초연의 전야 부분부터 소설을 쓰기로 했다. 사르트르는 여주인공이 피엘과 함께 쌓아올린 행복에 얼마나 집착하고 있는가를 강조하기 위해 제1장에서 그녀가 그를 위해 무엇인가를 단념하는 것으로 하면 좋겠다고 조언했다. 그래서 시몬느는 프랑소와즈가 그 젊음과 매력에 끌리는 배우를 등장시키기로 했다. 후에 그자뷔엘이 이 배우를 사랑했을 때 배신감은 살인으로밖에는 씻을 수 없다 하여, 프랑소와즈는 마지막 대결의 장면에서 그자뷔엘의 방에 있는 가스난로의 콕을 몰래 틀어놓는다. 시몬느는 자유롭게 명석한 선택이라는 사르트르와 그녀의 신념에 따라 결말 짓기를 원했었다. 그자뷔엘은 신경을 안정시키기 위해 수면제를 먹고 문을 잠갔다. 그것이 프랑소와즈에게 그자비엘의 죽음은 사고나 자살로 생각케 할 것임을 깨닫게 된다. 프랑소와즈는 언젠가 이 일을 피엘에게 이야기하겠다고 속으로 생각한다. 하지만 피엘도 이 행위의 겉밖에는 알지 못하리라. 그녀의 행위는 전면적으로 그녀 혼자의 것이다. 가스난로의 콕을 틀어놓음으로써 프랑소와즈는 깊이 생각하고 눈을 치켜뜨며 자기가 다시금 자기 자신을 손바닥에 넣을 것을 뜻한다고 여겨지는 하나의 선택을 했던 것이다.

사르트르도 또한 어떤 인물에 대한 것을 쓰고 있었다. 그 주인공은 무력한 지식인인 마치우로서, 때는 1938년 9월이다. 마치우는 모든 일이 자기로서는 감당할 수 없이 크다는 것을 발견하며 전쟁이 일어날 수 있음을 깨닫는다. 그러나 그의 당장의 고뇌는 애인 마르세르에게 비합법적인 임신중절을 받게 하기 위한 돈을 마련하는 것이다. 임신중절은 실제에 있어서 사르트르와 시몬느가 경험했던 것이었다. 하기야 그녀가 그 일을 백 몇십 명이나 되는 유명한 프랑스의 여성과 함께 공적으로 발언하는 것은 그로부터 몇십 년이 지난 뒷날의 일이며 프랑스의 시대에 뒤쳐진 중절법 개정을 요구하는 여성운동이 한창일 때이다.

한편, 올가 코자키에비치에게 헌정된 《벽》이 발표된 것은 1939년의 1월이었다. 《벽》은 좌절에 관한 다섯 개의 단편을 묶은 것이다 —— 비극적인 좌절이 있는가 하면 희극적인 좌절도 있는데, 모두가 갖가지 복선으로 해서 인간이 따분함, 추상(抽象), 기만의 함정에 빠져드는 모양에 공감을 불러일으키기는 하나 음울하게 묘사되고 있다. 총살 집행자의 앞에서는 파블로를

104

그린 표제(表題)가 된 이야기 외에 《방》, 《에로스트라트》 그리고 두 개의 새로운 이야기 —— 여성이 자기 자신의 육체를 증오하는 이야기인 《친한 사이》와 어느 남자의 명상에의 도피를 고찰한 《한 지도자의 어린 시절》이 여기에 수록되어 있다.

"이러한 도피는 모두 벽에 의해서 저지된다."고 사르트르는 이 책의 선전용 광고문에 썼다. "인생에서 도피한다는 것은 여전히 살고 있다는 것이다."

그 무렵에 이미 《자유에의 길》로 부르던 마치우의 이야기를 집필하고 있지 않았던 그는 비평활동을 전개하고 있었다. 그리고 〈N. R. F.〉지 2월 호에 프랑스 소설에 관한 에세이를 썼는데 이것이 크나큰 반응을 일으켰다. 표면으로는 프랑소와 모리약의 1953년의 소설 《밤의 종말》의 서평이라는 형태를 취하면서도 사르트르의 논문은 작중인물의 시점은 그 인물의 시점 이외의 지식이나 사고방식을 배제해야만 하며, 또한 모든 서술(敍述)에서의 테크닉이 결국은 형이상학이 되는 것이라고 하여, 사실상 모리약은 작가가 아니라고 선언하는 것이었다. 다른 잡지에서는, 우라지밀 나보코프의 살아 있는 유령에 의한 범죄소설의 프랑스어 번역인 《절망》의 서평을 썼으며 또한 다른 비평에서는 인간의 얼굴에 관한 현상학적인 문장을 쓰고 있었다.

그 해 봄에 시몬느와 사르트르는 몽파르나스와 카페 돔을 멀리하여 그 대신 보다 더 차분한 생 제르망 데 프레 일대와 카페 프롤을 출입했다. 프롤은 영화나 연극 관계의 사람들이면서 철저히 보헤미안에 속하는 것도 아니고 그렇다고 완전한 부르주아지도 아닌 한 무리의 사람들, 그리고 멋없는 경구와 시몬느가 말하는 "슬픈 입 언저리와 약삭빠르게 움직이는 눈빛을 지닌" 여자들에게 자기들의 어찌할 바를 모르는 기분을 토해내고 있는 인생의 낙오자들이 모이는 곳이 되어 있었다. 프롤에는 독자적인 관습과 풍속이 있었다. 그리고 배교(背敎)의 초현실파 시인이며 시나리오 작가인 쟈크 프레벨은 그곳에서의 신이며 교조(敎祖)였다. 누구나 그가 쓴 시며 영화를 숭배했으며 그의 표현이나 태도를 흉내내려고 열중했다. 시 몬느와 사르트르도 몽상적이며 비논리적인 그의 아나키즘에 또한 '관료주의적인' 오만함, 인간성 상실을 명랑하게 몰아붙이는 그에게 호감을 느꼈다. 그는 두 사람이 좋아하는 영화 〈안개의 부두〉의 각본을 쓰고 있었기 때문에 둘에게는 특히 인상이 깊었다. 그는 마르세르 카르네 감독을 위해 다음의 시나리오를 쓰고 있었다.

시몬느를 처음 프롤에 데리고 간 사람은 올가였다. 대역(代役)으로서의 올가는 듀랑에게 발탁되어 지금은 아틀리에 극단 배우 양성소의 열성적인 학생으로서 모든 강의에 출석하고 또한 장 루이 발로 아래에서 팬터마임도 공부하고 있었다. 루이 쥬베와 함께 듀랑은 모리스 투르느르의 《보르보느》의 영화화 작품에 출연하고 있었다. 듀량은 시몬느를 만날 때마다 올가의 재능을 칭찬했다. 그녀의 첫 무대는 발로가 연출한 쿠누토 함슨의 《굶주림》이었다.

자기들로서는 감당할 수 없는 사건이 잇달아 일어나는 가운데 사르트르와 시몬느에게는 현실에의 생존이 강요되고 있었다. 1월 24일, 프랑코의 군대는 바르셀로나의 교외까지 임박했으며, 그것을 피하여 약 50만이나 되는 공화파의 군대며 민간인이 프랑스 국경을 향해 몰려들었다. 1개월 뒤 공화국 정부는 갈기갈기 찢겨버린 군대와 굶주리는 마드리드를 파시스트가 자행하는 유린에 맡긴 채 프랑스로 망명했다. 3월 13일 히틀러는 체코슬로바키아로 진군하고 2주 뒤에는 무솔리니가 알바니아를 침공, 이탈리아의 그리스 공략의 발판으로 삼았다. 다라디에 수상이 비상대권(非常大權)을 장악, 프랑스와 영국이 히틀러의 폴란드 유린을 저지하기 위하여 '3국협정' 체결에 관해서 소련과 회담을 시작했다. 사르트르와 시몬느는 부활제의 휴가를 이용하여 프로방스를 여행했으며 그는 하이데거를 읽고 그녀는 디뉴 주변의 아직도 눈이 쌓인 여러 산들을 찾아다녔다.

다른 사람들과 마찬가지로 두 사람은 세계의 전모를 파악하려고 노력, 그들의 태도와 이론, 사고가 이미 정치 상황을 설명하기에는 충분치 못함을 이해했다. 친구들은 정치적 의식을 심화시키고 또한 10년 이상에 걸쳐서 영국과 프랑스의 두 나라로부터 불신을 받았으며 유럽의 여러 문제로부터 의도적으로 소외당했으며 그리고 이제 파시즘 저지를 위해 서방측 동맹에 참여토록 요구받고 있는 소련에 더욱 희망을 걸게 되어 있었다.

무엇을 생각할 것인가 ? 공화국 스페인이 붕괴한 뒤, 모든 희망을 잃은 코렛 오드리는 무슨 일이 일어난다 해도 전쟁보다는 낫다고 했다. 그러나 사르트르는 "아니지, 무슨 일이라고는 할 수 없지." 하고 대답했다. 그는 시몬느에게 지금은 전쟁을 피할 수 있음을 확신케 했으나, 그러나 사태가 이렇게 되는 것을 누가 허락했느냐에 대해서는 설명할 수 없었다. 정치적 상황을 재평가하는 가운데서 두 사람은 자기들 자신에 관하여 몇 가지 일을 깨닫지 않을 수 없었다. 9년 이상이나 전임강사로서 일했던 두 사람은 경제적으로는 안정되어 있었다. 자녀도 없었기 때문에 그들은 돈을 자신들 마음대로 쓸 수 있었던 것이다. 그들은 또 넘쳐 흐를 것만 같은 건강을 누렸으며 부호나 다름없이 세계의 여기 저기도 다녀보았다.

초여름부터 시몬느는 선천적인 낙관주의를 되찾고 있었다. 그 무렵은 누구나가 〈우브르〉지에 마르세르 데아가 쓴 논설 《단치히를 위해 죽으라는 건가?》를 읽고 그 비평이 한창이었으며, 또한 스탈린과의 제 2 회 회담이 시작되던 무렵이기도 했다. 소련이 영·불 양국과 손을 잡으면 히틀러는 전쟁을 망설일 것이다. 또한 설사 전쟁을 일으킨다 해도 소련의 군사력이 서구에 참여한다면 히틀러를 무찌를 수 있을 것이다. 모렐 부인은 바스크 지방의 피서지인 주앙 레 판에 있는 아담한 그녀의 별장에서 8월의 한때를 보내자고 하면서 사르트르와 시몬느를 초대해주었다. 그래서 시몬느는 니스에 있던 페르난도와 스테파 게라시 부부에게 가서 2주간의 하이킹을 즐긴 뒤 마르세유에서 사르트르와 합류했다. 두 사람이 휴가 중인 보스트 아우와 함께 구항(舊港)이 마주보이는 적도(赤道)의 카페에서 음료수를 마시고 있을 때 니잔이 큼직한 고무제품의 백조를 옆구리에 끼고 지나갔다. 그는 아내 앙리에트와 아이들과 함께 그날 밤에 배를 타고 코르시카로 간다는 것이었다. 그는 비밀이라면서 3국협정이 체결될 전망이라는 이야기를 했다. 사태에 관한 그의 견해는 〈스 스왈〉지의 외교란에서 그가 쓴 것과는 전혀 다른 것이었다. 그러나 그는 공산당의 거물이며 그렇기 때문에 극비의 사정에 밝은 것도 당연하다고 모두들 생각했던 것이다. 즐거운 여름휴가가 되기를 바라는 인사를 나눈 뒤 니잔은 백조를 옆구리에 끼고 떠나갔다.

사르트르와 시몬느는 주앙 레 판에서 호화로운 휴가를 보냈다. 모렐 부인의 테라스에서 아침식사를 들고 만(灣)의 푸른 물결을 가르며 달리는 수상 스키를 바라보고 글을 쓰고 책도 읽었다. 오후에는 해변으로 내려 갔으며 사르트르는 시몬느에게 수영을 가르치려고 했다. 8월 23일 두 사람이 아직 주앙 레 판에 있을 때에 독일·소련 불가침조약이 갑자기 세계의 힘의 균형을 독일측에 유리하게 바꾸어놓았다. 서구 민주주의의 양국은 3국협정 체결을 위해 느릿느릿하게 5개월을 허비한 셈이었다. 나치스의 외무대신 요하힘 리펜트로프는 소련에 대해 어떠한 전쟁도 권외(圈外)에 머물 수 있는 경우의 이점을 제공할 제안을 갖고 모스크바로 갔다. 12시간 사이에 그는 스탈린과 합의를 보았던 것이다.

사르트르와 시몬느는 낙담하여 주앙 레 판을 떠났지만 아무리 파리에 급히 돌아가 보았자 아무런 소용도 없음을 알고 있었다. 그들은 휴가로부터 귀대명령을 받은 병사들로 만원인 기차를 타고 카르카손으로 갔다. 그들은 니잔을 만나 이야기를 듣고 싶었다. 스탈린의 대전환은 공산당원으로서는 승복하기 어려운 일이었으며, 많은 공산당 동조자들에게는 광범한 좌익 연합의 수정을 요구케 하는 원인이 되었다. 레옹 블룸은 프랑스 공산당이 여러 갈래로 분열될 것으로 확신했으며 다라디에 정권은 스탈린의 현실 정책에 대한 미온적인 지지를 표명했던 〈유마니테〉와 〈스 스와르〉의 두 공산당 일간지의 발행을 금지시켰다. 이리하여 공산당을 심각한 곤혹에서 구하고 또한 지하로 잠복한다는 커다란 이점을 그들에게 제공했던 것이다.

두 사람은 파리로 돌아가, 신학년도 강의를 준비했다. 사람들은 분열되고 있었다. 보수파는 파시즘과 싸울 생각이 거의 없었다. 인민전선보다는 파 시즘이 차라리 낫다고 속으로는 생각하는 것이었다. 또한 스탈린에게 배신을 당했다고 느꼈으며, 경찰과 재판소며 정부에 의한 심술을 불쾌하게 여기는 수백만의 공산주의자가 우익에 가담했다. 노동자와 중산계급은 다라디에 정권을 거의 신용하지 않았으며 또한 사회주의의 오스트리아나 체코슬로 바키아를 버린 채 폴란드를 위해 싸워야 하는 이유를 이해하지 못하고 있었다. 여론은 전투행위가 거의 없을 것이며 어차피 마지노선이 있는 한 프랑스는 안전하다는 것이었다.

9월 2일 오전 1시, 영·불의 선전포고가 발효하여 제 2 차 세계대전이 시작되었을 때 두 사람은 카페 프롤에 있었다. 오전 영시부터 총동원령이 내렸으며 사르트르의 소집영장은 24시간 이내에 난시로 출두하라고 적혀 있었다. 심각한 얼굴을 한 여자가 홀로 흐느껴 울고 있었다. 웨이터가 이번에는 진짜 같구나 하고 말했으나 그래도 사람들은 아직 싱글벙글 웃고만 있었다.

"나는 생각한다는 것을 모두 단념해버렸으나 그래도 두통이 심하다."고 시몬느는 전날부터 쓰기 시작한 일기에 썼다. "생 제르만 데 플레 교회 위에 밝은 달이 떠 마치 시골의 교회당처럼 보인다. 곳곳에, 모든 것의 뒤안에 막연한 공포가 가득 찼다."

난시로 향하는 오전 7시 50분발의 기차를 타는 사르트르를 시몬느가 동(東) 역으로 전송하는 시간까지 두 사람은 두세 시간이나마 잠을 청하려고 노력했다.

"우리는 카페의 테라스에 걸터앉았다. 사르트르는 기상반(氣象班)이기 때문에 아무런 위험도 없다는 말만 되풀이한다. 그러고는 그는 가버렸다. 나는 몽파르나스로 걸어서 돌아온다. 맑게 개인 가을 날씨의 아침, 세바스트포르 거리에는 당근이며 양배추의 신선한 향기가 가득 차 있었다."

에세이 레 난시의 제 70 사단에 입대한 사르트르는 전쟁이 곧 끝날 것으로 확신하고 있었다. 폴란드는 독일군의 압도적인 힘 앞에서 1주일만에 유린되었다. 그러나 85개사단을 갖고, 원호부대보다 약간 큰 정도의 적과 대치하는 프랑스는 바르샤바에의 가담을 나타내는 데 매우 인색하여 약간의 일밖에는 하지 않았다. 영국도 마찬가지였다. 2개사단으로 이루어지는 빈약한 파견대는 9월 26일까지 '전선'에 도착하지 않았다. 프랑스의 9개사단에 의한 체면 유지 정도의 '자르 지방 공세'가 있은 뒤, 서부전선은 조용해졌으며 프랑스는 8개월 간의 '가짜 전쟁'(대규모의 전투가 없었기 때문에 이렇게 불렸다)에 빠져들었다.

사르트르는 108전투구역으로 배치되었다. 학동식(學童式)의 암호를 사용하여 사르트르는 그것이 강제소개를 당한 스트라스불에서 10마일 북쪽인 라인 강 '전선'의 8마일 서쪽에 있는 브뤼마트라는 곳임을 시몬느에게 알렸다. 측후고지로부터의 제 1 신에서 그는 《자유에의 길》을 계속 쓰고 있다고 알렸다. 폴랑에게 보낸 편지에는 자기 일은 기구를 하늘로 날려 그것을 쌍안경으로 보는 것이라고 했다.

"이것을 일컬어 '기상관측을 한다'고 한다. 이 뒤에 포대에 있는 포병 사관에게 전화로 바람의 방향을 알린다. 그것을 어떻게 이용하느냐는 그들의 기분 나름이다. 젊은 사관들은 통보를 상황보고에 약간 이용하기는 하나 노년조(老年組)는 휴지통에 넣어버린다. 이 두 가지 방법은 모두 우열이 없다. 어차피 대포는 쏘지 않으니까. 이 매우 평화적인 과업 —— 모든 군무(軍務)가운데에서 이 이상으로 온화하고 시적인 작업은 비둘기 통신병을 별도로 친다면(물론 지금도 군대에 그것이 있다고 가정해서 말이지만) 나는 생각할 수가 없다 —— 은 여가가 얼마든지 있기 때문에 그것을 이용하여 소설을 완성하는 중이다."

권태가 '전선'에 배치된 2백만의 군대에 있어서 하나의 문제가 되고 있었다. 확성기며 큼직한 플래카드에 의해 독일군은 전선의 프랑스병에게 "란치히를 위해 죽을 것인가?"하고 선전하거나 모든 것은 영국이 나쁘기 때문이라고 비난했다.

"쏘지 말라. 아군이 귀하의 군대보다 먼저 쏘지는 않는다!"라는 플래카드에 답하여 프랑스군도 '양해했음'을 의미하는 플래카드를 내거는 형편이었다. 때로는 라인 강 건너의 독일군이 이쪽 둑에서 프랑스병이 하는 축구시합에 응원을 보내기도 했다.

10월, 시몬느는 사르트르를 만나러 가기 위해 면밀한 계획을 세웠다. 전선의 병사를 면회하러 가는 여자친구나 아내에게는 안전통행증이 교부되지 않기 때문에 그녀는 스트라스불 근방인 마르무티에 있는 여동생이 골수염으로 죽어간다는 이야기를 날조했다. 경찰서의 담당자는 친절하게 그녀의 신고를 모두 받아들여 대필까지 해주었다. 그러나 통행증이 나오려면 2주간을 더 기다려야만 했다. 그 사이에 학교가 시작되며 —— 방독 마스크의 착용이나 공급 대피훈련이 있고 —— . 그리고 외국인인 스테파나 페르난도는 갑자기 그 신변이 위험해지기 시작했다.

10월 30일에 시몬느의 안전통행증이 발급되었다. 의사에게 부탁하여 다음

주에 1주간의 병을 치료하기 위한 요양이 필요하다는 진단서를 얻어내자 그녀는 두 달 전에 사르트르가 탄 바로 그 기차로 난시에 갔다. 난시의 헌병대 본부에서는 농작물의 수확을 위해 귀향을 바라는 알자스의 농민들과 섞여 행렬을 지었다. 그리하여 간신히 브뤼마트 경유의 마르무티에 행을 겨우 24시간만 인정하는 군의 통행증이 교부되었다.

오전 4시, 브뤼마트에서 기차를 내린 것은 그녀 혼자였으며 곧 묵을 숙소를 찾아나섰다. 우연히 순찰 중이던 파리 출신의 병사 도움을 받아 어느 호텔의 문을 두들겼으나 아무런 대답도 없다. 30분쯤 헤맨 끝에 호텔 빌드 파리의 뚱뚱한 금발머리의 주인이 얼음처럼 썰렁한 방을 빌려주어 그녀는 얼어붙을 것만 같은 시트로 기어들어 1시간의 수면을 취했다.

사르트르의 편지에 의하면 타베르느 류 셀의 가느다란 나무탁자에서 아침식사를 든다는 것이었다. 이곳의 두 젊은 여자는 여러 가지로 묻는 그녀에게 "사령부에 가서 물으슈." 하며 무뚝뚝하기만 했다. 사르트르 앞으로 그녀는 "당신은 타베르느 듀 셀에 파이프를 잊고 가셨습니다." 라는 메모를 적어 붉은 벽돌의 큼직한 근대식 건물을 향해 병사의 하나에게 편지를 건네줄 수 없겠느냐고 부탁했다. "사무국에 있는 녀석이 틀림없을 거야." 하고 병사는 말하면서 그녀의 편지를 전해주겠다고 약속했다. 사르트르를 기다리기 위해 타베르느 듀 셀로 되돌아갔을 때 갑자기 아침햇살을 받으며 길 저편에 사르트르의 모습이 보였다.

"걸음걸이, 파이프, 몸매에서 나는 곧 그임을 알아보았다. 다만 엄청나게 텁수룩한 수염을 길러 그것이 그의 얼굴을 무섭게 보이도록 했다……고 그녀는 일기에 쓰고 있다.

두 사람은 그녀의 얼어붙을 것만 같은 방에서 1시간을 보냈을 뿐이었고 그는 다시 부대로 돌아가야만 했다. 그러나 오전 11시에 그는 수염을 깨끗이 깎고 다시 나타났다. 그런데 오후 1시가 되자 숙소 주인이 알자스 사투리로 전선에 있는 남편을 만나기 위해 멀리서 찾아온 부인에게 이 방을 내어 주기로 했다고 말하는 것이었다. 혼자서 시몬느는 마을의 사무소로 가서 촌장으로부터 안전통행증의 기간 연장을 인정받을 수가 있었다 —— 아마 그가 파리 시청의 인장(印章)을 보고 감동했기 때문인 듯했다. 한편 사르트르는 자기가 있던 숙소에 그녀가 묵을 수 있도록 해주었는데 대신 그가 쫓겨나게 되었다. 왜냐하면 숙소의 여주인에게 아내가 오기로 되었다고 하자 그녀는 분연히 "당신은 결혼하지 않았다고 하지 않았습니까" 하고 쏘아붙여, 사르트르는 "내 약혼자입니다." 하고 정정을 해야만 되었기 때문이다. 시몬느는 그의 소설의 첫머리 부분인 180페이지를 읽고는, 전구를 모두 푸른 종이의 덮개로 씌운 어두운 타베르느 듀 셀에서 식사를 들고 이틀 동안을 더 보냈다. 그녀는 자신의 일기를 그에게 보이고 또한 그가 들려주는 병사들의 이야기에 귀를 기울였다. 크리스마스까지는 모든 것이 끝장날 것이라고 말하는 자가 있는가 하면, 서로 총을 쏘며 싸우는 것이 아닌 그저 '외교전(外交戰)'인 것으로 믿는 자도 있었다.

"전선에 가까워질수록 전쟁은 막연하기만 한 것으로 되고 있다."고 그녀는 쓰고 있다. 광막한 밤하늘 아래에서 사르트르는 그녀를 역전의 광장까지 전송했으며 그런 뒤 밤의 어둠 속으로 사라져갔다. 파리로 돌아가는 여행은 길었으며 별다른 일도 없었다. 다만 만원의 객실 좌석에서 무심코 그녀가 뻗친 다리에 알자스인의 병사 몸이 닿자 그는 "여자 몸이 닿는 건 12주만입니다."라고 한 것밖에는.

기나긴 겨울은 느릿느릿 지나갔다. 사르트르는 시몬느에게 매일 신들리기라도 한 것처럼 소설의 진행상황을 적어 보냈다.

"극좌(極左)에 대한 나의 열등감을 극복한 이후로 나는 일찍이 느껴보지 못했던 사상의 자유를 느낀다오. 그리고 현상학에 관해서도 마찬가지라오." 하고 그는 1940년 10월 6일의 편지에 썼었다. 그 3일 후에는 새로운 회의가 그를 사로잡았다. 이 소설을 적은 5권의 노트를 되풀이 읽고 난 그는 실망했다. 2월, 그는 1주간의 휴가를 얻어 급히 파리로 가서 팔랑에게 원고를 넘겼다. 그러나 3월에는 마치우, 마르세르와 그 친구들, 이비치, 보리스, 부뤼네, 다니엘의 이야기에 대규모의 신선한 배경을 깐 도입부를 달아 10년 전의 그들 모습을 나타내기로 했다고 시몬느에게 이야기했다. 4월 중순에는 이 개정작업이 거의 끝났으며 그는 시몬느에게 사관학교를 졸업한 직후인 예민한 장교가 시찰을 왔을 때 이야기를 적어서 보냈다.

"'지금 당장 쓰러질 것만 같이 보이는 이 사내, 이 사내는 뭘 하는가?'

나는 그렇다고 당장 쓰러질 것만 같은 모양을 하고 있었던 것은 아닌데 일을 하고 있을 때의 그 평소와 다름없는 모습이기는 했었다. '개인적인 일입니다, 대위님.' '어떤 종류의 개인적인 일인가?' '글을 쓰고 있습니다.' '소설 말인가?' '네, 그렇습니다.' '어떤 소설인가?' '좀, 간단히 설명하기는 어렵습니다.' '하지만 말이다. 그건 여자가 그짓을 하고 남편이 마누라를 뺏기는 그런 게 아닌가?' '물론 그렇습니다.' '좋았어. 그런 식으로 일을 할 수 있다니 너는 행복한 녀석이로군.'" 이렇게 되어 그날 저녁식사에 사르트르는 방금 구운 따스한 빵을 사서 전원에게 대접할 수 있었다.

4월 상순, 독일이 덴마크와 노르웨이를 유린하고 있을 때, 사르트르는 파리행의 특별휴가를 받았으며 《벽》으로 포퓰리스트상을 수상했다. 갈리마르 출판사는 겨우 《상상력의 문제》를 세상에 내보내는 참이었다. 5월 1일, 휴가를 얻어 파리로 나온 그의 측후소 근무 동료가 시몬느에게 《한창나이의 여자》의 거의 완성된 원고를 갖고 왔다. 사르트르는 이것을 두 권으로 된 소설의 제1권이라고 불렀으며 전체의 제목을 《자유에의 갖가지 길》이라고 지었다. 여기에 곁들인 시몬느에게 보내는 편지에서 "안 되겠다 싶은 데는 삭제, 말소, 소거하는" 전권(全權)을 맡기기는 하나 "다만 잘 되지 못한 부분의 보다 더 실질적인 문장을 나에게 적어 보내달라."고 했으며 또한 원고를 되도록 빨리 폴랑에게 넘겨주어 가스통 갈리마르에게 돌려주기를 바란다고 적혀 있었다.

10일 후, 전쟁의 무풍상태는 끝났다. 5월 10일 금요일, 독일 공군은 북프랑스에 있는 몇 군데의 비행장을 습격했으며 독일군 기갑부대는 네덜란드, 벨기에, 룩셈부르크의 국경을 넘어섰다. 2일 사이에 독일 기계화부대 7개사단이 '난공불락'이라는 아르덴느를 돌파하여 무즈와 세단을 향해 돌진했던 것이다. 연합군은 5월 16일에 최초로 패배했으며 이것은 최고사령부를 공황에 빠뜨리고 파리를 경악케 했다. 3주일 후 에르빈 롬멜 장군이 지휘하는 장갑부대는 북프랑스에서 영불해협에 이르는 일대를 장악했다. 독일공군은 단케르크에서 농성 중인 연합군의 잔당을 맹폭격하고 한편 영국은 영불해협을 건너 30만 이상의 장병을 구출하는 구조단을 만들기에 안간힘을 쓰고 있었다. 6월 4일, 파리 교외가 폭격을 당했으며 탈출 —— 민간인이 독일군의 도착에 앞서 파리를 도망치나 곧 독일군이 뒤따르고 마는 —— 이 시작되었다. 올가는 양친으로부터 여동생인 완다와 함께 노르망디의 집으로 돌아오라는 연락을 받고 그 명에 따랐다. 바로 그 몇 시간 뒤에 스테타와 페르난도가 스페인 국경을 향해 걸음을 서두르고 있었다. 그들은 몰래 스페인에 잠입하여, 미국이나 멕시코로 건너가려고 했다. 6월 10일, 시몬느는 소중한 것만을 챙겨 —— 사르트르의 편지 전부를 포함하여 —— 짐을 꾸렸다. 그리고 그녀 제자의 부친 및 그의 사무원 둘과 함께 샤르토르를 향해 차로 출발했다. 그녀는 난토 근방의 모렐 부인의 별장에 결국 정착한 셈인데 그때는 이미 짐이 없어진 뒤였다. 피난민으로 혼란을 이룬 앙제 철도역에서 모렐 저택으로 전화를 하려고 그녀는 짐을 임시 보관소에 맡겼었다. 그녀가 전화를 걸고 나서 그곳으로 돌아왔을 때 가방은 이미 없어져버린 것이다. 1929년부터 사르트르가 그녀에게 보냈던 편지는 그 이후로 행방불명이 되어버렸다.

모렐 부인 집에 아무런 예고도 없이 찾아든 많은 손님들의 태반은 주앙레 팔까지 피난을 가는 것이 좋다는 주장이었다. 사르트르가 이미 포로가 되었다고 믿는 시몬느에게 있어서 남쪽으로 도망친다는 것은 무의미한 듯이 여겨졌다. 더구나 그녀가 근무하는 여자고등중학은 사실상 낭트에 소재하고 있었다. 어느 날 밤, 1대의 트럭에서 누군가가 소리쳤다. "적은 르 망까지 왔다!" 이튿날 아침, 마을 사람들은 소형 트럭이며 마차며 자전거 등으로 도망치기 시작했으며 밭을 가로질러 자취를 감추었다. 프랑스군 병사들이 마을을 행진하며 지나가고 차에 탄 한 사관이 모렐 부인에게 로왈 강기슭을 따라 '지연전술'을 펴려는 것이라고 설명했다. 그 뒤로 몇몇 병사가 철모도 쓰지 않고 총도 없이 지나갔으며 그런 뒤 탱크부대가 요란한 굉음과 함께 달려갔다. 이어서 무엇인가가 작렬하더니 건너편 레스토랑의 유리창이 산산조각으로 박살이 났으며, 그리고 독일군이 행진해왔다. 탱크, 트럭, 포병대, 취사반의 차 등이 뒤따랐다. 파견대가 마을에 주둔하고 저녁 나절이 되자 마을 사람들은 겁먹은 얼굴로 자기들 집으로 돌아왔으며 술집도 문을

114

열었다. 독일병들은 먹고 마시거나 농가에서 달걀을 사면 제대로 값을
지불했다.

6월 13일, 영국 수상 윈스턴 처칠이 사기가 떨어진 폴 레이노 정권을
격려하기 위해 투르에 왔다. 그러나 이튿날 아침에는 독일군이 파리에
진군하고 한편 보르도에 있던 레이노 정권은 붕괴했다. 이튿날, 84세의
페탕 원수는 라디오를 통해 '가슴이 찢길 듯한 느낌으로' 독일에 대해
정전을 요구했다고 발표했다. 4일 뒤 사르트르는 로레이느에서 포로가
되었다.

시몬느가 정전의 조건을 들은 것은 네덜란드 사람의 가족이 탄 차에
동승하여 파리로 향하는 도중에서였다. 그 네덜란드인의 차는 가솔린을
겨우 10리터만을 갖고 출발했다. 시몬느는, 사르트르는 파리에 돌아왔을
것이며 적어도 파리에 가면 소식을 알 수 있을 것으로 믿었다. 네덜란드인의
차는 파리에서 30마일쯤 되는 곳에서 기름이 떨어지고 말았다. 다른 낯선
두 여자와 함께 그녀는 파리에서 30마일 내외인 만토까지 가는 독일의
군용트럭에 올라탔다. 회색의 포장 아래는 몹시 무더웠으며 사람이 가방이며
드럼통 위에 콩나물 시루처럼 빽빽이 들어앉아 있었다. 더위와 가솔린
냄새에 구역질이 난 시몬느는 트럭의 뒷편으로 가서 토하고 말았다. 한
독일병이 뭘 좀 먹어보겠느냐고 물었으나 그녀는 고개를 저을 뿐이었다.
돌루에서는 포탄이 뚫은 웅덩이 몇 군데를 보았다. 피난민의 긴 행렬이
길게 이어져 있었다. 봐반 거리의 호텔 단느마르크의 여주인은 시몬느가
두고 간 짐을 모두 버리고 말았는데 6월 9일부로 된 사르트르로부터의
편지만은 전해주었다. 여행의 피로를 잠시 푼 뒤 시몬느는 전화를 걸려고
밖으로 나갔다가 아버지를 만났다. 함께 샌드위치를 먹고 맥주를 마셨다.
아버지는 독일병이 무척 예절 바르다느니 포로가 전쟁이 끝나기 전에 석
방되는 일은 도저히 있을 수 없다는 등의 이야기를 했다. 파리 교외에는
수용소가 있으며, 포로는 아사 직전으로 '죽은 개'를 먹이고 있다든가
프랑스 국내의 점령구는 독일에 병합될 것이라고도 했다. 저녁 나절에
어머니를 만나려고 렌느 거리의 아파트에 들렀다. 전쟁은 포르투갈에 있던
그녀의 여동생 푸페트에게도 심한 타격을 주어 그녀는 동란이 계속되는

동안 피해 다니지 않을 수 없는 형편에 놓여 있었다. 8시 반에 양친의 집에서 나왔을 때 어머니는 봐반가(街)로 빨리 돌아가는 것이 좋으며, 통행금지 시간에 걸리지 않도록 하라고 주의를 주었다.

"흐린 날씨의 하늘 아래, 눈은 충혈되고 머리는 화끈거리며 인적이 드문 거리를 지나오면서 사르트르는 그야말로 굶어죽기 직전에 있다는 생각에 사로잡혔던 그 귀로(歸路)에서 그토록 내 자신이 참담하게 여겨졌던 적은 없었다."고 그녀는 일기에 쓰고 있다.

7월 11일, 그녀는 그에게서 최초의 편지를 받았다. 개봉한 봉투에는 연필로 이달 말까지는 돌아갈 수 있을지 모른다는 것과 대우는 나쁘지 않다는 것, 더 이상의 것을 쓸 수 없다는 것 등이 적혀 있었다. 그녀는 약간 마음이 가벼워져 일기를 중단하고 마음을 가다듬고 기다리며 느긋하게 그날그날의 생활 리듬을 되찾으려고 했다. 새 학년도 곧 시작될 참이었다.

철도가 복구되자 올가가 파리로 돌아왔다. 샤를르 듀랑과 카뮈도 여러 가지 경험을 하고는 돌아왔다. 시몬느는 다시 카페 돔으로 나아가게 되었다. 회색 군복을 입은 독일병을 흔히 볼 수 있어 이제는 이상하다는 느낌도 들지 않았다. 그보다 더 기분나빴던 것은 독선적인 독일 옹호론을 표방하는 〈르 마탕〉지나 〈라 빅토와르〉지를 읽는 것이었으며 몇몇 가게 창문에 '유태인은 출입금지'라는 종이가 나타나기 시작한 것이며 또한 뷔시 방송이 프랑스를 버린 '배신자 유태인'을 고발하고 있는 것을 듣는 일이었다. 근무처의 고등중학에서, 프랑스의 모든 학교에서 그러했듯이 그녀는 프리메이슨도 아니거니와 유태인도 아님을 서약하는 문서에 서명을 해야만 되었다. 그녀는 이런 것에 자신의 이름을 쓴다는 것이 못견디도록 싫었으나 아무도 거부하는 사람은 없었다. 9월말에는 배급통장이 나타나고 뷔시 정부는 유태인의 공직 근무를 금지하는 '유태인 법'을 공표했다. 갈리마르 출판사에서 그녀는 〈N. R. F.〉지가 복간된다는 소식을 팔랑으로부터 들었다. 폴랑은 독일의 검열하에서 편집하기를 거부하여 피엘 드뤼 라 로셀(뷔시 정부에 가담했던 문학자)이 그 뒤를 맡기로 되었다는 것이다. 팔랑으로부터 들은 이야기 가운데 가장 중요했던 것은 니잔이 단케르크 전투에서 죽었다는 소식이었다. 그녀와 사르트르는 마르세유에서 마지막으로 니잔을 만난 셈이며, 그때 그는 큼직한 고무제품의 백조를 옆에 끼고 황망히 떠나갔던 것이다. 앙리에트와 아이들은 미국으로 망명했다고 팔랑은 그녀에게 전해주었다.

사르트르가 보내온 몇 통의 편지로 독일 국내의 포로수용소 생활조건은 그렇게 심한 것이 아님을 알 수 있었다. 식량은 적었으나 사르트르는 집필활동을 계속할 수 있었다. 많은 친구들도 생겼으며 자기의 새로운 생활에 흥미를 갖기도 했다는 것이었다. 그러나 그녀는 그것을 믿으려고 하지 않았다. 이따금 그녀는 당장에라도 그가 나타나서 미소를 지으며 그 총총걸음으로 그녀를 향해 걸어올 것만 같은 느낌이 들었다. 또한 때로는 그와 만나는 것은 3년, 또는 4년 후가 될 것 같은 생각이 들기도 하는 것이었다. 히틀러는 지금까지의 전투에서 단 한 번도 패한 적이 없었으며, 런던은 공습으로 시달리고 나치스 군대는 영불해협을 건너 영국으로 상륙하기 직전의 기세였다. 미국은 나설 눈치가 보이지 않았으며 소련 역시 소극적인 태도 그대로였다. 그러나 언젠가는 이 두 나라도 개입할 것이다. 그리고 언젠가는 히틀러가 패배하여 물러날 것이다. 그러나 그것은 장기전과 또한 오랜 사르트르와의 이별을 의미했다. 언젠가의 사르트르 편지에는 같은 수용소의 한 동료가 석방되어 프랑스로 돌아갔음을 전하며 그 주소도 적혀 있었다. 그 남자를 만나러 간 그녀는 그에게서 직접 포로수용소의 생활이 정말로 그렇게 참담한 것이 아님을 확인할 수 있었다.

그녀는 다시 집필을 시작하기로 작정했다. 만약 모든 것이 멸망한다면 집필에 아무리 골몰한다 해도 문제는 안 될 것이라고 그녀는 자신에게 말했다. 그리고 언젠가 세례며 그녀의 인생, 또는 문학이 다시금 의미를 지니게 된다면 그녀는 아무것도 않고 헛되이 오랜 세월을 낭비한 자신을 탓할 것이다. 그녀는 다시 헤겔의 작품을 읽기 시작했으며 '역사적 필연'의 시야 가운데에 자신을 몰입시킨다는 것에서 위안을 발견했다. 지금 여기 있는 자기 자신으로 되돌아가기 위해 그녀는 키에르케고르를 재발견하고 열심히 그 작품을 읽었다. 키에르케고르는 이성 앞에 의지(意志)를 두어 인간에 관해 지나치게 과학적으로 되어서는 안 된다고 논했었다. 일반적인 것을 다루는 과학은 바깥쪽으로부터 사물과의 접촉이 가능한 것에 불과하다고 키에르케고르는 말하는 것이었다. 바깥쪽으로부터 상황을 파악하기 위해 필요한 것은 '실존적' 사고 방식을 인식하는 것이다. 그녀는 우주와 자신과의 이 대결을 다음에 쓸 소설의 테마가 될 수 없을까 하고 생각했다.

극장이 다시 열리고, 영화관은 독일영화나 3류의 프랑스 코미디 따위밖에는 하지 않았기 때문에 시몬느는 듀랑의 《플르투스》의 재연을 위한 무대연습에 초대되는 것이 즐거움이었다. 올가는 아리스토파네스의 연극에 단역을 맡아 출연하고 있었으며 또한 듀랑의 다음 상연작품인 벤 존슨의 《말없는 여자》에 여동생 완다와 함께 출연하기로 되어 있었다. 시몬느는 본격적인 연습을 보기 위해 호텔 단느마르크에서 나가다가 자신의 우편함에서 사르트르의 포로친구 아내가 보낸 편지를 발견했다. 그 종이쪽지에 적힌 그의 주소는 제 12 D 포로수용소 크란켄레비아로 되어 있었다. 독일어를 아는 사람이 크란켄레비아란 병동(病棟)을 뜻한다고 가르쳐주었을 때 시몬느는 사르트르가 티푸스에 걸린 것으로 확신했다. 황급히 파리를 가로질러 이 여자를 만나러 간 시몬느는 소식을 듣고서야 비로소 마음이 놓였다. 그녀의 남편과 사르트르는 수용소의 병동에서 편한 일자리를 얻어 난방이 잘 된 병사(兵舍)에 있다는 것이었다. 시몬느는 연극의 제 1 막이 끝날 때까지 극장으로 돌아갔다.

그 뒤에 계속된 편지 —— 규정대로의 편지와 토리아의 읍에서 투함된 훨씬 더 긴 '비공식'의 편지 두 가지가 있었다 —— 에서 사르트르는 '처녀 출산(出産)'의 신비에 관하여 예수회 소속의 신부와 주고받은 토론이며 그가 크리스마스를 위해 쓴 연극의 연습에 관해 소식을 보내왔었다.

4. 1946년, 가을

스타가 된다는 것에는 그 나름의 희생이 따른다. 온 세계의 잡지에서 그 절반은 실존주의를 다루고 있었으며, 관광객은 이름 높은 두 사람과 그 새로운 동료를 한 번만이라도 보려고 프롤이며 드 마고로 밀려왔다. 실존주의는 생 제르망 데 프레 근방에 생긴 새로운 가게에서 줄리에트 그레코가 노래하는 샹송 같은 것이었다. 실존주의는 오토 쿠튀르와 함께 프랑스 최신의 수출품이며 자기 입장을 정하지 못하여 우왕좌왕하는 사람들을 위한 항의운동에서 꼭 사나운 옷차림이며 '엑스크레멘셜리즘(排他主義)'에 이르기까지 온갖 것의 대명사였다. 실존주의란 30여개 국어로 번역된 《구토》이며 지금 와서는 '형이상학적 소설의 걸작 가운데 하나'로 불리는 시몬느의 《초대받은 여자》였다. 그것은 알베르 카뮈의 《시지포스의 신화》이며 안토와느 극장에서 상연된 사르트르의 두 희곡 —— 그의 미국인 애인에게 바친 《무덤없는 사자(死者)》이며 르 피가로지(紙)가 지상(紙上)에서 정부에게 발매금지를 요구한 《거룩한 창녀》였다. 미국의 시카고에서는 《거룩한 창녀》가 검열문제를 빚어내고 있었다 —— 모스크바에서는 그 단막물의 희곡에 해피 엔드를 덧붙였으며 제명도 《릿지 마케이》로 바뀌어 있었다. ——그들이 창간한 잡지 〈현대〉의 창간호에서 사르트르는 모든 것을 설명하려고 시도하였으며, 또한 시몬느가 네 차례에 걸쳐 그것을 철저히 추구했었는데 바야흐로 책이 되어 나올 참이었다. 이것이 나제르 출판사로부터 나오기로 된 것은 갈리마르 출판사와는 출판 시기에 관한 절충이 이루어지지 않았기 때문이었다.

　미국에서 귀국한 이후로 사르트르는 개인비서를 두기로 했다. 장 코라는 청년으로 소르본 고등사범학교로 가기보다는 사르트르의 엉망인 스케줄을 짜는 것이 더 좋다는 사나이였다. 사르트르와, 최근에 남편을 잃은 그의 어머니는 새로운 아파트로 이사했는데 이사한 집의 새 전화는 코가 미처 처리할 수 없을 만큼 울려댔다. 시몬느는 나제르 출판사에서 교정을 보거나 갈리마르의 편집위원회 자리에 앉아 있지 않을 때에는 전전(戰前)에 두 사람이 몹시 좋아했던 찰리 채플린의 희극(영화〈모던 타임즈〉)에서 착상을 얻어 애정 어린 마음으로 이름이 지어진 〈현대〉지에서 자존심을 즐기고 있었다.

　두 사람은 단 한시라도 혼자 있을 때는 없었다. 《출구는 없다》가 영화화하기로 되어, 사르트르와 시몬느는 그 각본을 검토하기 위하여 함께 로마를 다녀왔다. 그는 UN 교육과학문화 기구(UNESCO)의 개회 연설 원고를 쓰기 위해 안페타민(중추신경 흥분제)을 복용하고 있었다. '남자는 노동, 여자는 살림'이라는 전통적인 역할의 분담을 거부함으로써 두 사람은 자주 만만치 않은 공격을 받게 되었다. 어쩌면 소박하기 때문에 그러하겠지만 그들은 지금까지의 생활방식을 그대로 계속하고 있었다. 〈리베르테 드 레스프리〉지는, 낮에는 카페 프로르를 향해 동경의 시선을 돌리는 우익 경향의 작가들이 밤에는 시몬느에 대한 것을 몽상한다고 썼다. 다른 주간지는 사르트르가 젊은 아가씨를 호텔로 유혹하여 카만베이르 치즈 냄새를 맡게 했다는 아가씨 자신의 고백을 아무런 망설임도 없이 게재했으며, 또한 〈삼디 소와르〉지의 어떤 기자는, 아무튼 당신네들의 일을 쓰는 것이니까 하면서 끈질기게 시몬느를 설득하여 인터뷰의 동의를 받아냈다. 그 기사는 결국 부질없는 중상기사(中傷記事)로 끝나버렸다. 시몬느는 '위대한 사르트르'라든가 '사르트르의 노트르담(聖母)'으로 불리는 것은 별로 개의치 않았으나, 남성들이 그녀에게 보여주는 어떤 종류의 표정만은 분명히 여성 실존주의자를 행실 나쁜 여성으로 본다는 것을 그녀로 하여금 깨닫게 했다.

　"우리는 두 사람 모두가 매우 독립된 생활을 보내왔기 때문에 우리의 관계를 자유연애의 고전적인 예로 삼아 생각한다는 것은 불가능했다."고 18년 뒤에 그녀는 자전의 제3권, 《어느 전후(戰後)》에서 쓰고 있다. 30년 후에 사르트르가 말한 바에 의하면 두 사람은 나중에 가서는 젊은 사람들의 유혹자(誘惑者)라든가 보다 더 심한 말을 하는 데에도 익숙해져버렸다고 한다.

"나는 어처구니가 없었다. 그런 일이 있을 수 있으리라는 것은 생각조차 못 해보았는데, 결국 나는 언제나 그 원리를 다시 말해서 내가 경멸하는 사람들로부터 공격을 받아왔던 것이다."

반드시 그것만은 아니었다. 두 사람은 공산주의자들로부터 받은 중상에 가슴이 아팠다. 당(黨)의 철학자 앙리 르페블은 사르트르를 가리켜 무덤 파는 인부며 퇴폐적 인물이라고 비난했으며 다른 두 명의 마르크스주의자는 그가 젊은이를 그릇된 길로 이끈다고 비난했고, 카톨릭 계통의 〈라크로와〉 지는 이러한 논조에 맞장구를 치며 "무신론의 실존주의는 18세기의 합리주의나 19세기의 실증주의보다 더욱 중대한 위협"이라고 논했던 것이다. 또한 서구의 문화양식을 마르크스주의적으로 분석하는 데 전문가인 헝가리의 사상가 제르지 루카치는 실존주의를 스스로의 암흑에서 빠져나올 출구를 찾지 못하는 물신화(物神化)된 자본가적 양심의 병든 반동(反動)이라고 몰아붙이고 있었다.

사르트르는 실제로는 그러한 모든 것을 재미있게 여겼는데 시몬느는 약간 난처한 모양이었다. 자기들 두 사람에 대해 떠들어대거나 신문의 칼럼에 자기 이름이 들어 있지 않은 것은 아무렇지도 않았다. 사르트르 쪽이 더 유명한 것에 대해 그녀가 쓰고 있듯이 "그는 나에게 있어서 매우 큰 의미를 지니고 있었기 때문에 나는 질투할 수 없었으며, 또한 그것은 나에게 참으로 적당한 것으로 여겨졌기 때문이기도 했다. 나는 나에게 훨씬 더 명성이 주어지지 않은 것을 유감으로 생각하는 일조차 없었다."

돈은 도의적인 문제였다. 그녀는 사르트르에게 거액의 돈이 들어오고 있음을 알고 두 사람의 새로운 책임에 관하여 이야기를 나누려고 했다.

"실제에 있어서는 우리들은 그것을 피해버렸다."고 그녀는 회상한다.

"사르트르는 돈을 진지하게 생각한 적이 없었다. 그는 돈의 계산을 몹시 싫어했으며, 또한 자신을 자선단체 쪽으로 돌릴 시간도 없었거니와 그럴 생각도 없었다. 뿐만 아니라 곰곰이 생각해보니 자선이라는 것에는 어쩐지 불쾌한 것이 있었다. 그는 자기가 번 돈의 거의를 되는 대로 맡기거나 주어버렸다 —— 친구들에게, 또는 그가 만난 사람들이며 편지로 요구해온 사람들에게."

'드로레스 V'는 시몬느의 하늘을 덮는 암운이었다. 사르트르가 이 젊은 뉴욕의 여성과 만난 것은 〈콤바〉지와 〈르 피가로〉지의 특파원으로 처음 미국에 갔을 때의 일로서, 그는 3개월간 그녀와 함께 살기 위해 다시 한번 미국으로 건너갔다. 두 번째의 여행 뒤에 그는 이 여성에 관하여 많은 것을 이야기했는데, 시몬느는 자전에서 그녀를 M으로 부르고 있다.

"현재로서는, 두 사람은 서로가 애정을 품고 있으며 그들은 해마다 2, 3개월을 함께 보낸다는 계획을 세우고 있었다. 그것은 그런대로 괜찮다. 서로 떨어져 있다는 것은 나에게 있어서 아무런 공포도 아니다. 그러나 그가 뉴욕에서 그녀와 함께 보냈던 나날을 너무나 즐거운 듯이 떠올리기 때문에 나는 냉정을 잃고 말았다. 지금까지 나는, 그가 주로 이 모험의 로맨틱한 면에 이끌렸던 것으로 생각했었다. 갑자기 나는 그에게 있어서는 나보다 M이 더 중요한 것이 아닐까 하는 생각이 들었다. 15년 이상이나 계속된 관계에서 습관의 문제는 얼마나 큰 비중을 차지하는 것일까? 그것은 어떠한 양보를 필연적으로 포함하고 있는 것일까?"

그녀는 자기 자신의 대답은 아는 줄로 여겼다. 그러나 그의 답은 알 수 없었다. 그가 드로레스에 대해 말하는 바에 의하면, 그녀는 그의 감정, 그의 초조나 소망을 모두 완전히 공유하고 있었다. 함께 외출하면 그녀가 멈추거나 걷고 싶다고 생각하는 순간은 언제나 그도 같았으며 두 사람의 호흡은 빈틈없이 일치했다고 한다. 여기에 대해 시몬느는 이것은 자기가 사르트르와의 관계 가운데에서 도달할 수 없었던 어느 깊은 곳에서 드로레스와 그가 일치하고 있음을 의미하는 것이 아닐까 하고 생각했다. 시몬느가 그에게, 드로레스와 자기의 어느 쪽이 그에게 있어서 의미를 지니는가에 대해 물은 것은, 두 사람이 점심을 먹으려고 뤼시 안느와 아르망의 사라크르 부처와 함께 나갈 때였다. 그는 드로레스는 자기에게 있어서 무척이나 큰 의미를 지니는데 "하지만 나는 당신과 함께 있소." 하고 대답하는 것이었다. 이 대답의 의미는, 그가 우리들의 '계약'을 존경하고 있으며, 그녀에게 그 이상을 요구해서는 안 된다는 것이라고 그녀는 이해했다.

"그와 같은 대답은 미래의 전체를 회의로 내던지는 것이었다."고 그녀는 쓰고 있다. "우리는 악수를 하거나 방긋 웃거나 식사를 하는 것이 매우 고통스러웠다. 그리고 사르트르가 걱정스러운 듯이 나를 지켜보고 있음을 알 수 있었다. 나는 용기를 냈으나 점심식사는 한정없이 계속되는 것처럼 여겨졌다. 오후가 되자 사르트르는 자신의 입장을 변명했다. 우리는 언제나 말보다 행동에 신뢰를 두었다. 그것이 긴 설명 대신 그가 단순한 사실의 증거에 호소한 이유였다. 나는 그를 믿었다."

시몬느가 미국으로 여행과 강연을 겸하여 간 동안 드로레스가 파리로 온다는 것에 양해가 이루어졌다.

5년 전 사르트르가 전쟁 포로수용소에서 석방되었을 때도 또한 두 사람 사이가 어려워졌던 적이 있다. 저녁식사에서 돌아온 시몬느는 호텔 단느 마르크의 그녀 우편함에서 카페 무스케텔〔三銃士〕에 있다는 사르트르의 메모를 발견했다. 1941년 3월의 밤은 잘못된 일만이 계속되는 희극이었다. 그녀는 괴테 거리까지 힘껏 달렸다. 아무도 없었다. 그녀가 의자에 쓰러지듯 주저앉자 웨이터가 한 장의 종이쪽지를 그녀에게 주었다. 사르트르는 2시간이나 기다렸던 것이다. 그리고 이제 기분을 가라앉히기 위해 산책하러 갔다는 것을 알았다. 얼마 뒤면 돌아온다고 한다. 두 사람은 지금까지 부재 뒤에 함께 어울렸을 때 상대방을 이해할 수 없게 되었다는 그런 일은 경험한 적이 없었다. 그러나 그날 밤과 계속되는 며칠 동안, 그는 그녀에게 있어서 낯선 사람처럼 여겨졌다. 그는 다른 말, 말하자면 수용소의 말로 이야기했으며 도학자적(道學者的)인 독선으로 가득 차 있었다. 당신은 암시장에서 뭘 샀소? 그녀가 때때로 홍차를 약간, 하고 대답하면 그는 그건 안 되겠는걸, 하고 말하는 것이었다. 그녀가 프리메이슨이나 유태인도 아니라는 서류에 서명한 것도 안 되는 일이었다. 그는 지금까지도 자신의 좋고 싫은 것은 말할 나위도 없거니와 언제나 자기 생각을 가장 독단적인 방법으로 주장해왔었는데 그의 이데올로기에는 융통성이 있었다.

"나는 그가 갖가지 확신이나 미래에 대한 계획이나 분노의 폭발로 가득 찼을 때의 마음의 준비는 되어 있었으나 원칙의 갑옷을 걸치고 오리라고는 생각하지 못했다.”고 그녀는 쓰고 있다. 그는 민간인이라고 속여 간신히 귀국할 수 있었는데, 수용소에서의 생활은 모든 사람이 타협이나 양보를 거부하여 확고하게 맺어진 형제관계였다. 그는 점령하에 사는 사람들이 살아가기 위한 교묘함을 급히 익힘에 따라 수용소의 명쾌한 단순함을 어떤 애석함 같은 느낌으로써 차츰 포기하고 있었다.”

그는 그날 밤, 그녀를 또 한 번 놀라게 했다. 살아남기 위해서가 아니라 행동하기 위해서 돌아왔다고 그는 말했다. 그녀는 충격을 받았다. 그들은 고립되어 있고 무력했다. 파시즘은 곳곳에서 승리를 과시하고 있었다. 나치스 독일은 유럽을, 노르웨이에서 지중해 대서양에서 흑해에 이르기까지 지배하고 있으며 그 동맹국인 일본은 중국에 상륙하는 한편 제3의 추축국인 이탈리아는 그리스를 침공, 아프리카에서는 소말리아와 리비아에 돌입하고 있었다. 수많은 정열적 진보파의 희망의 별이며 초점이 되어 있던 소련은 발트 제국을 점령하여 일본과의 불가침 조약에 조인할 준비를 추진 중이었으며, 미국에서는 프랭클린 루즈벨트 대통령이 미국 역사에서 처음이라는 제3기 째의 임기에 들어서며 전통적인 고립정책을 지양, 대영제국과 연합하는 노선으로 신중하게 자기 나라를 이끌려 하고 있었다. 프랑스 국내에서는 망령 직전의 부친상(父親像)인 페탕 원수와 그 수상 피엘 라바르가 항복에 서명했을 뿐만 아니라 히틀러 체제를 모방함으로써 이 독재자가 프랑스에 거친 짓을 못 하도록 그의 비위를 맞추려 하고 있었다. 독일에 대한 협력자들은 자기들을 두고 단순한 현실주의자에 불과하다고 스스로 자처하기를 즐겼으나 더욱 더 공공연하게 밖으로 나와서 일상 생활의 한 부분이 되어 있었다.

우선 사르트르는 자기 자신을 합법적으로 제대시켜야만 했다. 그것은 실제로 독일의 점령하가 아니라 오직 페탕의 지배하인 프랑스 ‘자유지대’의 비쉬 정부 아래에서만 가능했다. 그는 그 ‘경계’까지 자전거를 타고 갔으며 은밀히 저편으로 잠입, 민간인의 신분증명서를 입수하여 다시 독일 점령하의 프랑스로 돌아올 준비를 하고 있었는데, 마침 그때 파리 대학의 행정 당국에서는 제대해온 교사의 신분증명서는 별로 자세히 조사하지 않는다는 것을 그는 알았다. 이리하여 사르트르는 다시금 파스퇴르 고등중학에서 직장을 얻게 되었다. 그리고 장학사 총감과의 초현실적인 면담 뒤에 —— 그 자리에서 양자는 뚜렷한 어떤 말도 하지 않았다 —— 그는 이듬해에 명문인 코도르세 고등중학교의 고등사범학교 수험반에서 가르친다는 것을 양해했다. 후방의 생활은 시몬느가 말했듯이 명확히 설명되지 않은 것을 교묘하게 그 말머리를 돌리거나 이해하는 기술을 필요로 했었다.

조직을 만드는 일은, 정식으로 제대를 한 메를로 퐁티와 보스트, 거기에 고등사범학교 철학과의 학생들이 참여하여 시몬느의 방에서 행해졌다. 성미가 격렬한 여학생이며 마르크스주의자이기도 한 도미니크 도산티는 마르셀 데아 같은 이름난 타락한 놈들에게 공격을 조직하도록 제안했다. 데아란 "단치히를 위해 어째서 죽는가?"라는 상투어를 지어냈으면서도 지금 와서는 독일 통제하에 놓인 언론계의 새 질서를 찬양하는 사나이이다. 그러나 그 자리에 있던 자 가운데서 폭탄을 만들 수 있다고 생각하는 자는 아무도 없었다. 그래서 나중에 연락이 있기까지 자기들의 활동을 반독선전에만 한정시킨다는 데에 의견의 일치를 보았다. 정보를 모아 전단이며 팜플렛을 등사판으로 인쇄하기로 했다.

그들은 그 밖에도 그룹이 있음을 발견했는데, 그 중에는 사르트르의 소년시절의 친구이며 영국의 정보부원으로서 활동하는 알프렛 페론이 이끄는 그룹도 있었다. 얼마 뒤, '그룹끼리'의 회합을 캠퍼스나 뢱산부르 공원에서도 갖게 되었다.

발생기(發生期)의 레지스탕스 그룹은 모두가 나치스 독일의 패배를 바란다는 점에서는 일치하고 있었지만 미래에 대한 생각만은 같지 않았다. 진정으로 싸운 최초의 사람들인 공산주의자는 전후 프랑스가 가야 할 노선으로서 마르크스주의 정권까지는 가지 않는다 해도 적어도 인민연합전선을 원하고 있었다. 사르트르의 소년시절 친구인 페론은 샤를르 드골 장군의 빨치산에 몰두하고 있었다. 드골은 런던에서 자기 나라 국민을 향해 전투의 계속을 호소했고 그 결과, '해외 프랑스령(領)' —— 아프리카의 거의 절반, 인도차이나 반도와 카리브 해의 모든 섬 —— 은 적의 손에 넘어가지 않았으며 해군의 태반은 알제리나 모로코의 항구에서 전혀 손상을 입지 않은 채 건재할 뿐만 아니라, 모든 사단은 영국의 사단과 함께 도보해협을 호소하고 있었다. 처칠의 지지를 얻은 드골은 '자유 프랑스' 망명정부를 세웠다.

사르트르와 그 작은 그룹은, 먼 앞날에 있을 독일의 패배까지 생각하기는 어려웠으나 미래에 관한 생각만은 해야 한다고 믿었다.

"만약 민주주의가 승리하게 되면 좌익이 새로운 프로그램을 갖는다는 것은 불가피할 것이다."라고 시몬느는 쓰고 있다. "우리의 생각이나 연구조사를 서로 내어놓고 그러한 프로그램을 만든다는 것은 우리들의 작업이었다. 그 기본적인 목적은 두 마디의 말로 요약될 것이다 —— 하기야 그 두 가지를 조화시킨다는 것은 터무니도 없이 커다란 문제를 빚어냈으나 그것은 또한 우리들의 운동의 명칭으로서도 도움이 되었다. 두 마디의 말이란 사회주의와 자유였다." 사르트르는 마르크스주의자의 누군가가 그나 또는 그룹의 다른 비공산주의자와 교대로 그들의 지하신문에 선동적인 논설을 쓴다는 것에 동의했다.

6월에 히틀러가 최대의 나라이며 최대의 적인 소련을 공격하자 프랑스의 공산주의자들은 다시금 활기를 띠기 시작했을 뿐만 아니라 최초의 참다운 레지스탕스를 개시할 수 있었다. 도미니크 도산티를 통해서 사르트르는 공산주의자들을 타진해보았으나 불신의 벽에 부딪치고 말았다. 공산주의자들은 인텔리가 지니는 선천적인 조심성뿐만 아니라 독일의 수용소에서 용케 탈출해온 자에게 의혹의 눈을 돌렸던 것이다. 얼마 후 그들은 사르트르가 도발(挑發) 스파이로서 독일을 위해 활약한 목적으로 석방된 것이라는 소문을 퍼뜨리기 시작했다.

7월에 시몬느의 아버지가 죽었다. 조르주 드 보브와르는 전립선의 질환으로 수술을 받아 처음에는 회복이 양호한 것으로 생각되었다. 그러나 오랫동안의 영양불량으로 허약했던 참에 결핵까지 곁들여 며칠 사이에 사망하고 말았다. 63세였다. 푸페트는 포르투갈에 있었기 때문에 시몬느는 아버지의 임종에서 두 딸의 구실까지 하려고 했다.

"아버지는 신음하지 않았다. 나는 아버지가 무(無)로 돌아가는 평화로운 모습에 놀랐다. 아버지는 또한 아무런 환상도 품지 않았다. 아버지는 나에게 어머니를 슬프게 하지 말고 자기의 임종 자리에 신부가 입회하지 말도록 해주지 않겠느냐고 부탁했다. 그리고 어머니는 실제로 이 소망에 따랐다.”

갈리마르 출판사에서는 조금씩 일을 하기 시작했다. 그리고 〈N. R. F〉는 피엘 드류 라 로셀을 편집장으로 맞아 다시 모습을 나타냈는데 일류작가들은 약간이라도 나은 뷔시의 ‘자유지대’로 떠나 리비엘라로 모였는데, 그 가운데의 몇몇은 대부호인 외국인의 호화로운 별장에서 빈 집을 지키고 있었다. 이들 외국인은 자기들과 유럽의 새로운 지배자 사이에는 보다 더 거리를 두는 것이 현명하다고 생각하여 프랑스에서 떠나 있었던 것이다. 여름휴가가 다가왔기 때문에 사르트르와 시몬느는 코트 다쥬르 —— 왕복 1천2백 마일 —— 로 자전거를 타고 가서는 ‘사회주의와 자유’의 지지자, 후원자가 되어줄 만한 유명인사를 찾아나서기로 결정했다. 자유지대에 있는 사이에 사르트르는 합법적인 제대증명서도 입수할 작정이었다.

리용에서 북서쪽으로 50마일의 곳인 로앙느 가까이에서 검은 옷을 입은 여성이 적당한 수수료로 그들 두 사람을 ‘저편 쪽’으로 안내해주기로 합의를 보았다. 같은 날 밤, 두 사람은 그녀 뒤를 따라 밭을 가로지르고 숲을 빠져나와 걷고 있었다. 갑자기 그녀가 경계선을 넘었다고 알렸다. 그들은 서둘러 가까운 마을로 향했으며 그 마을의 여관에 도착했는데 거기에는 똑같이 방금 경계선을 넘어서 온 사람들로 가득했다. 두 사람은 매트리스 위에서 자려고 했으나, 그 방에는 여섯 명의 어른과 울며 보채는 갓난아기가 이미 잠을 청하려고 누워 있었다.

파리의 지식인들은 리비엘라로 거처를 옮겨놓고 있었다 —— 대개는 아내가 아닌 여성을 동반한 남자들이다. 앙드레 지드는 니스에, 로제 마르탱 듀 가르는 펠라 곳(串), 그리고 앙드레 말로는 갓 태어난 아들의 어머니인 조제트 크로티와 함께 록뷔른느 캡 마르탕에 있는 영국인 부부의 별장에 체재하고 있었다. 마르세유에서 사르트르와 시몬느는 ‘사회주의와 자유’ 따위는 거들떠보지도 않는 레옹 불름 선거운동을 했던 사람으로부터 지드의 주소를 알았다. 두 사람은 니스를 향해 페달을 밟았다.

제대로 식사를 해보기란 좀처럼 없었으나 너무 익은 토마토는 가는 곳마다 있었다. 포르크로르 근방의 운하에서 포도와 빵, 와인의 점심식사를 든 뒤 시몬느는 그랑 랑그스체 도로를 따라 자전거를 몰았으며 사르트르는 카페에 들어앉아 '그리스극(劇)'의 첫머리 대사를 쓰고 있었다. 그 착상은 장 르이 발로가 제작한 아이스퀼로스의 연극 《형벌》을 보고 감격한 데에서 얻은 것이었다. 이 연극에는 발로우 자신이 장 마레, 알랑 퀴니, 그리고 단역인 올가 코자키에비치와 함께 출연하고 있었다. 리허설 때 올가가 발로우에게 주역을 맡으려면 어떻게 해야 좋겠느냐고 묻자, 가장 좋은 방법은 자기를 위해 희곡을 써줄 사람을 찾아내는 것이라고 발로우는 일러주었다. 이 이야기를 들은 사르트르는 자신이 그 극작가가 될 수도 있을 것으로 생각했다. 《바리오나》는 독일의 포로수용소에서 이른바 히트를 친 작품이기도 했고 그렇다면 다시 작품을 써서 나쁠 것도 없다는 생각이었다. 시몬느가 일대의 언덕을 답사하고 있는 동안에 포르크로르의 카페에서 그가 쓰기 시작한 그 희곡은 아이스퀼로스의 비극과 마찬가지로 그리스 전설의 아토레우스의 집을 주제로 삼고 있었다.

"그의 새로운 착상의 거의가 처음은 신화적인 형식을 취하고 있다."고 시몬느는 썼다. "그리고 그러는 사이에 오레스테스나 에레크토라 같은 비운의 일족이 그의 대본에서 자취를 감출 것으로 나는 생각했다."

두 사람은 그라스에서 겨우 지드를 만났다. 마침 시몬느의 자전거가 펑크를 내어 그 수리를 위해 거리의 분수가 있는 데에서 걸터앉았기 때문이었다. 카페에 들어가 사르트르가 지하신문의 이야기를 꺼내자 72세의 지드는 주변에 대해 몹시 신경을 썼다. 다른 손님들에게 의혹의 눈을 돌리고는 사르트르를 재촉하여 세 번이나 다른 테이블로 옮기기까지 했다. 지드는 사르트르를 보고 소련 방문 때에 자기와 함께 갔던 인물로 말로의 친구이기도 한 피엘 에르발에게 자네를 소개하는 것이 고작이며, 그 밖에는 해줄 수 있는 일이 전혀 없다고 했다.

40세가 되는 말로는, 지난날의 스페인 시민전쟁 때, 혁명적 사건에 얼마나 정력적이며 지적으로 개입하여 실제로 종군하는 이상의 것을 성취할 수 있는가를 보여주었던 인물이었기 때문에 이러한 그를 운동에 끌어내려는 지식인은 사르트르 외에도 많이 있었다. 그런데 스페인에서는 민주 세력이 패퇴하고 파시즘이 승리를 거두어버렸기 때문에 1941년 여름의 말로는 10년에 걸친 정치활동에서 아무런 성과도 올리지 못한 데에 피로를 느끼고 있었다.

"무기는 있는가?" 하는 것이 게릴라 활동을 생각하는 사람들을 향해 그가 던지는 실용주의적인 질문이었다. 로제 스테파느는 젊고 정력적인 저널리스트로서 록뷔린느에 있는 말로에게 원조를 청하러 왔었는데, 원조를 얻는 대신 말로 스타일의 게오폴리틱(독일 나치당의 확장론자 이론)을 싫증이 나도록 들어야만 했던 것이다. 항독(抗獨) 게릴라활동은 각지에서 움트고 있었는데 그 가운데는 프랑시스 클레뮈와 엠마누엘 다스토리에가 있었다. 크레뮈는 피레네 산 속에서 완전히 조직화되지는 않았다 해도 형태를 갖추는 중인 '비밀군대'의 지도자가 되어주지 않겠느냐고 요청해왔으며, 다스토리에는 귀족이며 외교관이기도 한데 소련 인민위원의 누이동생과 결혼하고 있었다. 이 두 사람을 보고 말로는, 당신네들은 보이 스카우트 놀이를 하고 있는 것이 아니냐고 큰소리로 말했다. 자기가 관심을 갖는 것은 "진지한 사람들을 만나는 것이다 —— 이를테면 현재 낙하산으로 프랑스에 낙하해오는 영국 첩보부의 장교들 같은 친구들이라고 그는 말하는 것이었다.

사르트르와 시몬느는 말로를 처음으로 만났을 때 그가 묵고 있는 별장의 훌륭함과 그 집안의 시중을 드는 이탈리아인 집사가 정성껏 마련하여 준 메릴랜드 스타일의 요리에 깊은 인상을 받았었다. 사르트르의 이야기에 끝까지 귀를 기울이던 말로의 의견은 아무튼 우선 당장은 모든 행동이 위험할 뿐만 아니라 넌센스라고 하는 것이었다. 스테파느에게 말한 것처럼 말로는 전쟁의 추이를 누가 기술면에서 우위에 있느냐는 점에서 보고 있었다. 나치스 독일이 북으로는 우크라이나를 제압하고 남으로는 북아프리카에 이집트로 진군하고, 한편으로 영국에게는 가차없이 폭탄의 세례를 퍼붓는 등 모든 전선에서 승리를 거두고 있었음에도 불구하고 말로는 독일군은 이미 정점을 지나쳤으며 독일의 패배는 앵글로 색슨의 승리를 의미하고 그들 앵글로 색슨은 "프랑스를 포함하여 세계를 식민지화할 것이다."라는 의견이었다. 사르트르를 보고 그는 미국의 참전도 시간문제라면서 현재로서는 전쟁에 이기에 위해서는 소련의 장갑부대와 미국의 폭탄에 기대를 건다고 말했다.

글르노블로 코렛 오드리를, 그리고 낭트로 모렐 부인을 찾아간 뒤 두 사람은 파리로 돌아와 경솔한 행동을 하지 말라고 타이르는 말로의 말을 쓰디쓰게 되씹었다. 사르트르의 소년시절 친구인 페론은 시몬느의 다른 학생과 마찬가지로 이미 체포당하여 국외로 추방되어 있었다. 그런데도 두 사람이나 또는 '사회주의와 자유' 그룹도 아직 아무런 일 하나 하지 못하고 있었다. 사르트르는 범할 위험과 그럼으로써 달성할 수 있는 일을 비교하면 위험 쪽이 너무 크다고 생각하고 있었다.

"지금까지 우리는 운이 좋았다. 우리 사이에는 당국의 신세를 지는 자가 아무도 없었기 때문이다."라고 시몬느는 회상하고 있다. "그러나 사르트르는 이제 '사회주의와 자유'의 존속이 우리 친구들에게 있어서 어떠한 위험과 무익함을 뜻하는가를 알게 되었다. 10월 중, 우리는 줄곧 이 문제에 대하여 끝없는 토론을 했다. —— 보다 더 정확하게 말한다면 사르트르가 그 점에 관하여 이것저것을 자문자답했던 것이다. 왜냐하면 자기 자신의 철저한 완고로 해서 누군가를 죽게 한다는 것은 결코 용납될 수 없다는 그의 견해에 나는 찬성하고 있었기 때문이다." 은연중에 '사회주의와 자유' 운동은 단념되었다.

집필작업만은 계속되고 있었다. 사르트르는 콘도르세 고등중학에서 가르치기 시작하고, 시몬느도 모리엘 고등중학으로 되돌아갔는데, 그러는 한편에서 그는 그녀의 삼각관계를 다룬 소설을 보리스 팔랑에게로 갖고 갔으며 자신은 그리스극에 본격적으로 몰두하기 시작했다. 《바리오나》 가운데서 점령, 대독(對獨) 협력자, 레지스탕스 투사 등의 문제를 상당히 다룬 그는, 현재의 상황을 논평함에 있어서 오레스테스나 엘렉트라, 아르고스의 찬탈지배의 이야기는 안성맞춤으로 생각했다. 그는 《한창나이》를 완성시켰는데, 전쟁이 끝날 때까지 그 출판이 어렵다는 것은 알고 있었다. 시몬느 역시 레지스탕스를 주제로 한 소설을 쓰기 시작했는데 이것 역시 점령이 끝나기 전에도 인쇄되지 않는다는 것이 분명했다. 그러나 두 사람은 마치 궁극적인 승리가 확실하기라도 한 것처럼 일상생활을 보내기로 작정했다. 12월에 미국이 참전했을 때 그 승리는 일몰이 태평양에서 거침없는 진격을 하고 있다고는 하나 약간 현실적인 것으로 여겨질 수 있게 되었다.

점령하에서 가능성이 있는 출판이라면 철학논문의 책뿐이라는 것이 갈리마르 출판사의 말이었다. 포로 수용소 이후로 사르트르는, 존재에 관한 자신의 철학을 체계적으로 정리해보기로 했다. 그래서 상황이 더욱 가혹해진 1941년부터 42년 겨울에 《존재와 무(無)》를 쓰기 시작했다. 그의 기본적 입장은 변하지 않았기 때문에 새로운 책 가운데서 그는 지금까지 평론이나 논문, 단편의 형태로 써왔던 중요한 테마에 살을 붙이고 다듬을 작정이었다. 또한 사랑이라든가 증오, 불신의 함정이나 고뇌의 위기 같은 구체적인 문제에 관해서도 검토하기로 했다.

그 해 겨울부터 독일에 대한 최초의 실질적인 레지스탕스가 시작되었다. 그러나 그것에 대한 독일측의 보복은 가혹하기가 이루 말할 수 없어 독일 국방군의 병사나 장교 1명이 살해될 때마다 게슈타포는 프랑스인 포로 50명을 사살했다. 11월에 독일군이 점령하고 있던 레스토랑이나 호텔에 수류탄이 투척되었으며, 또한 파리·브르타뉴 사이의 간선철도에서 사보타주가 시작되자 닥치는 대로 체포한 3명의 프랑스인을 사살하기도 했다. 보르도에서 독일인 소령이 길가에 시체가 되어 발견되었을 때는 그 보복으로서 살해된 프랑스인의 수는 50명이나 되었다.

사르트르와 시몬느는 새로운 한 친구를 얻었으며 그로 말미암아 새로운 책임을 지게 되었다. 그 친구란 알베르트 자코메티였다. 이 조각가는 시몬느의 옛 학생의 하나인 리즈에게 반하고 말았는데, 사르트르와 시몬느는 보스트 아우나 올가와 완다 코자키에비치 자매와 함께 이 두 사람마저 많건 적건간에 경제적으로 보살펴야만 하게 되었다. 리즈는 동거하던 남자와 헤어질 결심을 했으나 양친에게 돌아가는 것만은 거부하고 있었다. 보스트 아우는 가난의 밑바닥에서 허덕이고 있었으며 이제 와서는 제각기 올가 도미니크, 마리 올리비에라는 예명을 가진 코자키에비치 자매에게 배역이 돌아가는 일도 별로 없었다. 젊은 사람들이 사르트르와 시몬느의 신세를 지는 것은 그것이 마지막은 아니었다.

그들은 몽파르나스 묘지 뒤의 셀 거리에 있는 호텔 미스트랄로 거처를 옮기고 있었다. 그 아파트에는 가스렌지가 달린 방도 몇 개 있었기 때문이었다. 4류 레스토랑에서 내놓는 정체를 알 수 없는 쇠고기 값이 급등하기 시작했기 때문에 시몬느는 냄비며 접시를 빌려 모두의 식사를 직접 만들기 시작했다.

"나는 가정적인 일을 별로 좋아하지 않았으며 이러한 상황에 자기 자신을 적응시키기 위하여 익숙한 방식을 취하기로 했다 —— 요리의 번거로움을 철저한 강박관념으로 바꾸어 3년 동안을 줄곧 그렇게 해왔던 것이다."라고 그녀는 쓰고 있다. "나는 배급표가 나의 배급통장에서 잘려나갈 때면 한 장이나마 더 잘려나가는 일이 없도록 지켜보았다. 배급제한이 없는 식료품을 찾아서 창가에 진열되어 있는 모조 전시품 뒤를 낱낱이 뒤지기 위해 거리를 헤맸다. 그것은 내가 즐겼던 일종의 보물찾기였다. 만약 단무나 배추 한 포기라도 찾아내는 날이면 여간 운이 좋은 것이 아니었다! 나의 방에서 우리가 최초로 먹은 점심식사는 '무청의 소금절임'으로 된 것이었다."

이 '일가(一家)'는 또한 루앙시대까지 거슬러올라갈 하나의 습관을 제도화했다. 우정이라는 것은 부숴지기 쉬운 것이어서 매우 미묘한 커플이었던 두 사람의 경우에 최고로 심화되었다. 시몬느가 프롤에서 올가나 보스트와 잡담을 나누고 있을 때, 사르트르와 완다 두 사람이 외출할 때, 혹은 리즈와 완다 둘이서만 이야기를 나누고 있을 때면 다른 사람은 거기에 감히 끼어들려고 생각하지 않는 것이었다. 다른 사람의 눈에는 부질없는 일처럼 비쳤겠지만 이 '집안식구'로서는 너무나 명백하고 당연한 일이었다.

1942년 7월, 출판과 동시에 그들 두 사람에게 깊은 감명을 준 1권의 신간서적은 젊은 피에 노왈(유럽인, 특히 알제리의 프랑스인), 바꾸어 말해서 알제리 출신의 프랑스인 알베르 카뮈의 《이방인(異邦人)》이었다. 28세의 배우 겸 연출가 겸 극작가인 이 사내는 1940년에 그 소설을 완성시켜 로크브륀느에 있는 말로에게 보내면서 갈리마르 출판사에의 추천을 청해왔었다. '태양의 탓'이라 하여 위장된 자기방위로써 한 아랍인을 해안에서 살해하고, 자기의 무관심과 변호사 탓으로 사형선고를 받는 파토리스 무르소의 이야기를 말로는 물리칠 수가 없었다. '중요!'라는 추천사 한 마디를 덧붙여 말로는 그 소설을 갈리마르 출판사로 보냈다.

이 작품을 읽은 사르트르와 시몬느는 프랑스 신인작가에게 이토록이나 강렬하게 감동한 것은 참으로 오랜만의 일이라고 생각했다. 《이방인》은 《구토》와 공명(共鳴)하는 작품으로 안토와느 로캉탕과 피를 나눈 형제 같았다. 안토와느와 마찬가지로 카뮈가 그리는 '아웃사이더〔疎外者〕'의 시인을 거부하기 때문에 어떤 종류의 행복감에 도달할 수 있다. 1943년 초에 사르트르는 《이방인》의 서평을 썼다.

사르트르는 《파리》를 완성시켜 장 루이 발로에게 그 희곡을 보였다. 희곡을 통해서 전하려고 한 메시지는 이 시대의 일이었다 —— 사람은 그 죄의식을 벗어던지고 자유의 권리를 주장해야 한다고 그는 말하려 했던 것이다. 주인공은 어릴 적에, 어머니의 애인 아이귀스토스가 아버지 아가 멤논을 살해하고 왕좌를 찬탈했을 때 아르고스에서 은밀히 피신하여 청년으로 성장, 돌아온 오레스테스이다. 사르트르가 그리는 오레스테스가 돌아왔을 때에 아르고스에는 큼직한 파리가 우글거리며 주민들은 범죄자를 왕으로서 환영한 데 대해 죄의식을 품으며 산다. 아이스퀼로스의 경우와 마찬가지로 오레스테스와 누나 에르크트라는 어머니 쿠뤼타이므네스트라와 아이귀스토스를 살해함으로써 부친의 원수를 갚으나, 사르트르가 그리는 오레스테스는 델포이의 에뤼니에스에 의해 심판을 받는 대신, 인간의 자유를 놓고 제우스와 논쟁하여 인간의 생활은 절망의 심연(深淵)에서 시작되는 것이며 제신(諸神)의 통치에는 종말이 가까워지고 있다고 주장하는 결말로서, 누나는 전통에 따르나 오레스테스는 희생자의 왕좌에 오르라는 제우스의 제의를 거부하여 당당하게 아르고스에서 나가고 그 뒤를 에뤼니에스들이 함성을 올리며 뒤따라가는 것이다.

발로는 《파리》를 상연할 뜻이 있었으나 엘렉트라 역에 사르트르가 올가 코자키에비치를 고집했기 때문에 이 이야기는 좌절되고 말았다. 주역에 이름없는 여배우를 기용하여 희곡을 상연할 수는 없다고 발로는 생각했던 것이다. 그래서 사르트르는 올가의 연기력을 높이 평가하는 샤를르 뒤랑에게 제의했었다. 뒤랑은 사라 베르나르 극장을 주재하고 있었는데, 그가 상연한 것 —— 카뮈 자신의 희곡 《쿠마의 왕녀》와 스페인의 극작가 로프드 베지에 의한 희극 —— 은 재정적으로 큰 적자를 보았었다. 이 작품도 그리스의 의상과 장치, 그리고 상당히 많은 캐스트를 필요로 하기 때문에 많은 제작비가 예상되었다. 듀랑은 《파리》의 상연을 승락하긴 했지만 적어도 다음 연극 시즌까지는 기다려달라고 했다.

시몬느는 피엘과 프랑소와즈, 구자비에르를 주인공으로 한 소설에 《정당방위》라는 제목을 붙였다. 팔랑은 프랑소와즈가 아무래도 살인자답지 않다는 점만을 제외한다면 이 작품은 출판의 가치가 있다고 보았다. 폴랑은 여전히 이 책의 출판에 찬성하지 않고 있었으며 오랫동안 그 원고를 보류시켜놓고 있었다.

사르트르는 거의 카페 프롤에서 《존재와 무》를 쓰는 데에 보냈다. 호텔 미스트랄의 방보다는 그곳이 더 따스했기 때문이다. 완전한 실존주의 이론의 구축을 시도한 방대한 작품 《존재와 무》는 많은 점에서 하이데거의 학설을 부연한 것으로, 의식구조의 분석이라는 점에서는 현상학을 초월하고 있었으나 인간은 자기가 무(無)임을 깊이 응시함으로써만 자기 운명을 창조하겠다는 생각이 들게 된다는 하이데거의 비관론을 계승하고 있었다. 행동한다는 것은 선택한다는 것이며, 인간은 자유이어야 할 운명을 타고 났다고 사르트르는 논한다. 그의 윤리성의 핵심은, 유명한 말인 "실존은 본질에 선행한다."에 포함되어 있는데, 이 말이 의미하는 바는 어떤 사람의 인생은 그 사람의 인격 —— 본질 —— 의 결과가 아니며, 결코 완벽하게는 정당화되지 않는 일련의 자유로운 선택의 결과라고 하는 것이다. 인간은 절대적으로 그 선택에 책임을 지는데, 그러나 그 실존은 이러한 선택의 결과는 아니다.

이 책의 4분의 1은 '타자(他者)'의 개념이 차지하고 있다. 우리는 어떻게 하여 타자의 의식에 의해 대상으로서 지각되느냐 하는 주제는 오랫동안 사르트르와 시몬느 두 사람이 깊은 관심을 품었던 일들이었다. 우리에게 죄가 있다 —— 사람을 대상물로 하는 죄이며 이 소외(疎外)에 우리가 동의하기 때문에 죄이며 우리가 필연적으로 '타자'에 똑같은 것을 느끼게 하기 때문에 죄이다 —— 는 것은 '타자'와의 관계에 있어서라고 사르트르는 논한다. 우리는 '타자'를 대상물로 하지 않고서는 살아갈 수 없다.

바꾸어 말한다면 우리는 '타자'의 주체를 짓밟지 않고서는 살아갈 수가 없는 것이다.

6월, 시몬느와 사르트르는 폴랑의 아파트로 초대받았다. 폴랑은 《정당 방위》에 나오는 주인공의 무대감독이 정말 듀랑인가를 알고 싶었다고 했고 거기에 대한 약간의 대화가 끝나버리자 시몬느에게 이 작품이 내년 봄이면 출판이 된다고 말했다. 이 소설의 완성에 4년의 세월이 걸렸던 그녀는 겨우 안도의 숨을 돌릴 수가 있었다. 그러나 그녀가 붙인 법률적인 느낌이 드는 제명은 마땅치 못하다 하여 여러 가지로 궁리한 끝에 그녀는 《초대받은 여자》라는 제명을 제안했다.

사르트르는 여름 동안에도 철학의 노작(勞作)에 몰두하려고 했었으나, 시몬느는 그를 피레네 산맥의 자전거 여행으로 끌어냈으며, 보스트도 그 여행에 한동안 동행했다. '뷔시 자유지대'로 들어가려면 바스크 지방이 용이할 것이라는 말을 들었기 때문에 세 사람은 자전거까지 기차에 실어 피레네 산맥의 기슭에 있는 소브텔 베아룬까지 갔다. 거기서부터는 안내인이 자전거로 좁은 시골길을 안내해주었는데 반 마일쯤 달리자 벌써 '자유거래' 였다. 사르트르가 하루의 책임량을 처리하기 위해 시골의 여관에 들어앉아 있거나 원고용지를 손에 들고 2, 3시간 목초지에 힘없이 앉아 있는 동안 시몬느와 보스트는 자전거를 타고 경치를 구경하며 다녔다. 보스트는 파리로 돌아가기 전에 리용에서 친구와 합류하면서 포와에서 두 사람과 헤어졌다. 그런데 독일 점령하의 프랑스로 돌아가려다가 체포되어, 샤론의 형무소에서 짜증을 내면서 초조하게 2주간을 보냈다. 사르트르와 시몬느는 마르세유 까지 자전거로 갔었는데, 식량은 지난해보다 더 사정이 나빴다. 거기서부 터는 낭트 근방인 모렐 부인의 별장까지 거의 굶주리면서 갔는데, 최근의 식사를 들자 사르트르는 정신을 잃어 3일간이나 누워 있어야만 했다.

두 사람이 파리로 돌아왔더니 그 사이에 '집안식구'는 또 하나 늘어나 있었다. 리즈의 남자친구인 불라였다. 지난해에 파스퇴르 고등중학에서 사르트르 담당 클래스에 있던 18세의 스페인계(系) 유대인인 불라는 유력한 실업가의 아들로서, 독일인 따위는 별것이 아니라고 생각하고 있었다. 만약 말썽이 생겨나도 스페인 대사관에서 개입해준다는 것이었다.

"그는 제법 유쾌한 인물이었다."고 시몬느는 회상한다. "그는 투박하고 유치하고 흥분된 방식으로 끝없는 정열로써 세계에 접근하고 있었다. 그는 스피노자와 칸트를 열심히 읽어 철학 교사가 될 작정이었다."

불라와 리즈는 함께 호텔 미스트랄로 옮겨왔는데 이 두 사람은 모든 것을 공유하는 사이었다. 그가 집에서 슬쩍해온 임시수입은 말할 나위도 없고 그의 초콜릿 배급표며 스웨터, 그가 부친으로부터 타는 용돈에 이르기까지 서로 나누어 갖는 것이었다.

시몬느와 사르트르는 크리스마스를 모렐 부인의 집에서 스탈린그라드 공방전(功防戰)을 보도하는 BBC 방송을 들으면서 보냈다. 1943년 3월 1일에는 스탈린은 '적에게 집중공격을 가하여 소련 영내로부터 추방할 작전의 개시'를 선언했다. 독일 통제하에 놓인 프랑스의 저널리즘은 그 사실을 숨기려 하지 않았으며 신생 유럽 건설의 원조를 볼셰비키로부터 바라기보다는 차라리 '볼셰비키의 위협'에서 현재의 유럽을 구출해야 한다고 열렬히 설득하는 형편이었다. 지하활동의 조직이 추진 중이었으며, 지식인들도 겨우 2년 전의 사르트르 생각을 이해하기에 이르고 있었다. 코뮤니스트의 지식인 멤버로부터 전국 작가위원회(CNE)에의 참가를 요청받은 그는, 당신들의 전열(戰列)에 스파이가 끼어들기를 원하느냐고 반문했다. 그러나 그들은 1941년에 자기들이 퍼뜨리고 그에게 심한 상처를 입힌 소문에 대해서는 아는 바가 전혀 없다는 것이었다. 쉬르리얼리스트 시인인 폴 에뤼알이 지휘하는 CNE의 그룹에 참여한 그는 여러 가지 따분한 회합에도 출석하게 되었다. 또한 지하의 〈레 레틀 프랑세즈〉지에도 기고했다. CNE는 참가자격을 책을 출판한 일이 있는 작가로만 한정하고 있어 《초대받은 여자》가 아직 출판되지 못한 시몬느는 초청을 받지 못했다.

듀랑은 약속을 지켜, 1943년 봄에 큼직한 사라 베르타르 극장에서 《파리》의 리허설을 시작했다. 듀랑은 연출을 하는 한편 쥬피테르를 맡았으며 올가 도미니크가 엘렉트라를 맡았다. 장치, 가면, 조상(彫像)을 대담하고도 전위적인 스타일로 제작한 것은 테코 큐비스트의 조각가인 앙리 조르쥬 아담이었다. 엄격한 리허설이 장기간에 걸쳐 행해졌다. 오레스테스를 맡았던 장 라니에도 올가와 마찬가지로 경험이 빈약하여 듀랑은 몇 번이고 울화통을 터트려야만 했다. 총연습 때, 사르트르가 로비에 서 있자 살결 검은 청년이 다가와서는 자기 소개를 했다 —— 알베르 카뮈였다.

《파리》는 적당한 성공을 거두어 25회 상연되었다. 대개의 비평가들이 그 정치적인 암시를 포착하지 못하고 말았다. 25년 뒤, 사르트르는 듀랑에게 경의를 표하여 이렇게 말하고 있다.

"나의 연설은 너무 길었다. 듀랑은 비난의 말도 않고 여기저기를 삭제하도록 충고하는 일도 없이 배우들에게 말하는 가운데서 연극이라는 것은 수다스러움과는 반대되는 것임을 나에게 이해시켜주었다. 즉, 변경시킬 수 없는 행동과 어쩔 수 없는 정열로써 빈틈없이 꿰매어붙인 최소한의 언어라는 것을."

시몬느는 희곡을 쓰고 싶은 유혹에 사로잡히기는 했어도 해방 후에야 출판될 것을 잘 아는 까닭에 소설에만 전념했다. 뜻하지도 않게 그녀에게는 여자가 생겼다. 리즈의 어머니가, 나무랄 바 없는 애인을 떠나 불라와 동거하기 시작한 딸에게 격노하여, 시몬느에게 리즈를 이전의 구혼자에게로 돌아가도록 설득해달라고 부탁해왔다. 시몬느가 거절하자 이 부인은 그녀를 미성년자 유괴로 고소를 했던 것이다. 전전(戰前) 같으면 이 사건은 어쩌면 더 이상은 발전하지 않았을 것이다. 그런데 뷔시 정부는 품행의 책임에 대해서는 종래와는 다른 견해를 취했고 결국 학년도말에 시몬느는 해임되었으며 파리 지역의 학교에서는 다시는 교직을 가질 수 없게 되어버렸다.

그러나 그녀는 별로 동요를 느끼지 않았다. 12년이나 교단에 서 있었기 때문에 약간은 싫증도 나던 참이었다. 그러나 생활비는 벌어야 했기 때문에 국영 방송국의 프로듀서가 되었다. 정부 직속의 방송국에서 일을 한다 해서 한창 세력이 늘어나는 레지스탕스 쪽에서 대독 협력자라는 낙인을 찍는 일은 없었다. 그것은 참으로 일의 내용 나름이었다. 시몬느가 제작한 프로는 중세에서 현대에 이르기까지의 전통적인 축제를 말이나 음악, 배경 효과를 짜맞추어 재현한 것이다. 중세의 것이 안전했던 것은 방송계뿐만 아니라 영화계에서도 마찬가지였다. 마르셀 카르네가 감독하여 대성공을 거둔 〈밤의 방문객〉이나 장 드라노와 감독의 〈영겁회귀(永劫回歸)〉가 있는데 후자는 트리스탄과 이졸데의 전설을 재편성한 것이었다. 〈밤의 방문객〉의 시나리오 작가는 자크 프레벨이며 〈영겁회귀〉는 장 콕토가 썼다. 프레벨은 카페 프롤에서 '영화인 테이블'을 주재했었는데 어느 날 사르트르에게 드라노와를 소개했다. 드라노와는 파데 영화촬영소에서 그들이 받는 대본의 질이 형편없다고 탄식한 뒤 사르트르에게 영화의 대본을 써볼 생각이 없느냐고 제의했다. 사르트르는 의욕적으로 해보고 싶다고 대답했다. 1943년 9월부터 교사 겸 철학자, 소설가, 극작가이던 사르트르의 이력에는 임시의 시나리오 작가가 추가되었다. 그가 쓴 최초의 대본은 《티푸스》라는 제목으로서, 시몬느와 둘이서 1938년에 모로코의 우아르자자트를 여행했을 때의 인상을 소재로 하여 쓴 것이었다. 이에 대한 보수는 상당한 액수였기 때문에 그는 시몬느에게 만약 모든 일이 잘만 된다면 자기도 1년 이내에 교직에서 물러날 작정이라고 말했다.

갈리마르 출판사는 그 해 여름에 724페이지나 되는 《존재와 무》를 사상총서(思想叢書)의 1권으로 출판했다. '르 카스트르(시몬느)에게' 헌정된 이 방대한 철학논문은 거의 아무런 관심도 받지 못했다. 미국의 번역자는 "웃기는 것이라 하여 공격을 받았으며, 이어서 진실이긴 하나 명백하게 보잘것없는 것이라는 말을 들었고 마지막에는 매우 중요한 노작(勞作)이라고 인정하여 적대자들이 그것을 발견한 것은 자기들이라고 주장할 정도가 된다."고 말하고 있으나, 사실은 그런 것이 아니었다. 그런데 1945년이 되자 실존주의는 열광적으로 유행하기 시작했고 이로써 사르트르는 그 대작(大作)이 현대의 어떤 철학서보다 뛰어나다는 커다란 관심의 대상이 되었다. 1945년의 재판(再版)에 즈음해서는 갈리마르 출판사가 저자의 요청을 받아들여 '꽃병에서 중요한 것은 그 안의 공간이다'라는 띠 광고를 책에 부착시킬 것을 승낙했다.

《존재와 무》로써 사르트르는 인간존재에 관한 확고한 존재론 학자로서 등장하여, 전후에는 버트란드 러셀로부터 젤지 루카치에 이르는 세계의 으뜸가는 철학자로부터 서평이며 논평을 받게 되었다. 《존재와 무》는 흔히 사르트르가 1946년에 자기의 중심사상을 간결하게 서술하려고 시도한 《실존주의란 무엇인가》와 결부시켜 생각되고 있다. 후자는 키에르케고르나 가브리엘 마르셀의 크리스트교적 실존주의와는 대극(對極)을 이루는 무신론적 실존주의를 철저히 그리고 인상적으로 서술한 것이다. 《존재와 무》는 인간존재가 항상 방황하는 현실 속에 있으며 인간 자신이 항상 변화하는 것으로 보아야만 한다고 밝히고 있다. 묵직한 철학용어로 씌어진 이 논문의 대의는 다음과 같다고 하겠다.

우리는 각자가 자기의 인생에 의미와 방향을 부여해야만 한다. 우리는, 우리가 자기 자신을 어떻게 다루느냐 하는 것의 총계에 불과하다. 존재한다는 것은 선택한다 —— 자유롭게 —— 는 것이다. 이 자유는 부정할 수도 거부할 수도 없다. 인간은 자유이어야 하며 이 자유로 말미암아 형이상학적 불안이 생겨난다. 자기의 근원인 '무'와 자기로 하여금 '존재'를 희구케 하는 모든 선택의 불확실성을 깨닫게 하기 때문이다. 이 진실에 위협을 느끼는 사람들은 세계를 합리적으로 설명함으로써 몸을 지키려 한다. 이 점에 있어서 과학자는 종교적 신자와 일치한다. 양자는 모두가 현실에서 도피하려고 하기 때문이다. 사르트르의 견해에 의하면 어느 것이나 잘못되어 있다. 세계는 과학이 보는 그러한 것도 아니거니와 종교가 그려내는 그러한 것도 아니다.

사르트르와 시몬느는 모두 새로운 창작에서 '타자(他者)'의 개념을 표현하려고 했다. 그는 며칠 사이에 완성하여 처음은 《타인》으로 불린 희곡에서, 그리고 시몬느는 스스로가 누보 로망으로 부른 《타인의 피》에서. "나의 새로운 주인공 장 브로말은 《초대받은 여자》에서 프랑소와즈가 그러했듯이 다른 사람들과 마주할 경우에 한결같이 느껴지는 개성에 머물 것을 강력히 요구하지는 않았다."고 《여자의 한창나이》에서 그녀는 쓰고 있다. "그는 어떤 무생물 같은 싸늘한 불투명함으로 타인의 생활에 개재하면서 타인과 관련되는 곳에서는 단순한 것이 되기를 거부했다." 이번의 여주인공은 죽음을 앞둔 여성 엘레느이다. 원래 저자로서는 브로말과 엘레느를 레지스탕스에 관련지을 생각은 없었는데 1943년 10월에 이 소설을 쓰기 시작하자 게릴라의 공격이나 그것에 대한 보복이 바닥에 흐르는 테마에 일관성과 탄력을 준다는 것을 깨달았던 것이다. 1945년에 출판되었다 해서 이 소설이 '레지스탕스 소설'로 평가받았다는 것도 얄궂은 일이었다.

사르트르도 또한 후세에 남을 작업 ——《자유에의 길》제 2 권 —— 을 했는데,《타인》을 쓰기 위해 그것을 한때 중단하고 있었다. 거기에는 다음과 같은 경위가 있었다. 올가 코자키에비치는 리용 출신의 실업가인 마르크 바르브자와 결혼했는데, 이 남자는 반 년에 1회 발행인 우아한 잡지 〈라르브레이트〔石己〕〉를 자비로 출판하고 있었다. 아내가 여배우로서 훌륭하게 자립해주기를 원했던 마르크는 《파리》가 완성된 그 경위를 알자 사르트르에게 아내와 처제를 위해 연극의 각본을 써줄 수 없겠느냐면서 자신이 책임지고 비용을 부담하겠다고 제의해왔다. 그 생각은 사르트르의 흥미를 끌었다. 특히 등장인물의 수가 매우 적다는 그 제한에 매력을 느꼈던 것이다. 사르트르의 회상에 의하면, 그는 세 친구가 저마다 상대방보다 우위에 서는 일이 없도록 하고 싶었으며 아무도 무대 뒤로 물러나서는 안 되는 것으로 여겼다고 한다. 왜냐하면 무대 뒤로 물러난 배우는 다른 배우가 그 무대의 성과를 자기 공적으로 해버린다고 생각하기 때문이다. 그와 시몬느는 공습하의 방공호에서 밤을 지새운 적이 한두 번이 아니었으며, 그는 그것과 흡사한 상황 —— 함께 갇힌 채 서로의 신경을 건드리는 한 무리의 사람들 —— 을 생각했다. 《타인》이라는 제명으로 〈라르브레이트〉지에 발표된 그 희곡의 최종적인 제명은 《출구는 없다》가 되었는데, 그것은 프랑스어로 '방청금지(傍聽禁止)'를 뜻하는 법률용어이기도 했다. 등장인물을 각자에게 소개하는 역할의 고용인 외에 사르트르는 악마적인 3인조를 설정했다. 각자가 불신의 죄를 진 채 지옥의 거실에 함께 갇혀버려, 영원히 계속되는 악순환의 함정에 빠진 남자 하나에 여자 둘, 겁많은 가르산, 동성연애의 이네스, 갓난아기를 죽인 에스텔이다. 영원의 시간을 보내기 위해 가르산은 이네스를 사랑하고 이네스는 에스텔을 사랑하고 에스텔은 가르산을 사랑한다……. 마침내는 사르트르의 그 유명한 한 구절인 '지옥이란 타자(他者)의 일이다.'가 된다. "그 한 구절은 언제나 오해받아왔다."고 사르트르는 필자에게 말한 바 있다. "사람들은 내가, 우리와 남과의 관계는 언제나 소용없는 것이 되고 만다고 말하는 것으로 생각한다. 내가 말하고자 하는 것은 언제나 손상되고 곡해된다는 것이다. 그러나 타인은 우리 가운데서 가장 중요한 것이다. 누군가 다른 사람이 없다면 우리는 아무도 자기 자신에 대해 이해하지 못한다. 3명의 등장인물은 지옥에 있기 때문에 물론 죽어 있다. 나는 무대에서의 '살아 있는 사자(死者)'를 보는 관객들에게 자신을 에워싼 판단이나 행위에 손가락 하나 움직이려 하지 않는 것은 역시 살아 있으면서도 죽은 것이나 다름없음을 이해해주기 바랐던 것이다. 나는 바보스러울 정도로 자유의사의 중요성, 하나의 행위는 다른 행위로써 바꿀 수 있다는 것을 보이고 싶었다. 우리가 어떠한 지옥 사회에 살아 있건 우리는 거기에서 탈출할 자유가 있다고 나는 생각한다. 그리고 탈출하지 않은 사람들은 그것 또한 자유로운 선택에 의해서 지금 있는 곳에 있는 것이다. 그 사람들은 자기 자신의 지옥을 스스로의 의지로 만든다. 이 회곡은 녹슬고 화석화(化石化)하는 관계와 자유 —— 간신히 암시된 이면의 자유 —— 를 테마로 한 것이다."

사르트르는 카뮈에게 《출구는 없다》를 연출하여 가르산을 맡으면 어떻겠느냐고 제의했다. 카뮈는 연극을 사랑하며 《출구는 없다》는 그들이 프롤에서 처음 만났을 때의 그 어색함을 무너뜨렸다. 최초의 리허설은 세느 거리에 있는 호텔 드 라 루이지안느의, 시몬느의 부엌이 딸린 방에서 행해졌다. 그곳으로 그녀와 사르트르는 여행겸 신선한 식료품을 구하러 다니면서 중부 프랑스에서 여름을 보낸 뒤에 옮겨온 터이었다. 참가자는 작자와 연출가 외에 올가, 완다, 그리고 사르트르의 옛 제자이며 고용인의 역할을 맡은 R. J. 쇼팔이었다.

사르트르와 시몬느가 1943년에 만났을 때의 카뮈는 키가 크고 메마른 몸에 재치가 넘쳐흐르는 만능가로서, 그 해에 자기가 30대에 들어서는 우울한 기분을 《시지포스의 신화》로 표현하고 있었다. 그것은 험한 산꼭대기로 바윗돌을 굴려 올리는 형벌이 부과되나 정상에 다다르기 전에 바윗돌은 언제나 굴러떨어지기 때문에 끝없이 그 고역을 계속해야만 했던 지옥으로 떨어진 시지포스에서 인간의 모습을 재현한 작품이었다. 10년도 채 못 되어 83개국어로 번역되는 이 에세이에서 카뮈는 두 단계를 빠져나갈 필요가 있다고 주장했다 —— 사람은 부조리한 우주에 산다는 것을 수용할 것, 그리고 그 수용에 대하여 싸울 것. "이 불쾌, 현재 있는 우리의 이미지에 직면할 때의 이루 말할 수 없는 실망, 어떤 현대작가가 그렇게 부른 이 《구토》는 또한 '부조리'이기도 하다."

카뮈는 갈리마르 출판사의 출판고문으로 있었으며, 또한 비합법 활동에 깊이 관련하고 지하신문인 〈콤바〉의 편집, 인쇄, 배포에 종사하기도 했다. 그러나 그는 또한 신선한 공기와 알제리의 태양을 호흡하는 사람이기도 했다. 카뮈는 파리를 몹시 싫어했으며 두 번째의 결혼 중반에서 자신의 성공을 사랑하고 있다는 사실을 구태여 숨기지는 않았다. 아르벨이 1세 때에 제 1 차대전에서 죽은 알자스 태생의 아버지와 스페인인 어머니 사이에 태어난 이 소설가이며 평론가이며 극작가이며 저널리스트이며 지하신문의 편집자이기도 한 그는, 빛이 나는 것이라고는 북아프리카의 뜨거운 태양밖에 없는 알제리에서 극빈의 어린 시절을 보낸 인물이었다. 그가 프랑스에서 살게 된 것은 겨우 1942년이 끝날 무렵부터이며, 되풀이되는 결핵의 발작에 시달리고 추위와 비와 음산함을 무척 혐오했었기 때문에 무뚝뚝하고 지저분한 파리, 비가 많은 암스테르담, 우울한 체코의 마을 등은 창백하고 생기없는 사람들이 헛되이 빛을 찾는 감옥과 추방의 이미지를 부각시키는 것이었다. 북아프리카는 그에게 있어서 진정한 '정신적 조국'이며 그의 애착의 대상은 태양의 빛에 쬐어 건조해진 땅뿐만 아니라 그 고장의 사람들 —— 아랍인이 아니라 무관심한 프랑스인의 이민, 그 사회에 문화는 결여되나 또한 가짜의 가치의식도 없는 '백인의 쓰레기' —— 에게 있었다.

"나는 때때로 이러한 야만인들이 그런 줄도 모른 채 인간의 위대성에 그 진실의 얼굴을 부여하는 문화를 창조하고 있다는 어리석은 희망을 품는 것입니다."고 그는 쓰고 있다. 그의 비극은 1950년대부터 1960년대에 걸친 오랜 기간의 알제리 전쟁에서 그가 사랑했더 프랑스인 이민이 역사에 역행하여 최후의 프랑스 식민지주의자가 되고 결국은 대다수의 프랑스인으로부터 증오를 받았다는 데 있다. 그의 개인적인 부조리는 옛친구인 사르트르나 보브와르까지 포함하여 프랑스의 모든 진보적인 사람들이 이미 아랍 해방을 지지했던 시기에 여전히 아랍 사회에 속하지 못한 채, 거기에 도덕적인 책임을 느끼고 완고스런 '양심의 가책을 품는 온정주의적(溫情主義的)인 리버럴리스트'였다는 것이다. 그는 알제리가 독립하기 2년 전인 1960년에 자동차 사고로 죽는다.

사르트르는 1943년의 카뮈를 '알제리의 악한(惡漢) 같은 데가 있는 이상한 녀석'이며 토론에 말려들기를 겁내긴 했으나 진실한 벗이었다고 회상한다. 시몬느는 그가 대단한 매력을 지닌 인물이며 무관심과 집념이 참으로 잘 조화된 사람이었다고 말하고 있다. 카뮈는 알제리에 있는 아내와 헤어져 갈리마르 출판사의 편집인이 되었으며, 죽는 날까지 그 일을 하고 있었다. 그에게 《타인의 피》의 원고를 보였던 시몬느는 그의 반응에 감동했다. "이것은 우애의 책이군요."하고 카뮈는 평했으며, 시몬느는 만약 우애라는 것이 말로 만들 수 있는 것이라면 쓴다는 것은 보람있는 일로 생각하고 있었던 것이다.

제대로 된 음식을 먹여주는 레스토랑이 거의 없었기 때문에 시몬느는 호텔 드 라 루이지안느의 부엌이 달린 자기 방에서 보스트 아우나 시인 미셸 레이리스의 아내이며, 때때로 푸줏간에서 고기를 여분으로 얻어오는 재주가 있는 루이즈 레이리스의 도움으로 손님을 접대하기로 하고 있었다. 시몬느의 식탁은 그렇게 답답한 느낌이 들지 않고도 8명은 앉을 수 있었기 때문에 식사의 손님은 흔히 사르트르와 부엌일을 도와주는 보스트 외에는 주류(酒類)를 갖다주는 카뮈와 레이리스 내외, 자니느와 레이몬의 쿠노 내외였다. 레이리스 내외는 곧잘 케 데 글랑 조쿼스타의 넓은 아파트로 답례의 식사에 초대해주었는데 그들은 주변을 압도할 새로운 분위기를 지닌 새로운 친구였다. 박박 깎은 중머리에 정장, 그리고 풍성한 몸짓이며 손짓을 특징으로 하는 미셸은 단순한 인류학자에 그치지 않고 '고백문학'의 찬란한 기수이며 왕년의 쉬르리얼리스트이기도 하여, 앙드레 브르통이나 루이 아라곤, 맥스 에른스트나 살바도르 달리 등을 에워싼 포복절도할 엉터리 이야기를 들려주었다. 친구들로부터는 제트로 불렸던 아내 루이즈는 다니엘 앙리 칸와일러가 경영하는 화랑의 지배인이기도 했다. 칸와일러는 독일 국적을 지닌 화상(畵商)으로서 안브로와즈 포랄과 함께 1913년에 큐비즘을 시인한 사람들인데, 태어난 나라에서나 또는 거주하기를 택한 나라에서는 당국과의 관계에 있어서는 참으로 불운한 사람이었다. 제1차 세계대전이 일어났을 때에는 이탈리아에 있었는데, 프랑스에 있으면 적성(敵性) 외국 인으로서 감금당할 우려가 있었으며 독일에 있으면 카이저(皇帝)의 군대에 징집될 위험이 있었기 때문에 이를 피하기 위하여 스위스에서 보냈다. 1920년에 프랑스로 돌아오는 것을 인정받았으나 돌아온 뒤에야 그의 재산, 즉 피카소며 조르주 블랙에서 호완 그리스며 드랑에 이르기까지 약 8백 점이나 되는 화가들의 작품이 몰수되었음을 알았다. 제2차 세계대전 때에는 칸와일러가 스위스로 피난하기에 앞서 독일군이 파리로 진격해왔기 때문에 1940년 이후는 피카소나 마티스, 밀로의 작품군이며 글리스의 가장 아름다운 몇 점의 그림으로 가득 찬 레이리스가(家)의 아파트에 숨어서 살았다. 레이리스 내외와 친교를 맺었던 사람이 쿠노 내외였다. 남편인 레이몬은 르 아브르 태생으로 학식이 풍부한 백과사전의 편집인이며 문법학자, 철학자 그리고 수학사가(數學史家)일 뿐만 아니라 독창적인 작가이며 발음대조의 철자법이나 문법적인 잘못, '회화적 문자(繪畵的文字)'를 구사하여 대화용 언어의 맛을 살리는 유머 작가이기도 했다. 그는 잘난 체하는 일이 결코 없었으며 그 박식을 일화나 경구, 임기응변의 재치있는 이야기로 꾸미는 명인(名人)이었으며, 한편 그의 아내는 사람을 당황케 하는 신랄한 비평이나 비약된 추론을 서슴지 않았다.

　시몬느에게 있어서 그것은 같은 세대의 결혼한 여성과의 처음이며 진정한 만남이었다. 그녀는 듣는 쪽이었다. 그리고 카뮈, 올가 코렛 오드리 같은 결혼한 친구들이 갖은, 때로는 짜증스럽게 느껴지는 문제를, 개인적인 문제로서 포착하여 여성 전체의 문제로는 보지 않았던 자기가 얼마나 잘못되고 있으며, 추상개념을 고집했던 자신이 얼마나 그릇되고 있었는가를 깨닫기 시작했다. 그 옛날, 루앙에 있을 무렵, 올가나 그 친구들에게 비(非)유태인과 유태인 사이에는 아무런 차이도 없다고 그녀는 주장했다. 그것이 얼마나 잘못된 생각인가를 전쟁은 가르쳐주었다. 그러나 특별히 '여성의 상황' 같은 것이 있다는 식으로는 생각하지 않았던 그녀였다. 그런데 이제 그녀가 만난 수많은 여성들은 처지도 다 다르거니와 성공의 정도도 여러 가지라고는 하지만 전원이 남편의 아내 —— 의존하는 개인 —— 라는 점에서는 동일한 체험을 지니고 있었다. 그녀 자신의 입장은 쟈니느 쿠노, 제트레이리스, 시몬느 푸레벨 등의 입장과는 매우 다른 것이었으나, 대개의 여성이 결혼해서 겪는 여러 가지 곤란, 겉보기뿐인 이익, 함정, 장애 등을 살피기 시작했다.

"나는 또한 그녀들이 어떻게 이 체험으로써 왜소화(矮小化)하기도 하고 풍요해지기도 하는가를 느꼈다."고 《여자의 한창나이》에서 그녀는 여성의 상황을 고찰하기 시작했을 무렵을 쓰고 있다. "이 문제는 직접 나에게는 관계가 없었기 때문에 그때까지는 비교적 중점을 두지 않았다. 그러나 나는 흥미를 느꼈다."

레이리스 부부는 온갖 사람을 알고 있어, 어느 날 밤 카페 프롤에서 사르트르와 시몬느를 피카소와 그의 동반자인 드라 마르에게 소개했다. 그녀는 유고슬라비아인으로서 키가 컸었는데, 역시 키 큰 개를 데리고 언제나 왔다. 그로부터 얼마 뒤에 피카소가 1920년대의 전위예술적인 소희곡(小戲曲) 《꼬리를 잡힌 욕망》을 썼을 때, 레이리스는 그것의 공개 낭독회를 제안하여 카뮈가 연출을 담당, 사르트르는 '둥근 머리'를 맡고 드라 마르는 '살찐 비참', 레이리스는 '굵은 다리', 시몬느가 '조카'를 맡아 했었다. 피카소는 거대한 초콜릿 케이크를 들고 나타났다. 그리고 시몬느는 루시안느와 알만 사라쿠르 부부를 비롯하여 정신분석학자인 자크 라캉과 그 동반자인 여배우 실비아 바타이유도 만났다.

시몬느는 자택에서 여는 '야회(夜會)'에는 어떻게 해서든지 콩 종류와 비프 스튜를 듬뿍 내놓았다. 모여든 사람들은 BBC 방송에 귀를 기울이며 전쟁의 불안과 증오를 이야기했으며 나치스 독일의 패배는 얼마 남지 않았다고 말했다. 1944년의 새해에는 전국이 호전된다. 그들은 그렇게 확신했다. 독일군은 수세에 몰렸으며 영미군의 공격을 받아 아프리카에서는 이미 패퇴하고 있었다. 소련군은 대규모의 반격전을 펴 모든 전선에서 기세를 올리고 있었으며, 한편, 연합군의 공군은 제공권을 장악하여 라인란트와 함부르크에 폭격을 가하고 있었다. 프랑스에서는 레지스탕스가 독일군의 수송 트럭을 잇달아 폭파시키고 철도의 사보타주가 한창이었다.

모여든 사람들은 또한 미래에 관해서도 이야기를 나누었다. 전후는 자기들의 투쟁의 시대가 될 것이다. 전후 프랑스의 건설에 즈음하여 자기들이 믿는 바와 적대되는 것을 만드는 데 도와줄 수는 없으나 그렇다고 해서 시대에 뒤떨어진 사고방식을 새삼스럽게 강요할 수도 없다는 것이 모두의 일치된 의견이었다. 당시의 누구나가 그렇게 생각했듯이 그들도 내일이라는 날을 1939년 이전의 세계로 되돌려서는 안 된다고 여겼었는데, 이와 같은 이야기를 거듭하는 가운데에서 어쩌면 하나의 시대가 종말에 가까워지고 있으며 내일의 세계의 패자(覇者)는 미국과 소련일 것이라고 생각하게 되었다. 문제는 시대에 뒤떨어진 꿈에 완고하게 매달리는 것이 아니라 자기들이 비난하고 있는 사상의 대두(擡頭)를 방지하는 것이었다. 공산주의자들과의 관계가 무엇보다 중요해진다는 것이 그들의 의견이었다. 자기들이 개인으로서의 존재를 잃지 않고 힘이 발휘되기를 그들은 원했다. 아무도 당의 명령에 복종할 생각은 없었으나, 공산주의자를 빼고는 과연 좌익이 정리될 수 있을 것인가. 전후의 정치에 관련을 갖지 않겠는가, 아니면 필요하다면 당에 참여할 것인가, 무엇이 최선의 길인가 등에 관하여 그들은 서로 논의했다.

원칙으로서 갈리마르 출판사는 새로운 문학잡지의 비용을 떠맡을 수 있다고 동의했다 —— 드뤼 라 로셸 아래에서 〈N. R. F〉지는 타이틀을 남기고 들어가긴 해도 독일에 대한 협력지로서 절망적일 정도로 타협하고 있었다. 이 〈신평론(新評論)〉지의 편집장은 사르트르가 되고 나머지 전원은 편집위원이 되기로 되어 있었다. 갈리마르 출판사는 또한 시몬느, 카뮈, 메를로 퐁티, 사르트르를 편집인으로 하여 철학 시리즈를 낼 것도 제안했다. 파리에서는 점령군 당국이 이제는 여기저기에 경고의 벽보를 붙이는 일은 없었으나 3월 4일에 처형된 22명의 '테러리스트' 사진과 이름만은 본보기로서 붙여놓았다. 사르트르는 CNE와 전국 연극위원회의 회합에 줄곧 참석하여, 이 비밀회합에서 돌아오는 것이 늦어지기라도 하면 시몬느는 불안으로 안절부절을 못 하는 것이었다.

호텔 드 라 루이지안느의 주민은 모두가 알고 지내는 터이었다. 리즈와 부를라는 시몬느와 사르트르가 있던 층보다 1층 아래에 있는 커다란 스튜디오에서 살았다. 위층에는 멋쟁이 파리지앵인 아랍인이며 배우 겸 가수, 작가인 마르셀 무르지가 여자친구인 롤라와 살았다. 다른 주민도 모두 카페 프롤의 단골손님이었다.

어느 날 아침, 사르트르와 시몬느가 프롤을 향해 걷고 있자 무르지가 뒤쫓아왔다. 그는 흥분해 있었다. 롤라와 올가 바르브자가 체포되었다는 것이다. 이 두 여성은 지하운동에 관련하고 있지는 않았으나 관련이 있는 친구들과 한 자리에 있다가 검거되었던 것이다. 사르트르의 도움으로 무르지와 바르브자는 그녀들의 석방을 위해 온갖 방법을 시도했다. 모두가 잘 되지는 않았으나 두 사람이 국외로 추방되지 않는다는 보증만은 받아낼 수가 있었다. 4월에 부를라가 체포되었다 —— 리즈 곁을 떠나 아버지 집에서 가끔 밤을 보내는 때가 있었는데 체포된 것은 그러한 밤의 일이었다. 그의 아버지는 금발의 여자와 동거 중이었는데 이 여성이 페릭스라는 이름의 독일인에게 그녀가 왔다는 것을 곧 알렸던 것이다. 리즈가 체포의 소식을 알게 되었을 무렵에는 페릭스가 검거된 부자(父子)에 대해 4백만 프랑의 보수를 내놓는다면 도와주겠다고 약속하고 있던 참이었다. 그는 간수를 매수하여 부를라로부터 리즈에게 보낸 메모를 전해주었는데 거기에는 짧막하고 거칠긴 하나 페릭스가 끝까지 도와줄 것으로 믿는다고 씌어 있었다. 어느 날 아침 페릭스로부터 금발의 여자에게 다음과 같은 연락이 있었다. 파리 북동부에 있는 드란시 정치범 수용소의 죄수는 전원 독일로 이송되었는데 자기 비호하에 있는 두 사람만은 남겨놓도록 해놓았다고. 그날 오후, 시몬느는 리즈를 따라 드란시로 갔다. 역 근방의 카페에 들어간 두 사람은 전날 밤 밀폐된 많은 열차가 떠났다는 말을 들었다. 그러나 그녀들이 수용소의 철조망 가까이에 다가가자 멀리서 그녀들을 향해 손짓하는 두 사람을 볼 수 있었다. 부를라는 베레모를 벗어 박박 깎인 머리를 드러내며 열심히 흔들고 있었다. 페릭스는 신뢰를 배신하지 않았던 것이다.

 체포되기 전에, 올가는 때때로 수형자(受刑者)이며 동성애의 남자를 찾아갔었는데 장 콕토는 이 남자를 형무소에서 발견, 당대에 으뜸가는 작가라고 주장했다. 절도, 도망, 뚜쟁이를 비롯하여 그 밖의 다른 죄 등으로 이미 9회에 걸쳐 유죄판결을 받았던 이 시인, 33세의 장 쥬네에 대해 판결이 내리기 직전에 콕토가 경찰 재판소의 판사에게 한 인물평이 바로 이러한 것이었다. 어머니에게 버림받아 복지시설에 위탁되고, 나이 10세에 이미 양부모로부터 도둑의 낙인이 찍혀 절도와 소매치기를 직업으로 살아온 그가 형무소에서 책을 읽게 된 것이다. 바르브자는 〈랄브레이트〉지에 그의 몇

편의 시와 소설 《꽃의 노트르담》의 발췌문을 게재할 작정이었다. 이 산문의 발췌문을 읽은 사르트르와 시몬느는 감동했다. 5월에 쥬네는 출옥했는데 사르트르와 시몬느, 카뮈의 세 사람이 프롤에 있던 어느 날 오후 그가 찾아와서는 이렇게 말했다.

“당신이 사르트르요?” 쥬네는 잠깐만 있었을 뿐이었는데 그 뒤로도 가끔 찾아오게 되었다.

“그 사람은 확실히 까다로운 사람이었다. 태어난 그날부터 추방자였으니까.” 하고 시몬느는 회상한다. “그에게는 자신을 거절한 사회를 존중할 아무런 이유도 없었다. 그러나 그 눈은 아직도 미소 지을 줄을 알고 있었다. 그는 이야기를 나누기 쉬운 사람이었다. 남의 이야기를 잘 들을 줄 알았으며 바로 반응했기 때문이다. 독학을 한 사람이라고는 상상조차 못했다. 사물에 대한 판단이나 편견은 놀라울 정도였으며, 그에게는 교양의 배경을 극히 당연한 것으로 여기는 사람들에게 흔히 있는 오만하지 않은 태도가 있었다.”

《출구(出口)는 없다》는 새로운 연출가, 새로운 무대감독, 쇼팔만을 제외하고는 새로운 캐스트로 4월에 리허설이 시작되었다. 올가의 체포로 사르트르는 계획 전체를 단념하지 않을 수 없었으며 카뮈도 ‘콤바’ 신문의 일이 바빠 손을 대지 못하고 있었는데, 뷔유 콜롬비에 극장을 인수한 직후인 안네 바델이 이 희곡의 상연을 희망하여 벨기에의 배우이며 연출가인 레이몬 루로에게 연출을 맡겼던 것이다. 바델은 그 단막극을 고(故) 폴 장 투레의 ‘파리지앵’용 코미디 작품인 《중단된 저녁식사》와 함께 상연했다. 개막일은 5월 27일이었다. 이날의 카뮈의 데이트 상대는 마침 그의 희곡 《오해》의 리허설을 하고 있던 여배우 마리아 카자레스였다. 이 연극은 부조리를 주제로 한 작품으로, 어떤 남자가 오랜 세월에 걸쳐 집을 비운 뒤 누구인가를 밝히지 않은 채 어머니와 여동생에게로 돌아오는데, 그녀들은 홀로 여행하는 나그네를 살해하여 도둑질을 하고 있었으며 나이 많은 하인이 남자의 정체를 밝히려 하지 않았기 때문에 살해당하고 만다는 줄거리였다. 그 당시는 연극을 쉽사리 상연할 수 있는 시대가 아니었다. 영미 양군의 폭격기가 밤마다 파리 교회의 철도역을 계획적으로 폭격했으며 늘 정전(停電)이 있었고 오후 10시가 되면 지하철이 멎기 때문에 상연 회수는 줄어들 수밖에 없었다. 비평 —— 모두가 좋았다 —— 이 게재된 것은 겨우 6월 4일이었으며 그것은 연합군이 노르망디로 상륙하기 바로 2일 전의 일이었다.

연합군의 상륙이 있은 뒤의 나날은 오랜 하루의 휴일처럼 여겨졌다. 파리 사람들은 행복한 심정으로 가슴은 기대로 부풀어 있었다. 그러나 전투는 가혹했다. 연합군이 쉘브루를 점령하는 데 3주나 걸렸다. 올가와 롤라는 석방되었다. 리즈는 페릭스에게 부를라로부터의 전언을 입수하도록 요구했으나 아무런 소식도 없었다. 그녀는 집요하게 매달리며 자신이 부를라에게 선물하여 그가 언제나 몸에 지니고 다니는 어떤 반지를 갖고 오도록 요구했다. 그러나 반지도 역시 나오지 않았다. 그래서 그녀는 전쟁포로수용소의 정확한 소재지를 알리라고 요구했다. 며칠 동안을 끈질기게 요구한 끝에 겨우 페릭스로부터 진실을 알아낼 수 있었다 —— 아버지와 아들은 모두 얼마 전에 처형되었다는 것이었다.

사르트르와 시몬느는 《오해》의 첫 공연을 보러 갔다. 전에 각본을 읽은 두 사람은 카뮈에게 《카리귀라》 쪽이 훨씬 좋았다고 말했다. 카자레스의 뛰어난 연기에도 불구하고 《오해》는 실패작이었다. 휴식시간에 비평가들을 둘러보던 사르트르와 시몬느는 이 비평가 패거리들이 대독(對獨) 협력지(協力紙)와 함께 추방되는 것도 이제는 시간문제라고 이야기를 나누었다. 시몬느도 또한 3개월 전부터 착수한 《소용없는 식구》라는 희곡 하나를 완성시키기는 했는데 쓴다는 작업에 집중한다는 것은 여간 힘겨운 것이 아니었다. 7월 중순, 체포되었던 CNE망(網)의 어떤 멤버가 일부 사람의 이름을 자백하고 말았다는 정보가 있었다. 카뮈로부터 거처를 옮기라는 충고를 들은 사르트르와 시몬느는 레이리스 집안에서 은신 중인 칸와일러와 몇십 점의 그림에 묻혀 2, 3일을 보낸 뒤 파리 북방 40마일 지점에 있는 누위 스 크레르몽으로 향했으며 마을의 채소가게 겸 여인숙에 방을 잡았다. BBC 방송은 함부르크의 '소이탄' 폭격을 발표하고 파리 전역에서는 사보타주가 실시되었다. 프랑스 남서부에서는 후퇴 중인 독일병이 사보타주용 의자나 민간인을 재판없이 처형했다 —— 6월 10일, 그 태반이 여자와 어린이들인 1천 3백 명의 사람들이 오라두르에서 불타 죽었다. 튀르에서는 85명의 '완미분자(頑迷分子)'가 큰 거리를 마주한 발코니에서 목이 졸려 살해되었다. 6월 26일, 드골은 프랑스의 땅에 새로운 정부를 수립하기 위해 노르망디에 상륙했다.

제트와 미셸 레이리스가 누위 스 크레르몽으로 찾아와서, 오후의 한나절을 보내면서 레지스탕스 투사마저 재판없이 처형되었음을 전해주었다. 8월 11일, 미군이 파리 남서 56마일 지점인 샤르토르 교외까지 진격해오자 사르트르와 시몬느는 파리로부터 차단되지 않을까 걱정되어 자전거에 짐을 챙겼다. 주요도로는 퇴각하는 독일군으로 몹시 붐빌 것이 예상되었기 때문에 두 사람은 불타는 듯한 태양 아래 온 힘을 다하여 페달을 밟아 뒷길로 달렸다. 샹티부터는 아직도 기차가 약간은 다녔다. 그래서 자전거를 손수레에 실고 파리까지 30마일을 달리는 객차의 뒤쪽에 좌석을 잡았다. 기차는 몇 마일을 달려 역을 통과하는가 싶더니 정차했다. 머리 위로 비행기의 굉음이 울리고 기관총의 드르륵 하는 발사음이 들렸다. 두 사람은 재빨리 바닥에 엎드렸다. 공격이 끝나자 모두들 배수구로 대피했다. 죽은 사람은 모두 기차의 앞쪽에 탔던 사람들이었다. 누군가가 말했듯이 비행기는 기관차를 노렸던 모양이다.

파리로 돌아온 두 사람은 조심하는 의미에서 호텔 드 라 루이지안느가 있는 거리에서 몇 야드 떨어진 호텔에 방을 잡은 뒤 카뮈를 만났다. 카뮈의 말로는, 각 파의 레지스탕스 지도자들은 파리를 스스로의 손으로 해방시켜야 한다는 점에서 의견의 일치를 보았다고 했다. 전기도 가스도 없었으며 식료품도 구할 수 없었다―― 사르트르와 시몬느는 저장해두었던 2, 3파운드의 감자와 스파게티로 허기를 달랬다. 그렇게 지내던 어느 날, 갑자기 모든 경찰이 자취를 감추었다. 아마 숨은 것이리라. 8월 18일 오후, 시몬느는 독일군이 생 미셸 거리를 행진하는 것을 보았다. 통행인들이 "놈들은 나가는 거야." 하고 수군거렸으나 독일군은 여전히 체포와 국외 강제철거를 강행하고 있었으며, 나치스의 깃발은 옥상에 아직도 펄럭이고 있었다. 잠을 잘 때면 그녀는 늘 생각했다. 내일은 틀림없어, 하고.

이튿날, 경찰청이 해방되었다. 레이리스의 아파트에서 시몬느는 삼색기가 펄럭이는 것을 보았다. 시청, 리용 역, 공공건물의 태반이 봉기한 파리시민의 수중에 장악되었다. 폰 누프에서는 프랑스 국내군(FFI)의 파견대가 트럭에서 뛰어내려 독일의 수송차에 발포했다. 이튿날 아침이 되어도 나치스의 깃발은 여전히 상원(上院) 위에 나부끼고 있었다. 사르트르는 CNE본부에 있었으며 시몬느는 제트와 함께였다. 카뮈와 그의 동료들은 대독 협력자들이 버리고 간 인쇄기며 편집사무실을 인수하여 일을 시작했으며, '콤바'나 '리베라시온' 등의 신문이 거리에서 팔리기 시작했다. 파리 시가에 피해를 입히지 않기 위해 독일군이 철수에 동의했다느니, 놈들은 노트르담이나 시내의 곳곳에 지뢰를 장치하여 모든 것이 폭파하여 공중으로 날아가버린다는 따위 소문이 급속히 번져나갔다. 1주일이 지난 뒤에도 독일군은 여전히 눌러 있었다.

새로이 햇볕을 보게 된 〈콤바〉지에 시민의 봉기에 관한 해설을 연재해 달라고 카뮈가 사르트르에게 요청했다. 최초의 기사는 8월 22일호에 게재되었다.

"우리는 이 눈으로 본 것만을 말한다, 라는 서두로 시작된 그 내용은 사르트르와 시몬느의 두 사람이 목격한 것에 살을 입힌 보고였기 때문에 이 서두는 약간 과장된 것이었다. 8월 29일 이후는 그 기사가 매일 연재되어, 봉기의 지리적 정세며 희망, 우려, 지나친 일 등을 말하고 있었다. 연재는 9월 4일에 필립 루크레르크 장군 휘하의 제10연대가 포르트 도를레앙에서 파리 시로 들어와 라스파이유 거리에서 몽파르나스로 행진하는 것을 군중이 환호성으로 환영하는 묘사로 끝났다.

"일찍이 봉기(蜂起)라는 것이 군대와 이와 같은 형태로 친숙하게 교류된 적은 없으며, 또한 일찍이 게릴라전과 저격활동을 위해 무장한 민간 전투원이 이를 완벽한 병사와 대장들과 같은 갈채 아래에서 행진한 것을 본 자는 없다. 군중은 그들 전원을 환호로 맞고 이 애국적이며 혁명적인 행진의 이중성격을 반쯤 이해하고, 모든 약속은 이 엉뚱한 의식(儀式) 속에 포함되었다고 느끼긴 하나, 또한 중요한 것은 프랑스로부터 독일을 몰아내는 것만이 아니라 새로운 질서를 위해서는 보다 더 곤란하고 영속적인 싸움을 하는 것이라고도 느끼고 있었던 것이다."

드골이 샹젤리제를 행진하는 모습을 사르트르는 호텔 루블의 발코니에서 구경했었는데, 그때 올가와 시몬느, 레이리스 부부는 개선문까지 달려갔다. 시청에서는 마지막까지 버티는 뷔시 정부 일당이 옥상에서 아래의 광장에 모여든 수천의 군중을 향해 발포했다. 독일병과는 달리, 뷔시파(派)의 프랑스인은 항복할 수가 없어 절망적인 자살적 임무 가운데에서 죽는 편을 택했던 것이다. 그날 밤, 레이리스의 집에서 사르트르와 시몬느는 난생 처음으로 미국인을 만나 그 군복을 유심히 살폈다. 그러나 파리에서 가장 매혹적인 장소는 사람들로 붐비는 카뮈의 사무실이었다. 거기에는 누구나가 있었다. 맨 먼저 리츠 호텔의 바를 해방시킨 어네스트 헤밍웨이를 비롯하여 자기 나름의 프랑스 국내군(FFI)의 제복과 스페인 시민전쟁 스타일의 검정 베레모를 쓰고, 기적적으로 투르즈의 게슈타포 손에서 피해온 앙드레 말로까지 있었다. 말로의 이야기로는, 드뤼 라 로셀이 자살을 꾀하려 했다는 것이었다.

어쩔 수 없이 모두가 정치에 말려들고 있었다.

이치상으로는 1943년에 전국 레지스탕스 위원회가 결성됨으로써 빨치산이나 게릴라 조직은 모두 드골을 최고 지도자로 추대한 셈이 되어 있었으나, 파리의 해방과 함께 —— 나치스 독일이 붕괴하기까지는 그 뒤에도 9개월의 고통스런 세월이 필요했다 —— '새로운 내일'이 시작되었다. 그 때까지는, 드골에게 적의를 품었던 것은 우익, 다시 말해서 뷔시 정부파의 대(大) 부르주아지뿐으로 그들은 런던에서 드골이 보낸 무장봉기와 공공연한 반란의 호소를 계속 무시해왔었다. 이제 그의 지지자는 중도우파, 프랑스 사회의 수호를 그에게 기대하는 저 프랑스인 다수파(多數派)로 옮겨가고 있었다. 이를 다수파에게 있어서, 장군의 계급을 지니며 권력을 즐기는 이 직업군인은 법과 질서의 구세주로서 모습을 나타내기 시작했던 것이다. 바꾸어 말한다면 드골은 적을 일단 국내에서 몰아내기만 한다면 수백만의 공산주의자와 그 동조자의 항독파(抗獨派)를 무장해제시킬 줄 아는 인물이었다.

4년에 걸친 항독(抗獨) 레지스탕스 가운데에서 격렬하게 투쟁하고 최고의 피해를 입은 자는 공산주의자였기 때문에 전후(戰後)의 내일이 자기들이 치른 희생과 균형이 맞는 것이 되어주기를 그들은 바라고 있었다. 공산주의자 이외의 백만이나 되는 좌익 빨치산은 금전에 무관심한 데에서 오는, 또한 뷔시 정부에의 경멸, 나아가서는 전전(戰前)의 정치를 생각케 하는 모든 것에의 경멸에서 오는 자본주의를 반대하는 사람들이었다. 1945년 1월경에는 두 가지 경향이 뚜렷해지기 시작했다. 많은 지도자는 프랑스 노동당이라고 하는 옛날 같은 꿈이 실현되기를 원하고 있었다. 넓은 층에 기반을 둔 중도연합으로써 드골을 자기 편으로 끌어들이려는 지도자들이 있는가 하면 어느 쪽으로도 태도를 밝히지 못하는 자도 있었다.

파리가 그 새로운 자유에 정착하고 연합군의 '라인 강 공격'이 가을에 교착상태에 빠지자 이러한 모든 것이 〈콤바〉 지상에서 지적(知的)이며 정열적으로 논의되기 시작했다. 그리고 크리스마스 전후에는 히틀러가 정성껏 계획을 짠 알덴느의 대반격이 개시되었다. 사르트르와 시몬느는 확신으로써 미래를 생각했다. 전전과 같은 정치적 무관심으로 돌아간다는 것은 문제밖이었다. 전전에 유행했던 모든 자기기만을 그만둔다, 말만의 항의로는 이제 불충분하다는 점에서 일치했다. 중요한 것은, 이제 단순히 존재한다는 것이 아니라 행동하는 것이었다. 방관자이거나 오랜 세월에 걸쳐 철학적인 훈련을 쌓은 지식인으로서 추상개념을 만들고 의미를 고찰하는 것만으로는 안 된다. 전쟁포로로서의 체험은 사르트르에게 단결할 것을 가르쳤으며 그가 품은 모순을 풀어주었고 또한 '사회주의와 자유'의 실패는 그에게 현실주의에 입각한다는 교훈을 주었다.

그러나 공산주의자는 그를 달갑게 여기지 않았다. '사회주의와 자유'의 무렵에는 그들은 전쟁포로 수용소로부터 그가 석방된 것은 스파이로서 활약하기 위해서라는 소문까지 퍼뜨렸다. CNE 때에는 통일을 원하고 있었기 때문에 그를 받아들이기는 했어도 출처불명의 팜플렛에는 몽테를랑과 함께 그는 반동(反動)으로 지적되고 있었다. 프랑스 국민 가운데 많은 소수파(少數派) 공산당을 지지하고 있었으며, 사르트르는 그들과 함께 있기를 원하기는 했으나 그들의 일원이 되기를 바라지는 않았다. 그 이유의 하나는 그가 너무나 독립적인 사람이었기 때문이다. 그러나 그보다도 그와 마르크스주의자 사이에는 중대한 차이가 있었다. 마르크스주의자 입장에서 볼 때, 그는 현상학적 직관(現象學的 直觀)을 믿고 있었기 때문에 선의의 부르주아지였다. 그의 입장으로는, 마르크스주의는 인간의 전면적인 모습을 파악하지 못하고 있었다. 그는 자신의 생각 —— 내면성이나 실존, 인간의 자유선택의 개념 —— 을 버릴 생각은 추호도 없었다. 오히려 공산주의의 이데올로기들이 휴머니즘의 모든 가치를 시인하고 부르주아지의 지배로부터 휴머니즘을 분리시키려고 노력하는 그의 힘이 되어주기를 원하고 있었다. 그는 좌익에게 자기와 같은 심퍼사이저 —— 프티부르주아 지식인과 공산당 지식인 사이에서 교양 역할을 할 사람들, 지지와 비판을 결부시키는 역할을 맡을 사람들 —— 가 들어갈 여지가 충분히 있다고 생각했다.

초기의 행복감으로 가득 찬 자유는 이 낙천주의를 지탱해줄 듯이 여겨졌다. 공산주의자들은 '국민적 일치'로 드골 정부를 지지했다. 전시 중의 망명처인 소련으로부터 귀국한 공산당 지도자 모리스 트레이즈는 노동자를 향해, 산업을 부흥시키는 것이 그들의 임무이며 인내하며 한동안은 모든 요구를 삼가도록 호소했다. 카뮈가 공산주의자에게 적의를 품는다는 것은 대수롭지 않은 주관적 편견으로 여겨졌다. 왜냐하면 양자는 똑같은 입장을 옹호하고 있었으며 공산당의 이해자인 사르트르는 전면적으로 〈콤바〉지의 정치노선에 찬동하고 있었기 때문이다. 그런데 프랑시스 퐁쥬의 주변에 있는 젊은이들이 주도권을 장악하고 있던 공산당 주간지 〈액시온〉이, 실존주의는 계급투쟁으로부터의 일탈(逸脫)이라 하여 갑자기 사르트르에게 공격의 화살을 돌렸다. 퐁쥬는 동지(同紙)에 사르트르의 회답을 게재하는 데 동의하기는 했으나, 6개월 후에는 앙리 르페블에 의한 악의에 찬 공격을 게재했다. 르페블은 '나치스에 가담한 하이데거의 제자'였기 때문에 사르트르를 나무라지 않는 체하면서 관념론, 주관주의 그리고 마르크스주의 공격의 기수(旗手)를 이유로 하여 비난했던 것이다.

11월, 공산당과의 부질없는 티격태격에 따분해진 사르트르는 특파원으로서 미국에 파견해달라는 요청을 카뮈에게 했다. 자기가 원하는 것은 새로운 전망이라고 사르트르는 카뮈에게 말했다. 때때로 그는 프랑스가 이번 전쟁으로 5류국(五流國)이 되어버린 듯한 느낌이 들었다. 또한 파리가 아무런 상처도 입지 않았다 하여 모두가 철저히 기만당하고 현혹되고 있으며 이제 조그만 나라의 빈사(瀕死)의 수도에 살고는 있으나 근본적인 변혁의 기회가 파리의 해방으로 찾아온 것으로 생각했었다. 전시 중에 망명하고 있던 사람들이 신선한 시점을 지니고 귀국하고 있었다. 레이몬 알롱은 전시 중 런던에 있었는데 드골파가 별로 달갑게 여기지 않고 있던 프랑스어의 잡지를 편집하고 있었다. 로망 갈리 역시 런던에 사는 프랑스인에 대해 여러 가지를 쓰고 있었다. 〈랄브레이트〉지는 그 당시는 아직 무명의 미국 작가들인 헨리 밀러, 호레이스 매코이, 나사니엘 웨스트 등의 작품집을 게재하고 있었다.

무대로는, 《출구가 없다》가 재연되고 사르트르와 시몬느는 전시 중에 쓴 소설을 갈리마르 출판사로 갖고 갔다. 그는 《자유에의 길》의 첫 두 권을, 그녀는 《타인의 피》를. 파리 교육계에서는 시몬느의 복직을 인정했으나 그녀는 교직생활로 돌아갈 뜻이 없었다. 그녀의 평론 《필리우스와 시에아스》가 출판되어 호평을 받았다. 그 무렵, 그녀는 역사소설 《사람은 모두 죽는다》에 착수하고 있어 아침마다 도서관에 다녔으며, 황제 칼 5세와 추기경 멜퀴리노 가티날라에 대한 자료를 조사하고 있었다. 바델은 《쓸모없는 식구들》의 상연을 승락하여 《출구는 없다》의 초연 때에 가르산 역을 맡았던 미셸 뷔틀이 시몬느의 연극 연출을 승락했다.

사르트르와 시몬느는 새해를 지드의 아파트에서 살고 있던 프랑시스와 알베르 카뮈 내외와 함께 보냈다. 그리고 1945년 1월 12일, 사르트르는 군용기를 타고 미국으로 떠났다. 그는 전시 정보국의 초청을 받은 6명의 프랑스인 저널리스트 중의 하나로서 미국의 전쟁노력에 관하여 보도하기로 되었다. 사르트르의 도미(渡美)자격을 얻기 위해 카뮈는 〈콘바〉지의 '특파원'인 사르트르를 〈피가로〉지가 공유해도 좋다고 동의했다. 미국과 프랑스 사이에는 아직 민간우편이 부활되지 않았기 때문에 시몬느가 받아보는 소식이라면 신문기사를 읽는 수밖에 없었다. 자신도 프랑스 국외로 나아가고 싶었던 그녀에게 갑자기 기회가 찾아왔다. 여동생이 귀국해온 것이다. 포르투갈에서 4년을 보낸 뒤, 푸페트는 리스본에 있는 프랑스 학원의 서기관이며 프랑스 포르투갈의 평론지 편집장이기도 한 피엘 리오넬과 결혼했다. 리오넬은 시몬느를 프랑스 학원의 이름으로 리스본에 초대하여, 점령시대에 관한 강연을 하도록 해주었던 것이다. 시몬느는 외무성의 국제문화국으로 달려가서 여행허가를 신청했다. 일은 간단하지 않았으나 누구나가 되도록 힘이 되겠다고 말해주었다.

사르트르는 미국이 마음에 들었다. 그러나 저널리스트로서의 첫 일에 큰 실수를 하고 말았다. 1942~43년에 걸쳐서 워싱턴과 뉴욕에서 일어난 페탕파(派)와 드골파의 내분에 관해서 썼던 것이다. 미국정부는 1940년의 페탕 정권과 그 워싱턴 주재 대사관을 승인하고 있었다. 그 방침이 변경된 것은 연합군이 북아프리카에 침공해온 1942년 11월로서, 그때 드골이 이 끄는 프랑스 전국해방위원회가 프랑스 임시정부로서 성립되었던 것이다. 사르트르의 제1신은, 자신과 동행한 5명의 기자에 대한 열렬한 환영에 관해 말한 뒤, 그야말로 건드려서는 안 될 것에 대해 언급했다. 즉, 미확 인정보를 인용하여 그는 대기업과 미국무성이 〈승리를 위하여〉지에 출자한 경위에 대해 말하고는 이 신문이 프랑스측에 커다란 피해를 입혔다고 주 장했던 것이다. 이튿날, 〈뉴욕 타임즈〉의 파리 특파원은 이 〈피가로〉의 기사를 다루며 같은 특파원인 사르트르가 프랑스·미국의 우호관계를 근 본적으로 공격했다고 비난했다. 당황한 사르트르는 편집장 앞으로 편지를 보내어, 자신의 기사를 그릇되게 인용했다고 파리 주재의 〈타임즈〉 특파 원을 비난함과 동시에 〈타임즈〉의 독자에 대해서는 프랑스와 미국의 우 호관계를 위태롭게 할 의도는 없었다고 단언했다. 그런데 그 뒤의 발신(發信) 으로 그는 다시금 앙리 지로 장군 일파와 페탕 정권을 지지했던 뉴욕 주재의 프랑스인을 공격했다.

맨해턴에서 어울리는 사람들이라면 몽파르나스에서 옮겨온 옛친구인 보헤미안이나 미국인 예술가들이었다. 스테파와 페르난도 게라시 부부, 고등사범학교 시절의 동급생인 클로드 레비 스트로스 외에 사르트르는 부르턴, 매슨, 페르낭 레제, 막스 에른스트, 그리고 그들의 친구인 알렉산더 카르더를 소개받았다. 조각가인 데이빗 헤더로부터 드로레스 U를 소개받은 사르트르는 이틀밤에 걸친 구애 끝에 그녀의 연인이 되었다. 어려운 입장에 놓인 보헤미안들은 조심스러웠다. 전쟁 구원국으로 피난민으로서 와 있는 그들의 정치적 표현의 방법은 소극적인 것이었다. 그럴 수밖에 없었던 것이, 미국의 일부 지식인 사이에 미국이 전체주의의 파도에 씻길 것을 우려하는 경향이 있기 때문이라는 말을 듣고 그는 놀라고 말았다. 또한 포드 자동차회사의 홍보 담당자가 명랑한 표정으로 소련을 상대로 한 제3차 세계대전의 이야기를 꺼냈을 때에는 어처구니가 없었다. 동행한 한 기자가 미국과 소련 사이에는 공통된 국경이 없다고 이의를 제기하면서 "어디서 전쟁을 할 작정이오?" 하고 묻자 그 홍보 담당자는 "유럽이지 어딥니까" 하고 대답했던 것이다.

미국무성은 호텔 월도프 아스트리아에 이 6인조의 방을 잡아주었는데, 이 최고급 호텔에서는 사르트르의 잠바 차림과 다른 5명의 엇비슷하게 초라한 전시복의 옷차림이 약간의 센세이션을 일으키고 있었다. 여러 가지 일로 사르트르는 그곳 생활이 거북하기만 했으나 뉴욕의 군중에게는 감동했다. 그는, 미국인 쪽이 미국의 체제보다 낫다고 생각하여 그것을 르포르타주로 전달하려고 했다. 〈콤바〉에 보낸 최초의 르포는 미국인이 일찍이 이토록 풍요했던 적은 없었다는 내용이었으며, 그 뒤를 이은 기사에서는 두드러진 격차를 보이는 빈부의 문제에 관하여 상세히 논했다. 가치의 척도, 미국의 획일주의, 불간섭주의와 간섭주의의 논쟁, 루스벨트 정권의 산업개혁과 같이 그 주제는 다양한 것이었다. 어떤 르포는 처음부터 끝까지 테네시 강 유역의 개발(TVA) 문제와 그것이 전후사회 및 정치에 미치는 의미를 논하고 있었다.

일행은 로스앤젤레스로 가서 전쟁영화의 본산인 헐리우드를 방문하기 전에 워싱턴으로 안내되어, 3월 10일에 루스벨트 대통령과 잠시 인터뷰하기로 되었다. 죽음을 눈앞에 둔 대통령은 6명의 프랑스인을 보고 당신들의 나라를 사랑한다고 말했다.

"무엇보다 우선 감동적이었던 것은 섬세하고도 준엄한 그 길죽한 얼굴에 나타나 있는 깊은 인간적인 매력이었다."고 사르트르는 타전(打電)했다. "그 얼굴에는 일종의 관대한 따스함, 어떤 숨김없는 솔직함의 인상이 배어 있어 턱 언저리의 위압할 것만 같은 엄격함과 기묘한 조화를 이루고 있었다."

할리우드에서는 앙리에트 니잔을 만난 것을 제외하고는 별다른 일이 없었다. 앙리에트는 20세기 폭스사의 영화에 프랑스어의 자막을 쓰며 생계를 꾸려나가고 있었다. 아이들은 급속히 캘리포니아 아이로 적응하고 있었다. 할리우드를 시찰한 결과는 기능공 길드에 의한 노동조합화의 움직임, 전쟁영화, 멕시코의 영화제작, '생각하는 사람의 영화' 탄생을 환영하는 재미난 보고 같은 기사가 〈콤바〉지에 게재되었다.

사르트르가 드로레스와 함께 보내는 시간은 날로 많아졌는데, 기사로서 쓰는 것은 애국주의, '새로운 도시 만들기', 미국 노동총동맹, 과거를 찬양하는 기념비가 없다는 것 등을 다루고, 보다 비판적인 기사로서는 인종문제에 관한 것이 있었다. '꿈을 꿀 여유가 있는 흑인은 거의 없다.'는 것이 그 제목이었다. "흑인문제의 해결책은 단 하나밖에 없는 것으로 생각된다 —— 그것도 내일이면 너무 늦다 —— 즉, 미국의 프롤레타리아는 흑인이나 백인 모두가 자기들의 공통된 이해(利害)를 인식한다는 것이다. 미국의 진보는 실로 모든 블루 칼라 노동자의 발전에 달려 있다."고 그는 말했다. 5월 9일 사르트르는 드로레스와 함께 뉴욕에 있었는데, 그날 하리 트루먼 대통령은 전국방송으로 유럽에서의 연합군의 승리를 발표했다.

사르트르는 허락되는 한도에서 식료품과 옷가지를 한껏 갖고 파리로 돌아왔는데, 귀국해서 처음으로 시몬느가 포르투갈에 갔다는 것과 의붓아버지인 조셉 만시가 죽었다는 것이며 프랑시스 카뮈가 쌍둥이를 낳고 드뤼 라 로셀이 끝내 자살을 하고 말았으며 《구토》를 혹평한 로벨 브라자크가 전시 중에 파시즘을 열렬히 변호한 혐의로 재판을 받아 처형되었다는 소식을 들었다. 어머니 마리안느는 슬픔의 나날을 보내고 있었다. 조셉 만시와의 결혼생활은 약 30년이나 계속되어왔던 것이다. 어머니를 위로하기 위하여 사르트르는 어머니와 함께 살기로 작정했다. 대부호라고까지는 할 수 없어도 적어도 카페 프롤 바로 옆인 보나파르트 거리 42번지에 광대한 아파트를 살 정도의 재력도 생겼던 것이다. 63세가 된 어머니가 그 집의 태반을 사용하고, 그는 큼직한 방 하나를 서재로 삼았는데 거기서 보내는 일은 별로 없었다. 전화를 놓고 코를 비서로 두자 사르트르는 그에게 적어도 반나절은 아파트에 있으면서 전화연락을 받고 편지의 회답을 쓰거나 어머니만시 부인의 말동무가 되어달라고 했다.

드뤼 라 로셸이 53세의 나이로 자살을 했다는 것은 가슴 아픈 일이었다. 그러나 브라자크가 36세로 처형당했다는 것도 충격적인 일이었다. 드뤼의 경우는 데카당스에 사로잡혀 있었으며, 또한 해결될 수 없는 성적(性的)인 고민에 고통받고 있기도 했다. 더구나 전전의 부패한 정치로 말미암아 독재주의로 치달은 지식인은 그 혼자만은 아니었다. 그러나 재기가 넘치는 브라자크가 총살당했다는 것은 —— '해방' 후에 추방당한 프랑스인 작가 가운데에서 사형을 당한 작가는 그뿐이었다 —— 사르트르나 카뮈, 말로 같은 레지스탕스의 작가들에게 있어서도 참으로 충격적인 일이 아닐 수 없었다. 설사 그의 나치즘에 대한 열광이나 나아가서는 '악시온 프랑세즈' 일변도의 태도에 변명의 여지가 없다 해도 말이다. 나치즘을 신봉한 작가는 거의 없었다 해도 독일에 대해 협력했다는 혐의로 투옥을 당하거나 추방된 자는 몇몇 있었다. '악시온 프랑세즈'의 창설자이며 전전(戰前) 프랑스 파시즘의 총수였던 77세의 샤를르 모라스는 사형 선고를 받았으나 노령으로 말미암아 형의 집행이 면제되었다. 장 지오노는 무정부주의적인 평화주의로 말미암아 몇 개월 동안 투옥되었으며, 한편 셀리느는 반(反) 유태주의와 음성적인 대독 협력 때문에 후퇴하는 독일 국방군과 함께 독일로 도망쳐 독일 제3 제국이 붕괴한 뒤 투옥되고 다시 6년간을 덴마크로 망명하기에 이르렀다.

시몬느에게 있어서 리스본은 기분이 들뜨는 곳이기도 하거니와 마음이 산란해지는 곳이기도 했다. 독재자 안토니오 데 오리베일라 사라자르 정부는 독일에 전면적으로 찬의(贊意)를 표하여 어느 정도의 원조도 했으나, 히틀러의 패배로써 프랑스로의 접근을 꾀하려던 참이었다. 시몬느의 강연이 허락된 것은 이러한 정책의 결과 때문이었다. 강연의 사례금은 상당한 액수였기 때문에 그녀는 기분이 흐뭇하여 쇼핑을 하고 옷가지를 많이 샀으며 처음으로 나일론 양말을 사기도 했다. 여동생 내외와 함께 포르투갈의 투우를 구경하고 신트라의 정원을 산책도 했으며, 또한 프랑스 학원의 자동차로 알가르베 지방으로 여행하여 아카시아의 꽃향기를 맡고 부드러운 하늘 아래 넘실거리는 바다를 바라보거나 새하얀 벽의 마을이며 바로크 건축의 교회를 구경하며 다녔다. 그러나 여동생의 남편인 리오넬의 포르투갈 친구들은 그녀가 푸른 하늘이나 꽃이 한창인 석류나무를 보는 것만으로는 그치지 않도록 배려해주었다. 포르투갈에서는 만족스럽게 먹을 수 있는 사람이라고는 백 명 가운데 한 사람 정도밖에 없다. 거의가 맨발이며 철도의 역은 걸인으로 넘쳐흘렀고 누더기를 걸친 소녀들이 쓰레기통을 뒤지며 다녔다. 리오넬의 친구들은 모두 사라자르 체제에 반대하는 입장으로 오직 프랑스만을 믿고 있었다. 영국의 기업은 포르투갈에 상당한 이권을 갖고 있었으며, 미국은 아조레스 제도(諸島)에 군사기지 시설의 건설을 교섭 중이었다. 그것은 곧 사라자르가 영·미의 지지를 기대할 수 있다는 것을 의미했으며, 바로 그렇기 때문에 프랑스에서 여론을 야기시킬 필요가 있었던 것이다. 시몬느는 전에 대신을 지낸 어떤 인물로부터 조르쥬 비도에게 보내는 편지를 전해주지 않겠느냐는 부탁을 받았다. 이 인물의 사라자르 타도계획을 드골이 원조해준다면 새 포르투갈 정부는 앙골라를 프랑스에 양도하겠다는 것이었다. 그 편지를 비도에게 전하기는 했으나 그녀는 자기의 행위가 헛된 것이었음을 알았을 뿐이었다.

시몬느는 백 파운드나 되는 물건을 갖고 돌아왔다 —— 햄, 설탕, 달걀, 진짜 홍차, 커피, 초콜릿 —— 그리고 의기양양하게 친구들에게 선물을 나누어주며 다녔다. 여자친구들에게는 스웨터와 숄, 보스트와 카뮈, 그리고 뷔틀에게는 나사렛에서 산 어부가 입는 체크 무늬의 셔츠가 주어졌다. 뷔틀과는 거북한 일이 있었어, 하고 말했다. 그가 바델과 다투었기 때문에 바렐은 이제 시몬느의 희곡은 상연하지 않겠다고 말했다는 것이다. 그러나 뷔틀은 다른 극장을 틀림없이 찾아낼 테니까, 하면서 장담했다. 시몬느는 여동생 남편의 입장을 난처하게 하고 싶지 않았기 때문에 익명으로 〈콤바〉 지에 포르투갈에 관한 몇 가지 기사를 썼다. 〈콤바〉지에는 많은 포르투갈인으로부터 격려의 편지가 왔으며 포르투갈 대사관에서는 엄중한 항의가 있었다.

쟈니스와 레이몬 쿠노 부처를 통하여 보브와르와 사르트르는 미셸과 보리스 뷔앙 부부, 그리고 알렉산드르 아스트뤼크를 만났다. 24세의 뷔앙은 기사를 그만두고 재즈 연주와 작가활동으로 전환한 블랙 유머리스트였다. 그 지식과 활동은 광범위한 것이었으며 포르노를 쓰고 노래를 부르며 배우로서 무대에 서는가 하면 술을 마시며 번역을 하고 갖가지 발명도 할 뿐만 아니라 프랑스 제1의 작곡가 다리우스 미로를 위해 오페라의 대본을 쓰는 등으로 활약했다. 그는 익명으로 《무덤에 침을 뱉어라》라는 소설을 완성한 직후였다. 미셸은 어깨 위로 물결치는 블론드의 머리를 한 키 큰 여성으로, 남편 못지않은 재즈광이었다. 22세의 영화평론가이며 영화 제작이 지망인 아스트뤼크는 시몬느가 처음으로 만났을 때 술에 만취하여 행복스러운 듯이 뷔앙의 집 소파에서 잠자고 있었다.

사르트르는 《유태인》을 썼다. 그것은 반(反)유태주의와 유태인이라는 것을 주제로 한 198페이지나 되는 논문으로서 훗날 그의 평론 가운데서도 가장 유명한 저술의 하나로 손꼽히게 되는 것이다. 유태인 독자의 반응은 그다지 좋지는 못했으며, 사르트르는 자신이 유태인이 아니기 때문에 유태인 문제의 깊숙한 내부를 이해하지 못했다고 유감스럽게 여기는 경향도 많았다. 그러나 또한 동시에 유태인 배척주의자를 날카롭게 비판하여 많은 박수를 받기도 했다. 사르트르는 유태인 문제에 현상학의 관점에서 검토를 가하여 그의 이른바 '진짜' 유태인과 '가짜' 유태인의 모습을 그려보였다. 전자는 민족으로서의 유태인, 혹은 유태교를 반드시 선택했다는 것은 아니었으나 자신이 유태인임을 받아들인 유태인 후자는 유태인으로서 자신의 해방을 추구하는 것이 아니라 다른 인간이 됨으로써 자기 자신의 해방을 꾀하려는 유태인이다. 20년 후에 사르트르는 역사와 경제의 두 시점에서 주제를 추구해야 마땅했는데 그러나 그렇다고 해서 별로 다른 결론이 나왔으리라고 생각하지 않는다는 말을 하고 있다.

카뮈는 미국으로 강연여행을 가려는 참이었으며, 보스트 아우는 한 무리의 저널리스트들과 이탈리아를 여행 중이었는데 그때 시몬느는 올가 코자키에비치가 급성결핵의 진단을 받았음을 알게 되었다. 전문의의 진단은 각각 달랐으나 두 폐가 모두 상했다는 것만은 알 수 있었다. 고통스런 기흉

(氣胸)요법을 받은 뒤, 올가는 장기요양을 위해 알프스의 요양소로 갔으며 그 때문에 《파리메》의 재연계획은 중지되었다. 샤를르 듀랑이나 사르트르도 그녀 이상의 연기자를 생각할 수 없었기 때문이다.

2, 3주의 여가를 겨우 내어 사르트르와 시몬느는 벨기에로 여행, 안토와브와 부르주, 켄트를 방문한 뒤에 그의 어머니를 시골로 데려가고 시몬느는 자전거 여행의 휴일을 즐겼다. 두 사람은 8월 6일에 파리에서 다시 만났는데 바로 그날 히로시마에 원자폭탄이 투하되었다. 그것은 전쟁의 종결을 의미했으며 항구평화의 가능성과 동시에 세계의 종말에 대한 가능성까지도 예고하는 것이었다. 두 사람은 그 점에 관하여 끝없는 논의를 거듭했다.

8월 말에 〈현대〉지의 창간호가 완성되었다. 신문인쇄용지가 부족한 때이므로 전전(戰前)에 발행되고 있던 잡지 및 '정식으로 인정받은' 레지스탕스의 신문만이 용지를 배급받은 형편이었다. 그래서 시몬느가 드골의 정보상(情報相)인 33세의 자크 스스테르를 만나, 그를 매료시켜 192페이지의 새 월간지를 위한 용지 할당을 받아냈다. '창간사'를 쓴 사르트르는 'TM' —— 머릿글자에 의한 이 약칭은 폐간이 된 〈N. R. F.〉지적인 인상을 풍겨줄 의도에서였다 —— 은 정치적인 잡지가 아니라고 밝혔다. 정치적, 사회적 사건에 관해 그때마다 발언은 하나, 다만 하나의 당에 봉사한다는 의미에서의 정치적이 아니라 문제를 명확히 하고 태도를 결정하기 위해 분석적인 입장에 선다고 말하고 있다.

"우리는 현대의 사건을 빠짐없이 지켜볼 것이다. 과거에는 지금보다 더 좋았던 시대가 있었는지 모른다. 그러나 이것이 우리의 시대인 것이다. 우리에게는 이 전쟁과 어쩌면 이 혁명의 한가운데에 사는 이 인생이 있을 뿐인 것이다."

편집위원회에는 시몬느 드 보브와르, 미셸 레이리스, 모리스 멜로 폰티, 알베르 올리비에, 장 폴랑 등이 참여했다. 편집장 사르트르는 편집부로부터의 소식이라 하여, 매주 화요일과 금요일, 오후 5시반부터 7시반 사이에 갈리마르 편집국에게 '방문 환영'이라고 썼다.

사르트르에게는 투고 요청이 쇄도했으며 그도 또한 여러 잡지로부터

기고를 요청받았다 —— 미국의 〈보그〉지에는 장문을 보내어 전반적인 현대 프랑스문학을 논했으며 특히 《페스트》를 요약하며 카뮈를 다루었다. 그리고 그 2년 뒤에 가서야 카뮈는 겨우 《페스트》를 출판하게 되었던 것이다. 어떤 심포지엄에 참석한 사르트르는 카톨릭의 철학자 가브리엘 마르셀에게 답하여 이렇게 말했다.

"실존주의란 어떤 것인가를 나는 모릅니다."

그러나 이 항의는 헛되이 끝나고 말았다. 10월경에 그의 실존주의가 크게 유행했기 때문이다.

5. 1949년, 11월

시몬느는 온갖 모욕을 당하여 아연실색했다. 대체로 그녀는 자신의 책이 비평가들로부터 여성의 새로운 여명을 예고하는 것이라 하여 절찬을 받으리라고는 생각조차 못했던 것인데, 제1권은 1주 사이에 2만2천 부나 팔렸다. 그런데도 제2권은 어째서 이처럼 비난이 빗발치는 것일까. 여성 저널리스트인 크로디느 쇼네가 "당신은 용기가 있었군요. 이것으로 많은 친구를 잃게 될 겁니다."라고 한 것은 어째서일까. 여러 가지 경고나 교훈적인 편지, 충고며 외설스런 초대장이 〈현대〉지의 편집부로 몰려왔는데, 그것은 시몬느가 〈현대〉지에 《제2의 성(性)》 제2권의 3장이나 되는 분량을 연재했기 때문이었다. 그녀는 욕구불만, 냉감증(冷感症), 남근적(男根的), 성욕이상앙진증(性欲異常昻進症), 레스비언, 백 번이나 임신중절을 한 여자, 미혼모 등의 말을 들었다. 독자 가운데에는 그녀의 냉감증을 고쳐주겠다고 제의해오는 자가 있는가 하면 클리토리스를 자극해주겠다는 사람도 있었다. 계발(啓發)이라든가 미(美), 또는 시(詩)의 명분으로 보다 더 외설스런 말투로 그녀가 모르는 것을 가르쳐주겠다고 약속하는 자도 있었다. 익명의 편집광이 그들의 역작을 보내오는 것은 이해할 수 있었다. 그러나 프랑소와 모리악이 〈현대〉지의 어떤 기고자에게 "당신 여성상사의 음부에 대한 것을 모조리 알았습니다!" 하는 글을 보내오거나 〈르 피가로 리데렐〉에서 일반적인 포르노에 대한 공격, 특히 시몬느 드 보브와르의 공격을 하는 것을 그녀는 전혀 이해할 수 없었다.

비평가들은 상투적인 방식을 썼다. 여성은 항상 남성과 평등했다라든가 여성은 언제나 남성보다 못했다는 둘 중의 하나로서, 그 어떤 경우에서나 《제2의 성》에 서술된 것은 모두가 다 아는 뻔한 사실이라느니 거기에는 한 조각의 진리도 없다는 것이었다. 그녀는 억압당하고 인생에 기만당한 가엾은 신경질 증상이 있는 여자가 되거나 아니면 투기가 많고 적의를 지니며 명성에 대한 열등감의 덩어리일 뿐만 아니라 여성에 대해서는 한이 많고 말많은 여자가 되고 말았다. 그녀의 인생은 '슬픈 인생'이며 이 책은 개인적인 굴욕감이 결실된 것이라는 평을 들었다. 그녀의 정체는 여성해방을 주장하는 체하긴 하나 실은 동성의 여자들을 헐뜯는 것이라고도 했다.

"굴욕감의 테마는 상당히 많은 비평가가 다루기는 했으나, 그들은 너무나도 순진스럽게 자신의 남성 우월주의에 해독을 입고 있기 때문에 여자라는 것이 자기에게 있어서 단 한 번도 무거운 부담이었던 적은 없다, 고 하는 것을 상상할 수 없었던 것이다."고 그녀는 《어떤 전후(戰後)》에서 보고 있다. "내가 다른 누구보다도 높이 평가하는 남성은 나를 남자보다 못하다는 생각은 하지 않았다."《제1의 성(性)》은 친구들 가운데서도 적의를 빚어냈다. 카뮈는 프랑스의 남성을 우롱했다고 비난하면서, 남자도 또한 여성 가운데서 참다운 반려자를 찾아내지 못하여 고민하고 있음을 논해야 한다는 것이었다.

《제2의 성》이 씌어진 유래는 '타자성(他者性)'이었다. 교육이 나이 어린 유년시대부터 남녀를 갈라놓고 만다는 것, 사회는 남성 경향으로 만들어졌으며 그 남성성(男性性)은 그러한 것으로서 다음 세대에 의해 거침없이 재확인된다는 것을 시몬느는 깨달았다. 자기가 남자아이 같은 유년시대를 보내면서 자라지는 않았다는 것, 남자아이와 똑같은 책도 읽으며 자라지는 않았으며 같은 신화(神話)와 직면하지도 않았다는 것, 여자는 남자 형제가 아니라 약간은 다른 존재이며 언제나 남자와의 평등이 약속되어 있기는 하나 틀림없는 동료로서의 지위가 주어지는 일은 좀처럼 없다는 것을 그녀는 이해하고 있었던 것이다.

사르트르나 레뷔 스트로스와 함께 시몬느는 《성년(成年)》을 예찬했으며, 그 책은 레이리스의 자전인 동시에 저자의 주제도 당사자 자신이었다. 또한 저작은 모두 허구라고 하는 그의 인식을 제시한 노작(勞作)의 제1권에 해당되고 있었다. 그들이 《성년》을 격찬한 것은, 레이리스가 자신의 인생을 연대순으로 구분하는 것이 아니라 자기 자신의 언어의 형성이라고 하는 관점에서 하나의 흐름 가운데에서 분석하고, 동시적 현상으로서 검토하는 방법을 택하고 있었기 때문이다. 레이리스는 제 2 권에 해당되는 《삭제(削除)》를 쓰고 있던 참이었는데, 거기서는 자신의 유년시대의 말투에 나오는 기벽(奇癖)을 더욱 자세히 조사하여 교묘한 삭제법으로써 과거와 현재를, 자기의 책과 자신의 인생을 융합시켜보려고 생각하고 있었다.

1946년, 그것과 흡사한 '순교자적 평론'을 써보려는 착상이 시몬느의 흥미를 끌었다. 그것을 사르트르에게 말했을 때, 그녀는 여자라는 것이 자기에게 있어서 어떤 의미를 지니고 있었는가를 간단히 정리할 수 있다고 생각했다. 사르트르에게, 여자라는 것에 대해서는 거의 생각조차 하지 않았다고 말하자 그는 "그래도 역시 당신은 남자아이처럼 자라지 못했으니까 이것은 보다 더 추구해볼 가치가 있을 것 같소."라고 말했다. 이 주제를 깊이 추구했던 그녀는 레이리스 식의 개인적인 고백을 쓰겠다는 생각을 포기하고 여성의 상황에 관하여 광범위한 평론을 쓰기로 했다. 국립도서관에 가서 여성에 관한 갖가지 신화를 조사하기 시작하자 놀라운 일만이 잇달아 나오는 것이었다. 그녀의 미국 방문, 그리고 넬슨 올그렌과의 사랑은 이 평론에 새로운 시야를 부여하는 것이 되었다.

그녀를 미국으로 가도록 해준 사람은 필립 스포였다. 이전에는 초현실파였던 시인은 브루턴과 함께 '오토메티즘(自動記述法)'을 발명한 사람이기도 한데, 시몬느와 사르트르가 1946년 가을에 카페 프롤에서 만났을 때의 그는 프랑스 외무성의 국제문화과에 적을 두고 있었다. 그는 만약 진정으로 갈 생각이 있다면 자기 과에서 강연여행을 계획할 수도 있다고 그녀에게 말했다. 사르트르는 지난 번의 방미 때, 예일대학의 강연에서 카뮈나 보브와르, 또는 자기 같은 전통에 듬뿍 잠겨 있는 프랑스 작가가 포크너, 헤밍웨이, 도스 파소스, 스타인백, 콜드웰 같은 작가를 찬양하는 것은 이 작가들의 혁신적인 기법을 높이 평가하기 때문이라고 말했다. 스포의 덕분으로 시몬느는 1947년 1월에 국제문화과의 항공운임 부담으로 떠날 수 있었다. 뉴욕에서는 드로레스를 만났는데 그녀는 시몬느의 귀국까지 사르트르와 함께 보내기 위해 파리로 출발할 참이었다. 《어떤 전후》에서 시몬느는 관대한 태도를 보여 드로레스는 "사르트르가 말한 대로 매력적인 분으로 세계에서 가장 사랑스런 미소의 소유자였다."고 쓰고 있다.

미국 체재의 4개월 동안은 몹시 지치긴 했으나 또한 가슴이 두근거리는 나날이기도 했다. 풍부한 물자, 쇼윈도며 네온사인의 홍수, 술집, 드랙스토어, 자동차, 미용실, 난방이 너무나 잘 된 실내, 나라의 거대함 등에 그녀는 현기증을 느꼈다. 이러한 모든 것을 잊지 않기 위해 일기를 적었는데 그 일부는 순차적으로 〈현대〉지에 연재된 뒤 한 권의 책으로서 정리, 《미국의 나날》이란 제목으로 출판되었다. 그녀가 〈현대〉지에 연재한 평론은, 사르트르가 1945년에 〈콤바〉지와 〈르 피가로〉지에 쓴 르포르타주보다 더 신랄한 것이었다. 미국이 자본주의의 고향임에는 틀림없으나 유럽을 파시즘으로부터 구출하는 원조를 해주었다고 그녀는 썼다. 원자폭탄은 미국에 세계의 지도적 지위를 보증해주었으며 두려운 것이 없는 것으로 해주었음에도 불구하고 미국의 지식인은, 그녀의 부친에게 어울리는 쇼비니즘〔排他主義〕을 과시하고 있었다. 그들은 하리 트루먼이 하는 모든 말에 찬성하고, 그 반공주의는 거의 신경증에 가깝다고 할 수 있었으며 유럽이나 프랑스에 대한 태도는 오만하고 생색을 내는 것으로 그녀의 눈에는 비쳤다.

"하버드에서 뉴올리언스에 이르기까지, 또 워싱턴에서 로스앤젤레스에 이르기까지 학생이나 교사, 저널리스트들은 너무나 심각하게 소련의 반격이 가능해지기 전에 모스크바에 원폭을 투하하는 것이 어떻겠느냐고 말하는 것을 들었다. 자유를 지키기 위해서는 자유의 억압도 필요하다는 설명이었다."

뉴욕은 그녀를 감동시켰다. 첫날 밤에 그녀는 42번가와 타임즈 스퀘어의 모퉁이에서 외경감을 느끼며 서 있었는데 '과거나 미래에서 동떨어진' 듯이 느꼈었다. 맨해턴 거리의 기하학적인 레이아웃〔配置〕, 그 지중해 지방을 생각케 하는 습기찬 겨울 —— 눈이 내리기까지이긴 하나 —— 에 감탄했으며, 처음 마셔보는 마티니와 미국식 왕새우 요리를 맛보았다. 문제는 미국이 좋으냐, 싫으냐가 아니라고 그녀는 생각했다.

"그런 말에는 아무런 의미도 없다. 미국은 전장(戰場)이며 그 싸움의 관심사는 모든 한계에 도전한다는 것, 그 싸움에 정열적으로 참여하지 않을 수 없는 것이다.”

스테파와 페르난도 게라시 부부는 이미 구면이었으며, 사르트르도 몇몇 사람의 주소를 가르쳐주었으나 유럽으로부터의 이주자(移住者)를 만난다는 것에 따분함을 느끼던 참이었기 때문에 엘렌과 리타드의 라이트 부부로부터의 저녁식사 초대를 받았을 때는 무척 기뻤다. 파리에서 보스트 아우를 통해 이 《미국의 아들》의 작자를 소개받아 그들은 이미 아는 사이였다. 그때 라이트 부부는 아주 짧은 기간 동안만 뉴욕에 체재할 예정이었으며 곧 그리니치 빌리지의 거처에 있던 것을 트렁크에 챙겨 다시 한 번 파리를 다녀올 참이었다. “본고장의 재주를 들려주겠다”면서 라이트는 사보이로 안내해주었는데 거기에 백인은 그녀밖에 없었다. 〈보그〉의 어떤 편집인은 그녀를 위해 칵테일 파티를 베풀어, 뉴욕에 사는 문학가들과 만날 수 있도록 해주었다. 많은 알코올의 대접을 받자 파티는 설전(舌戰)의 자리가 되고 말았다. 드와이트 맥도널드는 그녀를 보고 프랑스인이 미국문학을 애호하는 방식은 모욕적이며, 진정한 미국의 작가는 헤밍웨이나 도스 파소스, 콜드웰이나 스타인백이 아니라 드로우, 화이트맨, 멜빌, 호손, 헨리 제임스 같은 사람들이라고 논쟁을 해오는 것이었다. 메어리 매카시는 교양있는 의견의 중심적 존재였으나 자기와 동류적(同類的)인 사람에 대한 것은 별로 좋아하지 않았기 때문에 필립 라브가 시몬느에 대하여, 공자나 야콥 베임을 읽지 않고 어떻게 철학을 논할 수 있겠느냐고 시비를 걸어와도 난처한 얼굴을 지을 뿐이었다. 며칠 뒤, 시몬느가 ‘파르티잔 레뷔’ 사(社)에서 맥도널드와 라브를 만났을 때는 두 사람 모두가 그녀에게 사과하며, 하나의 틀에 박힌 미국문학이라는 것은 없는 법이라고 참을성있게 설명했다. 〈파르티잔 레뷔〉지는 사르트르의 참여문학을 논한 논문을 게재한 일이 있기 때문에 시몬느는 앞으로의 〈현대〉지와의 교류에 관해 이야기를 나누었다. 2월호부터 사르트르는, 문학이란 무엇인가, 작가는 누구를 위해 쓰는가 하는 문제 등을 제기하면서 참여하는 문학을 정의할 커다란 시도를 꾀하여 ‘문학이란 무엇인가’의 연재를 시작하고 있었다. 어떤 사람이 시몬느를 〈뉴욕 타임즈〉사로 데려다 주었는데 회전의자에 앉아 있던 편집인은

"그렇다면 프랑스는 실존주의를 즐기는 거군요 ? " 하고 비꼬았다. 경제적으로 가난한 나라가 생각할 여유가 있는 체하다니 그것은 자기기만이라는 식의 말투였다. 메어리 매카시는 시몬느를 관광시켜 주었는데, 그 결과는 헛수고가 되고 말았다. 시몬느는 혼 앤드 하더트 같은 레스토랑(자동식의 대표적 식당)에서 식사를 해보고 싶었는데 매카시나 그 친구들이 오토매트(동전을 기계에 넣어 원하는 요리를 꺼내는 대중취향의 자동식 식당)에 가게 되면 빈민가를 구경하러 나섰다는 인상을 주게 되는 것이었다. 대체로 시몬느는 호기심이 매우 왕성한 여행자였기 때문에 안내역을 하는 미국인에게는 상당한 선의와 인내심이 강요되었다.

시몬느가 최초의 강연을 한 것은 '일종의 융화적이며 옛날식의 의미에 있어서 대단히 여성적인' 바서 대학에서였으며 그곳의 프랑스문학부에서는 마침 학생들이 상연할 사르트르의 《파리떼》를 연습 중이었다. 시몬느는 2주의 차이로 볼티모어 극장에서 상연되고 있던 《출구는 없다》를 보지 못하고 말았다. 그것은 영화감독 존 휴스턴이 손댄 첫 번째의 무대작품으로서, 미국으로 이주해온 프랑스의 배우 클로드 도판이 가르산 역을 맡아 출연했다 —— 런던 공연에서는 알렉 기네스가 가르산을 맡았었다 —— 이윽고 그녀는 영사(領事)나 그 밖의 공직에 있는 프랑스인이 얼마나 어색하고 부자연스러운가를 깨닫기 시작했다. 여기에 비하여 '요직에 있는' 미국인은 인간끼리의 공범관계를 어떻게 이루는가를 아는 듯이 보였다.

"이 친절함은 매혹적이기도 했으나 한편으로는 짜증스럽기도 했다. 그것은 신뢰를 표현하고 있었으나 애매했다 —— 그것은 관용일까, 아니면 위선일까."

뉴욕에서 3주를 보낸 뒤, 그녀는 예정에 따라서 기차나 그레이 하운드 버스를 타고 워싱턴으로, 이어 조지아 주의 웨즈레이언 여자대학에 갔는데, 그 도시의 중심가는 싱크레어 루이스가 묘사한 중심가와 흡사했다. 그런 뒤 눈이 내린 풍경을 보면서 다시 북으로 올라가서 로체스터, 클리블란드 그리고 이 여행 중에 처음으로 흑백인 공학이며 또한 남녀공학이기도 한 오하이오 주의 오버린 대학에 갔다. 이어 피카소의 전람회가 개최 중이던 버팔로, 다시 디트로이트와 피츠버그, 그리고 세인트루이스로 갔다. 시카고에는 36시간밖에 있지 않았으나 박물관이며 미시간 거리를 구경하거나

〈파르치칸 레뷔〉사에서 전화번호를 가르쳐준 넬슨 오르그렌을 만나는 데에는 충분한 시간이었다.

시몬느보다 한살 아래인 오르그렌은 시카고 빈민가의 음유시인이었는데, 당시는 아직 《황금의 팔》이나 《무법(無法)의 거리를 간다》 등의 작품은 태어나지 않았다. 그는 스웨덴과 독일, 그리고 유태 민족의 피가 섞인 양친 아래 디트로이트에서 태어났는데, 시카고의 빈곤한 환경에서 자란 오르그렌은 일리노이 대학의 신문학 학위를 받고 대공황이 한창일 무렵에 방황하다 불행한 결혼을 했으며, 직업은 일리노이 주의 작가양성 프로젝트를 비롯하여 시카고 위생국의 성병(性病) 검사원에 이르기까지 여러 가지를 겪었다. 육군 위생반에서 3년간 근무한 뒤 최근에는 자기 생활을 정리하려고 노력한 지 이미 2년째에 접어들고 있었다. 초기의 작품은 남서부에서 계절 노동자로서 일을 하거나 죄수로서 형무소에서 보낸 체험을 바탕으로 씌어졌으며 시카고에서는 부랑자, 사기꾼, 범죄자들과 친하게 사귀고 취재를 위해 경찰의 대질심문에 입회하거나 소설의 소재를 얻기 위해 지방신문을 읽으며 노스웨스트 사이드의 폴란드인 거주지역에서 자료를 계통적으로 수집하고 있었다. 이와 같은 꾸준한 노력 아래 미완(未完)의 첫 장편소설인 《부랑자》(1935)와 《아침은 이제 오지 않는다》(1942)가 태어났다. 전자는 지나칠 정도로 디테일에 중점을 둔 마르크스주의적 경향이 짙은 작품이며 후자는 폴란드인의 생활환경과 헤비급 챔피언을 꿈꾸면서도 결국은 살인범이 되고 마는 부르노 비체크라는 인물을 묘사한 작품이다. 이 2년 동안에 오르그렌은 워반시아 거리의 검소하지만 청결한 두 칸짜리 아파트에 정착하고 그 사이에 24편의 소편(小編)을 정리한 단편집 《네온의 황야(荒野)》를 내놓았다. 이러한 단편은 일관된 줄거리는 없으나 인생의 갖가지 단면을 묘사하여, 경찰의 심문이며 매춘, 도박, 형무소 생활 등 악몽 같은 기괴한 세계를 묘사한 작품이었다.

전화로는 이야기가 잘 되지 않아 아무튼 호텔까지 맞으러 나온 오르그렌은 시몬느가 프랑스의 작가라는 것밖에는 알지 못했다. 그녀는 리차드 라이트와는 편하게 이야기가 통했는데도 호텔 건너편의 조그만 술집에 앉아 오르그렌과 이야기를 나누어보니 그의 말을 반 정도밖에는 알아들을 수가 없었다. 그러나 그녀가 시카고에 온 것은 대체적으로 여러 가지 것을 보기 위해서였기 때문에 그는 그 편의를 도모해주었다. 그 뒤의 이틀 동안, 그는 전기의자 정신병동, 이웃의 몇몇 술집 등을 안내해주었는데, 술집에서 이곳에 있는 인간은 모두가 범법(犯法)자들이라는 그의 말에 시몬느는 이렇게 말했다. "이 근방에서 범법의 경험이 있는 사람은 당신뿐인 줄 알았어요." 그러자 그는 당신의 영혼을 구제할 시간이라면서 그녀를 한밤중에 끌어내거나 맥스웰 거리의 싸구려 극장이며 경찰의 대질심문, 동물원의 구경을 시켜주었다. 또한 미국문학의 경향에 대해 말하고, 리차드 라이트가 떠난 뒤로는 시카고에서 자기가 단 하나의 진지한 작가인 이유가 어째서인가를 설명했다.

뉴욕의 친구들은 바와리 지역과 할렘 지역, 오르그렌은 시카고의 웨스트 매디슨 지역으로 그녀를 안내해주었다. 시몬느는 이토록 비참한 상황이 이 세상에 달리 있을 수는 없다는 생각이 들었다. 언어의 차이라는 장벽이 있었음에도 불구하고 그녀는 여러 가지를 질문했다. 이곳에서 자란 그는, 아이들이 어른과 마찬가지로 갱 조직을 형성하고 있음을 들려주었다. 대공황의 시기에 사춘기를 맞은 그는 화물열차에 뛰어올라 방랑을 했으며 핫도그를 팔고 부질없는 일을 산더미처럼 해왔다고 했다. 텍사스 주의 알파인에서는 타이프라이터를 훔치고 그 혐의로 5개월 동안 형무소에 수감되었었는데 그의 단편소설에는 거기서 만난 인물들이 등장한다 —— 이를테면 절단된 한쪽 팔의 굳어진 혹으로 담배의 깡통을 납작하게 찌그러뜨리는 사내며 감옥 게임이라고 하여 참가자가 서로 벨트로 채찍질하는 유희를 생각해낸 살인죄의 두 기인(奇人) 카우보이 등이다. 그는 제2차대전 중에는 독일에 있었으며, 파리와 뉴욕을 지나치긴 했어도 겨우 하루만 머물렀었다. 따라서 그는 진정한 의미에서 시카고를 떠난 적이 없었다. 그래서 다른 작가를 별로 알지 못했다. 그의 친구는 대부분 웨스트 매디슨 지역의 사람들이나 디비전 거리의 셋방살이를 하는 사람들이었다.

시몬느는 떠나기가 못내 아쉬웠다. 프랑스 영사관의 직원은 그녀를 우아한 레스토랑으로 안내해주었으며, 로스앤젤레스행 침대차에 태우기 전에 그녀를 리무진에 태워 환상도로(環狀道路)를 달리고 네온으로 빛나는 시카고의 야경을 보여주었다. 그것은 뉴욕과 다름없을 정도로 아름다웠으나 그녀는 이미 그 뒤안을 들여다본 것을 흐뭇하게 여겨 다시 한 번 와보자고 생각했다. 기차 안에서 그녀는 《아침은 이제 오지 않는다》를 읽었다.

햇빛이 쏟아지는 캘리포니아에서는, 캘리포니아 주립대학 로스앤젤레스 분교와 버클레이 분교에서 강연을 했으며, 지금은 재혼한 앙리에트 니잔을 만나 한밤중이면 어김없이 술집으로 갔다. 로스앤젤레스 동부에 있는 멕시코인 빈민가나 파라마운트 영화사의 스튜디오를 구경하고 윌리엄 와일러며 다리우스 밀로를 만나기도 했다. 앙리에트의 배려에도 불구하고 로스앤젤레스는 고독을 느끼게 하는 곳이었다. 샌프란시스코는 숨이 막힐 것만 같은 아름다움이 있고 오클랜드는 대기오염의 고장이었다. 1개월간을 그레이 하운드 버스로 여행을 계속, 매혹적인 뉴멕시코, 음산한 밤의 도시 휴스턴, 결국 아무도 프랑스어를 지껄이지 않는 뉴올리언스 같은 도시를 거쳐 찰스턴을 지난 뒤부터는 버스의 앞자리 좌석인 '백인전용석'에 앉아 그녀는 4월에야 뉴욕으로 돌아왔다.

이번의 뉴욕은 익숙해져서 있기가 편하게 느껴졌다. 버스 운전사의 곁에 있는 우스꽝스런 새끼돼지 저금통에 10센트를 넣는 것이며 빨간 신호등일 때 거리를 횡단하는 것도 익혔기 때문이다. 밀로와 사귀면서 그녀는 스테파와 페르난도와 함께 스페인적(的)인 오후를 보냈다. 프랑코 지배하의 스페인에서 불안한 몇 년을 보내온 밀로의 그림을 페기 굿겐하임은 핫케이크를 파는 것처럼 팔고 있었다. 1년 전에 사르트르와 시몬느가 로마에서 만난 적이 있는, 화가이며 작가인 카를로 레뷔가 뉴욕에 왔기 때문에 이번에는 그녀가 안내역을 맡을 차례였다. 레뷔의 인상은 보잘것 없었는데 그는 '로마의 아름다움과는 반대의 균형이 잡힌' 뉴욕의 아름다움에 감동하고 있었다. 4월 9일, 시몬느는 어윈 피스카틀의 48번가 극장으로 《파리떼》의 첫날 공연을 보러 갔었다. 메어리 매카시가 22세의 고아 비다르를 소개해주었다. 그의 남색적(男色的)인 작품《윌리와우》는 추문(醜聞)의 화제가 됨으로써 성공하고 있었고 시몬느는 그것이 프렛 아스테아와 비슷하다고 생각했다. 그는 그녀들을 소스가 듬뿍 쳐진 T본스테이크의 식사에 초대했다.

스미스와 웰즈레이의 두 여자대학에서 3일간을 보낸 그녀는 미국여성을 더욱 알 수 없게 되어버렸다. 그리니치 빌리지에서 미국의 남성들로부터 '여자한테는 피로를 느낀다, 왜냐하면 이 나라의 여자는 언제나 정중하고 친절하게 대해주기를 요구할 뿐만 아니라 거기다가 그런 식의 여자는 으레껏 냉감증이니까' 하는 말을 들은 적이 있다. 누군가가 말했듯이 "할리우드의 영화에서 남자들이 참고 견디는 그 키스의 소낙비를 보아주시오." 하는 것과 다름없었다. 옷차림과 데이트의 이야기만이 매사추세츠 주의 이 두 엘리트 여자대학생의 관심사였다. 인생에서 남편 이상의 것을 추구한다고 말해준 극히 소수의 학생마저 그 포부를 겉으로 드러내지 않으려고 했다. 중요한 문제에 관심을 갖는다는 것은 이처럼 훌륭한 학교에서는 꼴사나운 것으로 보이는 것이었다. 오랫동안 웰즈레이 대학에서 가르쳐온 나이 많은 포랑스 여성은, 시몬느에게 '네킹'과 '페팅'의 의미를 설명하며 섹스의 초보교육을 받아도 여학생은 어른이 되지 못하며 대학생끼리의 연애는 청춘의 정열이라기보다 어린 시절의 놀이의 연장이라는 면이 강하다고 들려주었다. 하버드 대학에서의 강연을 위해 보스턴 역에 도착한 그녀를 몇몇 남자학생들이 마중나와주었는데, 그때 그들은 라드크리프 여자대학생들을 가리키며 "저 아이들이 여기 와 있는 것은 우리와 결혼할 목적이 있기 때문이랍니다."라고 그녀에게 말하는 것이었다.

시몬느의 대학 강연여행은 예일 대학, 프린스턴 대학, 그리고 필라델피아의 '도시의 중심부에 있으며 사치스런 느낌이 들지 않는 대학, 즉 주립의' 템플 대학에서 끝났다. 하버드 대학의 어떤 학생이 "유럽의 학생은 지식인이지만 우리는 그렇지 않다"고 말했다. 그녀는 지식인이라고는 할 수 없는 소르본 대학의 많은 학생들을 떠올릴 수는 있었으나, 이 하버드 대학의 학생이 한 말은 기묘하게도 정곡을 찌른다는 생각이 들었다. 미국 대학생의 태반은 우수한 성적을 올리려고 하지 않으며 뛰어나게 좋은 성적을 딴다는 것은 아무래도 피해야만 할 일이었던 것이다.

뉴욕에서 그녀는 이스트 11번가의 브레브르트로 거처를 옮겼다—— '파리 토박이가 샹젤리에에서는 살지 않는 것처럼 뉴욕 토박이도 타임즈 스퀘어에는 살지 않기 때문'이라는 것이 그 이유로서, 자기가 열중할 대상을 보다 더 선택하려고 했다. 4월 3일, 오르그렌이 찾아왔다 ——《아침은 이제 오지 않는다》에 주어진 미국 예술·문학아카데미 상의 수상식에 참석하기 위해서였다. 그 상에는 1천 달러의 상금이 부상으로 있었다. 시몬느는 뉴욕을 신기한 눈으로 구경하는 그의 모습을 즐겼다. 그리고 그는 다시 떠나가버렸다.

그녀는 일상적인 타임즈 스퀘어에 자리잡은 후 파티에 나가거나 미국의 여성에 관한 글을 쓰는 등으로 나날을 보냈다.

"나는 온갖 종류의 여성들을 만났다. 남편과 아이들의 일로 머리가 가득 찬 훌륭한 주부인 여성이 있는가 하면 교사의 직업에 헌신하는 여성도 있었다. B의 남편은 병약한 사람이었기 때문에 그녀가 늠름하게 일을 하며 가족을 부양하고 있었다. 많은 유럽의 여자들이 부러워하는 멋진 따스함, 여자다운 매력을 지닌 여성도 많이 있었다. 그리고 같은 여성작가끼리라고는 해도, 못생긴 용모이긴 하나 우아한 얼굴을 지으며 청춘시대를 극빈하게 보낸 술을 좋아하는 젊은 작가와, 작가 지망의 길을 교묘하게 헤치며 걷는 가운데 이미 남편을 세 번이나 바꾸고 몇 명의 애인과도 연애경험을 지닌 아름답고 싸늘한 소설가와는 도대체 어떻게 비교할 수 있겠는가. 미국의 여성들이 아직 남성과 평등하지 못하다는 것은 그녀들의 갖가지 요구를 보면 분명하다. 프랑스 여성이, 남성에게는 미소 짓고 혹은 남성의 불쾌함을 참고 견디는 그 비굴함이나 자진해서 그렇게 하는 태도를 그녀들은 경멸하고 있으며, 그것도 당연한 경우가 많지만, 그녀들이 대좌(台座) 위에 긴장하여 서 있는 모습에는 비슷한 나약함이 숨겨져 있다. 버마재비는 유순한 할렘의 하인과는 정반대이나 양쪽 모두가 남성에 의존한다는 점에서는 같다. 주인과 노예라고 하는 헤겔의 변증법은 여기서도 다시 입증된다 —— 아이들로 여겨지기를 원하는 여성은 그녀를 숭배하는 사람들에 의해서 실제로는 노예가 되고 있다. 그녀의 인생은 남자를 함정에 빠뜨리고 남자를 복종시키는 데 소비된다. 참다운 자유란 적극적인 것이다. 나이많은 여자들이 나에게 말해준 바에 의하면, 지금의 세대보다는 먼저의 세대 쪽이 보다 더 참다운 자유를 지녔다고 한다. 그것은 여성해방운동이 아직 승리하지 못했기 때문이다라고. 자유는 그것을 행사할 때에 실현된다. 경제의 분야에서는 아직도 극복되어야만 할 장애나 목과되어야 할 영역이 남아 있다고는 해도 싸움은 승리한 것이다. 선배들보다 한 걸음 더 나아가는 대신 오늘날의 여자들은 아무것도 하지 않고 즐기려 하는데 그것은 잘못이다. 왜냐하면 종말이라는 것은 그것이 새로운 출발점일 경우에 한해서만 유효하기 때문이다."

길었던 체재(滯在)도 끝나가고 있었다. 친구들은 미래파의 발레를 구경시켜주고 라이트 부부는 작별의 만찬을 베풀어주었으며, 또한 할렘의 저녁식사에 초대해주기도 했다. 그런데 사르트르가 편지로, 드로레스가 파리에 앞으로 10일간을 더 체재하므로 귀국을 연기해달라고 요청해 왔다. 시몬느는 부질없다고 생각했다. 전에, 오르그렌이 시카고에 오도록 청해준 생각이 난 그녀는 망설인 끝에 전화로 시카고로 불러냈다. 당신을 다시 만날 수 있게 되어 기쁘다라고 전화 저편의 목소리는 말했다.

그녀가 도착했을 때 그는 비행장으로 마중을 나와 있었다. 두 사람은 어색함, 초조, 오해, 피로로 가득 찬 길고 거북스런 하루를 레스토랑이나 술집에서 보냈다. 그 밤도 깊어진 뒤에야 겨우 둘은 연인 사이가 되었다.

7년 후 그녀는 오르그렌과의 이 3일간을 그녀의 가장 유명한 소설인 《레만다랑》의 20페이나 되는 감동적인 페이지에서 펼치고 있다.

그는 벌거숭이었다. 나도 벌거숭이었다. 나는 어색함을 전혀 느끼지 않았다. 그의 시선이 나를 다치게 할 까닭은 없었다. 그는 나를 판정하고 있는 것이 아니었다. 머리카락부터 발가락 끝에 이르기까지 그의 손은 나를 외우려 하고 있었다. 나는 다시금 말했다.

"당신 손이 좋아요."

"그래?"

"오늘, 오후부터 곧 당신 손을 몸에서 느낄 수 있을까 하고 생각했었어요."

"오늘 밤, 밤새껏 느끼게 해주겠어."

갑작스레 그는 서툴지도 않고 겸손하지도 않은 사내가 되었다. 그의 욕망이 나를 변모시켰다. 그토록 오랫동안 맛도 없고 모양도 없던 내가 다시금 유방을, 배를, 성기를, 육체를 소유한 것이다. 나는 빵처럼 영양분이 있는 것, 대지처럼 싱그러운 것이 되었다. 그것이 너무나도 기적적인 것이었기 때문에 시간이나 장소를 헤아린다는 따위는 생각조차 하지 않았다. 다만 우리가 깊이 잠들었을 때 새벽녘의 희미한 새들의 지저귐이 들리기 시작한 것만은 기억하고 있다.

그는 그녀를 가리켜 '나의 귀여운 골 사람'이라고 불렀으며, 미시간 호반에서 보냈던 어느 날 밤, 별똥을 보고 소망을 빈다. 그녀가 다시 이곳으로 올 수 있도록. 그러나 그녀가 20년 동안 사르트르와 함께 쌓아온 생활에 회의를 제기한다는 것은 전혀 생각조차 못할 일이었다. 그녀는, 자신의 생활 근거지는 영원히 파리에 있다고 말했다. 그녀가 뜻하는 바를 실제로는 전혀 이해하지 못한 채 그는 그녀의 말을 믿고 있었다.

정절과 자유를 양립시킨다는 것은 가능했을까? 15년 후에 그녀는 《어떤 전후(戰後)》에서 스스로 묻고 있다.

"흔히 주장은 하지만 좀처럼 실행되지 않는 완벽한 정절은, 그것을 자기 자신에 부과하는 사람들에게는 흔히 손발을 잘려나가는 것처럼 느껴진다. 그 사람들은 승화함으로써, 혹은 술을 마심으로써 스스로를 위로한다. 전통적으로, 결혼은 남성측에 일방적으로 몇 가지의 '외도 같은 아방튜르(戀愛)'를 허용해왔는데 오늘날에 와서는 많은 여자들이 자기들의 권리를 깨닫고 또한 자기들의 행복을 위해 필요한 조건을 깨닫게 되었다── 만약 그녀들의 인생에 남성의 외도의 보상이 되는 것이 전혀 없다고 한다면 그녀들은 질투와 권태로 견디지 못할 것이다. 사르트르와 나 같은 경우와 흡사한 계약을 맺은 커플도 많다── 우회(迂回)를 하면서도 '일정한 정절'을 유지하기 위해서이다. 시날라여, 나는 내 나름대로 그대에게 정절을 지킨 셈인 것이다. 그와 같은 결정에는 위험이 따른다. 두 사람 가운데 어느 하나가 새로운 애정관계를 더 좋아하게 될는지도 모를 일이며, 그러한 경우에 남은 한쪽은 자기 자신이 부당하게도 배신당했다고 여기는 일이 언제나 일어날 수 있는 것이다. 두 사람의 자유로운 인간 대신에 희생이 되는 자와 고통을 주는 자가 서로 대결하게 되는 것이다."

오르그렌에게 헌정된《레 만다랭》에 의해서 이 연애사건이 유명해지고, 잡지 〈타임〉이 이 사랑의 상대가 그임을 알아내어 그의 견해를 요청했을 때 그는 침묵을 지켰다. 그러나 1963년에 이르러 두 사람 사이에 존재하는 관계를 공표한다는 것은 그 관계를 파괴하는 것이라고 말했다.

"그것은 첫째로, 그 관계가 별로 의미가 없었음을 나타낸다. 만약 그 최종적인 이용의 방식이 연애와는 별로 관계가 없다고 한다면 말이지만, 그 사랑은 어떤 다른 것이 되어버리고 만다. 성애(性愛)의 가장 중요한 점은 당신이 그녀가 되고 그녀가 당신이 될 수 있다는 점인데, 그 관계를, 책을 살 수 있는 모든 사람과 공유할 경우에는 그것을 왜소화하는 것이 된다."

5월 20일에 시몬느가 파리에 도착했을 때, 드로레스는 아직 체재 중이었기 때문에 사르트르는 궁지에 몰렸다. 드로레스는 뉴욕을 떠나오기 전부터 돌아오지 말아달라고 그로 하여금 말을 하도록 하기 위해서는 어떤 일이건 할 작정이라고 편지에 썼었다. 그는 그녀에게 그것을 요구하지 않았다. 그리고 이제 그녀는 적어도 7월까지는 계속 체재하고 싶다고 생각했다. 뉴욕에서 만났을 때의 그녀는, 시몬느에게 호의적이긴 했으나 당시는 두 사람 모두가 한밤중에 스쳐 지나가는 배 같은 것이었다. 그러나 이제 상황은 상당히 불쾌한 것으로 변해 있었다.

시몬느는 파리 남쪽의 교외인 셰베루즈 강변에 있는 폴 로와이얼 근방의 어느 조그만 호텔에서 살기로 했다. 사르트르는 성실하게 다녔다. 시몬느와 함께 있을 때는 둘이서 장 라시느가 2세기 반 전에 거닐었던 수많은 오솔길을 오랫동안 산책했다. 그는 몇 날밤을 파리로 가서 드로레스와 함께 보내기도 하는데, 폴 로와이얼에 있는 날 밤이면 연기 (演技) 같은 전화가 그에게 걸려오는 것이었다. 드로레스는, 그가 그녀를 미국으로 돌려보낸 뒤 몇 달이고 그녀를 만나지 않는다는 것이 도저히 받아들일 수 없었다. 그는 마음속으로 꺼림칙함을 느꼈다.

그는 드로레스에게, 자신의 인생을 그녀와 공유한다는 것은 전혀 생각도 못할 일이라고 못을 박긴 했으나, 당신을 사랑한다고 말함으로써 그 경고의 허위성을 드러내고 있었다.

"사태는 변화할 것이라고 M이 생각하는 것은 당연했다."고 시몬느는 《여자의 한창나이》에서 쓰고 있다.

"그녀의 잘못은, 사르트르의 깊은 의미가 있는 신념을 단순히 말만의 예방선(豫防線)으로 착각했다는 것이다. 그는 자신의 신념을 그녀에게 이해시킬 수 없었다는 점에서 그녀를 현혹시키긴 했으나, 또한 그녀쪽에서도 이 은밀한 관계를 갖게 되었을 때에 그 한계를 받아들이지 않을지도 모른다고 그에게 말하지는 않았다. 어쩌면 이것을 분명히 깨닫지 못했던 것은 그의 부주의일는지 모른다. 그의 변명은, 한편에서는 나와의 관계를 바꾼다는 것을 거부하면서 자기는 그녀를 무척 깊이 사랑하고 있으며 어떤 타협이 가능할 것으로 믿고 싶다는 것이었다."

두 사람이 안고 있던 문제는 애정문제만이 아니었다. 정치면에서는, 우익과 좌익의 양쪽 친구들이 두 사람에게 등을 돌렸으며 그들이 최근에 출판한 작품은 적의와 어쩌면 그것보다 더 나쁜 무관심의 대접을 받았다. 그녀의 《쓸모없는 식구들》은 50회나 상연되었음에도 불구하고 성공이라고는 말할 수 없었다. "이런 것은 연극이라고 할 수 없다."고 연습 때에 장 쥬네는 그녀에게 말했는데 비평가들이 내린 평가 역시 그와 같았다. 마찬가지로 그녀의 소설 《사람은 모두 죽는다》 역시 비평에서나 인기면에서도 실패작이었다. 《타인의 피》의 브로말이 모든 책임은 자신에게 있는 것으로 믿는다면 《사람은 모두 죽는다》의 16세기의 주인공은 무력함과 인간의 생명의 낭비를 비관적으로 묘사하는 인물이다. 칼 5세의 추기경 메르퀴리노 가티날라를 포스카라는 인물로 바꾸어 저자 보브와르는 불사약(不死藥)을 마시는 이탈리아의 귀족을 만들어냈다. 그녀가 노린 바는, 어떠한 사람이라도 자기의 계획이 엉망이 되는 것을 보게 되는 것이므로 불사신이라는 것은 무의미하지 않음을 증명하는 데 있었으며, 그 작품은 잇달은 전쟁과 혼돈된 경제, 무용의 모반(謀反)과 무익한 대학살로 가득 찬 중세의 말기를 음산하게 그리고 있었다 —— 거기에는 보브와르 자신의 전후(戰後)를 보는 견해가 반영되고 있다.

즉, 전부라고는 할 수 없어도 태반의 레지스탕스 투사의 죽음이 설사 헛되지는 않았다 해도 적어도 거의 의미가 없었다는 것, 그리고 이 사람들의 인생은 설사 그녀를 비롯하여 타인이 항상 기억하고 있는 것은 아니라 해도 그 나름의 의미가 있었다고 생각하지 않을 수 없다는 것이다. 포스카와 대조적인 인물로서 저자는 레지느라는 여성을 창조하고 있다. 이 여성은 유일무이한 것이 되기 위해 그의 불사(不死)의 마음에 살기를 원하는데 결국은 짓물러버리듯이 허물어지고 만다. 그녀의 진취적인 기상이나 미덕은 모두 누구나가 하는 노력과 똑같은, 존재한다는 것을 추구하는 부조리한 노력을 은폐하고 있음에 불과하다. 공포로써 레지느는 자신의 인생이 넌센스로 타락했음을 목격하고 광기에 잠겨버린다. 비평가들은 완만한 장면을 문제로 삼아 《사람은 모두 죽는다》를 독창적이며 또한 어떤 우스꽝스러움을 느끼게 하는 작품이라고 평했는데, 그러한 비평에도 불구하고 이 작품은 테마소설로서의 위치를 확보했다.

사르트르의 《자유에의 길》의 첫 3권은 기대에 어긋난 작품이라는 평가를 받았다. 1938년 9월과 '가짜의 전쟁'은 이미 옛날의 일이 되어 있었다.

야심적인 이 픽션은 개인주의와 집단주의의 틈새에 끼어 움쩍도 못하는 한떼의 사람들 이야기다. 마티우는 코미트먼트〔參加〕의 방향으로 나아가나, 개인주의로 향하려는 그의 충동은 정치적 단결을 지향하는 그의 욕구와 비슷할 정도로 정력적으로 묘사되고 있다. 309페이지나 되는 《한창나이》 가운데에서 사르트르는 저 나름으로 개인적 생활의 여러 문제를 안은 마티우, 보리스, 다니엘의 시점을 연속적으로 포착하는 줄거리를 구성한다. 그들은 임박한 전쟁을 깨닫지 못한 채 막다른 골목에만 다다른다는 형태로 선택의 길을 추구한다. 305페이지에 걸친 《유예》에서는 초점이 달라진다. 여기서는 뮌헨협정 이후가 무대로서 전쟁으로 치닫는다. 등장인물의 수는 늘어나며 《한창나이》의 무대가 된 세느 강의 좌측 언덕이 폭발한다. 도스 파소스적(的)인 '동시성(同時性)'으로 세계에 흩어졌던 등장인물이 같은 문장 속에서 결부되고 미립자화

(微粒子化)된 개성과 복잡하게 얽힌 도의심을 나타내는 효과를 올리고 있다. 제 3 권의 243페이지인《영혼 속의 죽음》에서 사르트르는 1940년의 프랑스 패배를 세계적인 시야에서 포착하려 하여 소설적 기법을 다시금 바꾼다.

기법의 다양성과 등장인물의 풍부함으로 해서 마지막 권에서는 건설적인 모럴을 제시함과 동시에 형식적인 정합성(整合性)마저 제시하지 않을 수 없게 되었다. 그러나 사르트르는 이미 전후의 시대를 살고 있으며, 그리고《사람은 모두 죽는다》를 쓴 시몬느와 마찬가지로 '해방'의 기대가 무너지고 깨어진 약속에 실망하고 있었다. 논리적으로는 마티우나 그 밖의 사람들을 레지스탕스에 참여시키면 되었을 텐데, 1947년의 시점으로 볼 때 대독협력파(對獨協力派) 대 레지스탕스 투사라는 선택은 지나치게 단순화된 것으로 보였던 것이다.

사르트르는〈현대〉지에 '마지막 기회'라고 제명을 지을 생각이던 제 4 권의 발췌인《기묘한 우정》을 발표했다. 이 책은 끝내 완결을 보지 못하고 말았으나 1959년의 인터뷰에서 그는 전시 중의 자신의 선택은 돌이켜 보면 가슴 아플 정도로 진부했다고 말하고 있다.

"오늘날에 와서는 —— 그리고 1945년 이후 —— 상황은 더욱 복잡해지고 있다. 어떤 것을 선택하기 위해서는 어쩌면 그렇게 많은 용기가 필요없게 되었는데도 선택한다는 것은 더욱 어려워지고 있다. 1943년을 무대로 하는 나의 소설 가운데에서 지금의 시대의 애매함을 표현하는 것은 나로서는 불가능하다. 그러나 이 미완의 소설은 정말 골칫거리이다. 이것이 완성되기 전에는 좀처럼 다른 소설의 집필에 착수할 수가 없었기 때문이다."

패배와 뷔시 정권이라고 하는 프랑스의 불명예로운 입장으로의 전락을 말하는 서사시로서, 그리고 또한 자기 자신을 구속하려는 인간의 필사적인 욕구의 상징으로서《자유에의 길》은 오랜 세월을 두고 방대하게 부풀기 시작했다. 전후의 프랑스문학 작품집의 편자(編者)들에 의하면 이 거대한 미완의 작품은 개인이 자기의 역사적 책임을 자각은 하나 이제 역사를 만들 만큼은 강력하지 못한 한 시기를 역력히 재현하고 있다고 평한다. 《팡크 & 와그네르 출판사판 현대 세계문학 안내》에서는 "금세기의 소설작품 가운데에서 가장 걸출한 작품의 하나이며……그리고 걸작이라는 것은 혁신적이어야 할 필요가 없다는 사실을 증명하고 있다."고 말했으며 또한 펭귄판의 《유럽문학 안내》에서는 "이 소설은 평정을 잃게 할 정도의 자연의 풍요로움, 육체의 알려지지 않은 이상한 작용, 도회의 광경 같은 시를 독자의 마음에 떠올리게 하면서 인간의 선택이 지니는 애매함을 전하는 탁월한 작품이다."라고 평하고 있다.

드로레스는 돌아갔다 —— 대서양 횡단의 여객선을 타는 그녀를 사르트르는 르아브르의 항구까지 전송했다 —— 그리고 사르트르는 1943년에 파테 출판사를 위해서 쓴 처음의 시나리오를 장 드라노와가 영화화한 《도박은 시작되었다》의 특별공개에 참석하기 위하여 칸으로 갈 예정을 취소하고, 영국에서 초연되는 《무덤없는 사자(死者)》와 《성스러운 창녀》의 특별공연 초대를 받아 런던으로 갔다. 시몬느도 동행했다. 연출가는 그들에게 깜짝 놀랄 일이 있어요 하고 말했다. 아닌게 아니라 그는 1막을 완전히 생략하고 있었다. 첫날밤에 리타 헤이워드가 사람들이 지켜보는 가운데 입장했다.

파리는 찌는 듯한 무더위였다. 시몬느가 다시금 시카고의 오르그렌을 만나러 가기 전에 그녀와 사르트르는 시원함을 찾아 스칸디나비아로 여행했다. 코펜하겐에서는 사르트르가 너무나 말이 없기 때문에 시몬느는 1935년의 저 환각성 정신증과 비슷한 우울상태에 다시 빠졌는가 하고 우려했으나 스톡홀름을 뒤로 하여 다시 북으로의 여행을 계속하여 북극권을 넘으면서부터 그의 기분도 회복되었다. 그들은 배를 타고 광대한 숲과 황량한 산들로 둘러싸인 래프랜드인의 마을에 도착했다. 그 산의 하나에 올라, 4천5백 피트의 높이에 있는 만년설을 보았을 때, 그들은 인간 생명의 유한성에 마음이 산란해짐을 느꼈다.

"사물이 지는 고독에 나만큼 감수성이 강하지 못한 사르트르조차 감동했다. 거기서는 황혼의 박명(薄命)이 그대로 새벽녘으로 옮기며 눈이 쌓인 갖가지 빛깔의 바위 풍경은 우리의 눈이 영구히 그것을 버린다 해도 줄곧 그 모습을 나타내고 있을 것이다."

9월 중순에 시몬느는 시카고로 갔다. 오르그렌의 눈을 유심히 지켜본 순간, 그녀는 오기를 잘 했다고 느꼈다.

9월 19일, 사르트르는 《도박은 시작되었다》의 파리 첫 상연에 참석했다. 미셰리느 프렐과 마르첼로 파리에로 —— 데 시카의 영화 《자전거 도둑》의 주역 —— 를 주역으로 하여 듀랑이나 무르지를 포함하는 당당한 캐스트를 내세운 그 영화는 비평가나 관객 모두에게 대호평을 받았다. 이야기의 줄거리는, 두 인간이 사르트르적(的)인 사후(死後)의 세계에서 만나, 자기들은 서로를 위해 만들어졌다고 결론을 내린다. 그리고 만약 24시간 이내에 두 사람이 진정으로 사랑하고 있음을 증명한다면 지상(地上)으로 돌아갈 것이 허락된다. 그녀는 여동생의 어려운 처지를 잊지 못하고 그는 미리부터 실패로 운명지어진 폭동을 일으키는 어리석음에서 동료를 구하기 위해 그녀를 단념했기 때문에 두 사람은 다시 죽는 것이다 —— 이처럼 인간이란 그 사람의 행동의 총체이며 자기 자신을 실현시키는 한에 있어서만 존재한다고 하는 실존주의의 명제(命題)에 입각한 작품인 것이다.

1947년 가을, 실존주의에 대한 열기는 고급 패션에까지 미치기에 이르렀다. 생 제르망 듀 프레에서 술을 마시며 다니는 남성이 착용하는 옷에는 검정 타틀네크가 포함되고 여성의 일정한 옷차림은 크리스찬 디올이 '색 루크'라고 불렀던 검은 부대 같은 드레스였다. 드피느가(街)의 터부라는 가게는 실존주의자 사이에 가장 유명한 클럽이었다. 살리스 뷔앙과 함께 생 제르망 데 프레의 뒷골목 문화에 속하는 안느 마리 카자리스가 터부의 여성 패트런이었다. 〈섬디 소와르〉지는 이 나이트 클럽에 돈벌이로서의 흥미를 품어 뷔앙의 피아노나 뉴올리언스 재즈의 레코드를 들으려고 들락거리는 이곳의 단골들, 즉 작가며 신진 여배우, 요인(要人)들을 에워싼 이야기를 끝없이 써서는 이 가게를 열심히 선전했다. 보리스는 폭력과 공상으로 가득 찬 시적인 우화(寓話), 《북경(北京)의 가을》과, 사르트르 및 시몬느의 묘사를 포함한 감동적인 연애소설《나날의 물거품》을 출판한 직후였다. 생 제르망 데 프레의 그 클럽에 군림했던 여성은 검게 테를 두른 눈에 목쉰 소리, 새의 젖은 날개 빛깔 머리를 가진 젊은 가수 줄리엣 그레코였다. 그녀가 뷔앙과 무르지가 만든 '슬픔'을 노래하면 청중은 최면술에 걸린 듯이 되어버렸으며, 남자들은 무릎의 힘이 빠지고 여자들은 그레코 바로 그 사람이 되어버린 것처럼 느끼는 것이었다. 사르트르는 단 두 번밖에 터부에 가지 않았으나 신문의 가십란에서는 그를 가리켜 밤의 세느 강 좌안(左岸)의 악덕의 '최고승(最高僧)'으로 불렀다. 그는 인생을 부조리라고 부르지 않았던가. 그의 신봉자는 유쾌하게 보내기 위해 살고 있을 뿐이 아닌가, 하는 것이었다. 어느 만찬회의 자리에서 귀환해온 출판인 피엘 라자레프는 〈프랑스 소왈〉지를 인수함에 있어서 그것을 프랑스 최대의 석간지로 만들 뿐만 아니라 '실존주의의 숨통'을 끊어보이겠다고 호언장담했다. 그러나 라자레프가 사르트르를 분쇄하려면 사르트르에 관해서 써야만 하며, 너무 많이 썼기 때문에 매명적(賣名的)이라고 사르트르를 비난하면서도 신문 자체가 그의 선전에 한몫을 하는 결과가 되고 말았다.

사르트르와 카뮈에게는 각자의 차이가 있기는 했으나 두 사람 모두가 실존주의가 양극분해(兩極分解)하는 중인 반공주의와 공산주의 사이에서는 합리적인 제3의 선택이 될 수 있다고 믿었다. 정권을 떠맡은 지 2개월 후인 1946년 1월, 샤를르 드골은 공산당도 참여한 거당연합의 내각 수상의 자리에서 물러났으며 앙드레 말로도 정보상(情報相)을 사임했다. 드골은 전전(戰前)의 정당끼리의 다툼이 다시금 모습을 드러내자 자신의 사임이 충격요법이 될 것으로 생각했다. 당황한 국민은 자신을 다시 불러들일 것이다. 그렇게 되면 자기의 일하기 쉬운 조건 —— 미국식의 강력한 행정기관과 약체화된 입법기관 —— 을 만들 수 있다고 판단했던 것이다. 그런데 그것은 완전한 오산으로 끝났으며, 프랑스가 이 키다리 장군을 불러들인 것은 파멸적인 알제리 전쟁을 에워싼 내전의 막바지에 선 12년 뒤의 일이었다.

드골의 예상과는 달리 프랑스는 분력하는 대신, 왈츠를 추듯이 정권이 잇달아 교체되는 전전(戰前)의 패턴으로 되돌아가고 말았다. 다시 말해서

정부는 아슬아슬한 차이의 다수당과 흔들리는 정당연합으로써 성립되고, 그 정부가 총사직을 않고 대신의 목을 바꾸는 것만으로 불안정한 의회의 다수당을 앞으로 몇 주간 더 유지하려고 꾀하는 경우에 혼란스럽고 변덕스런 국회에 의해서 타도되는 그런 패턴인 것이다. 유럽의 한가운데에 철의 커튼을 드리우게 된 체코슬로바키아의 스탈린주의자에 의한 쿠데타와 소련의 베를린 봉쇄는 프랑스와 그리고 지식인을 분극화(分極化)시켰다. 실존주의자의 우측에 위치하는 앙드레 말로는, 유럽대륙은 화물적(化物的)인 각 제국에 의해 분할되기 전의 마지막 바그너(的)적 황혼 속에 있다고 믿었다. 공산주의 좌익측에서는 루이 이라곤과 아내인 엘자 트리올레가 말로를 두고 스스로의 과거를 배신하고 드골에 협력함으로써 파시스트가 된 변절자이며 가짜 예언자라고 공격하고 있었다. 1947년 4월에 드골은 프랑스 국민 연합(RPF)을 발족시켰으나, 그의 속셈으로는 그것은 정당이라기보다 오히려 국민 에네르기의 결집점이었다. RPF에 참여한 사람들을 통계적으로 분류하면 노동자와 중소기업자 및 공무원이 80퍼센트를 차지했었는데, 당의 간부는 전통적인 중도우파에 속했으며 드골의 좌익으로 자처했던 말로를 당황케 했을 정도였다. 그 1개월 뒤에 공산당은 야당세력에 참여했다.

　제3의 선택의 여지는 너무나 없었다. 공산당이 "우리의 동지가 아닌 자는 적이다." 하고 태도를 결정적으로 내세운 뒤부터는 더욱 그러했다. 그 뒤로 오랫동안 RPF가 맹렬한 반공주의의 입장을 취하고 프랑스 공산당이 당원 이외의 자는 모두 파시스트라고 몰아붙였기 때문에 사르트르와 '제3의 선택'의 동료들도 용납되지 않았다. 공산당은 그에게까지 비열한 독사며 미국의 첩자, 외설취미의 소설가이며 인간을 기어다니는 상태로 끌어내린 철학의 장본인이라고 공격했다.

　"당신은 우리의 당세(黨勢) 증대를 방해한다."고 당의 이론가인 로제 가로디는 사르트르에게 말했다. 또한 엘자트리오레는 "당신은 철학자다. 때문에 반공주의자다."라고 했다. 가장 터무니없는 이런 식의 공격은 1월의 〈프라우라〉지에 나타났다.

　"실존주의란 프랑스어의 실존(實存)이란 말에서 태어난 말인데, 그것은 모든 역사적 과정은 부조리이며 모든 도덕은 기만이라고 가르친다."고 D. 자스라프스키는 썼으며 실존주의를 두고 "구토를 느끼게 하는 부패된 혼합물로서, 부르주아지의 선전은 이것을 철학의 형태를 빌린 최신이며 가장 독창적인 표현으로 믿게 하려고 한다."고 말했었다.

사르트르는 굽히지 않았다. 설사 대화가 철저히 불가능한 것으로 보인다 해도 그는 공산주의자를 제외한 좌익이라는 것을 상상조차 할 수 없었으며, 소용돌이 속에 뛰어들어 실제로 정당을 만들 것인가, 아니면 공산주의자의 공격에 응답할 것인가 하고 망설이고 있었다. 4월에, 아더 케스틀러는 사르트르와 카뮈를 말로와 화해시키려고 했다. 사르트르와 시몬느는, 이 헝가리 태생의 영국인 작가 케스틀러와는 그가 《대낮의 암흑》으로써 파리에 등장한 이후로 '기복있는 친교'를 유지해온 터이었다. 당내 보수파의 공산주의자가 스탈린 숙청의 희생이 된다고 하는 그 소설의 프랑스어 번역은 전후 프랑스의 특이한 사건이 되었으며 프랑스 출판계의 모든 기록을 깨고 있었다. 《레 만다랑》에서 스크라신으로서 등장하는 케스틀러는 참다운 반공 십자군이며 들을 생각만 있는 사람이라면 누구를 가리지 않고, 세계에서 가장 무서운 전쟁기계인 적군이 프랑스 국경에서 170마일이 채 못 되는 동독의 지역에 있다고 말하는 것이었다. 그러나 그가 카뮈와 사르트르 및 시몬느에게 말로를 만나도록 해달라고 요청했을 때 아무도 싫다고는 하지 않았다. 카뮈가 처음으로 말문을 열었는데 '프롤레타리아트'라는 말을 잘못 사용했다. 그래서 신경질이 되어 있던 말로가 그의 말을 가로막고는 그 말의 정확한 의미를 물었다. 이번에는 카뮈가 신경질적이 되어 그 정의(正義)를 잘못 풀이했다. 사르트르는 화를 냈고 케스틀러가 자청하여 나선 평화시절의 임무는 실패로 끝나버렸다.

오르그렌과 시카고에서 2주간을 보낸 시몬느는 때마침 미국에서 몰아치고 있던 반공 히스테리에 관한 여러 가지 이야기를 갖고 돌아왔다. 오르그렌같이 지난날에는 마르크스주의자였던 사람도 위험에 놓였으나 그는 책상에 매달린 채 마약중독을 다룬 소설 《황금의 팔》을 쓰고 있었다.

시몬느는 황색 종이에 타이핑되어 삭제부분투성이인 최초의 초고를 읽었다.

오르그렌은 앞으로 줄곧 자기와 함께 있어달라고 부탁했으나, 그녀는 그렇게는 할 수 없다고 설명했다. 그러나 두 사람은 5월보다는 슬퍼하지 않고 헤어졌다. 왜냐하면 이듬해 봄이면 그녀가 다시 찾아오기로 약속했기 때문이다. 그때는 함께 멕시코 등지를 몇 달 동안 여행하기로 했다.

뜻밖에도 사르트르는 전국방송에서 의견을 말할 수 있는 기회를 얻었다. 프라스는 지방선거 —— 드골의 새로운 RPF가 유권자 획득의 역량을 시험하기 위한 첫 선거 —— 의 투표준비를 하고 있었기 때문에 사르트르의 교사시절 동료이며 사회당에서 활약하는 뤼시앙 보나페가 국영방송을 설득하여 '현대의 연단(演壇)'이라는 제목의 제 1 회 방송 프로를 사르트르로 하여금 담당케 했던 것이다. 사르트르는 그것을 수락했으며, 시몬느와 보나페, 멜로 퐁티, J. B. 퐁타리스 등을 포함하는 〈현대〉지의 팀과 함께 6회에 걸친 원탁토론(圓卓討論)과 1회의 정치상황 스케치를 준비하여 10월과 11월에 방송되었다. 선거기간 중, 드골과 그의 '홍보담당 대리'인 말로는 공산주의에 반항하여 공화국 방위를 위해 총집결할 필요성을 강력하게 내세웠다. "마르스크주의는 우리의 좌측에 있는 것이 아니다, 동측에 있다!"고 말로는 외쳤다. 투표일, RPF는 37퍼센트의 표 —— RPF로서는 처음의 많은 득표율 —— 를 획득했다.

사르트르와 그의 팀은 '현대의 연단' 제 1 회의 방송에서 우선 2대 블록의 냉전이라고 하는 이분법을 거부하도록 청취자에게 호소했다. 사르트르는 방송에서 어느 진영에 가담해도 양측의 알력을 격화시킬 뿐이라고 말했다. 10월 20일의 원탁토론에서는 사르트르, 보브와르, 멜로 퐁티, 퐁타리스, 보나페의 멤버에 드골파(派)를 맡는 R. J. 손팔이 참가하여 RPF를 맹렬하게 공격했다. 사르트르는 드골주의자가 제 3 차 세계대전의 불가피성을 믿는다고 비난하고 멜로 퐁티는 당의 강령을 비판했으며 시몬느는 말로가 드골 장군의 '좌익'이라고 함은 과연 사실인가 하고 반문했고 그것을 받아 보나페가 격렬하게 드골을 공격, 드골 장군을 히틀러와 비교했다. 사르트르가 일단 흥분을 가라앉힌 뒤, 폰 타리스가 드골의 대중에 대한 오만함과 경멸을 화제로 삼았다.

이 방송프로는 즉각 분노를 빚어냈다. 지난날 드골파였던 레지스탕스 투사의 어떤 집단은 사르트르에게 뭇매를 가하려고 터부며 프롤 등의 술집을 샅샅이 찾아다녔으며, 〈현대〉지의 기고가였고 현재는 RPF의 활동가인 알벨 오리비에는 원탁토론의 참석자를 '사실상의 파시스트'라고 몰아붙이는 한편, 말로는 70세의 가스통 갈리마르에게 가서 최후 통첩을 건넸다. 갈리마르 출판사가 〈현대〉지의 발행을 중지하든가, 아니면 말로가 갈리마르에서 물러나고 이에 동조하여 지드며 이 출판사의 원로 인기작가도 손을 뗀다는 것이었다. 이 문제는 24시간 이내에 해결되었다. 사르트르는 갈리마르 출판사의 작가로서 남는다, 다만 〈현대〉지를 갈리마르 출판사에서는 내놓기로 되었다 —— 최종적으로 잡지는 르네 쥴리알의 후원을 받았다. 그는 훗날에 프랑소와즈 사강을 발굴하여 명성과 부를 얻게 되는 장래가 촉망되던 출판업자였다.

드골 비판의 방송이 있은 지 2주 뒤에 '현대의 연단'은 공산주의를 도마 위에 올려놓았다. 공격은 온건한 것이었으나 당원인 피엘 엘봐는 치열하게 반론을 제기해왔다. 이어서 〈현대〉지 팀은 지난날의 트로키스트이며 독일에서의 억류생활에서 살아남아 귀환해온 다빗 루세와의 대담을 녹음했다. 루세는 한쪽 눈에 검은 안대를 두르고, 전전의 체중을 되찾는 중이었는데 마침 베를린 방문에서 돌아온 직후로, 베를린에서 '서방측'과 소련측 사이에 빚어지는 균열에 관해서 이야기했다. 팀은 보수파가 말하는 대중의 '더러운 물질주의'에 관한 방송을 준비하고 있었는데, 12월 3일에 크리스트교 민주당의 로벨 슈만이 연립정부를 조직하자 '현대의 연단'은 폐지되었다.

사르트르와 시몬느는 크리스마스와 새해를 낭트의 모렐 부인 댁에서 보냈다. 두 사람은 그녀가 RPF에 투표한 것이 아닌가 하고 생각했다. 그러나 옛정으로 그녀의 정치적 의견에는 개의치 않기로 했고 그것은 그녀 쪽에서도 마찬가지였다. 광대한 별장의 분위기는 마음을 부드럽게 해주어 사르트르는 희곡 《더럽혀진 손》을 쓰기 시작했으며 시몬느도 여성에 관한 평론에 다시금 착수했다.

1948년 2월, 두 사람은 베를린으로 갔으며 《파리떼》의 독일 초연 초대공연에 참석했다.

"기차를 탈 때 마음이 심란했다."고 시몬느는 쓰고 있다. "독일인을 만나거나 말을 걸어온다는 생각을 하니 고통스러웠다. 그래도 상관없어! 옛날 일은 모두 잊어야 돼, 하고 스스로를 달랬다. 누구에게 있어서나 시간은 흐르게 마련이며 나도 마찬가지인 것이다. 베를린에 들어선 순간, 나의 고통스런 느낌은 가라앉았다. 모두가 폐허였다. 수없이 많은 불구자, 참담한 빈궁. 알렉산드르 광장, 운터 덴 린덴 대로(大路), 모든 것이 파괴되어 있었다. 문이 없어진 거대한 성문 안쪽은 채소밭이 되었으며 발코니가 건물의 정면으로부터 매달려 있고 그 건물도 정면밖에는 없었다."

《파리떼》는 표현주의의 스타일로 무대에 올려졌다. 아폴로 신전은 토치카 같았다. 시몬느는 각별히 훌륭한 연기라고는 여겨지지 않았으나 관객은 박수갈채를 아끼지 않았다.

"그것은 이 연극이 죄의식에서 빠져나올 것을 그들에게 촉구하고 있었기 때문이다." 연출가 율겐 페링을 만나 인터뷰에 응한 사르트르는 《파리떼》가 1943년의 점령하에 놓인 파리에 있어서 의미했던 바는 그대로 1948년의 점령하인 베를린에도 해당될 것으로 생각한다고 말했다.

"문제는, 어째서 우리가 자유인가를 발견하는 것이 아니라 자유에의 길은 무엇인가를 발견하는 것이다. 그 점에서 헤겔의, 모든 사람이 자유가 아닌 한 아무도 자유일 수 없다는 의견에 우리는 동의한다. 우리의 구체적, 현대적 목표는 3중(三重)이다 ——. 인간을 개개인의 레벨에서 해방할 것, 그것은 우리의 전적인 자유를 실현하고 이 자유를 제한하는 모든 것과 싸울 것을 의미한다. 다음으로, 인간을 예술면에서 해방할 것, 즉 해방된 사람들과의 의사전달을 예술작품을 통해서 꾀할 것, 그리고 마지막으로는 정치적 사회적 해방, 즉 억압당한 사람들의 해방, 한 무리의 사람들을 다른 한 무리의 사람들로부터 해방시키는 것이다."

소련지역의 신문은 《파리떼》를 '반(反) 휴머니즘'이라 하여 공격하고 있었다. 사르트르와 시몬느가 소비에트 클럽의 오찬에 초대받았을 때에는 초대한 러시아인측에서도 약간의 해빙(解氷) 무드를 보였었다. 러시아인 장교의 아내와 독일여성 사이에 앉게 된 사르트르를 보고, 독일여성이 그의 저서에 서명을 해달라고 부탁했다. 그는 서명한 뒤, 한쪽의 러시아 여성에게 "책에 헌사(獻辭)를 쓰는 따위는 우습게 생각되시겠죠"하고 말했다. 그렇지 않아요 하고 그녀는 대답한 뒤, 서명을 얻으려고 종이의 테이블 클로스 끝을 찢다가 테이블 너머로 눈치가 달라진 남편을 보더니 그것을 슬며시 구겨버리는 것이었다.

관념론과 변증법적 유물론 이외에 선택할 길은 전혀 없는 것일까. 루세를 비롯한 몇몇 사회주의 정치가들은 그렇게 생각하여 혁명민주연합(RDR)을 만들었는데, 그것은 그 용맹스런 명칭이 나타내는 것보다도 훨씬 중도적인 당이었다. 2월에 그들은 사르트르, 카뮈, 멜로 퐁티, 안드레 부르턴 등에게 평화 및 중립의 사회주의 유럽을 지지하는 운동에 참여해주기를 요청했다. 매주 토요일에 그들은 전원이 모여 한 글자, 한 구절에 이르기까지 논의를 거듭하여 평화와 통일의 유럽 건설을 호소하는 모임을 애써 완성시켰다.

"소련이 두려워하는 것은 유럽이 아니라 유럽에서의 미국 정책이다. 또한 미국이 두려워하는 것은 유럽이 아니라 유럽의 대중에게 미치는 코민포름의 영향이다."라고 그들은 논했다. 이 그룹은 사형의 시비를 놓고 두 파로 갈라졌다. 카뮈와 부르턴은 폐지를 주장하고 다른 사람들은 정치적 편의주의의 관점에서만 폐지를 지지할 수 있다고 여겼던 것이다. 그래도 루세는 사르트르에게 RDR의 간부로서 참여하기를 요청했다. 그는 수락했으며 그 뒤 1년 동안, 많은 시간과 정력을 RDR을 위해 바쳤다.

사르트르와 카뮈 사이는 차츰 멀어지고 있었다 —— 카뮈는 결국 냉전정치 가운데서 말로와 사르트르의 중간입장을 취했으며, 한편 사르트르는 그대로 머물려고 했으나 그것도 RDR이 정치적 현실에 부응하지 못함을 깨닫기까지의 일로서, 1952년에는 공산주의자와 화해를 도모하려고 노력했다. 사르트르나 카뮈도 스탈린 지배하의 러시아에 몸서리를 쳤다. 또한 두 사람 모두가 유고슬라비아의 모스크바로부터의 이탈을 중시하고 있었다. 어느 쪽이나 자기들의 휴머니즘을 역사적 대변동에 종속시킬 것을 거부했는데, 카뮈가 역사 및 모든 형태의 전체주의에 반항하는 식의 휴머니즘을 추구하고 있었음에 대해, 사르트르는 역사의 모든 형태와 그 사이에 생겨나는 격렬한 사태를 포괄할 수 있는 휴머니즘을 생각하고 있었다. 1950년대 초기의 양자의 의견차이는 현대문학이 분열한 좌익의 문학인 한에 있어서는 현대문학의 중심적인 문제였다. 1948년 이후로 실존주의의 맥동(脈動)하는 생명력, 그 내부문제와 내부논쟁은 사르트르가 《더럽혀진 손》 가운데에서, 그리고 카뮈가 《정의의 사람들》 가운데서 폭력을 묻고 정치와 도덕의 관계, 반역과 혁명의 관계를 물었듯이 더욱더 공산주의와 소련으로 돌려지고 있었다.

그래도 양자에게는 아직 공통점은 있었다. 두 사람 모두가 드골주의를 증오하고 있었으며 권력측에 가담한 친구들이 그들에게 주려고 했던 존 드눌 훈장을 거부하고 있었다. 그러나 양자의 논의는 자유롭고 여유있는 느낌이 상실되고 있었다. 의견의 차이는 지속되기만 했다. 카뮈는 〈콘바〉지의 편집에서 물러났으며 1948년에는 프랑시느 및 쌍둥이 아이와 함께 알제리에 오랫동안 체류했다. 그것은 그의 처음의 가슴 아픈 실패 —— 그의 베스트셀러 소설인 《페스트》의 테마를 희곡에 살려보려던 《계엄령》 —— 로 고민하기 전의 일이었다. 그래도 《계엄령》은 그의 희곡 가운데에서는 가장 극적 효과를 지닌 작품으로서 의도적으로 리얼리즘을 거부하고 스페인 르네상스 시대의 연극형식 —— 서정성, 코믹, 독백과 합창, 색다른 구성 —— 을 채용하고 있었다. 디에고에 있어서는 모두가 실패로 끝난다. 페스트가 유행한 뒤, 법과 질서가 다시금 카디스의 도시를 지배하고 악을 횡행케 한다. 그러나 젊은 주인공의 반역과 반항은 지나치게 유순한 사람들을 억압하고 있는 전염병의 지배에 반격을 시도했다.

3월에 《더럽혀진 손》을 완성한 사르트르는 인기작가란 것이 어떤

190

것인가를 몸소 알게 되었다. 한 달도 채 못 되어서 그 연극이 무대에 오른 2개월 뒤에는 출판되었으며 8개월 후에는 브로드웨이에서 상연되고 있었다. 피엘 바르도의 연출, 장 콕도의 '호의에 의한' 감독으로 안토와느 극장에서 상연된 그 무대는 앙드레 뤼게가 박력적인 커뮤니스트의 지도자 에드렐 역을 맡았으며 프랑소와 페리에가 당의 노선과 부합되지 않는다는 이유로 에드렐을 암살할 임무를 당으로부터 받는, 공산주의로 전향한 부르주아지의 젊은이 유고의 역을 맡았다. 폴라 테엘리와 완다 코자키에비치가 에도렐과 유고 사이에 있는 전투적인 두 여성의 역할을 맡았다.

《더럽혀진 손》은 파리가 해방될 때의 일과 사르트르의 몇몇 제자가 레지스탕스를 하는 가운데 공산당원과의 사이에 경험했던 갖가지 곤란을 소재로 하고 있었다. 이 희곡은 또한 1940년에 멕시코 시티에 있었던 트로츠키의 암살에서도 시사받는 바가 있었다. '파르티잔 레뷔' 출판사에서 시몬느는 트로츠키의 지난날의 비서와 알게 되어 그 인물로부터 스탈린의 스파이가 아이스픽에서 트로츠키를 살해하기 전에 오랫동안 그의 곁에서 살았던 이야기를 자세히 들었다.

〈콤바〉지의 인터뷰에서 사르트르는, 에드렐이 혁명적 현실주의를, 유고가 혁명적 이상주의를 대표하고 있다는 것과 뛰어난 희곡은 '문제를 제기하는 것으로서 해결하는 것이 아니기' 때문에 작가로서는 일방적으로 가담하는 일은 하지 않았다고 말했다. 비평기사는 이미 예상할 수가 있었다. 중도 및 보수 계열의 신문은 〈유마니테〉지의 반응을 우선 지켜보았다. 이 신문의 귀 르크레르크는 사르트르를 "연금술의 철학자, 구토를 일으키게 하는 작가, 파렴치한 극작가이며 삼류의 레마고그" 라고 혹평했다. 이것을 기다리기라도 한 듯이 중도 보수계열의 신문은 스탈린의 방식과 범죄를 고발한 작품이라 하여 《더럽혀진 손》에 박수갈채를 보냈다. 이 희곡은 크게 호평을 받아 4월 2일부터 9월 20일까지 안토와느 극장에서 연속상연되었다.

그러나 브로드웨이에서의 상연은 엉망이었다. 시나리오작가 다니엘 타라다슈에 의한 각색, 《여자상속인》을 마친 직후인 제즈 하리스 연출의 《더럽혀진 손》은 완전히 개작되어 놀랍게도 샤를르 보와이에로 하여금 에드엘의 역을 맡게 하고 있었다 —— 유고는 존 도올이 맡았다 ——. 각본에서는 3장이 완전히 자취를 감추었으며 프롤로그와 에필로그는 3분의 1이 삭제되었는데 그 까닭은 에드렐이 등장하지 않기 때문임에 분명했다. 그리고 에이브라함 링컨의 암살을 다룬 연설이 삽입되어 있었던 것이다. 뉴욕의 친구로부터 이 사실을 알게 된 사르트르는 즉각 희곡 출판사인 나제르에 경고를 보냈으나, 제작자인 진 도르린풀과 가브리엘 파스칼은 타라다슈의 각본을 보내오지 않고 그 대신 전보로 회답을 보내왔다. "무엇을 걱정하시오? 당신에게는 거액의 수입이 있을 거요." 사르트르가 12월 4일에 맨스필드 극장에서 막을 올린 미국의 상연을 공공연히 비난하자 도르린풀은 날카로운 반응을 보여왔다. "만약 이것이 통속적이며 흔해빠진 멜로드라마로서 반공주의의 장황한 장광설(長廣舌)이라고 한다면 그것은 사르트르가 그렇게 썼기 때문입니다."고 그녀는 기자회견에서 말했다. "미국에서의 성공에 대한 사르트르의 약간 무례한 태도에는 사랑스런 부조리함이 있는 듯합니다. 그것은 겸손일까요?"

〈뉴욕 타임즈〉지의 극평(劇評)에서는 이 말썽을 고려하며서도 블룩 아토킨슨은 "보와이에와 존 도올의 연기로 간신히 명맥을 유지하는 따분한 작품"이라고 평했다. 그러나 〈샤터 아트〉지의 로데릭 맥아더는 파리로 가서 저자와 함께 원문과 각본을 대조하면서 상세히 조사했다.

"우리는 각본의 한 줄 한 줄을 조사했다."고 맥아더는 보고하고 있다. "각본은 마치 아직은 유동상태에 있는 듯이 보였다 —— 등사판으로 인쇄된 페이지가 있는가 하면 타이프로 친 페이지도 있고 만년필로 대폭적으로 삭제하거나 개작한 부분도 있었다. '조안나의 모습은 전혀 남아 있지 않다'고 사르트르는 말했다. 참고로 말한다면 그녀의 이름은 원문에서는 올가로 되어 있다. "그녀는 유고에게 바보스런 소리를 하고 있군요. 이를테면 '다른 사람들이 모두 돌아간 뒤, 당신이 우리 집에서 보냈던 그 밖의 일을 기억해요?' 하는 부분." 우리는 또한 보와이에가 맡은 당의 지도자 에드렐의 부분을 살폈다. "여기로군요." 하고 사르트르는 웃으면서 말했다. "그들이 바꾸어 쓴 동기를 알겠어요. 폭탄으로 부상을 입는 건 자유주의 지도자 —— 타라다슈는 사회 민주당원으로 활동하고 있다 —— 가 아니라 에드렐로 돼 있어요 —— 때문에 보와이에 씨는 다음 장면에서 붕대를 감지. 내 희곡에서는 에드렐은 거칠고 잔인하며 인간적이오. 상류계급을 경멸하고 있고. 제시카는 처음 만났을 때 이렇게 말하고 있소. 그분은 거칠어요 하고. 그러나 여기서는 —— 사르트르는 미국판의 각본을 들어보이며 말했다 —— 그는 나무랄 바 없이 기품이 있고 훌륭하며 다정스럽고 난폭하지 않으며 우아할 정도로 예절바르고 황태자를 '전하'로 부르는 인물로 묘사되어 있소."

사르트르는 맥아더에게 미국판의 각본에서 삭제된 장면을 제시하며, 사람은 손을 더럽히지 않고서는 지배할 수 없다고 하는 기본의 사고방식이 역전되고 있음을 설명했다. "사르트르의 원본에서는, 유고는 순수한 혁명가이며 한편 에드렐은 "우리는 손을 더럽혀야만 한다."고 주장하고 있다. 그런데 도르린풀판(版)의 에드렐은 어떤 부분에서는 이렇게 말하고 있는 것이다. '우리는 자신의 몸을 한껏 깨끗이 유지해야만 한다 —— 한껏 순수하고 신선해야만 하는 것이다.'라고. 머리가 어지러워집니다 하고 나는 말했다. "나도 어리둥절하다오." 하고 작자도 말했다. "에드렐은 거기서는 자신에 대한 것을 잊어버렸는지 모르오."

5월 사르트르와 시몬느는 이스라엘의 건국을 환영했다. 이스라엘 건국 선언이 있기 조금 전에 쓴 기사 가운데서 사르트르는 UN군에 의해 방비되는 유태인 국가의 건설을 강력하게 요구했다. "그렇게 되면 국가로서 존중받을 만한 역량을 갖게 되기 때문이다."

회복기에 접어든 올가가 보스트 아우와 둘이서 사는 리비에라의 카브리에 있는 시골 여관에서 사르트르와 시몬느는 작업을 겸한 짤막한 휴가를 보낸 뒤 4개월 동안 따로 살기로 했다. 사르트르는 드로레스와 유럽에서, 시몬느는 오르그렌과 남아메리카를 여행할 예정이었다. 마음이 내키지 않은 대로 4개월을 유럽에서 보내는 데 동의한 드로레스는 시몬느가 출발하기 직전에 이르러 사르트르에게 지금 같은 형편으로는 두 번 다시 만나지 않을 작정이라는 편지를 보내왔다. 시몬느는 어려운 처지에 놓이고 말았다. "나는 무슨 일이 있어도 오르그렌에게로 가고 싶었다. 그렇다고는 해도 내가 그와 함께 보낸 것은 결국 3주밖에 안 된다. 그가 나에게 있어서 얼마나 중요했는가를 나는 잘 알지 못했다."고 그녀는 회상하고 있다. "주변의 사정으로만 일이 결정되었더라면 이런 의문은 비현실적인 것이었으리라. 그런데 갑자기 나는 어느 한쪽을 선택해야만 하게 되었던 것이다. 이렇게 되면 사르트르와 함께 있을 수도 있었기 때문에 이대로 간다면 후회가 남을 터이며 그것이 오르그렌에 대한 원망에 적어도 자신에 대한 노여움으로 바뀔지도 몰랐다."

그녀는 4개월 대신 2개월 동안을 미국에서 살기로했다. 다만 이 계획의 변경을 미리 오르그렌에게는 알리지 않았다. 뉴욕에 들러 그녀는 스테파와 페르난도의 게라시 부부와 하루를 보내고, 브리크 스트리트 뉴 스테이지에서 상연된 《신성한 창녀》의 백 회째 공연을 보았다. 그녀는 시카고에서의 첫 24시간을 착잡한 심정으로 보냈다. 오르그렌은 꼭 만나보아야 한다면서 그녀를 한 무리의 마약 상습자에게로 데리고 갔었는데 단 둘이서만 있을 때면 그녀의 불안은 가셔버리는 것이었다. 두 사람은, 신시내티에서 증기선을 타고 미시시피 강을 내려가 1주일 걸려서 뉴올리언스에 도착했다. 그들은 버레스크의 댄서며 창녀들이 실내복을 입은 채 복도를 어슬렁거리며 다니는 호텔에 여장을 풀었다. 호텔 주인은 살이 찐 반쯤 머리가 이상해진 러시아 여자였는데 시몬느를 러시아인으로 굳게 믿어 의심치 않는 것이었다.

두 사람은 뉴올리언스에서 멕시코와 과테말라로 비행기를 타고 갔으며, 유카탄 반도의 마야 유적이며 과테말라 시티의 인디오가 사는 오막살이집을 구경하며 다녔다. 멕시코 시티에서 모레리아로 향하는 긴 버스여행을 하는 동안, 시몬느는 혁명기념일에는 파리로 돌아가야 한다고 알렸다. 그러자 놀랍게도 오르그렌은 이제 인디오며 시장이나 멕시코 그 자체마저 따분해졌다고 하는 것이었다——《레 만다랑》에 묘사된 가공(架空)의 오르그렌은 그녀 몰래 편집인에게 편지를 써서 뉴욕에 급한 용무가 있다는 전보로 자기를 불러달라고 부탁하는 줄거리로 되어 있다.

두 사람은 무더운 더위에 땀으로 범벅이 되어 뉴욕으로 돌아왔다. 그리고 서로가 마음 거북한 1주간을 함께 보내고는 7월 14일에 그와 다시 만날 확신도 없는 채 그녀는 파리로 돌아왔다.

"만약 오르그렌에게 나의 체재기한을 알릴 만한 정직함과 총명함이 나에게 있었더라면 사태는 좀더 원만해졌을 것이다. 그 경우, 오르그렌은 틀림없이 그 열렬한 정열로써 맞아주지는 않았겠지만 또한 나를 원망하지도 않았을 것이다."라고 그녀는《어떤 전후》에서 쓰고 있다. "설사 사르트르가 없다 해도 나는 시카고에 정주(定住)할 생각이 전혀 없었다. 설사 그것을 시도해본다 해도 아마 나의 작가활동의 근거가 되고 있는 것을 파괴할지 모를 떠돌이의 생활은 2년도 채 못 갈 것이다. 오르그렌만 해도, 내가 권했음에도 불구하고 설사 1년 중의 반년 만이라도 파리에 정착하여 글을 쓰지는 못할 것이다. 그에게는 자기의 나라, 자기의 도시, 자기가 이룩한 환경에 뿌리를 내리고 있는 것이 필요했다. 우리의 생활 방식은 제각기가 이미 이룩되어버린 것이기 때문에 그것을 딴 데로 옮겨 바꾼다는 것은 생각도 못할 일이었다. 그래도 우리의 심정은 두 사람 모두에게 있어서 기분풀이라든가 현실도피보다는 훨씬 깊은 것이었다. 어느 쪽은 상대가 생활을 함께 해주지 않는 것이 못내 서운했다."

사르트르는 그 2개월을《영혼 속의 죽음》과 19세기의 시인 스테파느 마라르메에 관한 에세이를 쓰며 보냈는데, 어느 날 뉴욕의 드로레스가 전화를 걸어 그와 한 달 동안 함께 보냈으면 좋겠다고 청해왔다. 시몬느는 갑작스레 오르그렌과 보내는 기간을 앞당겨 단축시킨 것이 후회되었다. 그녀는 시카고로 전보를 쳐, 시카고로 돌아가는 것을 어떻게 생각하느냐고 물었다. 그는 "오지 말라, 일이 바쁘다"고 답전을 보내왔는데 그 회답은 시몬느의 마음에 상처를 입히는 것이었다. 일 따위는 구실에 불과하다고 그녀는 생각했다. 사르트르가 드로레스와 남프랑스를 여행하는 동안 시몬느는 파리에서 보냈다.

9월, 사르트르와 시몬느는 알제리를 방문했는데, 알제리에서 지젤리까지 택시로 여행했을 때에는 행복한 기분이 되기를 거부했었다. 그리고 여행이 끝날 즈음에는 보스트 아우도 끼어들었다. 시몬느는 사하라 사막의 가르다이아를 보고 싶었으나 사막의 중간쯤에 있는 제르파까지밖에는 가지 못했다. 엄청난 더위로 말미암아 버스가 밤에만 운행했기 때문이다.

8월부터 10월에 걸쳐 사르트르는 좌익과 우익 모두에게서 공격과 비난을 받아야만 했다. 폴란드의 브레슬라우에서 열린 공산주의자의 작가회의에서 소련의 작가 알렉산드르 파제프 —— 그도 1956년의 소련 공산당대회에서는 비난받게 되지만 —— 는, 사르트르를 가리켜 '만년필의 모양을 한 하이에나'라고 형용했다. 10월 30일, 바티칸의 검사성성(檢邪聖省)은 사르트르의 모든 작품을 로마 카톨릭 교회의 신자에게 금지하는 금서목록에 추가했다. 유명해지면서부터 카페를 다니기가 어려워졌으며 불쾌한 일도 많아졌다. 롤라와 무르쥬가, 뷔슐리가(街)의 가구가 달린 조그만 아파트가 비게 되었다는 이야기를 했을 때 시몬느는 즉각 그것을 빌렸으며, 그리고 사르트르와 저녁식사 후의 한때를 그곳에서 보내기로 했다. 노트르담 성당이 가까운 그 조그만 거리에는 갑자기 아랍인이 늘어나고 알제리인이 길에서 싸움질을 하고 고물상인이며 남녀의 부랑자, 고양이떼들을 바라보며 지냈다. 시몬느는 그 아파트가 마음에 들어 여행기념으로 사온 갖가지 물건으로 방을 장식했다. 레코드 플레이어도 샀다. 마침 사르트르가 아놀드 쉰베르크와 아르반 베르크에게서 재미를 '발견'하는 중이었다. 오르그렌에게서는 매주마다 편지가 왔으며 그녀 역시 매주 답장을 썼다. 시몬느의 여동생과 그 남편은 외교관으로서 빈과 베오그라드에 주재한 뒤 파리로 돌아와 있었으며 루브셴느에 아름다운 오랜 집을 빌렸다. 시몬느와 오르그렌은 편지를 주고받는 사이에 내년 여름에 그가 파리로 온다는 것에 동의했다.

　사르트르와 어머니와의 생활은, 그가 집에 있을 때가 별로 없기 때문에 그런대로 원만해질 수가 없었다. 어머니 안느 마리는 보나파르트 거리 42번지에 있는 아파트의 4층에서 가장 큰 방을 사르트르의 서재로 하고 거실과 조그만 침실을 자기 방으로 사용했다. 알자스 출신으로 집안 일을 돕는, 나이가 지긋한 여자인 유제니는 안쪽 방을 사용했다. 낮에는 코가 있어 주었으며 사르트르도 책이 사방에 흩어져 있다고는 하나 상당히 아담하고, 더구나 창으로 생 제르만 데 프레 성당이며 카페 드 마고가 보이고 지평선으로 뻗친 렌느 거리와 몽파르나스가 멀리 한눈에 바라볼 수 있는 그 서재에서 손님 맞기를 좋아했다. 그러나 안느 마리는 아들에 대해 다른 기대를 품고 있었다. 아들의 명성이 화려한 사교계의 생활을 가져다주고, 자기가 그 중심에서 매우 가까운 존재가 되리라고 상상했다. 그녀는 아들을 위해서라는 정성으로 아들 선전하는 것을 좋아했기 때문에 사르트르는 신문기자를 만나지 말라고 어머니에게 늘 경고를 해야만 되었다. 그녀는 시몬느와 아들의 생활방식을 인정하지 않았으나 그 둘의 어느 쪽에도 깊은 애정을 지니고 있었다. "무슨 일이건 숨기려 한다."면서 두 사람을 책망하고는 코나 두 사람의 친구에게 여러 가지로 물었었다. 그녀가 몹시 슬프게 여긴 것은 사르트르의 정치활동이었다.

시몬느의 《제 2 의 성(性)》 제 1 권은 완성되기 직전이었으며 〈현대〉지에 연재가 결정되었다. 그 무렵, 〈현대〉지는 전원이 격주마다 시몬느의 아파트에 모여 편집회의를 열었었는데, 사실상은 메클로 폰티가 홀로 편집을 전담하고 있었다. 사르트르도 또한 작업에 몹시 골몰하는 중이었다. 정치활동의 여가를 틈타 《영혼 속의 죽음》을 완성시켰으며 바야흐로 1,000페이지나 되는 《자유에의 길》의 제 4 권에 착수, 《존재와 무(無)》 이후로 약속했던 '모럴'의 문제를 다루고 있었다. 그는 여름 동안에 썼던 마라르메에 관한 수백 매의 원고를 어쩌다 분실하여 다시 처음부터 시작해야만 되었다.
　루세와 혁명민주연합(RDR)은 터무니도 없이 사르트르의 시간을 빼앗고 있었다. 그는 간부 위원회에 참여한 이후로 두 개의 중요한 호소문을 쓰고 20회의 기자회견을 가졌으며 수많은 회합에 참석했다. 11월과 12월에 사르트르는 두 개의 대중집회에서 루세와 함께 연단에 서달라는 요청을 받았다. 유럽의 '제 3 의' 해결의 길은 이전보다도 더 시급한 듯이 여겨졌다. 요시프 티토 원수는 스탈린에게 공공연하게 저항했으나 베를린 봉쇄는 계속되었으며 미국 대통령선거는 히스테리 같은 상황 아래에서 거행되었다 —— 토머스 듀이는 다른 후보자들에게, 만약 적군이 프랑스를 점령하면 어떻게 하겠느냐는 앙케이트를 내놓았다. 역대 프랑스정부는 해방 당시의 약속이행을 모조리 포기했으며 인도차이나와 아프리카에서는 탄압을 더욱 강화하고 있었다. 12월 초에 RDR은 프레이엘 회관에서 모임을 가져, 루세는 자기도취에 빠지고, 한편 사르트르와 카뮈 및 카를로 레뷔, 리타드 라이트 등은 유심히 귀를 기울이고 있었다. 루세는 반공주의적인 독설로써 박수갈채를 받았고 RDR의 운동은 분력 중에 있었다. 일반대중 공산당이 표방하는 사회주의적 목표와 손을 잡아주기를 원했음에 대하여 공산주의자들이 RDR에 적대적이었기 때문에 루세는 우경화(右傾化)의 길로 나아갔던 것이다.

1949년 1월, 사르트르는 다시금 공산주의자의 공격을 받았는데, 이번 공격은 주로 루카치가 앞장섰다. 그는 실존주의와 마르크스주의에 관한 저서의 프랑스어 번역 간행의 선전을 위해 파리를 방문 중이었다. 일련의 강연이며 회견 가운데서 64세의 이 헝가리 철학자는 사르트르 —— 그리고 사무엘 베케트 —— 의 작업은 전적으로 미래가 없는 사회를 반영하고 있는데, 왜냐하면 실존주의적 인간은 동포와는 아무런 유대도 없기 때문이라고 말했다. 〈콤바〉지로부터 이에 대한 회답을 요청받은 사르트르는 신문지상에서 철학논쟁을 하고 싶지 않다고 했는데, 그래도 장갑을 던진 루카치의 도전을 받아, 루카치가 철학보다도 사회의 역사에 관심을 쏟고 있으며 마르크스주의의 융통성없는 고루함은 바로 새옷을 걸친 스콜라 철학이라고 답변하는 정도로 그쳤다. 루카치는 다시금 이에 답하여, 사르트르에게는 마르크스주의에 관하여 견해를 말할 도의적 권리가 없다면서 그를 무례하게도 '평범한 학자'라고 불렀다. 그런데 자신의 저서에서는 사르트르를 가리켜 '진짜의 일류급 사상가'라고 칭찬했던 것이다. 그것을 안 사르트르는 치명적인 일격을 가하여, 헝가리의 새로운 지도자로부터 루카치가 자신의 전(前)마르크스주의적 사상의 철회를 요구받았을 때 어째서 갈릴레오 갈릴레이의 전철을 밟아 "그래도 지구는 돈다"라고 말할 용기가 없었느냐고 반문했다. 그리고는 놀려대듯이 사르트르는 "지구는 이제 루카치를 향해 돌지는 않을 것이다."라고 말했다.

스탈린주의 —— 그리고 반공주의 —— 는 겨울 동안에 새로운 정점에 이르고 있었다. 아라곤은 공산당의 종교재판장이며 일찍이 광범위한 좌익을 결집시켰던 인민전선 시대, 개방적이며 그 선의로써 사람을 매혹시켰던 그러한 그가 이제는 실로 예민하게 음모를 감지하고 반대의견을 지닌 자를 탄핵했다. 그는 2천 페이지나 되는 《전쟁과 평화》의 후일담이라고도 할 수 있는 《레 커뮤니스트》를 써, 스탈린이 히틀러와 맺은 독일·소련 불가침조약을 1939년에 프랑스 공산당이 용인했음을 정당화시키고 있었다. 프랑스 공산당은 고립되었으며 그러면서도 공격적이고 권위와 규율의 힘을 과시하는 정통파는 이단자에게는 낙인을 찍고 당 노선으로부터의 이탈자를 추방했다. 사르트르는 바야흐로 '지식인의 경찰관'이 되고 카뮈는 '성위(聖位)를 박탈당한' 좌익으로서 '네오 파시스트'라 불렸다. 또한 가로디는 사르트르와 말로를 통틀어서 '도굴문학(盜掘文學)'의 작가라고 혹평했다.

정치적 공방의 또다른 극단적인 어조는 때때로 문학이 신성한 임무라는 인상을 짙게 내포하고 있었다. 클로드 몰리악은 '서구의 모든 가치'를 지키기 위해 헌신하는 〈리베르테 드 레스프리〉지를 창간하고, 참다운 좌익을 자처하는 앙드레 말로는 RPF의 집회에서 스탈린의 강제수용소와 프랑스 동부의 국경으로부터 프랑스 둘레의 두 바퀴도 채 안 되는 가까운 거리에 있는 '타타르인(人)의 집단'에 관하여 요안 묵시록 같은 놀라운 연설을 했다.

문제를 피하기란 곤란했다. 어느 날, 로제 스테파느가 '소비에트 강제노동 법규'의 영역(英譯)본을 들고 사르트르를 찾아와서는 그것을 〈현대〉지에 게재할 생각이 없느냐고 물었다. '법규'는 사르트르와 메를로 퐁티의 항의 서명(署名)을 넣어 1950년 5월호에 게재되었는데, 그것은 한국전쟁이 발발하기 한 달 전의 일이었다. 그러나 〈현대〉지는 미국이 RDR에 자금을 지원하는 기묘한 행위에는 침묵을 지키고 있었다. 미국 방문에서 귀국한 루세는 당의 자금을 조달할 방법을 발견했다고 말했다 —— 산업별 노동조합회의(CIO)가 기꺼이 자금원조를 해주기로 결정했다는 것이다. 그러나 사르트르는 찬성하지 않았다. RDR은 유럽의 운동이다, 미국인은 리타드 라이트처럼 그것에 찬동하는 것은 자유이나 재정적인 지원을 해서는 안 된다는 것이 사르트르의 주장이었다. 라이트는 미국대사관이 자기에게 '독재와 전쟁에 저항하는 집회'에 참가하도록 압력을 가해왔다고 사르트르와 시몬느에게 말했다. 그 자금 원조건에 관한 이야기는 날이 갈수록 미심쩍어졌다. 그 집회를 한 돈이 루세에게 갑자기 들어왔던 것이다.

4월에 사르트르는 외교문제회의에서 강연을 했는데, 그의 프랑스 문화 옹호론은 시몬느의 여성해방론적인 논조의 뉘앙스를 띠고 있었다. 경제적으로 의존하고 있는 나라들을, 남성사회에 살면서 책임은 지지 않으나 중요한 역할을 다하는 여성과 비교하여 사르트르는 국제정치연구소의 사람들에게 프랑스문화를 구하는 길은 유럽문화라고 하는 커다란 테두리에서 포착할 수밖에 없다고 말했다. 인간성이나 사회조직의 문제가 될 경우, 유럽인만이 비관적이며 미국인은 그렇지 않다는 점도 언급했다. 작가는 초연할 수만은 없다고 그는 주장했다.

"이웃에서 전쟁이 벌어지고 있는데도 작가는 수도사처럼 수도원에 들어앉아 새에 관해 논함으로써 모두가 구원된다고 생각한다면 우리의 문화는 정말로 상실되고 말 것이다. 그것도 영원히."라고 말한 뒤, 이에 덧붙여 문화는 역사의 과정에서 하나의 요소에 불과하며 전체의 문제는 전체의 테두리 안에서만 검토할 수 있다고 논했다.

《제2의 성》—— 이 제명은 사르트르와 시몬느 및 보스트 아우 셋이서 브레인 스토밍을 하면서, '타자(他者)', '제2 계급', '또 하나의 성(性)' 등으로 여러 가지 안(案)이 나온 가운데 보스트 아우가 내놓은 이 제명으로 결정했다 —— 의 제1권은 6월에 출판되었다. 〈현대〉지는 제2권 가운데서 《성의 입문(入門)》, 《동성애의 여자》, 《어머니》를 연재했으며 그것은 갈리마르 출판사에서 1949년 11월에 출판되었다. 시몬느는 이 에세이에 4년의 세월이 걸렸기 때문에 그것이 베스트셀러가 되었음을 기뻐했다. 대성공은 오래 계속되었으며 세계적으로 번져나갔다.

《제2의 성》은 본질적으로는 여자임을 변증법적 유물론의 시점에서 포착하여, 여자를 본질 —— 신비적이며 그 밖의 것 —— 로서 포착하는 것이 아니라 여자가 놓인 상황, 특히 경제적 상황의 점에서 설명하고 있다. 여자의 예속과 해방은 제각기 경제적 의존과 경제적 해방의 결과이며, 이 견해는 약 7백 페이지 가까운 이 노작(勞作)에 철저히 일관되고 있다. 여자의 예속은 역사적 필연이며 인류의 진보는 여자의 이익에 반(反)하여 달성되었다고 하는 보브와르의 견해는 어쩌면 읽는 사람으로 하여금 소스라치게 하는 지적일 것이다. ① 〈사실과 신화〉, ② 〈오늘날의 여자생활〉의 2부로 나뉜 《제2의 성》의 처음 3분의 1은 여자라는 것의 생물학적, 사회적, 역사적 사실을 다루고 있다. 남자가 아니라 여자만이 자기불신을 지닌다는 서문에 서술된 견해까지 포함하여 〈사실과 신화〉는 어쩌면 현대의 독자에게도 추호도 시대의 추이를 느끼게 하지 않는 것이다. 〈오늘날의 여자생활〉의 태반은 학문적인 인상을 주며 요점이 통렬한 형태로 잇달아 제시되기 때문에 전체적인 분위기는 약간 무거우나 보브와르의 결론 —— 남자와 여자는 서로가 상대방을 대등한 인간으로서 인정할 필요가 있다 —— 은 출판 후 30년이 지난 오늘날에도 그대로 해당된다.

"최고의 승리를 획득하기 위해서는 자연적인 격차를 통하여 남자와 여자는 명백히 자기들의 형제임을 인정할 필요가 있다."

오르그렌은 스카치 위스키며 초콜릿, 책, 사진, 꽃무늬의 실내복 등이 가득 든 짐을 갖고 도착했다. 그의 도착을 축하하여 미셸과 보리스의 뷔앙 부처가 파티를 열어주었으며 그 자리에는 쥴리에트 그레코를 비롯하여 오르그렌의 책을 번역 중이며 시카고의 슬랭〔俗語〕에 진땀을 빼던 르네 귀요네에 이르기까지 모두가 와주었다. 레이몬 쿠노가 무슨 우스꽝스런 말을 해도 오르그렌은 미셸이 통역을 해줄 때까지는 모르는 대로 미소만 띠고 있었다. 올가는 오르그렌이 쉴새없이 하는 얘기를 눈이 휘둥그레진 채 듣고 있었기 때문에 그를 무척 기쁘게 했다. 시몬느의 관심을 끈 가장 중요한 일은 사르트르와 오르그렌이 서로 호감을 가졌다는 것이었다. 성적 질투심은 사르트르의 경우 전혀 관계없는 것이었다.

걷거나 택시를 타거나 또는 마차를 타고 시몬느는 오르그렌을 파리 관광에 안내했으며 그의 감상을 들으며 즐겼다. 그는 거리며 군중이며 시장을 사랑했다. 자동차를 운전하는 자는 모두가 제정신이 아니라는 생각이 들었으며 프랑스 요리나 보졸레 와인, 또는 이웃 가게에서 사람들과 나누는 인사를 즐겼다. 시카고에서는 별 말없이 쇼핑을 한다고 그는 말했다. 어느 날 오후, 사르트르는 운전사가 달린 차를 세내어 보스트 및 미셸과 함께 오르그렌과 시몬느를 교외로 데리고 나와, 크리쉬에 있는 페트의 묘지까지 갔다. 귀요네는 제1급의 저널리스트로 급속한 성장을 보인 사르트르의 비서 장 코를 데리고 오르그렌과 복싱 경기를 구경가기도 했다. 오르그렌은 터부에서 노래하는 무르지가 마음에 들었는데, 클럽 생 제르만에서 노래하는 이브 몽탕을 더 좋아했다. 시몬느는 리도에서 난생 처음으로 샴페인을 마셨다.

시몬느와 오르그렌은 로마로 비행하여 식사를 하러 다니거나 카를로 레뷔와 볼링을 하는 등으로 보냈다. 그러나 이곳은 폐허가 너무 많았으며 로마는 지나치게 고요하여 오르그렌의 취미에는 맞지 않았다. 그래서 나폴리에 들른 뒤 그들은 튀니지로 비행하고 알제리와 모로코를 여행했으며 이어서 리비에라의 카리브에 있는 올가와 보스트의 집에서 환영을 받았다. 어느 날 밤, 차를 빌린 그들은 몬테카를로의 카지노로 약간의 돈을 빼앗기기 위해 갔으며 또한 앙티브에서는 그레코가 〈만약 그대가 믿는다면〉을 노래부르는 것을 들으러 갔었다 —— 여름 동안 생 제르만 데 프레 족(族)은 생 트로페의 근방으로 이동해오는 것이다. 오르그렌은 실컷 마시고 또 춤을 추었다. 처음은 올가, 이어서 우아하게 의자를 끌어안은 채.

돌아온 파리의 9월은 훌륭했다. "우리의 사이가 이토록 좋았던 적은 없었다."고 시몬느는 《어떤 전후》에서 썼다. "이듬해에 나는 시카고로 가기로 했다. 오르그렌에게 작별인사를 할 때 나는 오르그렌을 다시 만날 수 있다는 생각에 마음이 놓였다."

연료보급을 위해 비행기가 뉴파운드랜드의 간다에 기착했을 때 오르그렌은 《황금의 팔》이 전미(全美) 도서상(圖書賞)을 받았다는 소식을 잡지를 보고 알았다.

6. 1954년, 10월

사르트르는 밀라노에서 기차로 파리에 돌아갔으며 시몬느와 클로드 란즈만은 도중에서 제노바와 니스에 들러 자동차로 북상(北上)했다. 두 사람이 글루노블에 도착하여 호텔에 들어서자 프런트 데스크에 〈파리 프레스〉지(紙)가 놓여 있었다. 시몬느가 펼쳐보자 《레 만다랭》의 서평이 눈에 띄었다. 호의적인 비평이었다. 파리에 있는 사르트르에게 전화를 한 그녀에게 〈레 레틀 프랑세이즈〉지에서도 상당히 좋은 평이 실려 있다고 그는 가르쳐주었다. 부르주아지의 신문이나 공산당 계열의 신문도 그녀가 이 책의 그 이름으로 말하려 했던 비공산당 계열의 좌익과 마찬가지로 이 소설에 호감을 가졌다. 각 방면에서 호평을 보내온 데 대해 그녀는 놀랐다. 《레 만다랭》은 발행 1개월 만에 4만 부나 팔려 이로써 거액의 돈이 들어오게 되었다.

"사르트르의 돈을 이용했기 때문에 다급하게 돈이 필요했던 것은 아니었다."고 그녀는 《어떤 전후》에서 쓰고 있다. "그러나 우리의 공동의 지갑에 나의 몫을 넣을 수 있다는 것은 기쁜 일이었다."

하나의 지갑, 하나의 세계관, 4반세기 동안에 쌓아올렸던 모든 습관, 이러한 것이 1950년대의 초기에 두 사람이 공통으로 지녔던 것이었다. 그러나 그 시기는 또한 두 사람이 가장 많이 떨어져 있던 시기이기도 했다. 시몬느는 유능한 저널리스트, 전투적인 시오니스트, 열렬한 마르크스주의자로서 17세 연하인 란즈만과 살고 있었으며, 한편으로 사르트르는 보리스와 헤어진 미셸 뷔앙의 연인이었다. 통속적인 성공, 정치, 상호간에 관계가 없는 것이 되어버리지 않겠느냐는 의구심이 두 사람의 생활방식을 바꾸고, 또한 서로가 시인하기는 어려운 일이나 간접적으로 두 사람 사이의 친밀함마저 바꾸어놓았다. "아아, 당신이 이름없는 시인이었더라면!" 작업실에서 비실거리며 걷는 사르트르를 보면 시몬느는 이렇게 말하는 것이었다. 28시간을 조금도 눈을 붙이지 않고 줄곧 일을 하는 그를 그녀는 이해했다. 잠시 꾸벅꾸벅 조는가 하면 다시 일을 시작하며 24시간을 버티는 수도 있었으며 마침내는 아무 소리도 들리지 않고 보지도 못하는 형편에 이르기도 했다.

"나는 옛날의 그가 지녔던 그 느긋함, 시간이 그토록 많이 있던 옛날이 그리웠다 —— 산책, 파리 거리를 어슬렁거리며 돌아다니던 일이며 영화를 보며 보낸 저녁 나절, 우리가 이러한 것을 위해 외출하는 일은 이제 결코 없을 것으로 여겨졌다."고 그녀는 회상한다. "그는 자신이 나아가는 길로 따라오도록 나에게 원했다. '이 책을 읽어야 하오!' 하고 책상 위에 쌓인 책을 가리키며 그는 말했다. '매우 재미있다오.' 하고 되풀이하며 말하는 것이었다. 그러나 나는 그렇게 할 수 없었다. 나는 내 책을 완성시켜야만 했다. 그리고 또 한 가지, 나도 자신이 살고 있는 이 세계에 관해 좀더 알고 싶다는 생각은 있었으나 그것은 나에게 있어서는 그의 경우만큼은 다급한 일이 아니었다."

성공이 두 사람 사이에 거리를 만들고 시몬느는 그것을 원망스럽게 여겼는데, 사르트르 자신이 그렇게 달라진 것은 아니었다. 그가 급진화(急進化)하기 시작한 것은, 하나는 냉전의 결과이며 또 하나는 자신의 작업을 모래에 스며드는 물처럼 없애버리고 싶지는 않다는 욕구의 결과이기도 했다. 시몬느에게 있어서는, 오르그렌과의 연애가 끝나자 가슴에 커다란 구멍이 뚫린 듯했고 그것을 그녀는 두려워하고 있었다. 란즈만이 마르셀 페쥬와 함께 〈현대〉지에 들어온 것은 한국전쟁이 시작된 시기로서, 마침 그 무렵에 멜로 퐁티는 이 잡지에서 정치색을 제거해야겠다고 생각했으나 사르트르는 이를 더욱 전투적인 것으로 하기를 원했다. 란즈만은 엉뚱한 행동으로 세상에 도전하려는 27세의 의욕이 왕성한 청년이었다. 〈현대〉지의 기고자들은 매주 일요일 오후면 사르트르의 집으로 모였다. 란즈만과 페쥬는 사르트르를 도와 〈현대〉지의 정치적 색채를 더욱 짙게 하고 있었다. 란즈만은 전혀 개의치 않는 투로 보다 더 과격한 말을 했다. 그의 블랙 유머와 엉뚱한 언동이 그 모임을 더욱 흥겹게 했다. 그는 많은 여성이 매력적이라고 생각하는 타입의 남자였고 시몬느 역시 그렇게 생각했다. 그녀의 44세가 되는 생일을 2주 뒤에 둔 1952년 12월의 네덜란드 여행 중에 두 사람은 연인이 되었다. 이 여행 중에 두 사람은 얼어붙은 운하 기슭을 거닐고 커튼을 드리운 선술집에 걸터앉아 아르보가트 술을 마시며 이야기를 나누었다. 오르그렌은 다른 대륙에, 그리고 란즈만은 다른 세대에 속하고 있었다. 그러나 란즈만은 그녀에게 목적감, 환희, 놀라움, 불안, 웃음을 되찾게 해주었다.

"그의 젊음은 나를 그의 인생에서 약간의 한 시기에 불과한 것으로 하고 있었다. 이것은 내 입장에서 볼 때 자신의 전부를 그에게 주지 않아도 되는 구실이 되기도 했다."

란즈만의 마음 밑바닥에는 자신이 유태인이라는 구애감이 남아 있어 이 때문에 그는 비(非)유태인은 모두 히틀러의 공범자로 보는 경향이 있었다. 크레르몽 페랑의 노동자 집안에서 장남으로 태어나 행복한 소년시절을 보냈었으나, 13세 때에 처음으로 반(反)유태주의를 체험했다. 이 경험은 그의 세계를 뒤흔들었으며, 그가 겨우 긍지를 되찾은 것은 부친이 크레르몽 페랑의 독일에 대한 프랑스의 레지스탕스에 최초부터 참여한 것이 계기가 되었다. 크로드는 19세의 나이로 직접 항독(抗獨) 게릴라에 뛰어들었다. 이 경험은 그를 조숙하게 했으며, 또한 전후에는 극단적인 유태열(熱)에 사로잡혀 유태인의 대량학살을 떠올리고는 분노의 눈물을 흘리고, 유명인이 유태인임을 알면 긍지로 얼굴이 빛나는 것이었다. 이스라엘을 방문한 그는 유태인의 해군이며 도시나 농촌이나 나무들이 있을 뿐만 아니라 같은 유태인에게도 부자와 가난한 사람이 있음을 발견한다. 그 놀라움으로 말미암아 그는 차츰 자기 자신에 관한 몇 가지 질문을 품게 되었다. 그에게서 이 말을 들은 사르트르는 이스라엘의 실정과 란즈만 자신의 처지를 결부시켜 책을 쓰도록 권했다. 그러나 이 책은 씌어지지 않았다. 1973년에 그는 《왜 이스라엘이냐…》라는 '슬픔과 연민'과 같은 경향이 속하는 다큐멘터리 영화의 각본을 쓰고 직접 감독까지 맡았다. 이 영화는 이스라엘을 진지하고 도발적인 각도에서 포착한 작품이었다. 그가 마르크스주의를 받아들인 이유는, 마르크스주의가 인간끼리의 갈등이 무엇인가를 구명하고 미래를 구제하며 그를 자신의 주관에서 어떻든 해방시켜줄 것처럼 여겨졌기 때문이었다고 시몬느는 말하고 있다.

역사의 의미, 소련의 강제수용소, 그리고 '진보적' 폭력 같은 것이 과연 있는가, 이러한 것이 1952년에 생겨난 사르트르와 카뮈의 유명한 분열의 핵심이 된 문제였다.

냉전시대가 정점에 이르렀던 가장 어두운 해 —— 그 해에 미국은 최초의 수폭실험을 했으며 또한 미국인은 장군을 대통령으로 선출했고, 죽음의 자리에 누워 있던 스탈린은 유태인 의사들이 그의 병을 고치지 못한다는 이유에서 조직적인 유태인 박해에 착수하는 등의 사건이 있었다. —— 는, 사르트르가 뚜렷이 '제3자적'인 중립의 입장을 버리고 《더럽혀진 손》의 영화판(映画版)에 대한 코뮤니스트의 맹렬한 공격에도 불구하고 다시금 코뮤니스트에게 접근한 해이기도 했다. 냉전의 한풍(寒風)이 한때 자신에게 몰아치는 가운데에서 제3자적인 입장이 불가능해졌다는 것과 위기에 즈음하여 프롤레타리아에 대립하기란 절대로 불가능하다고 그는 생각했던 것이다.

공산당과 다시금 접촉하는 계기가 된 것은 공산당 서기장이던 쟈크 뒤클로의 체포와 앙리 마르탄 사건이었다. 전자는 아이젠하워의 후임으로서 NATO의 최고사령관에 임명된 미국의 머슈 리지웨이 대장의 파리 도착에 즈음하여 공산당이 대중데모를 조직, 이에 정부에서는 탄압으로 맞섰던 것이다. 후자는 공산당이 인도차이나 반전(反戰) 활동가인 앙리 마르탕의 석방을 요구한 소유가 그 원인이 된다. 뒤클로의 체포보다도 더욱 사르트르의 마음을 어지럽힌 것은 반공우익이 퍼붓는 히스테릭한 야유의 소리였다. 미셸과 함께 이탈리아에 있던 사르트르는 뒤클로의 체포 소식을 듣자 곧 귀국했다. 《공산주의와 평화》의 전반을 분노로 쓰기 시작한 그는, "나는 쓰지 않을 수 없었다. 그렇지 않으면 질식하고 말았을 것이다."라고 멜로 폰티에게 말하고 있다. 〈현대〉지에 연재된 제1부에서 사르트르는 공산주의는 하나의 필연성이라고 말했다. 모든 애매함을 제거하기 위해 사르트르는 다음과 같이 썼다.

"본론의 요지는 몇 가지의 명확하며 한정된 수의 문제에 관한 코뮤니스트에 대한 나의 동의를 공표하고, 그들 코뮤니스트의 논증이 아니라 나의 논증을 내세운다는 것이다."

자기가 코뮤니스트를 지지하는 것은 현재의 정치적 이유에서이며, 스탈린주의적, 혹은 마르크스주의적 도그마에 찬성하기 때문은 아니라고 그는 말했다. 공산당에 반대한다는 것은 바로 '절망하는 대중의 희망을 모두' 상처입히는 것이었다.

성실한 진보파로서 공산주의를 시인하고, 그것을 통하여 소련을 지지한다는 것은 용이한 일이 아니었다. 전후에 시베리아에서 죽음의 강제수용소가 있다는 것이 밝혀졌으며 10년간에 7백만 명이 넘는 사람들의 소식이 불명이었다. 강제수용소와 스탈린의 경찰국가를 논리적으로 설명한다는 것은 곤란했다. —— 공산주의자는 결코 개입하려고 하지 않았다. 그러한 사실을 부인하든가 또는 누구이건 소련을 비판하는 자를 치열하게 비난하는 어느 한쪽이었다 —— 그러나 우선 멜로 폰티가, 그리고 이제 사르트르가 개입했던 것이다.

두 사람의 논의의 진행방식은 교묘했다. 1936~1938년의 숙청으로 몇백만의 사람이 시베리아로 유형되었다는 것과 또한 소련의 현재의 체제가 파시즘과 흡사함을 아무도 부정할 수는 없었다. 그러나 유일한 마르크스주의 국가인 소련을 부르주아적 기준에 맞추어 판단할 수 있겠는가. 소비에트 권력이 고투(苦鬪)해야만 되었던 여러 조건 —— 내전(內戰), 자본주의 국가에 의한 포위, 나치스의 위협, 그리고 전쟁 —— 을 고려한다면 소련의 지도자들이 강권에 호소하지 않을 수 없었던 것도 이상할 것이 없다. 또한 공산주의는 하루아침에 이루어지는 것이 아니다. 궁극적으로 정의의 사회에 도달한다는 것은 우회함을 뜻하며 또한 《더럽혀진 손》에서 사르트르가 말했듯이 '자신의 손을 더럽힐 각오가 필요'함을 의미했다. 어쩌면 어떤 종류의 폭력은 불가피했을 것이다. 그러나 이 폭력은 진보적인 것인 한, 정당한 방향으로 나아가는 한 승인될 수 있는 것이다. 더구나 다른 한편의 자본주의 사회를 보라. 자유주의자들이 스탈린의 '공포정치'를 논할 때에, 인간이 목적이며 수단은 아니었다고 하는 일종의 칸트적인 인도주의를 끌어내는데, 개인이 목적으로서 다루어져 있는 곳이 도대체 어디에 있는 가? 어디를 보아도 있는 것은 주인과 노예이며 교수형 집행인과 희생 자이다. 이 점에서 자유주의는 스탈린주의와 별로 다를 것이 없다. 경건한 칸트적 레트릭의 배후에 있는 것은 인간의 인간에 대한 냉혹함 이외의 아무것도 아니다 —— 식민지주의가 그러하며 제국주의가 그러하다는 등 등이다. 정치라는 것은 모두가 강권이다. 생각할 수 있는 한의 최선의 세계라 해도 인도주의란 감미로운 꿈 정도에 불과하다. 중요한 것은, 사회질서가 어떠한 것이냐가 아니라 그 질서가 어떠한 것이냐 하는 점이다. 마르크 스주의자가 부르주아지 자유주의자와 다른 점은 미래에 관한 사고방식이다. 모든 부르주아지 국가가 그 영속을 —— 그렇기 때문에 그 폭력의 영속 화를 —— 추구하고 있음에 비하여 마르크스주의 국가는 장래에 있어서의 그 소멸을 예견한다. 이 관점에서 본다면 마르크스주의가 주인과 노예라고 하는 지배·피지배의 관계를 끝내려고 주장하기 때문에 소련은 '특권'을 지닌다. 파쇼적인 폭력과 자유주의의 길은 인류의 매우 가까운 역사에 속하는데 공산주의의 폭력은 기껏해야 새로운 시대의 소아병(小兒病) 정 도의 것으로서, 참다운 인도주의에 도달하기 위해서는 인류가 돌아서 가야만 할 길일 것이다.

멜로 폰티가 《휴머니즘과 테러》에서 다룬 논점을 이번에는 사르트르가 더욱 상세히 논했다. 이에 대해서는 몇 가지의 반론도 제기되었다. 레이몬 알롱은 마르스크주의자로 자처하는 스탈린을, 어째서 우리가 믿어야 하며, 사유재산의 집단화가 어째서 참다운 휴머니즘에 도달하기 위한 전제조건 이어야만 하는가, 또한 인간관계에서의 본질적인 변혁을 달성시킬 수 있는 것은 어째서 프롤레타리아뿐이냐고 물었다. 카톨릭의 사상가 가스통 훼살은, 새로운 노예가 새로운 주인에 반항하여 궐기하는 것을 방해하는 것은 전혀 없기 때문에 주인과 노예라는 변증법은 막다른 골목이나 다름없다 —— 소련 내부에서 트로츠키스트와 '파시스트'의 숙청이 계속되고 있음이 그 것을 나타낸다 —— 그것에 대해, 이를테면 남성과 여성이 변증법은 상호적인 인간다움의 직접적 인식에 바탕을 둔다고 논했다.

이어서 카뮈가 등장했다.

그의 책은 《반항적 인간》이었다. 그 가운데에서 그는 다음과 같이 논했다. 어떤 종류의 폭력이 선(善)이기 위해서는 역사가 방향과 의미의 양쪽을 아울러 지닌다는 것을 사람은 믿어야만 한다. 소련의 지금 세대의 모든 권리와 행복이 내일의 완전한 사회를 위해 희생될 수 있다는 사고 방식을 받아들이기 위해서는, 소련이 지금 당장에 어떤 '절대'의 창시자임을 시인하지 않을 수 없게 된다. 그러나 인간은 과연 '절대'라는 것을 창조할 수 있을 것인가? 마르크스주의자는 '미래를 위한 현재를, 인간의 권력의 그림자 때문에 그 실체를 내일의 주택계획을 위해 지금의 도시의 빈궁을, 공허한 약속의 땅을 위해 나날의 정의를 잊는' 일이 있어서는 안 된다.

'반항적 인간'은 스탈린주의의 고발이라기보다는 오히려 스탈린주의를 정당화하는 것을 고발한 책이었다. 공산주의 사회를 실제로 논한 부분은 몇 페이지에 불과하다. 카뮈의 흥미를 끄는 것은 마르크스주의자가 역사를 신성시하는 방식이며 무엇을 하느냐가 아니라 무엇을 하려는가, 즉 행위보다도 의도를 중시한다는 점이었다.

카뮈는 의도에는 과연 의미가 있느냐고 묻는다. 그는 크리스트교를 포함하여 모든 구세주의를 거부하고 인류의 미래에 관한 마르크스주의 이론은 유토피아와 신비주의의 영역에 속한다고 하며 역사적 결정론을 공격하고 죽음의 강제수용소를 이유로 소련을 탄핵했다. 어떠한 목적이건 부당한 수단을 정당화하지는 못한다고 논하며, 프랑스혁명이나 러시아혁명의 뒤를 이은 파시즘, 즉 '프로메테우스적' 혁명행동이 반드시라고 할 수 있을 정도로 빠진 듯이 보이는 '전제주의'에 조심하라고 경고한다. 혁명가들은 '절대'라고 하는, 있을 수 없는 이상향에 산다 —— 절대적 정의가 선행하여 조화와 우애를 지배하고 모든 모순, 따라서 모든 자유를 억압한다. 실제로는, 인간은 그 이해나 가치가 다양하기 때문에 '사회적, 합리적 자기(自己)', 바꾸어 말해서 '계산할 수 있는 것(物体)'으로 환원되지 못한다. 정의와 자유는 결코 양립이 불가능한 것은 아니라 해도 절대적 정의와 자유에 관해 말한다는 것은 모순되며 다만 상대적 정의와 자유를 양립시킨다는 것은 가능하다고 말했다.

마지막 장(章)에서 카뮈는, 혁명적 이상이라는 것은 도달하기가 불가능한 것이며 이러한 이상은 참다운 형이상적인 모든 문제를 가리고 있지 않느냐고 묻는다. 혁명가들의 잘못은 인류의 고뇌는 고칠 수 있는 것으로 믿으며 세계의 고뇌를 수학적으로 감소시킬 수 있다고 믿는 데 있다고 밝히고 있다.

"부정의와 고뇌는 영속되는 것이며 아무리 그것에 제한을 가한다 해도 우리의 분노는 가라앉지 못할 것이다."고 그는 말한다. 그는 종교에 의한 구세(救世)를 믿지 못하며 역사에 의한 구제는 더욱 믿지 않는다. 마르크스주의자는 역사를 신성화하나, 형이상적 악의 존재를 '교묘하게 피한다(esquiver).' 진보는 확실히 일정한 영역 안에서는 가능하겠지만 사물은 본질에 있어서는 여전히 그대로이다. 인간의 힘은 한정이 있는 것이다.

《반항적 인간》은 1951년 11월에 간행되었다. 이 작업은, 결핵이 자주 재발하고 거듭되는 결혼의 실패로 침묵을 지켰던 카뮈가 오랜만에 세상에 내놓은 것으로서, 이 새로운 에세이가 전후에 있어서의 정치적, 윤리적 우위성을 새로이 방향짓는 중요한 저술로서 인정받기를 그는 열렬히 원했다. 그런데 《반항적 인간》은 《시지포스의 신화》가 지니는 날카로움이 없고, 추상적이며 완만할 뿐만 아니라 그 판단에는 자주 의욕과잉을 볼 수 있었다. 그가 추구했던 것은 인간의 본성에 충실해야 한다는 것으로, 이교(異敎)의 이상, 바꾸어 말하면 밝은 지중해 문화의 긍정이었다. 인간은 세계를 변혁시켜야 한다면서 격렬한 노력, 투쟁, 과잉할 정도의 극기(克己)를 진보적이며 초월적이라고 하는 그리스도교적, 니체적, 마르크스적인 사고방식을 지중해 문화는 받아들이지 않는 것이다.

〈현대〉지에서는 모두가 난처했다. 카뮈에게 우정을 느끼는 사르트르는 《반항적 인간》의 서평을 자신이 쓰지 않는 것이 좋다고 생각했고 그래서 작품을 전면적으로 분쇄하지 않고 적당히 다루어줄 사람을 반 년 동안이나 찾았었다. 그 전년에 이 잡지에 참여했던 프랑시스 존슨이 적당히 평하는

데 동의했다. 1952년 4월, 사르트르와 시몬느는 생 슈르피스 광장에 있는 조그만 카페에서 카뮈를 만났다. 카뮈는 그때까지 발표된 몇 가지 서평에 불만이었으며 그러한 비판이 풍자적인 야유를 하며 〈현대〉지의 비평은 마땅히 호의적이라고 믿는 눈치가 역력했다. 그 뒤, 사르트르는 단독으로 카뮈를 만나, 〈현대〉지의 비평이 상당히 냉혹한 것이 되리라고 예고했다. 카뮈의 얼굴에 불쾌한 놀라움의 표정이 떠올랐다. 그 뒤로 두 사람은 만나지 않았다.

사르트르는 비평의 성격을 부드럽게 해달라고 존슨을 설득했다 —— 〈현대〉지에는 검열의 제도는 없었다 —— 이리하여 활자가 된 서평은 카뮈의 《여가의 거부》와 설교하는 투의 무력한 사회개량주의적 태도를 비난하고, 아울러 저자가 반론을 원할 경우에는 기꺼이 이를 게재할 뜻이 있음을 곁들였다. 카뮈의 반론은 사려나 분별이 결여된 것이었다. 그는 존슨을 무시하여 직접 사르트르에게 덤벼들었다. 그의 말투는 모욕적이었다. '역사의 방향에 자기의 의자 말고는 아무것도 놓지 못했던 그런 자들로부터 효과적인 설교'를 듣는 데에 이젠 질렸다고 그는 말하고 있었다. 예상한 대로 그는 사르트르의 철학에 있는 하나의 모순을 지적하고 있었다. 소련을 특별취급하지 않기 위해서 사르트르는 공산주의와 자유주의의 양자를 양립시킨다는 인도주의적 이상에 호소하고 있는데 —— 《존재와 무》에서는 바로 그 이상이 터무니도 없는 생각이라 하여 거부되고 있지 않느냐고 카뮈는 공격했다.

이번에는 사르트르가 답변할 차례였다.

"문제는 과연 역사에 방향이 있느냐 또는 우리가 역사에 참여하느냐 않느냐를 아는 것이 아니다. 우리는 온몸으로 역사 속에 들어가 있기 때문에 역사를 추진하기 위한 구체적 행동에 이르면 우리는 유익하다고 믿는 방향을 역사에 부여하고, 또한 아무리 약간의 것이라고 해도 도움을 지지하지 않도록 하느냐 않느냐는 것이 중요하다."고 그는 말했다.

그리고 같은 호에서 존슨이 사르트르의 주장을 보충하여 이렇게 말했다.

"우리는 스탈린주의가 혁명적이라고는 생각하지 않는다. 그러나 그것은 혁명적이라고 주장하며 또한 프롤레타리아의 다수를 결집시킬 수 있을 듯이 보이는 유일한 운동이다. 따라서 우리는 스탈린주의에 찬성함과 동시에 반대한다 —— 우리가 그 방식을 비판하는 한에 있어서는 반대이며 혁명적 시도라는 것은 보다 나은 사회질서로서 결과를 가져오기 전에 우회하지 않을 수 없는 것인지 알 수가 없다. 또한 스탈린주의의 이와 같은 그릇된 편향도 결국에 가서는 혁명적 사업이 전면적으로 파멸해버리는 것보다 더 바람직한 것인지 알 수 없다는 한에 있어서 우리는 이에 찬성한다."

사르트르의 〈알베르 카뮈에 답한다〉는 카뮈의 술책을 공격한다는 입장에 한해서만은 뛰어났다. 사르트르는 공산주의자가 인간의 인간에 대한 냉혹함을 문제로 삼기보다는 오히려 인간으로 하여금 고난을 갖게 함으로써 반공주의자들이 몹시 기뻐하고 있음을 지적했다. 그는 조심스럽게, 자기는 "마르스크주의자가 아니다."라고 전제한 뒤, 〈현대〉지가 시베리아의 강제수용소 문제를 무시해오지 않았음을 지적했다. 카뮈의 논의가 지니는 어떤 종류의 오만함과 자기 중심성에 주의를 축구시키는 데에 사르트르는 능숙했다. 그러나 이 논쟁의 중심문제에 와서는 서툴렀다.

그것은 하는 수 없는 일이었다. 마르크스가 제기한 역사에는 방향과 의미가 있다는 것을 사르트르는 얼마나 깊이 믿을 수 있었을까? 1952년의 시점에서의 그의 최신 역작은 《존재와 허무》로서, 거기에서 그는 인간이 자진해서 자기 동류(同類)를 죽인다는 것은 죽음과 마찬가지로 극복하기 어려운 것이라고 시사했다. 그러한 견해는 궁극적인 사회정의를 믿는 '과학적' 마르크스주의의 옵티미즘과 상용(相容)되지 못하며, 마찬가지로 진전성에 관한 그의 생각 —— 자진해서 부단히 자기 검토를 한다는 것 —— 과도, 또는 인간의 비참의 존재를 못 본 체한다는 모든 시도를 '자기기만'이라 하여 탄핵하는 그의 사상과도 상용되지 않는 것이었다. 사르트르는, 그 입장으로 보아 카뮈가 갈 곳은 갈라파고스 제도(諸島)밖에 없다고 했는데, 이로써 《반항적 인간》의 저자에게 훌륭한 —— 사람에 따라서는 무의식이라고 하겠지만 —— 찬사를 보냈던 것이다. 변방의 갈라파고스에 가서 자극을 받아 남다른 활동을 한 사람 가운데 찰스 다윈이 있었다는 것을 사르트르는 과연 기억하고 있었던 것일까?

철학적인 논쟁으로 볼 때 사르트르와 카뮈의 불일치는 그것이 '역사성'을 에워싼 것이었기 때문에 현대사상의 중심적 과제를 놓고 빚어진다. 인간의 시간적 차원과 방향은 지난날에는 형이상학과 종교에 의해서 설명되었는데 지금으로서는 대체적으로 역사성이 이를 대신하고 있기 때문이다. 예언적 마르크스주의는 인간의 미래를 무한의 과정으로서 보기를 줄곧 거부하고, 그 대신에 당이나 국가, 또는 개인에게 인간의 운명의 내재적 모순을 해결할 임무를 갖게 한다. 역사의 종말을 누가 상상할 수 있고 또한 생산수단의 소유관계에 결부되고 있는 유한(有限)의 교의(教義)에 모두를 어떻게 정리할 수 있겠는가. 우리들 개인의 생활은 인류의 역사와 어떻게 겹쳐질 수 있 겠는가? 《반항적 인간》 가운데에서 카뮈는, 설사 마르크스주의적 미래가 광명으로 가득 찬 것이라 해도 우주적 부조리라고 하는 불안에서 우리를 해방시키지는 못한다고 말하고 《〈현대〉지의 편집장에게 보는 편지》에서는 역사가 도대체 어떤 방향을 가질 수 있느냐고 반문했다. "나의 책에 대한 입장을 논리적인 것으로 하기 위해서는 그—— 존슨 ——는 다음의 것을 제시해야만 한다. 즉 역사는 필연적인 하나의 방향과 목적을 지니고 있으며 역사가 우리에게 보이는 포악하고 일그러진 얼굴은 착각이 아니라 반대로 역사란 우리가 무한한 자유로 날 수 있는 화해의 시기를 향해 비록 기복은 있다 해도 반드시 나아가고 있는 것이다라고." 이에 대하여 사르트르는 역사에 반향이 있느냐 없느냐를 묻는 것은 무의미하다고 답했다. "문제는 역사의 목적을 아는 것이 아니라 역사에 목적을 주는 것이다."

카뮈와 사르트르는 그러나 아직은 많은 것을 공유하고 있었다 ——. 알롱의 표현에 의하면 '진실이기를 추구하는 공통된 소망, 환상과 허위의 가면을 함께 거부한다는 것, 세계에 맞서는 공통된 방식, 일종의 스토이 시즘'—— 그러나 정치적으로는 두 사람은 정반대의 방향으로 가고 있었다. 카뮈에게 있어서 정치는 시간의 낭비였다. 사르트르에게는 문학이 시간의 낭비가 되는 중이었다. 카뮈는 문학을 직접적인 정치적 '관련성'으로의 종속에서 해방시켜 자기 자신을 '모든 쟁점'에서 해방시키기를 원했다. 한편, 사르트르는 그의 생애 가운데에서도 가장 정치화한 시기에 들어가는 중이었으며, 마침내 그것은 《언어》로써 나타났고 그는 이것을 '문학과의 결별'로 불렀던 것이다.

카뮈에게 있어서 《반항적 인간》을 에워싼 불화는 그의 내면에 심각한 위기를 빚었으며 사회적으로는 전후세대를 이끄는 별로서의 위치에서 실추되는 결과를 초래했다. 그는 사르트르의 라이벌로서 다루어지는 데에 항상 화를 내고 있었다. 그런데 지금은 많은 사람들의 눈에 소외자로서 비치며 고독하고 성미가 약간 까다로운 자라는 인상마저 주는 것이었다. 상처입은 그는 《전락》을 쓰고 그 주인공으로 하여금 이처럼 말하게 했다. "나와 타인과의 관계는 마치 나와 동시대인의 감정과 미묘하게도 갑자기 조화를 이루지 못하게 된 것처럼 빗나가기 시작했다." 중심인물은 자화상이기도 하고 또한 사르트르의 캐리커처이기도 하여, 명성을 즐기고 동시에 죄악감에 시달리면서 상대방을 신용케 한 뒤 배신하는 사기꾼으로서의 지식인의 암담한 모습을 나타내고 있었다.

카뮈는 한동안 저널리즘의 세계에 복귀하여 새로운 주간지 〈렉스프레스〉에서 일했다. 그러나 그의 동향인인 알제리 식민자(植民者)에 의한, 알제리를 프랑스로부터 독립시키지 않으려는 극우적(極右的) 활동과 관계를 끊지도 못하고 그렇다고 자기가 진정으로 혐오하는 식민지 정책을 지지하지도 못하고 있었다. 알제리 전쟁의 비극에 대해 침묵을 지키지 않을 수 없었던 그의 태도에 난처해하고 놀라는 사람은 많이 있었다. 그는 문학적인 창조활동이 지나치게 고독하다고 느껴 연극으로 복귀, 디노 포크네의 《수녀(修女)에의 진혼곡》, 도스토예프스키의 《악령》, 부자티의 《진료소》 등의 각색과 감독의 일을 했다. 《추방과 왕국》── 6편의 단편으로 이루어지며 1957년에 출판, 그 해에 노벨문학상을 수상 ── 뒤에 그는 새로운 출발을 꾀했으나 1960년 1월 4일에 자동차사고로 숨졌기 때문에 이 시도는 중단되고 말았다.

사르트르는 문학을 자기의 관심사 가운데에서도 말초적인 곳으로 밀어내려고는 했으나 그래도 여전히 문학자에 대한 매혹의 심정은 변함이 없었다. ── 마라르메와 쥬네에 관한 노작(勞作)이 진행 중이었으며 프로벨에 관한 대작(大作)은 앞으로 착수할 참이었다. 그리고 카뮈와의 분열이 빚어진 뒤, 카뮈보다는 한 걸음 늦긴 했으나 극장에서도 다시 대성공을 거두게 되었다.

그 연극은 《악마와 신》이라는 제목으로, 16세기의 종교개혁 시대의 독일을 무대로 하여 도의와 행동의, 또한 수단과 목적과의 갈등을 영웅극(英雄劇)의 형태로 표현한 대작이었다. 주인공 게츠 폰 베를리힌겐은 '신'은 두려워하지 않는 배신자, 잔인한 약탈자의 풍운아(風雲兒)이며 '신'에 거역하여 자신의 본성을 확인하기 위해 악에 몸을 바쳐 사병을 거느리고 방화하며 약탈을 자행한다. 침략한 도시의 주민을 대량학살하기 직전에 그는 —— 주사위의 눈에 의해서 —— 선인(善人)으로 변신하며 자신의 영지를 농민에게 주고 '태양의 도시'를 만들어 성성(聖性)에 이바지한다. 그러나 그가 영지를 농민에게 나누어준 것이 오히려 농민을 선동하는 결과가 되어 각지에 비참한 농민반란이 일어나며 전쟁으로 번진다. 그러나 게츠는 어릿광대이기도 하여 돈 주안, 버팔로 빌, '무적(無敵)'의 달타냥 등, 12세의 사르트르가 그 신비적인 모험소설을 쓰기에 열중했던 그 꼬마친구들과 동류인 것이다.

주역의 게츠에 잔인한 느낌을 표현시킨 피엘 브라슬, 파계승의 하인리히에 장 비랄, 게츠를 사랑하는 말괄량이 힐다에 마리아 카잘레스, 장래의 정의와 평화를 위해서는 지금의 세대를 희생하는 것도 서슴지 않는 빵가게의 나스치에 앙리 나세, 카토리나에 완다 코자키에비치 같은 배역으로 상연된 《악마와 신》은 1951~52년의 연극 시즌에 커다란 반향을 일으켜 안토와느 극장에서 한 번의 중단도 없이 120회나 상연되었으며 다음 시즌에도 계속되었다. 이때에는 이와 병행하여 영화화된 《거룩한 창녀》도 상연되어 파리 사람들은 사르트르의 두 작품을 한껏 즐길 수가 있었다. 영화는 마르셀 파리엘로와 샤를르 브라반 둘이서 감독했으며 리지 마케이 역(役)은 발바라, 라게, 흑인의 도망자 역할을 월터 브라이안이 맡았다.

루이 쥬베의 연출로 《악마의 신》의 무대연습은 사르트르가 제3막을 쓰기 전부터 시작되어, 대본의 삭제를 놓고 사르트르와 쥬베의 다툼이 빚어지자 가십란에 자주 보도되었기 때문에 초일의 초대공연은 대성황이었다 —— 저명한 배우 겸 감독인 쥬베는 이 2개월 후에 사망했기 때문에 이 연극은 그의 마지막 무대연출 작품이 되었다 —— . 카톨릭에서는 이 연극을 ‘하느님에 거역하는 전쟁기계’라고 평하여, 연습 중인 안토와느 극장에 잠입하여 취재한 카톨릭의 작가이며 비평가인 앙리 다니엘 로프는 그의 독자들에게 사르트르의 신작(新作)이 ‘어리석은 독신(瀆神)’이라고 경고했다. 공산당측에서는 엘자 트레올레가 탄핵에 나섰다. 전투적인 나치스가 게츠의 여지(餘地) 농민을 선동하여 혁명의 때가 아직 오지 않았는데도 반란을 일으키게 한다는 이유에서였다. 사르트르는 좌우익의 양측 신문 인터뷰에 응하고 〈섬디 소와르〉에 대해서는 자기의 연극에 크리스트교의 주제를 침투시키고 있다고 한다면 그것은 자신이 다루는 16세기의 주제가 종교전쟁이기 때문이라고 말했으며, 〈르 피가로 리테렐〉지에 대해서는, 이 작품에서 무엇인가를 증명하려고는 시도하지 않고 있으며, 하물며 ‘신’이 존재하지 않음을 증명하려는 따위 생각은 추호도 없었다고 말했다. 〈파리 프레스〉지에 대해서는, 그는 사랑이란 것은 모두가 어떤 의미에서 ‘신’에 거역하는 방향으로 나아간다고 말했다. “두 인간이 사랑하고 있을 때, 그들은 ‘신’에 거역하여 사랑한다. 모든 사랑은 그것이 독자적으로 절대인 한에 있어서는 ‘절대인 것’에 위배되고 있는 것이다.” 젊은 세대에 무척 해로운 영향을 미친다는 점에 관해서는, 그는 제각기의 시대에 따라 젊은이와 어떤 종류의 문학형태가 합치되는 경향을 볼 수 있다고 답하며 다음과 같이 말했다.

“우리들, 즉 시몬느 드 보브와르나 카뮈, 그리고 나는 젊은이를 타락시킨다는 비난을 듣는다. 이것은 우리가 하나의 도덕성을 제기하고 있기 때문이다. 그 시대의 악덕이나 쾌락의 방자한 이미지를 단순히 제시할 뿐인 사람들은 결코 공격을 받지 않는다.”

사르트르는, 1948년에 분실하고 만 약 5백 페이지나 되는 스테파느 마라르메론(論)을 다시 완전히 고쳐쓰지는 않았으나 이 19세기의 시인에 관한 책을 쓰는 일을 단념하지는 않았다. 최초로 사르트르에게 영향을 주었던 보드렐과 마찬가지로 현실에서 출발하여 지성(知性)의 이상적 세계로 향한 마라르메는 영어의 교사 및 여성잡지의 편집인으로서의 세부적인 생활을 초월하여 매우 치밀하게 압축된 시로써 완전히 내면적인 모험의 생활을 산 사람이다. 사르트르는 마라르메를 프랑스어를 사용한 시인 중에서

216

가장 탁월한 시인으로 보았으며 마라르메의 실제적인 인생은 전기(傳記)가 전하는 바와 매우 다르다고 생각하고 또한 그의 풍부한 은유와 생략법을 구사한 '비(非)유클리드적'이고 수수께끼 같은 언어 가운데에 혁명에 가까운 뉘앙스를 지니는 '세련된 테러리즘'을 보았다. 이 책은 계획단계에서 끝나버렸으나 사르트르는 마라르메에 관한 에세이를 썼으며 이것이 마라르메의 갈리마르 출판사 간행의 《포에지》 개정판의 서문이 되었다.

《성(聖)주네 —— 연기자와 순교자》는 원래는 서문으로 씌어진 것인데 그것이 방대한 분량으로 늘어난 것이었다. 출판되었을 때에는 무엇인지 영문을 알 수 없는 작품으로서 받아들여진 이 578페이지나 되는 《성 주네》는 철학적 에세이이며 문예비평이며 도덕론이며 정신분석적인 전기(傳記), 다시 말해서 한 인간의 자기 자신에 대한 의식적인 선택에 관한 탐구의 책인 동시에 한 작가가 그 개인의 강박관념을 동화시킬 것을 통하여 자기 해방을 꾀하는 것에 관해 논한 것이다. 사르트르의 의도는 《주네의 선용 (善用)을 위한 기도》에 쓰고 있듯이 '정신분석적인 해석이나 마르크스주의적 설명의 한계를 제시하고……천재란 천부적인 재능이 아니라 어떤 종류의 절망적인 상황에 있는 개인에 있어서의 하나의 돌파구임을 나타내는 것'이었다. 사르트르는 장 주네의 생활방식과 행동에서 '실존적 인간' —— 자기 자신의 존재를 의식적으로 선택하고, 이어서 그 선택이 빚어내는 모든 결과를 떠맡을 수 있는 개인 —— 의 완벽한 예를 발견했다. 주네의 '동류(同類)'를 찾아내려고 사르트르는 프랑소와 뷔용이나 사드 후작으로까지 거슬러올라간다. 모두가 같은 시대 사람의 눈에는 악덕의 도착자 (倒錯者)로 비쳤던 작가이며 역시 박해를 받고 옥에 갇히기는 했으나 그들이 남긴 의미가 지금도 여전히 우리의 도덕적 의식에 달라붙어 우리를 괴롭히는 것이다. 주네는, 그 자신의 고백으로써 인식한다는 것과 인식된다는 것이 일치하지 못한다는 사실 —— 나는 내가 아닌 바의 것에 비춰보는 이외에는 나 자신을 결코 알 수 없다 —— 을 이상적으로 예시하고 있는 것이다. 사르트르에게 있어서 주네는 진정한 동시대인이며 역경에도 불구하고 환경이 만들어내는 이외의 사람이 된 인물이었다.

사르트르와 시몬느가 늘 그랬듯이 낭트에 가까운 모렐 부인의 저택에 묵으며, 사르트르가 《성 주네》를 쓰고 있을 때에 듀랑이 암으로 죽었다는 소식이 전해졌다. 카뮈는 술만을 마시고 있었기 때문에 듀랑의 만년을 조금도 즐겁게 해주지는 못했다. 1950년 2월, 친구들이 조직한 '샤를르 듀랑을 추억하는 모임'에 사르트르와 시몬느는 술에 취하고 눈물로 지새운 채 머리며 옷차림도 엉망이 된 카뮈를 택시에서 아트리에 극장의 특별석으로 겨우 데리고 왔는데, 그녀는 거기서 몸을 숨기며 추도회가 진행되는 동안 줄곧 울기만 했다. 듀랑이 죽은 것은 사르트르가 드로레스와 함께 한 중미 여행에서 돌아온 지 몇 달 뒤의 일이었다. 이 중미 여행에서 방문한 곳은 멕시코, 과테말라, 쿠바, 아이티, 퀼라소였으나 두 사람의 관계는 원만치 못했다. 사르트르는 별로 마음이 내키지 않았으나 드로레스는 파리로 옮겨오기로 결정해버렸다.

지난 해 여름, 오르그렌의 체재기간이 너무 길었고 사르트르가 드로레스와 중미 여행을 갔기 때문에 사르트르와 시몬느는 스칸디나비아로 잠시 여행한 것 이외에는 함께 여행을 하지 못했다. 1956년, 두 사람은 그것을 메꾸기로 했다. 그것은 보브와르가 오르그렌과 다시 2개월을 보내기 위해 시카고로 출발하기 전의 일이었다. 미셸 레이리스의 권유로 사르트르와 시몬느는 알제리에서 프랑스령(領) 적도(赤道) 아프리카에 이르는 아프리카 대륙을 찾아간 것이다. 늘 그랬듯이 여행일정은 시몬느가 만들었으며, 사하라 사막을 건너기 위한 트럭에 약간의 좌석이 있음을 안 그녀는 곧 알제리 남부의 가르다이아로부터 훗날인 1960년에 마리 공화국이 되는 지역의 툰부크츠까지의 도정(道程)을 예약했다. 1천5백 킬로나 되는 트럭 여행은 도중인 타만라세트에서의 1주간의 휴식까지 포함하여 3주간이 걸렸다. 이 타만라세트는 사막 가운데의 오아시스 거리로서, 거기서는 프랑스군 기술자의 아내들이 모자를 쓰고 서로의 동정을 살피며 수군대는 일로 소일하고 있었다. 두 사람은 툰부크츠에서 다시 여행을 계속, 니젤 강 기슭의 가오까지 갔었는데 그곳은 기온이 화씨 111도나 되어 사르트르는 열병에 걸리고 말았다. 의사에게 키니네의 처방을 받은 사르트르는 모기장 안에서 이틀 동안 의식을 잃은 채 누워만 있었다. 그가 겨우 움직일 수 있게 되자 곧 두 사람은 비행기로 오토볼타의 보보지우라소로 갔다. 사르트르의 열은 끈질기게 계속되었으며 바마코에 도착하자 겨우 정상을 되찾았으나 너무 높은 실내온도에 질식할 것만 같은 둘은 발코니에서 잠을 자기로 했다. 이튿날 아침, 잠에서 깨어 보니 누구나 모두가 거기서 잠들어 있었으며, 발코니는 반나체의 사람들로 가득 차 있었다. 두 사람은 라칼로 가서 열대의 더위를 피했으며 이어서 시몬느의 여동생과 그 남편이 카사블랑카에 살고 있었으므로 그곳을 경유하여 귀국했다.

시몬느가 시카고로 향해 날아가기 직전에 한국전쟁이 일어났다. 북한이 38도선을 넘어 공격을 개시, UN안전보장 이사회는 가맹국에 남한에의 군사원조를 요청, 트루먼 대통령은 미국 공·해군에게 참전 명령을 내렸다. 파리 시민은 이러한 사태에 민감하게 반응하여 새로운 전면전쟁에의 공포가 번졌다. 오르그렌을 만나고 싶었건만 시몬느는 망설였다. 그러나 사르트르는 출발하도록 그녀에게 권했다. 제3차 세계대전이 시작되리라고는 나도 생각하지 않아, 더구나 언제든지 돌아올 수 있잖아, 하고 말하는 것이었다. 그녀는 결심하고 출발했다.

꼬박 1년 동안, 오르그렌은 유쾌하고 다정스런 편지를 보내주었다. 그런데도 막상 만나보니, 나는 이제 당신을 사랑하지는 않지만 아무튼 멋진 여름을 함께 보내도록 합시다 하고 말하는 것이었다. 그녀의 마음은 심란했다. 워번시아 거리의 아파트, 그리고 무뚝뚝한 느낌인 오르그렌의 존재가 숨막힐 듯했다. 그러나 그의 소설 《황금의 팔》의 영화화가 결정되어 들어온 1만 5천 달러로 그는 인디애나 주 밀러의 미시간 호반에 별장을 사두었다. 그곳으로 가서야 겨우 두 사람은 시간이 흐르는 일상 속에서 차분해질 수가 있었다. 별장의 대지는 느릿한 경사를 이루며 강으로 이어졌고 오르그렌은 그곳에서 보트를 타기도 했다. 밤이 되면 게얼리의 용광로 불길이 하늘을 새빨갛게 물들였다. 시몬느는 그곳에서 많은 책을 읽었다. 한편 오르그렌은 혼자서 며칠 동안 시카고로 나아갔다. 모두가 수영에 능숙지 못하여 자칫하면 익사할 뻔했던 그녀를 꼴사나운 모양으로나마 안간힘을 다하여 그가 구한 것이 계기가 되어 두 사람은 다시금 이전의 그 친밀함을 되찾았다. 소설의 영화화가 결정되어 할리우드를 방문한 그는, 전처와 다시 만났다. 그리고 시몬느의 체재가 끝날 즈음해서 그는 전처와 다시 결혼할 작정이라고 시몬느에게 알렸다.

"그것도 괜찮았다." 하고 그녀는 《어떤 전후》에서 쓰고 있다. "이 무렵에는 절망으로 말미암아 나의 감정은 메말라 있었기 때문에 나는 아무런 반응도 보이지 않았다. 인디언 섬머(화창한 봄날씨)였다. 나는 강 어귀의 기슭을 걸어다녔다. 금적색, 금녹색, 황금, 동, 철 등 갖가지 빛깔로 물든 아름다움에 눈이 어지럽고 가슴은 벅찼으며 과거나 미래로 믿을 수가 없었다."

《레 만다랭》에서 그녀는, 그가 원했던 것은 모두 그의 것인 여자였다고 말하며, 그의 인생이 가혹하게 고독하건만 그것을 시적이라고 생각한 자신을 나무라고 있다.

"한순간, 그는 고독에서 벗어났다고 생각했다. 큰 마음을 먹고 안전 이외의 것을 원했던 것이다. 그리고 그는 실망하고 괴로워하고, 그리고 이제 다시 일어섰던 것이다."

시몬느가 파리로 돌아와서 보니 사르트르는 드로레스와 절교하고 있었다. 한국전쟁이 빚어낸 이상 심리는 절정에 달하여 카뮈마저 사르트르에게 프랑스가 소련에 점령당하기 전에 해외로 망명하는 것이 좋겠다고 권할 정도였다. 드로레스가 파리에서 살기로 작정한 것이 두 사람을 더욱 결부시키지 못하고 오히려 싸움을 하여 헤어지고 말았던 것이다. 사르트르에게 남은 드로레스를 추억케 하는 유일한 물건은, 1950년에는 진귀한 것이었던 녹음기 하나였다. 그는 친구들과의 대화를 몰래 녹음해놓고는 그것을 모두에게 들려주며 즐겼었다.

9월, 더글러스 맥아더 장군 지휘하의 군대는 남하해온 북한군에게 궤멸적인 타격을 입혔으며 10월에는 38도선을 넘어 북진했다. 새로운 위협은 중국 '의용군'이 전쟁에 투입되는 것이었다. 한반도에서의 이 분쟁은 〈현대〉지의 실질적인 책임자가 되어 있던 멜로 폰티와 사르트르 사이에 의견의 대립을 촉구했다. 멜로 폰티는 이 잡지를 전쟁의 권외(圈外)에 두려고 했음에 비해 사르트르는 이 문제를 정면으로 다루어 논진(論陣)을 펴도록 원한 것이 원인이었다. 프랑스령(領) 인도차이나에서도 이미 4년이나 계속되고 있는 게릴라전에 미국의 군사원조를 받은 것과 교환으로 안토와느 피네 정권은 독일 재군비를 추진하는 미국의 정책을 지지하며 프랑스에 미군기지를 설치한다는 데 동의했다. 태반의 좌익에게 있어서 이것은 미국이 은근히 프랑스를 점령한다는 것을 의미했다. 〈더 네이션〉지로부터 발행 85주년 기념호의 원고를 청탁받은 사르트르는 그의 곤혹과 페시미즘을 나타내는 동시에 앞으로 일어날 수 있는 전쟁에 관해서 선견지명의 장문의 원고를 보냈다.

"당신들의 도덕은 관대하며 청교도적인 것이다. 그러면서도 당신들은 당신들의 도덕과는 모순되는 정책을 수행하고 있다. 사악함과 저주의 꼬리를 달고 다니면서."라고 그는 미국의 독자를 향해 썼다. 그가 원한 것은 미국 정신의 최선의 것이 승리를 차지하는 것이며 워싱턴이 '계산된 위험'이라는 정책 —— 전쟁이 아니라 평화의 위험에 거는 정책 —— 을 시도할 용기를 갖는 것이었다.

사르트르와 보브와르는 크리스마스 이브를 올가, 완다, 보스트 아우, 미셸 뷔앙, 그리고 어릿광대인 시비온 등과 보냈다. 1951년 1월, 시몬느는 사르트르가 조용히 차분하게 《악마와 신》을 집필할 수 있도록 남프랑스의 알프스에 있는 오론 스키장으로 가도록 설득했다. 보스트 아우도 함께였다. 그러나 사르트르는 호텔에서 한 걸음도 나가지 않았다.

"다섯시에 외기(外氣)와 산의 향기로 멍청해진 내가 그의 방으로 들어가자 그는 자욱한 담배연기에 휩싸인 채 열심히 쓰고 있었다. 그저 넓기만 할 뿐인 식당에서의 식사를 위해 작업에서 자신을 떼어놓은 것이 고작이었다."고 그녀는 회상하고 있다. 미셸 뷔앙이 생 트로베에 집을 갖고 있었기 때문에 사르트르와 시몬느는 그 근방에 아파트를 알아보도록 부탁했다. 겨우 구한 아파트는 얼어붙을 만큼 추웠으며 비좁은 골목을 내려다볼 뿐이었다. 그래서 두 사람은 칸느로 옮겼는데, 사르트르는 여전히 16세기의 독일에 골몰하고 있었다. 피엘 브라슬이 연극의 배역에 관해 이야기를 나누려고 그의 피아니스트 아내를 데리고 왔다. 그는 잘 아는 유명인의 흉내며 음담패설을 포복절도할 화술과 연기로 보여주었다. 베테랑 영화 감독인 페르낭 리벨도 《더럽혀진 손》의 영화화에 관해 상의하기 위해 찾아왔다. 이 영화에서는 브라슬이 에드렐 역을 맡고 다니엘 젤랑이 유고의 역할을 맡기로 되어 있었다.

시몬느와 오르그렌 사이에는 여전히 편지 왕래가 계속되고 있었다. 카뮈와 마찬가지로 오르그렌도 적군의 파리 점령 이전에 사르트르는 프랑스에서 떠나야 한다고 생각하여, 밀러에 있는 호반의 집을 사르트르와 시몬느에게 제공하겠다고 제의했다. 오르그렌 자신도 난처한 처지에 놓여 있었다. 반공 히스테리의 폭풍이 할리우드에도 몰아붙여, '핑크 빛깔의' 존 거필드가 《황금의 팔》에 주연한다는 것은 생각도 할 수 없게 되었으며 영화의 제작 그 자체까지도 위태로운 것으로 여겨졌다. 오르그렌은 결국 전처와 재혼하지 못했으나 시몬느로서는 그것은 아무래도 상관없는 일이었다. 생 트로페의 그녀에게 오르그렌은 10월을 밀러의 집에서 보내지 않겠느냐고 제의해왔다.

"깨끗하게 헤어진 두 사람이 같은 도시에 살고 있을 때에는 실로 용이하게 유지할 수 있던 그 우정을 그는 참으로 성실하게 제의해주는 것이었다. 나는 사르트르에게 상의했고 그는 '좋소' 하고 말했다. 나는 그 제의를 받아들이기로 했다."

여름 휴가 때 그녀와 사르트르는 노르웨이, 아이슬란드, 잉글랜드의 여행에 출발했다. 둘은 유람선을 타고 노르웨이의 북극 '끝'을 항해했으며, 키르케네스에서는 버스를 타고 소련 국경까지 가서 사람이라고는 아무도 없는 땅과 소련의 경비대 초소 쪽으로 둘러쳐진 철조망 너머로 가슴속 깊이 참으로 많은 것을 생각케 하는 국토를 물끄러미 바라보며 서 있기도 했다. 이 뱃여행 때에 시몬느는 《레 만다랭》의 첫 번 원고를 사르트르에게 보였다. 그는, 이것이 그녀의 가장 좋은 작품이 될 것이라고 말한 뒤, 줄거리의 구성을 보다 더 가다듬고 여러 가지 삽화의 연결을 더욱 능숙하게 하여 어떤 종류의 서스펜스를 도입하도록 조언했다.

사르트르는 미셸 뷔앙과 날이 갈수록 친해졌다. 어깨 위로 물결치는 금발의 머리칼, 생생한 동작, 겸손하고 스핑크스적의 수수께끼 같은 분위기를 감돌게 하는 그녀에게 사르트르는 줄곧 매력을 느끼고 있었다. 조심스러우면서도 뚜렷한 실재감(實在感)을 지니는 그녀는 지나치게 유명해진 사르트르와 시몬느와 여가시간을 함께 보내는 것을 더욱 좋아하고 있던 소가족(小家族) —— 올가, 완다, 보스트 아우, 얼마 뒤에는 끼어들게 될 란즈만으로 이루어지는 —— 과 빈틈없이 호흡을 같이 하고 있었다. 동생 완다와는 달리 올가는 감정면에서나 작업의 면에서도 내리막길이며 지금 와서는 사르트르가 경제적으로 도와주고 있었다. 마르크 발브자와 이혼한 이후로 그녀는 보스트와 적당한 거리를 둔 관계로 살고 있었다. 결핵을 앓은 그녀는 무대 복귀를 너무 서두른 나머지 복귀 최초의 일에서 크게 실패를 하여 깊이 상처를 입고는 그만 무대에서 완전히 떠나고 말았다. 저널리스트로서의 보스트는 〈현대〉지의 충실한 협력자였으나, 그도 또한 유명한 형의 뒤를 이어 영화의 각본을 쓰기 시작했다 —— 지금은 페르낭 리벨과 공동으로《더럽혀진 손》의 각색에 착수했으며, 동시에 알렉산드르 아스토뤼크와 함께《주홍빛 커튼》의 작업에 착수했다. 이 작품은 1952년에 아스토뤼크와 아누크 에메의 대히트작이 된다 —— 장 오랑슈와 함께 피엘 보스트는 프랑스의 가장 유명한 시나리오 작가였다.

시몬느는 10월을 밀러에서 보냈다. 오르그렌은 전처와 재혼하려 하고 있었다. 호화롭고 현란한 가을을 두 사람은 온화하게 보냈으며, 마지막은 작별의 슬픔을 되도록 적게 하기 위해서 오르그렌의 전송은 게얼리의 철도역까지만 하기로 하여, 그녀는 혼자서 공항에 갔다. 그녀가 여러 가지로 고맙다는 감사의 인사를 한 뒤, 서로에 대해 진정한 우정을 가질 수 있어 기쁘다고 말하자 그는 감정을 폭발시키고 말았다. "나는 당신에 대해 사랑보다도 약한 감정은 결코 가질 수 없소." 4주간의 온화한 나날을 보낸 뒤의 그의 이 말은 전부를 뒤엎고 말았다.

"과거가 왈칵 내 가슴에 넘쳤다. 나의 노력은 모두가 물거품이었다. 인생은 참으로 견디기 어렵다고 생각했다."고 그녀는《어떤 전후》에서 쓰고 있다. "택시 안에서나 기차 안에서, 또는 비행기 안에서나 뉴욕의 영화관에서 동물들이 서로 끝없이 잡아먹는 월트디즈니 영화를 보고 있는 동안 나는 끝없이 눈물을 흘렸다. 링컨 호텔의 방에서 흘러내리기만 하는 눈물을 닦으며 나는 오르그렌에게 보내는 짤막한 편지를 썼다. 모든 것은 이것으로 끝나는 것인가, 끝장인가, 하고 물었던 것이다."

그의 답장은 파리에서 받았다. "사람은 누군가에게 같은 심정을 품으면서도 그 심정에 자신의 생활을 지배당하고 혼란이 빚어지는 것을 용납할 수 없게 되는 수가 있을 수 있다."고 그녀는 오르그렌의 글을 인용한다. "자신에게 속하지 않는 여자, 다른 일이며 다른 사람들의 일을 무엇보다 먼저 생각하는 여자를 사랑하고, 자신이 제1의 위치를 차지한다는 것을 전혀 생각할 수 없는 그런 것은 받아들이기 어려운 일이다."

달리 방법은 없었다. 사르트르와 시몬느의 경우, 사랑에 빠진 상대가 누구이건 그 상대가 최우선이 되는 일은 결코 없었다. 두 사람의 생활은 항상 이러했다. 그러나 그것이 새로운 투명성을 띠고 또한 그것이 친구들을 항상 놀라게 하는 것이었다. 사르트르는, 그 사생활에서는 고지식하다고 할 정도로 떳떳한 분위기를 이루지 않고는 참지를 못했다. 그는 언제나 남자친구보다는 여자친구와 함께 보내기를 즐겼었는데 그가 거짓말을, 특히 시몬느에게 거짓말을 한다는 것은 생각할 수 없는 일이었다.

그는 추억, 선망감, 후회 같은 것에 잠기는 일은 결코 없었다. 그의 자존심은 앞으로 하려는 계획에 더욱 뿌리를 내리게 되었다. 그것은 상황으로 보아 자유이고자 하는 고고한 허영심이라고도 할 수 있는 것으로서, 때로는 잘 되어갔다. 그러나 그는 실패에는 관심이 없었으며 새로운 시도에 열중하여 뛰어드는 것이었다.

암스테르담에서 돌아온 시몬느와 클로드는 함께 살기로 결정했는데, 시몬느는 이전과 다름없이 사르트르를 자주 만났다. 그러나 두 사람의 습관은 달랐다. 그녀는 해마다 몇 차례에 걸쳐 사르트르와 함께 나아가기로 되어 있는 장기간의 여행을 단념하고 싶지는 않았으나 또한 몇 개월씩이나 란즈만을 만나지 못한다는 것도 두려웠다. 그래서 이러한 휴가가 한창일 때에 어떤 시점에서 란즈만이 두 사람과 합류하여 한두 주를 함께 보내기로 세 사람은 의견을 모았다. 올가와의 삼각관계를 실행하려는 시도는 주로 시몬느의 질투 때문에 잘 되지 않았다. 그러나 이번은 좀 잘 된 편이었다. 사르트르에게는 질투라는 감정이 없었던 것이다.

란즈만의 존재는 시몬느를 중년의 고뇌에서 해방시켰고 그녀는 그를 탐욕스럽게 원했다. 오르그렌을 잊는다는 것은 괴로운 일이었다. 자신의 연령과 자신의 인생의 정황으로 보아 새로운 연애에 대한 기대는 없는 것으로 여겨졌기 때문이다. 그로부터 3년이 지난 이제 여유있고 자연스럽게, 그리고 자유롭게 자신의 감정을 표현하는 클로드에게 그녀는 매혹되었으며 그러한 그의 자유로움이 그녀에게 새로운 활력을 불어넣었다. 그의 젊음이 그녀의 늙는다는 것에 대한 불안 발작에서 해방시켰다.

"두세 번, 그는 내가 그러한 발작에 사로잡히는 것을 보았다. 그때에 그가 몹시 겁을 먹었기 때문에 이젠 결코 이런 것에 패할 수 없다는 결의가 나의 골수에 사무쳤으며 신경의 끝에 이르기까지 스며들었던 것이다. 이제부터 그를 노화(老化)의 공포에 끌어들인다는 것은 마땅히 타기되어야 한다고 나는 생각했다."고 그녀는 《어떤 전후》에서 쓰고 있다. 두 사람의 공동생활은 그 나름의 패턴을 지니게 되었다. 그는 AFP통신사의 전문을 고쳐 쓰는 일로 생활비를 벌고 여가를 틈타 〈현대〉지와 자기 개인의 집필을 했다. 오전 중, 두 사람은 라 뷔슐리 거리에 있는 그녀의 조그만 아파트에서 어깨를 나란히 하여 일을 했다. 그는 이스라엘에 관한 책을, 그녀는 《레만다랑》을 썼다. 곳곳에 책이며 신문이 범람했으나 그 아파트는 두 사람이 작업을 하거나 잠을 잘 만한 넓이는 되었다. 다만 매우 낡은 건물로 천장에서는 비가 샜다.

사르트르는 여러 곳을 전전하고 있었다 —— 주로 보나파르트 거리의 그의 어머니가 있는 곳에서, 또한 누구에게도 행선지를 알리고 싶지 않을 때에는 세느 강 왼쪽 기슭의 눈에 띄는 대로 들어가는 호텔이나 미셸의 집에서 보냈다. 두 아이의 어머니인 미셸은 전 남편인 보리스와 헤어진 뒤에도 경제적으로는 넉넉했다. 보리스의 이름은 일부에만 알려지는 정도였으나 1957년에 심장병으로 말미암아 39세의 나이로 요절한 뒤, 프랑스의 젊은 세대가 그를 쾌활한 아나키즘의 수호성인으로 삼은 뒤부터 널리 알려지게 되었다. 사르트르와 시몬느는 그녀가 곧잘 자기 아파트로 불러들인 몇몇 친구들 —— 올가, 보스트, 완다, 미셸과 클로드 —— 과 보내는 한때를 유별나게 좋아했다. 그들은 약간의 미소만으로도 서로를 이해했으며 몽파르나스 거리에서 발견한 조그만 비스트로, 라 팔렛으로 늘 식사를 하러 다녔다.

그러나 사르트르와 시몬느는 이제 파리에는 1년 중 반밖에 있지 않았으며 둘의 여행은 점점 빈번해져 1953년 이후는 여름을 으레 로마에서 보내게 되었다.

집필의 작업에서 두 사람은 서로를 필요로 했다. 1965년에 자신의 신변을 화제로 삼는 보기 드문 인터뷰에서 사르트르는 이렇게 말하고 있다.

"사람은 누구나가 이러저러한 의욕을 가졌다고 남에게 말하기란 어려운 법이다. 어떤 의미에서 나는 그녀에게 전부를 의존하고 있다. 한편, 설사 그녀가 존재하지 않았다 해도 나는 글을 썼을 것이다. 원래부터 글은 쓰고 싶었던 것이니까. 그러나 내가 그녀에게서 느끼는 완벽한 신뢰가 나에게 완전한 안정을 가져다주며, 만약 나 혼자였더라면 얻지 못했을지 모를 그런 종류의 안정감이다. 많은 집필자가 그러했듯이 자존심만으로 만족할 수만 있다면 이야기는 다르겠지만 나는 그런 타입이 못 된다. 하기야 다른 면에서는 그런지도 모르지만. 나는 언제나 그녀에게 초고를 보이는데, 그녀가 비판을 하면 처음은 화를 내지만 그 뒤에 나는 그녀의 의견을 받아들이곤 했다. 자제하는 것이 아니라 그녀의 의견은 언제나 적절하기 때문이다. 외부로부터의 의견이 아니라 내가 의도하는 바를 완전히 이해하고 동시에 내가 좀처럼 가질 수 없는 객관성으로 말해주기 때문이다."

1953년 봄, 《제2의 성》이 호색적(好色的)인 비평에도 전혀 더렵혀지지 않은 채 미국에서 출판되자 보브와르는 무척 마음이 흐뭇했다. 그러나 《레만다랑》은 좀처럼 진척되지 않았다. 사르트르가 노르웨이의 항해 여행에서 첫 원고를 읽어준 뒤부터 그녀는 전면적으로 손질을 다시 했다. 더 손질을 하는 것이 좋겠다는 사르트르의 의견이 있었기 때문이었다.

"소설에서 약속된 일이 방해가 되어 나는 그것에 따르기는 했으나 마음으로 우러나서 그렇게 한 것은 아니었다. 지나치게 짧거나 길거나 또는 산만해지기도 한다. 대화가 아무래도 허전하다. 나는 그 각각에 확신과 의문을 갖고 타인과 자기 자신에 의해 늘 부인되며 혜안(慧眼)과 소박, 편견과 성실 사이를 흔들리며 움직이는 개개의 인간을 그리려고 했다. 그런데 그것으로는 인간을 그리는 대신 마치 의견을 설명하는 것처럼 되어 버린다.”

《레 만다랭》의 등장인물은, 그녀 자신이 안느, 사르트르는 뒤블르이유로서 그려졌으며 거기에 카뮈, 알롱, 오르그렌, 케스틀러, 다빗 루세, 그 밖의 실재인물이 갖가지 차림으로 등장한다. 안느와 뒤블르이유는 부부이며 마르고 따분한 10대의 딸이 있는데 이 아이는 부를라와 마찬가지로 나치스의 강제수용소에서 죽은 유태인 남자친구에의 사랑을 겨우 단념한다. 이 아가씨와 나디느는 여러 남자와 잠자리를 같이 한다 —— 고뇌를 잊기 위한 것과 전문직을 가지며 딸을 지나치게 보호하는 양친 —— 안느는 정신과 의사이며 뒤블르이유는 정치문제의 저널리스트 —— 을 초조하게 하기 위해서이다. 나디스가 정복한 남자들 가운데에 앙리가 있다. 그는, 그녀의 부친과 거의 같은 연배로서 지난날에는 독일에 대한 레지스탕스 신문의 편집인이었는데 이 신문은 전후(前後)에 정치의 흐름을 따라가지 못하여 발행부수가 줄어들기만 하고 있다. 앙리는 신경증세가 더욱 심해지기만 하는 여자, 볼과의 오랜 세월에 걸친, 그러나 지금은 고통스럽기만 한 정사(情事)를 끝내려고 한다 —— 그 실제의 모델이 누구인지는 알 수 없으나 시몬느의 몇몇 친구가 이 인물에서 자신의 모습을 시인하고 있다 —— 배경이 된 시대는 전후이며 ‘해방’의 행복감, 다시 부상하기 시작하는 대독(對獨) 협력자에 대한 끈질긴 증오에서 비공산주의 좌익이 차츰 환멸하는 과정, 공산당과의 어려운 관계, 그리고 미국이나 소련에 대한 모순된 감정이 묘사되고 있었다.

초고를 읽은 란즈만은 뒤블르이유와 앙리가 자기들과 코뮤니스트 사이에 거리를 두려는 이유를 더 설명하는 편이 좋겠다고 그녀를 설득했다. 그 때까지 그녀는 아무런 설명도 필요없다고 생각했다. 사르트르와 마찬가지로 클로드는 공산당의 이해자로서 사르트르가 코뮤니스트와 공동보조를 취할 때마다 기뻐하긴 했어도 자기가 입당하지 않는 것은 자기의 주장 탓이라고 설명하고 있었다. 공산당과의 관계에서는, 시몬느가 가장 망설이고 있었다. 코뮤니스트가 사르트르에게 상처를 입히지 않을까 걱정스러웠으며 그의 진실에서 그를 너무 멀리 하지나 않을까 우려되었기 때문이다. 그러나 스탈린이 1953년의 봄에 사망하고, 그와 함께 야만적인 시대도 종말을 고하는 듯이 보였다. 3개월 후, 서로 승패없는 정전이 한반도에서 이루어졌다. 동서의 관계를 나타내는 새로운 말은 '해빙(解氷)'이었다.

1954년 2월, 엘자 트리올레는 벨기에의 해변 휴양지인 노케 르 주토에서 열리는 동서작가 간담회에 출석해달라고 사르트르를 초빙했다. 그래서 미셸과 시몬느 및 클로드의 세 사람은 시몬느의 새 차인 알론드에 그를 태우고 그곳까지 드라이브를 했다 —— 사르트르는 결코 자동차 운전을 배우려고 하지 않았다. 엘자 트리올레가 불러들인 코뮤니스트와 그 동조자 가운데에는 카를로 레뷔, 그리고 온갖 숙청과 추방을 모면해오긴 했으나 1928년의 《형제》 이후로는 중요한 작품을 전혀 쓰지 못한 노(老) 콘스탄틴 페진 등이 있었으며 신생 '동독'측에서는 안나 제거스와 베르트르트 브레히트 등이 있었다. 《삼류 오페라》의 작자 브레히트는 종료 직전의 회의를 소란하게 만들었다. 순진스러운 투로, 최종 결의문에 미국의 핵실험에 대한 항의를 넣을 수 없느냐고 제의했던 것이다. 페진과 사르트르는 브레히트의 제안을 적당히 물리쳤으며 사르트르는 소련 대표단으로부터 모스크바로 초대받았다.

그가 모스크바로 떠날 때에는 과로의 상태였기 때문에 시몬느는 걱정이 되었다. 그는 1년 이상을 줄곧 무리해왔기 때문에 고혈압의 상태였다. 의사는 시골에서 느긋하게 휴양을 취하라고 했으나 그는 복용하는 약의 분량을 많게 했을 뿐이었다. 출발 전에도 앙리 카르체 브레슨의 사진 르포 《하나의 중국에서 또 하나의 중국》에의 서문과 쟈코메티 조각전에 보내는 글을 끝마치기 위해 그는 밤에도 제대로 자지 못했다. 모스크바의 숙소 내셔널 호텔에서 시몬느에게 전화를 건 그는, 피로의 상태에서 회복 중이라고 단언하며 방의 창너머로 '붉은 광장'이 보인다고 했다. 그는 모스크바 대학을 방문하고 또한 여기저기를 돌아다녔다. 1942년 이후로는 작품을 전혀 쓰지 못하는 콘스탄틴 시모노프의 별장으로 초대받았는데 이 초대연이 마침내 그를 기진하게 만들어버렸다. 20회에 걸친 워트카의 건배, 구르지아산(産) 포도주를 연거푸 따르는 4시간에 걸친 향연, 그리고 레닌그라드에서 비슷하게 열린 환영 리셉션으로 겨우 파리에 도착했을 때는 거의 죽은 상태나 다름이 없었다.

10월, 시몬느는 《레 만다랑》으로 권위있는 공쿠르상(賞)을 받았다. 이 작품은 훗날의 프랑스문학 걸작집 같은 데에 전후기(戰後期)의 가장 대표적인 소설로서 평가를 받아, "실존주의 작가 —— 존경받고 무해화(無害化)된 —— 를 옛날의 중국 만다란(^{대중에게서 유}_{리된 지식인})에 비유함으로써 실존주의의 막을 내렸다."고 부르게 되었다. 수상을 축하하기 위해 일동은 미셸의 집에 모여 '집안끼리의 허물없는' 오찬을 들고 사르트르는 시몬느에게 안성맞춤인 선물 —— 공쿠르 형제의 전기 —— 을 보냈다.

그로부터 1개월 후, 이윽고 알제리 전쟁으로 발전하는 사태가 야기되었다.

7. 1961년, 신년

"쿠바에 다녀와야 하오." 하고 사르트르는 테이블 너머로 아라곤에게 말했다.

"우리도 이젠 그럴 나이니까요." 아라곤이 대답했다. 엘자 트리올레는 아라곤 곁에 앉아 있었다.

"그만해둬요." 하고 사르트르는 미소지었다. "나보다 그렇게 많지 않을 텐데."

"자넨 나이가 몇인가?"

"55세."

"노쇠가 시작되는 건 55세부터라고 하잖나."

엘자는 테이블에 둘러앉은 사람들에게, 눈에는 인공(人工)의 눈물을, 무릎에는 '평행의 중심봉(中心棒)'을 넣어야만 하게 된 이유를 우아하게 설명했다. 그것은 구르네르가(街)의 소련 대사관에서 열린 가리나 니콜라에바 환영 만찬회에서의 일이었다. 가리나 니콜라에바는 시몬느가 서구에서는 졸렬한 형태로밖에는 다루어지지 않는다고 생각했던 주제 —— 노동 —— 를 흥미롭게, 더구나 로맨틱하게 다룬 책의 저자이다. 시몬느는 일제히《제2의 성》을 맹렬히 혹평한 프랑소와 모리악의 곁에 앉아 있었다. 노벨상 수상자인 몰리악을 그녀가 만나는 것은 이것이 처음이었다. 사르트르로부터 몰리악이 신랄한 말을 할지 모른다는 말을 듣기는 했으나 노령의 탓인지 아니면 드골 체제에 가담했기 때문인지 지난날의 그 장난스런 느낌은 흔적도 없다고 그녀는 결론을 내렸다.

"앞으로의 새로운 10년을 위해서." 라고 러시아어와 프랑스어의 두 나라 말을 자유롭게 구사하는 문화담당 서기관이 건배를 제창했다.

모두가 워트카의 술잔을 들어 건배했다. 얼마 뒤, 시몬느는 사르트르와 함께 니콜라에바와 그녀의 남편을 자기 아파트로 초대했다. 《기사(技師) 바히레프》의 저자 니콜라에바는 중중의 심장병을 앓고 있어 약속한 날에 발작이 일어나고 말았다. 그러나 그녀의 남편이 대신 통역을 데리고 왔는데, 이야기를 나누는 동안, 마치 뒤에 소련의 대표단을 거느리기라도 한 것처럼 행동했다. 소련의 작가들이 사르트르와 시몬느를 꼭 모스크바로 초대하겠다고 말했다. 기꺼이 방문하겠노라고 사르트르는 대답했다.

세계에서는 참으로 많은 새로운 일이 일어나고 있었다. 니키타 흐루시초프가 소련의 지도자가 되어 국내의 비(非) 스탈린화에 착수, 평화적 공존의 정책을 추진시키는 한편, 소련의 로켓은 달의 '뒤쪽' 사진을 찍었다. 쿠바에서는 피델 카스트로가 국제적인 민중의 영웅으로서 권력을 장악한 그 첫 해를 축하하고 있었으며, 미국의 흑인들은 남부의 각 주에서 차별에 대한 항의행동을 일으키고 있었다. 전혀 움직이지 않는 듯이 보이는 유일한 나라는 프랑스였다.

드골이 권력의 자리에 복귀한 지도 벌써 2년 이상이 지났다. 1958년 5월, 사기가 저하하여 치안의 교란자라고도 할 수 있는 프랑스군은 알제리에서의 사변을 확대시키겠다고 위협하고 있었다. 68세의 드골 장군이야말로 군대가 원했던 실력있는 걸출한 청치가로서, 백만의 피에 노왈(^{북아프리카, 특히 알제리 태생의 프랑스인의 총칭}), 알제리 통합론자들이 인도차이나에서 패퇴한 뒤에 알제리를 프랑스 영토로서 확실히 할 수 있는 유일한 희망으로 보는 인물이었다. 헌법 개정의 찬반을 물은 국민투표가 있은 뒤, 드골은 자신의 제5 공화제를 확립하여 아프리카 대륙의 프랑스 속령(屬領)에 독립을 인정했으나 알제리 전쟁은 여전히 계속되었으며 테러리스트로 의심받은 회교도는 프랑스군 병사의 손으로 비밀리에 고문을 당하고, 아랍인의 비정규군 집단이나 프랑스인 '극우(極右)'의 무차별 폭파사건이 뒤를 이었다. 애당초부터 프랑스 군대는 백만의 피에 노왈의 가장 강력한 동맹군이었다. 프랑스군 장교들은 모택동(毛澤東)과 호지명(胡志明)의 정치적 술수에 속아 인도차이나에서 철수했다. 생 시일 사관학교 졸업생의 몇 기생인가는 전원이 베트남에서 목숨을 잃었으며, 장교나 직업군인들은 마음 약한 문관정부(文官政府)에 배신당한 듯한 느낌을 품고 있었다. 실패를 '두 번 다시는 되풀이하지 않겠다.'고 하는 결의와 민주적 타협에 대한 모멸에 사로잡힌 그들은 또한 민족 해방전선이라는 것이 지니는 가차없는 유효성(有效性) —— 그것이 '베트콩'이건 알제리의 '페라가스 반도(叛徒)'이건 —— 에 병적일 정도의 경의를 갖고 있었다. 그로부터 10년 뒤, 포르투갈의 군인들이 앙골라에서 같은 일을 경험하게 되는데, 그들 프랑스군도 역시 적에게 정복당하고 있었다. 이것은 단순히 전투에서 패배당한다는 의미가 아니라 적의 사고 방식을 인정한다는 의미에서였다. 그들은 레닌이나 모택동을 읽고 이론은 거부하여 '인민전쟁' 행동전술을 채택했다. 병사로서, 알제리 국민의 10분의 9를 차지하는 회교도의 점령군으로서의 그들은 민간인의 대량징벌, 즉 무차별 테러에 호소하지 않을 수 없었으며 또한 아랍인 군중 속에 쉽사리 파고들어 구별할 수 없는 적과의 나날의 전투에서 정보를 얻기 위해서는 고문을 할 수밖에 없다고 생각하기에 이르렀다.

고문의 문제를 다룬다는 것은 터부였다. 프랑스군 병사가 민족해방전선(F. L. N)의 투사에게 이루 헤아릴 수 없는 포악한 짓을 자행하고 있음은, 설사 프랑스인의 대다수가 그것을 믿지 않는다 해도 제 4 공화제 시대에서는 공공연한 사실이었다. 그러나 그 행위는 문명화를 프랑스의 임무로 삼은 드골의 생각과는 상용되지 않았기 때문에 문화상(文化相) 앙드레 말로는 취임하자 곧 그 첫 번째 기자회견에서 "나와 여러분이 알고 있는 한, 드골이 알제리를 방문한 이후로 고문의 행위는 전혀 없다." 고 언명했다. 말로는, 프랑스의 세 사람의 노벨상 수상작가인 몰리악, 카뮈, 로제 마르탕 뒤 갈에 대해 잇달아 고문이 자행되고 있다는 신고를 조사해달라고 요구했다. 그런데 마르탕 뒤 갈은 죽음을 목전에 두고 있었으며, 몰리악은 너무나 회의적이었고 피에 노왈인 카뮈는 공공연한 반(反) '프랑스의 알제리'(알제리의 독립을 인정하지 않는다는 입장. 프랑스 극우의 슬로건)의 움직임에 관련을 갖은 것에 별로 마음이 내키지 않는 형편이었다. 말로의 곤혹과는 아랑곳없이 고문은 그치기는커녕 드골 체제

내의 '좌익'을 자처하는 그의 희망과는 달리 확대하기만 하는 것이었다.

사르트르와 시몬느는 애당초부터 전쟁에는 반대였다. 〈현대〉지는 선동적인 문서를 인쇄했다는 혐의로 두 번이나 압수당했으며, 사무실도 자주 경찰의 수색을 받았고 또한 프랑시스 존슨은 알제리 민족해방전선(FLN)에 너무나 적극적으로 공감했다는 이유로 투옥되었다. 〈현대〉지는 소집병들로부터 고문과 약탈, 한밤중의 대량학살 등의 사건에 대해 목격자의 증언을 모았다. 발표된 증언은 하나에 대해 10통의 비율로 그것을 반증하는 편지가 왔다. 프랑스 내무성은 바실 무자마를 비롯하여 고문을 받은 4명의 FLN 소속의 핵심인물이 쓴 책《라 랑 그레이느》('종영'이란 뜻, 부패의 의미도 있다)에 발매금지의 처분을 내렸다. 사르트르가 이 조치에 대한 항의데모를 조직했을 때 시몬느는 어떤 경찰 당국자로부터 협박을 받았다.

"우리는 모든 것을 안 것은 아니었으나 그래도 많은 것을 알았다."고 그녀는 《어떤 전후》에서 알제리 전쟁에 관해 쓰고 있다. "내 나라와 세계와의, 나 자신과의 관계에 있어서 내 자신의 상황은 그것 전부에 의해서 근본적으로 바뀌고 말았다."

사르트르는 불굴의 반전(反戰) 활동가였다. 누구보다도 앞장서서 그는 식민지 문제의 전체적인 확대를 포착하고 목청을 높이며 발언했다. 그의 반전집회에서의 연설, 〈현대〉나 〈렉스프레스〉, 그 밖의 지하 출판물에 발표한 수많은 문장은 통렬하게, 더구나 짓궂기조차 할 정도로 사실적이고 구체적인 숫자까지 인용하고 있었다. 공산주의자나 사회주의자가 꾸준히 사태의 개선을 요구하고 각자의 구멍에 들어앉아 암흑의 저편에서 광명을 찾으려 하고 있을 때에 사르트르는 이미 적측의 동지가 되어 있었다.

"좋은 콜론〔植民者〕이 있고 그 밖의 나쁜 식민자가 있다는 따위는 절대로 없는 것입니다. 식민자가 있다. 그뿐입니다. 우리가 그것을 빨리 이해할수록 그만큼 빨리 알제리인이 어째서 옳은가를 이해할 수 있으며, 또한 그들의 해방과 프랑스의 해방은, 어째서 식민지주의의 분쇄로써만 가능한가를 이해할 수 있는 것입니다."고 그는 1956년 1월의 반전집회에서 연설했다. 이 집회는 공산당의 찬성투표로서 피엘 만데스 프랑스가 이끄는 사회당 계열의 연합정권이 알제리에 관한 특별권한법을 의회에서 성립시켜,

정부가 말하는 '마지막 마무리'를 위해 소집병의 북아프리카 파견을 인정한 것에 항의하여 열렸던 것이다. "중요한 것은 알제리 국민과 우리를 함께 식민지의 폭정에서 해방시키기 위해서는 알제리 민중 편에 가담하여 싸워야 것입니다."

'마지막 마무리'는 총력을 다한 전쟁 노력으로 해석되어 아랍인은 모두 용의자가 되어버렸다. 사르트르는 가차없이 고문이란 공포에서 도망치려는 절망적인 행위라고 썼다.

"절규, 구토, 피바다의 한가운데에서, 한 인간의 목청에서 모든 인간의 비밀을 끌어내려고 한다. 무익한 폭력이다. 희생자가 입을 열건 고문의 과정에서 죽건 간에 복합된 진실은 외부에 있다. 언제나 외부에, 손이 미치지 않는 곳에 있다. 고문하는 자는 시지포스가 된다. 그가 책고(責苦)를 가 하려면 언제나 처음부터 다시 시작해야 하기 때문이다."

1958년 2월, 그가 이렇게 쓴 〈렉스프레스〉지는 압수되었다. 3년 뒤, 최초의 폭탄이 보나파르트 거리 42번지의 현관에서 폭발했다. 끈질긴 알제리 프랑세이즈(極右派)의 테러리스트는 사르트르를 '직격(直擊)'은 못한다 해도 언제이건 79세인 그의 노모를 살해할 수는 있었던 것이다.

알제리 전쟁의 늪은 인도차이나에서부터 시작된 것이었으나, 호지명이 이끄는 민족주의자들을 상대로 한 정글전(戰)은 먼 곳에서의 일이며 태반의 프랑스인에게 있어서는 막연하고 현실감이 없는 것이었기 때문에, 깨달았을 때는 이미 때가 늦어 1954년 5월 7일에 1만2천의 장병이 디엔 비엔 푸에서 보의 구엔 자프의 게릴라군에게 투항한 뒤였다 —— 처음으로 구미(歐美)의 군대가 제3세계의 해방전선에 패배한 것이다. 2개월 뒤, 만데스 프랑스는 1945년에 드골이 호지명에게 약속했던 독립을 인정하기 위해 제네바에서 북베트남의 대표단과 만났다. 그러나 그의 뒤를 이은 역대 공산당·사회당 연합정권은 인도차이나 반도에 거주하는 백만의 카톨릭 신자를 방패 삼아 이 약속을 계속 지키지 않았다. 제네바 협정은 베트남을 북위 17도선에서 둘로 분할하여 국내 재통일의 총선거를 2년 후에 실시할 것을 약속하고 있었다. 만데스 프랑스는 정계(政界)에서의 진보적 요소를 집결시키는 배꼽 같은 존재였다. 1954~55년의 7개월간에 걸친 수상 재임 중에 그는 몇 가지의 막다른 데 이른 문제에 일단을 해결의 실마리를 부여했다. 튀니지에는 자치를 인정하고 또한 앞으로 정부가 취하는 조치를 미리 공표하여 이를 전국의 방송망으로 설명, 국내정치를 새로운 방향으로 이끌었다.

몰리악, 카뮈, 말로 그리고 〈렉스프레스〉지의 편집인인 장 자크 세르반 슈레벨이 결속하여 만데스 프랑스를 지지했으며 '뉴 레프트〔新左翼〕'의 형성에 관해 낙관적으로 논하고 있을 때에 사르트르는 공산당과의 고통스런 유대의 길을 모색하면서 《공산주의자와 평화》의 제 3 부를 간행했으며 또한 정치풍자극인 《네크라소프》를 써서 그로서는 연극에서 최초로 대실패를 맛보았다.

《네크라소프》는 '아리스토파네스 스타일로' 반공주의자와 저널리즘을 풍자한 작품이다. 주인공은 사기꾼 조르쥬 드 발레라로서, 러시아 시인 네크라소프의 가면을 쓰고 있다. 사르트르는 발레라를 천부적인 악당으로나 막판에 가서 개심하는 것으로 만드는 것도 원하지 않았기 때문에 좀처럼 결말을 지을 수 없었다. 그래서 《악마와 선》의 경우처럼 먼저 무대연습이 안토와느 극장에서 시작되었다. 장 메이에르가 연출을 맡고 발레라 역은 미셸 뷔틀 —— 완다 코자키에비치가 베로니카 역 —— 이 맡았다. 초대공연의 관객은 반감을 보였으며 저널리스트들은 허리를 잡고 웃으면서도 자기들의 직업이 풍자의 대상이 되는 것은 좋아하지 않았다. 비평은 참담한 것이었다. 사르트르를 인터뷰한 기자는 이 연극이 참담하게 실패한 이유를 묻기보다는 《레 만다랑》 뒤블르이유에서 자신의 모습을 보느냐는 질문에 더 관심이 있었다. 참고로 말한다면 이 질문에 대한 사르트르의 대답은 이러했다.

"어떤 의미에서 뒤블르이유는 나와 아무런 관계도 없습니다. 그는 정치적인 입장을 취하며 정치적인 책임을 떠맡고 있지요. 그것은 그가 나보다 훨씬 앞으로 나아가고 있는 것을 말해줍니다." 네크라소프의 연극은 60회로 중지되고 말았다.

사르트르에게는 영화 쪽이 더 운이 좋았다. 1943년에 그가 파테 영화 촬영소의 일을 하고 있을 무렵에 쓴 최초의 각본 《티푸스》가 영화화되어 《광열(光熱)의 고독》으로서 크게 성공, 1953년의 베네치아 영화제에서 수상작이 되었으며, 또한 약간 걸맞지는 않았으나 전미(全美) 아카데미, 각본상의 1956년도 오스카 수상 후보가 되었다. 오랑슈와 보스트의 공동 집필로 시나리오가 씌어지고 이브 아레그레가 감독한 이 영화는 티푸스가 창궐하는 절망적인 멕시코를 무대로 미셸 모르간이 티푸스 환자의 아내 역할을, 제랄 필립이 술주정뱅이며 인생의 패배자인 의사 역을 맡았었다. 이 영화가 미국에 들어왔을때 원작이 사르트르라는 것이 크게 선전되었기 때문에 '실존주의의 통속극'이라고 〈타임〉지에서는 시큰둥하게 다루기까지 했다.

자크리느 오드리가 《출구는 없다》의 영화를 감독했었다. 그녀는 코렛의 동생으로, 사르트르와 시몬느가 아직 지방의 학교에서 교사를 하고 그녀가 영화의 기록 담당자로 있을 무렵에 영화의 스튜디오를 두 사람에게 견학시켜 준 일이 있었는데, 사르트르에게 이 작품의 각색 허가를 청했을 때에는 다니엘 델로름과 공동으로 감독한 《지지》를 포함하여 이미 5편의 장편 영화를 감독하고 있었다. 사르트르는 원작을 고쳐도 좋다고 제의했으나 그녀는 사양했다. 그녀가 영화로 만들고 싶었던 것은 《출구는 없다》였다. 사르트르의 승인을 받은 그녀의 각색은 지옥에 떨어진 세 사람이 창의 스크린을 통해서 전세(前世)의 여러 가지 장면을 바라보는 것인데, 마지막에 가서 그들이 사실은 벽에 둘러싸여 있음을 발견한다. 비평가들은 이에스 역의 아르레리를 잘못된 배역이라고 생각했다 —— 1965년의 텔레비전판 (版)에서의 란즈만의 여동생이며 여배우인 에브리느 레이가 레즈비언〔女性同性愛〕의 이네스 역을 맡았었다 —— 그러나 영화는 성공적이었다. 실존주의가 그 의의를 잃은 바로 그 시기에 대중은 그 테마, 분위기, 추상개념 등을 포착했던 것이다.

사르트르에 관해서는 몇 권의 책이 간행되어 있다. 최초의 것은 프란시스 존슨의 《도덕문제와 사르트르의 사상》으로서, 사르트르 자신이 자신의 윤리학 개요(概要)를 가장 잘 전한 것으로 평가하고 있다. 억제되고 내면화된 카톨리시즘의 입장을 표현하는 〈레스프리〉지의 창설자 에마뉴엘 무르니에는 사르트르의 실존주의를 크리스트교의 관점에서 탐구하여, 그가 프로테스탄티즘의 양상을 짙게 지니고 있음을 지적했다. 영국에서는 아이리스 마도크가 사르트르의 《자유에의 길》과 C. H. 마이어의 철학소설을 비교하면서 철학자 및 문학자로서의 사르트르의 모습을 균형있게 그린 평론을 썼다. 윌프렛 디산은 《비극적 결말》이라는 제목의, 미국의 대학 출판국에서 나온 최초의 사르트르론(論) —— 사르트르의 존재론을 중심테마로 한 면밀한 해설 —— 을 썼으며 후에 이것에 《장 폴 사르트르의 마르크스주의》를 추가했다.

사르트르의 마음을 상하게 한 것은 1955년 5월에 간행된 멜로 폰티의 《변증법의 모험》이었다. 멜로 폰티는, 윤리를 여전히 정치적 행동과 결부시켜 생각했으며 마르크스주의는 인간과 산업사회와의 도덕적 관계가 된다는 가차없는 리얼리즘의 입장을 취하기 때문에 그로서는 여전히 매력적인 것이었다. 그러나 그는 공산주의자가 도덕적 개성을 무시할 뿐만 아니라 때로는 완전히 부정한다는 것을 시인할 수가 없었다. 이 새로운 저서에서 그는 마르크스주의에 대한 변함없는 공감을 분명히 함과 동시에 공산주의 운동 내부에 있어서의 마르크스주의 이론의 타락에 강한 경멸감도 나타냈다. 그는 역사는 복수(複數)이며 우연적인 것으로 생각하게 되었으며 또한 사회구조의 어떠한 특정의 계급에 반대하는 어떤 단일의 혁명운동도 역사적 과정의 유일한 대리(代理)라고 주장할 수 없음을 믿고 싶은 생각임을 분명히 한다. 마르크스주의를 수정하려는 사르트르의 시도에 관해서는, 그것이야말로 바로 '울트라 볼셰비즘'이라고 했다.

"사르트르처럼, 공산주의가 이윽고 진리가 되리라고 생각하는 것은 우리의 건망증에 기대를 갖고 자유와 미래가 우리 안에 빚어내는 현혹에 기대를 건다는 것으로서 동시에 '당'에 이성의 베일을 씌워 숨기는 것을 뜻한다. 그러나 그는 이미 파스칼에 반대하여 상상의 행복의 영원은 인생의 한 순간의 보상조차 되지 못한다고 주장했던 것이다."라고 멜로 폰티는 썼다. 사르트르의 사고에서의 잘못은, 대자존재(對自存在)와 즉자존재(即自存在)의 이원성(二元性), 그의 전반성적(前半省的)인 코기토의 '광기(狂氣)'에 있으며 또한 우리는 모든 역경, 생각, 감정에 대하여 그러한 책임을 거부하는 경우에서조차 책임이 있다고 하는 그의 사고방식이라고 멜로 폰티는 추론(推論)했다.

사르트르는 멜로 폰티에 대답하지는 않았으나 시몬느가 반론을 제기했다. 그녀는, 사르트르의 사상이 대폭적으로 왜곡되고 오해되고 있다고 생각하여, 약간 논쟁적으로 사르트르의 변증법에 관한 기록을 바로잡으려고 시도했다. 카뮈와의 대립과는 달라서 멜로 폰티와의 의견의 차이가 항구적인 분열이 되지는 않았다. 이듬해 3월, 두 사람은 빈 회의에서 만났으며 단상에서 니키타 흐루시초프의 동서 평화공존의 호소를 야유했다.

10년에 걸친 정치라는 풍차(風車)와의 싸움이 있은 뒤, 역사는 갑자기 사르트르와 시몬느의 편을 들어 두 사람을 쉽사리 전진시키는 것처럼 보였다. 소련 공산당 제20회 대회에서 흐루시초프는 스탈린의 개인지배와 숭배를 지탄하면서 소연방에서의 문화적 자유주의를 대폭적으로 인정한다는 자세를 보였다. 미국에서도 조셉 매커시 상원의원과 그의 마녀(魔女) 사냥은 이미 어제의 일이 되어 아이젠하워 대통령의 '평화를 위한 원자폭탄' 정책으로서 최초의 제네바 정상회담이 개최되었다. 인도네시아의 반둥에서 열린 제1회 아시아·아프리카 회의에서 인도의 자와하르랄 네루와 유고슬라비아의 요시프 티토는 비동맹 '제3세계'의 사상을 표방했다. 세계평화위원회 헬싱키 회의의 대의원이 된 사르트르를 동행한 시몬느를 보고 이리야 엘렌부르크는 《레 만다랑》의 러시아어 역이 나오기에는 아직 시기가 이르나 모스크바에서 프랑스어를 읽는 사람들 사이에서는 이미 읽히고 있다고 말하고 또한 미국의 학생들은, 미국판이 큰 반향을 일으킬 것이라고 예언했다. 이어서 사르트르는 그녀에게, 두 사람이 중공의 초대를 받았다고 전했다.

1955년 9월부터 11월까지 두 사람은 소련과 중화인민공화국을 여행했다. 그 시기는 중국에서 이른바 대약진(大躍進)이 시작되기 3년 전의 일이었다. 나라 전체를 다지기 위해 모택동은 소련을 모델로 하여 국가재건을 하고 있었다. 그러나 중국인은 이미 소련식의 상부구조(上部構造)를 계획화한다는 방식에는 적합하지 못함을 느끼고 있었으며, 1940년대 중반기의 연안시대(延安時代)에 참으로 멋지게 전개시킨 실험의 전통에 복귀하기를 원하던 시기였다. 사르트르와 시몬느를 놀라게 한 것은 중국과 소련의 차이였다. 1917년의 러시아혁명은 패배의 여파였음에 비하여 1949년의 중국혁명은 승리한 뒤에 실현된 것이었다. 역설적인 결과로서, 중국혁명은 혁명에 따르게 마련인 인플레이션, 빈곤, 불안정성, 무정부상태, 지방에 대한 압제를 그런대로 배제하고 있었다.

"모든 혁명적 공포정치의 원인은 중앙정부의 약체(弱體)에 있다."고 사르트르는 귀국 후 신문기자들에게 말했다. "중국에 공포정치가 없고 모택동의 정부가 놀라운 온건함을 보여주고 있는 것은 승리를 거둔 그의 군대가 백성 속에 깊이 뿌리를 내리고, 그로써 일찍이 어떠한 혁명정부도 초기의 단계에서는 가진 적이 없던 것 —— 모든 권력의 평온함 —— 을 중앙정부에 줄 수가 있었기 때문이다." 기묘하게도 중국은 사르트르로 하여금 죽음에 관해 생각하게 했다. 외국인을 개입시키지 않은 인민과의 공모(共謀)를 비롯하여 이 나라의 가장 확실한 반응이 있는 현실은 다음 세대에 이르기까지는 모두가 '내일'이었다.

"하얀 벽의 근대적인, 그러나 아직 설비가 갖추어지지 않아 환자를 받아들이지 못하는 새 병원, 한 도시만큼 크나 아직은 속이 텅빈 공장 등, 이러한 미래의 폐허 전부가 로마의 콜로세움보다도 더 죽음에 관해 생각하게 한다."

사르트르는 북경에서 〈인민일보〉와 인터뷰를 가졌으며 또한 시몬느와 함께 모택동의 외상(外相)인 진의(陳毅), 원수로부터 환영의 초대도 받았다. 시몬느는 이 여행의 인상을 페단틱한 투로 통계적 데이터를 많이 활용하여 썼다. 그리고 훗날인 1963년에 그녀도 시인하는 바이지만 그녀의 작업 가운데서는 가장 힘겨웠던 《중국의 발견》으로 정리했다.

시몬느는 귀국하자 곧 란즈만과 함께 스페인을 여행하고 사르트르는 아더 밀러의 연극으로, 매사추세츠 주 세이렘에서 1960년에 일어난 마녀 사냥과 재판을 주제로 한 《시련》을 영화화하기 위한 시나리오의 작업에 착수했다. 사르트르는 이브 몽탕을 주인공으로 하여 사라 베르날 극장에서 상연된 마르세르 에이메가 각색한 그 애매한 결말의 처리가 마음에 들지 않았다. 주인공 존 플록터는 세이렘을 석권했던 지역 전체의 죄를 받아들여줄 것을 기대하는 마녀 사냥꾼들에게 자신의 이름을 파는 것을 거부하는데, 밀러의 원작이 맥빠진 것처럼 되어버렸다고 이것을 본 사르트르는 느끼고 있었다. 1955~56년의 겨울에 씌어진 영화를 위한 시나리오에서 사르트르는, 밀러의 원작이 지닌 정신을 충실히 살리면서 손질을 하고, 부지사(副知事) 댄포스의 중요성을 강조하고 호의적인 목사를 삭제해버렸다. 《세이렘의 마녀들》이라는 제목을 붙인 이 영화는 레이몬 룰로가 감독을 함과 동시에 댄포스의 역을 맡았으며 이브 몽탕과 시몬느 시뇰레가 주연했다. 1957년 7월에 상영되었을 때 비평가나 관객의 반응은 모두가 정중했으나 사르트르에게는 배우의 대사가 너무나 지루하다는 비난과, 룰로의 연출은 너무 정지적(靜止的)이라는 비난이 있었다.

　《네크라소프》의 경우와 마찬가지로 《세이렘의 마녀들》은 사르트르가 꼭 다루어야 한다고 여겼던 작품이었다. 테마는, "인생은 생명과 함께 끝나는 신념을 위해 잃을 만한 가치가 과연 있는가 ? " 하는 의문이었다. 또한 그는 매카시즘에 대해 개인적으로 분노하고 있었다. 헬싱키 평화회의에 참가한 미국인 학생들은 알제리 대표와 다름없을 만큼 남의 눈을 피해야만 했으며 또한 국무성은 오르그렌의 여권을 빼앗고 말았다. 오르그렌은 시몬느와 여전히 편지를 주고받으며 국외로 다시 나아갈 수 있을 때를 기다리고 있었다. 한편, 그는 프랑크 시나트라와 킴 노박의 주연으로 영화화된 《황금의 팔》의 제작자 겸 감독이었던 오토 프레민저를 상대로 이길 가망이 없는 싸움에 말려들고 있었다. 전미(全美) 작가협회와 전미 저작가연맹의 지지를 얻어 그는 자신의 소설의 영화판 —— 마약중독에 대한 터부를 깬 최초의 영화 —— 을 에워싼 금전과 저작권 문제를 놓고 프레민저를 고소하고 있었다. 《레 만다랭》의 미국판이 1956년에 나왔을 때 오르그렌은 결코 기쁘지 않다고 말했다. 그에게 바쳐지고, 두 사람의 애정생활을 거의 있는 그대로 생생하게 묘사한 《레 만다랭》은 저널리즘으로 하여금 조심스런 태도를 취하게 하는 결과를 빚었을 뿐만 아니라 문학취미를 가진 여성들로부터 오르그렌에게 유혹의 손이 뻗치는 결과를 빚어내기도 했다.

　"이를테면 이런 편지도 있었소. '저에게도 좀 베풀어주셨으면 어떻겠습니까 ?' '뉴욕에 오실 때는 ○○호텔로 전화를 주세요.' 발신인의 서명, '추신(追伸) 재미를 보시게 될 것입니다.' 이런 따위 편지에 나는 답장도 하지 않았소. 다만, 한 번만 답장을 낸 적이 있었소. 나는 이렇게 썼었지. '당신이 읽으신 이 관계라는 것은, 31세의 남자 이야기이고 나는 지금 66세입니다. 따라서 이젠 별로 의미가 없습니다. 그렇지 않습니까?' 하고 말이오."

어느 날 저녁, 라 뷔슐리 거리의 아파트 전화가 울렸다. 란즈만이 수화기를 들자 교환수가 미국으로부터 시몬느에게 지명전화가 있을 것이라고 예고했다. 그런데 오른그렌이 전화를 취소하고 말았다. 하는 수없이 시몬느는 편지를 보냈으며 이리하여 다시 편지 왕래가 시작되었다. 그가 여권을 다시 얻은 것은 겨우 1959년에 가서였다.

1956년의 프랑스에서 좌익으로 있는다는 것은 쉬운 일이 아니었다. 3월, 사회당 출신의 귀 모레 신임 수상은 튀니지와 모로코의 독립을 인정하여 알제리 전쟁을 '잔인하고 우열(優劣)'하다고 형용했다. 1개월 후, 그는 군(軍)과 백만 피에 노왈의 압력에 굴복, 전쟁을 격화시켰으며 이를 선전으로써 정당화한다. 알제리 주민의 다수를 차지하는 이슬람교도는 프랑스를 사랑하는 벗이며, 반란은 아랍 연맹과 이집트의 가마르 나세르가 조종하는 '이슬람의 음모'라는 것이다. 공산당 기관지 〈유마니테〉가 프랑스군의 잔학행위의 사례를 공표하자 정부는 좌익 및 극좌신문의 언론 탄압에 나섰다. 몇몇 저널리스트가 고소당했으며 배신자로 불리는 자도 있었다. 알제리에 매달리는 것이 명예와 존엄, 위대함을 나타내는 것으로 되었다. 3월에는 알제리에 19만의 프랑스군 장병이 있었다. 6월에는 38만 명으로 늘어나 있었다.

항의행동은 물론 행해지고 있었다. 집회, 데모, 스트라이크, 군용열차의 발차 방해행동 등이 조직되었다. 1월에 사르트르는 파리에서 열린 반전집회에서 연설하고 3월의 세계평화위원회 빈 회의에서는 전쟁 탄핵을 결의케 하려고 노력했다. 그러나 프랑스 공산당은 민족의 이익을 지키지 않는다는 인상을 빚어낼 것을 우려하고 있었으며 소련은 프랑스의 패배가 알제리를 미국의 영향권 안에 끌어들이는 것이 아닐까 하고 걱정했다.

　6월, 사르트르는 파리 교회의 세이브르에서 고등사범학교 입학준비를 하고 있던 17세의 여학생 알레트 에르카임을 만났다. 알제리 동부의 콘스탄티느에 사는 유태인 상인의 딸인 그녀는 학기 논문의 테마로 사르트르의 윤리학을 택했는데 여기에 철학교사가 불쾌감을 나타냈다 하여 사르트르에게 편지를 보내왔다. 화사한 미인이며 신경질적인 지성의 소유자이던 알레트는 얼마 뒤 사르트르의 연인이 되었으며 2년 후, 그녀가 임신했다는 소문이 돌자 사르트르는 그녀와 결혼하기로 작정했다. 이리하여 자칫하면 그녀는 사르트르와 시몬느 사이에 생각할 수 없을 균열을 만들 뻔했다. 8년 뒤, 알제리 전쟁의 악몽은 차츰 지워지고 있었으며 프랑스에서 사는 알제리 국적 소유자가 쉽사리 국외추방이 될 수 있는 상태였을 때 사르트르는 알레트를 양녀로 삼는 것을 인정해주도록 법정에 요구했다.

　10월, 사르트르는 화려하게 웅변적(雄辯的)으로 코뮤니스트들과 결별했다. 미셸, 사르트르, 시몬느, 란즈만 넷이서 그리스와 유고슬라비아로 여행한 뒤, 사르트르와 시몬느는 로마에서 단 둘이 보내고 있었는데 10월 24일, 소련군이 헝가리로 침입해 들어왔다. 두 사람은 베네트 거리에 있는 레스토랑 세 조르주에서 영화 의상디자이너인 레나토 구트소 부부와 함께 식사를 하면서, 프랑스와 이탈리아의 신문에 보도된 소련의 군사개입에 관하여 끝없는 토론을 했다. 소련군의 침입은 불간섭이 원칙을 침해하지 않는다고 하는 소련 공산당 제20회 대회의 약속에 위배되는 것이었다.

　란즈만은 비행기로 날아와서는 시몬느와 함께 그녀의 자동차를 타고 파리로 돌아갔다. 이탈리아에서 돌아온 사르트르는 프랑스 공산당 계통의 각 신문이 헝가리 사건에 대해 다루는 그 논조, 특히 〈유마니테〉 지의 편집인인 앙드레 스틸이 부다페스트의 노동자를 가리켜 '전락한 각 계급의 쓰레기'라고 부른 데 반발했다. 1952년의 공산당과의 화해 이후로 꾸준히 쌓아올렸던 모든 노력을 깨끗이 포기하여 사르트르는 〈렉스프레스〉지와의 인터뷰에서 소련의 군사개입을 지탄했다. 이 발언을 프랑스에서는 커다란 소동을 빚어냈으며 외국에서도 크게 인용되었다. "나는 전면적으로 거리낌없이 소련의 침략을 탄핵한다. 그 책임을 소련의 국민에게 추궁하지는 않겠으나 나는 되풀이하여 말한다. 현재의 소련정부는 죄를 범한 것이며 지도자끼리의 파벌싸움이, 스탈린을 비난하는 한편에서는 스탈린주의자처럼 행동하는 그룹 —— 군사적 '강경노선파', 지난날의 스탈린주의자? —— 에 권력을 부여하고 말았다. 역사의 범죄는 모두 망각되고 있다. 우리는 우리가 범한 범죄를 잊고 말았으며 다른 나라들도 서서히 그것을 잊게 될 것이다. 소련정부가 달라져 새로운 지도자들이 사회주의국가끼리의 평등원칙의 참다운 적용을 위해 노력한다면 소련의 범죄가 망각될 때가 온다는 것도 가능하다. 유감스럽게도, 그러나 전면적으로, 헝가리의 대량학살을 공공연하게 비난하지 않는 —— 혹은 할 수 없는 —— 우리의 친구 소련의 작가 여러분과 결별한다. 소련 관료주의 주류 파벌과 친구가 되기란 불가능하다. 그곳을 지배하는 것은 공포이기 때문이다."

프랑스 공산당에 대하여 그는 매우 준엄한 태도를 취하여, 불안, 원한, 쓰디쓴 느낌을 오랫동안 품어온 뒤, 특히 공산당이 근본적으로 정책을 변경했을 경우에 소련을 용납한다는 것도 어쩌면 가능하리라고 말했다.

"그러나 프랑스 공산당의 현 지도부 사람들과의 관계를 다시금 지닌다는 것은 항상 불가능하다고 말하지 않을 수 없다. 그들의 문장, 그들의 몸짓 하나하나가 30년에 걸친 거짓말과 동맥경화의 최종결과이다."

이 결별은 사르트르를 좌절시켰으며 시몬느나 그 두 사람을 따르던 친구들에게도 고통으로 가득 찬 것이었다. 이 사건이 뜻하는 바는, 소련의 정치 그 자체의 도덕적 평가를 암암리에 내포하고 있지 않기 때문에 소련이라고 해서 '특별취급'을 할 수 없다는 것이었다. 이것은 또한 카뮈나 멜로 퐁티 쪽이 옳으며 사르트르의 '공산주의자와 평화'가 가짜이며 또한 '공산당'을 빼고는 프랑스에서는 어떠한 사회주의적 해결도 가능하지 못하다."고 하는 그의 주장이 이젠 타당하지 못함을 의미하고 있었다. 짜증스럽게도 그것은 또한 어떤 값을 치르더라도 알제리를 프랑스 영토로서 사수하려는 우익 반동세력이 전면적으로 그릇된 것이 아님을 의미하는 결과가 되기도 했다. 물론 그들이 헝가리 인민의 자격권을 신나게 지껄이는 것을 듣기란 메스꺼운 일이었다 해도 말이다.

헝가리 폭동과 때를 같이하여 일어난 것이 나세르의 수에즈운하 국유화를 놓고 일어난 영국·프랑스의 군사개입과, 미국·소련의 공동압력에 굴복하여 이튿날에도 두 나라 모두가 철수한 사건이었다.

국제연합, 아이젠하워 정권, 흐루시초프 체제, 영국 노동당의 압력에 굴복한 것을 프랑스에서는 '국민적 굴욕'으로서 받아들여 분개하는 분위기가 강했었다. 수에즈 문제와 헝가리 사건은 뒤범벅이 되어 보수세력은 사르트르의 공산주의자와의 결별을 그의 재빠른 계산에 의한 것이라 하여 높이 평가했다.

세계평화 위원회에 속하는 비공산당 멤버와 힘을 합친 사르트르는 소련군의 헝가리 철수를 요구하는 결의를 통과시키려고 노력했다. 그는 프랑스·소련 우호협회와 절연하고, 어느 헝가리의 망명자가 쓴 책에 서문을 보냈으며 또한 그의 태도를 유감스럽게 여기는 소련의 작가집단으로부의 서간(書簡)에 대하여, 소련의 범죄는 부다페스트를 탱크로 공격한 것에 그치지 않고 12년에 걸친 소련의 공포정치와 우매함에 의해서 그 범죄가 필연적으로 생겨난 것으로 생각한다고 회답했다. 1957년 1월, 〈현대〉지는 3호 합병호를 내면서 헝가리 폭동을 특집으로 다루었다. 〈현대〉지의 새로운 목표를 개설한 20페이지의 논설 가운데서 사르트르는, 공산주의와의 제휴는 프랑스 좌익 결속의 마지막 기회를 짓밟는 것이 되며 프랑스 공산당을 돕는 유일한 길은 그 비(非) 스탈린화를 돕는 것이라고 썼다. 사르트르가 말하는 '살아 있는 마르크스주의'를 통하여 내부로부터 당을 변혁함으로써 헝가리의 위기를 극복하려고 생각한 공산당원은 많이 있었으며 같은 생각의 공산당 동조자의 수는 더욱 많았다.

살아 있는 마르크스주의에 가까운 시도가 조심스럽기는 하나 폴란드에서 꾀해졌다. 우라디스라프 고므르카의 복귀는 집단화의 강제에 종지부를 찍고 인쇄물 및 무대활동의 검열제를 폐지하고 또한 예술의 분야에서는 〈사회주의 리얼리즘〉, 금과옥조의(金科玉條義)의 포기를 의미하고 있었다. 사르트르와 시몬느는 폴란드 대사관의 만찬회에 초대되어 그 자리에 서 있던 쿠라코프의 〈투프르초시치〉지의 편집인 예지 리소프스키는 폴란드의 지식인이 사르트르가 하는 말은 특히 자기들을 겨냥한 것으로 생각한다고 말하고, 프랑스 주재 폴란드 대사는 바르샤바를 방문하여 그의《파리떼》의 특별공연에 참석해달라고 초대했다. 1월의 바르샤바는 추웠으나 환영은 뜨거운 것이었다. 난방이 너무 잘된 커피하우스며 《재와 다이아몬드》의 저자이며 고므르카에 의한 해빙(解氷)에 중요한 구실을 했던 에지 안드레프스키의 자택 등에서 토론이 자주 있었다 —— 안드레프는 새로운 검열제로 부활의 움직임에 항의하여 얼마 뒤에 탈당했다 ——. 리소프스키의 요청에 응하여 사르트르는 마르크스주의와 실존주의에 관한 최신의 생각을 50페이지의 농도 짙은 논문으로 정리한다.〈투프르초시치〉지에 발표된 이 논문이 사르트르의 마지막 주요한 철학적 노작(勞作)인《변증법적 이성 비판》의 핵이 되었다.

폴란드 잡지의 기고논문에서 그가 묻고 또한 7개월 후의〈현대〉지에 발표한 논문에서 더욱 크게 전개시킨 질문이란 "오늘날 우리는 인간의 기원, 발달, 신념에 관해서의 구조적, 역사적 과학을 확립시킬 수단을 지니고 있는가?"라는 것이었다. 이 물음은 그 뒤 3년 동안 그를 괴롭혔으며 하루에 10시간이나 책상 앞에 묶어두고 하루 20알의 안페타민(^{중추신경}_{흥분제})을 먹게 만들었었다.

"안페타민은 나에게 생각과 쓰는 속도를 평소의 리듬보다 적어도 3배는 빨리 해주었다. 나는 빨리 나아가고 싶었던 것이다."라고 그는 20년 후에 말하고 있다. "《비판》은 공산주의자에게는 반대하고 있으나 마르크스주의의 관점에서 쓴 것이다. 공산주의자가 마르크스주의를 완전히 왜곡시켜버렸다고 나는 생각했으니까."

사르트르는 공산주의자와 정면으로 결별함으로써 자신이 망명자가 된 듯한 '대합실의 공허감'을 품었다. 이런 때에 할 수 있는 유일한 일은 공산주의자가 생각하기를 거부한 사상을 철저히 구명하는 것이라고 그는 생각했다. 그것은 또한 자신의 모순을 해결하려는 시도이기도 했다. 1952년에는 강제수용소 등 압제의 비난에 대해서 그는 소련을 옹호했다. 그런데 부다페스트 사건이 있은 뒤로는 같은 이유로 소련을 탄핵했다.

약 8백 페이지나 되는《비판》가운데에서 전개한 그의 해답은 다음과 같은 것이었다. 마르크스주의는 이제 살아 있는 유기체가 아니며, 얼어붙은 도그마로 변했으며 바싹 말라 미이라처럼 되어버린 개념이 들어찬 장대한 영묘(靈廟), 현실상황의 자유롭고 구속되지 않은 분석마저도 이젠 용납하지 못하는 국가종교로 전락하고 말았다. 그 활력을 되찾기 위해 마르크스주의는 독자적이며 개별적인 것을 억압하려 하지 말고 또한 상투용어나 교화시키기 위한 공식이며 목전의 사건에 반사적으로 반응하지 말아야 한다. 마르크스주의자는 바레리를 프티부르주아지라 하여 거부하면서 동시에 거기에서 마땅히 논리적으로 나오는 의문인 "그렇다면 어째서 모든 프티부르주아지가 바레리일 수 없느냐?" 하는 문제를 회피할 수는 없다. 인간을 모두 각자가 소속하는 계급의 테두리 안에 묶어버린다는 것은 인간을 왜소화하는 것이며, 계급투쟁의 적극적인 담당자가 아니라 수동적인 존재로 전화(轉化)하는 것이다. 프랑스혁명의 싸움을 상인계급에서 생각해낸 음모에 불과하다고 본다면 대혁명을 살아 있는 인간 모두가 볼 수 없게 되고 당연한 추이로서 모든 사건은 우발적인 것에 지나지 않는다는 것이 되어버린다. 인간의 생활은 닥치는 대로 살아가는 그런 것으로 전락해버린다.

　이와 같은 일그러진 마르크스주의를 극복하는 유일한 길은 변증법적 논증의 작업을 마르크스주의 그 자체에 돌리고 마르크스주의 자체의 역사적 결정론과 마르크스주의 자체의 지식을 검토하는 것이다. 사람은 어떻게 역사를 알 수 있을까, 얼마나 많은 것을 알 수 있을 것인가, 인간의 어떤 부분이 유물변증법의 지배를 받는가? 이러한 문제에 답하기 위해 우리는 역사를 직선적으로, 개괄적으로 비판하는 것이 아니라 '날짜가 분명하고 현실적인 투쟁' 즉 개별의 것, 역사의 실존적 차원을 검토해야만 한다. 사람은 스스로의 역사를 만들고 더구나 그 만드는 법은 반드시 언제나 같다고는 할 수 없다. 결국 우리는 상황이 우리를 만들어내는 것에 대해 책임을 지고 있다.

　실존주의는 마르크스주의 내부의 '이데올로기'일 수밖에 없다고 선언하여, 사르트르는 대중과의 관계에 있어서 당이 필요한 현실임을 나타내려고 노력한다. 왜냐하면 대중은, 그들 나름으로는 자발성을 지니지 않기 때문이다. 그런데 반대로, 당은 기관이 된 순간부터 당을 생겨나게 한 것에 대해 반동적일 수도 있게 된다 —— 즉 단순집단이 되어버리는 것이다. 또한

246

개인을 이해하고 역사 및 마르크스주의 자체를 이해하기 위해서 변증법적 마르크스주의는 미국의 사회학 및 프로이트의 정신분석의 기여를 받아들여야만 한다고 그는 말한다.

사르트르가 맹렬한 기세로 《비판》의 집필을 맡아, '구체적 결정인자(決定因子)'를 말해주는 자기발견적 실례를 찾아서 프랑스대혁명의 사실을 샅샅이 조사하고 있는 동안, 시몬느는 데이빗 리스만의 《고독한 군중》, C. 라이트 밀즈의 《파워 엘리트》, 윌리엄 화이트의 《조직 속의 인간》, 어거스트 스펙트르스키의 《근교주택지족(近郊住宅地族)》 등을 읽고 있었다. 또한 그녀는 자전(自傳)의 집필에 착수하기 시작했다. 자전을 쓴다는 것은 무척 오래 전부터 생각했던 것으로 자자에 관해 쓰려고 했던 무렵으로까지 거슬러올라간다. 그러나 어린 시절을 캐낸다는 것은 생각했던 것만큼 쉬운 일은 아니었다. 여러 가지 일의 날짜며 사건을 도서관에서 조사해야만 되었다. 또한 자전을 쓴다는 것은 픽션을 쓰는 것과 다름없을 만큼 상상력을 필요로 한다는 것이 그녀의 실감이었다. 《비판》에 착수한 사르트르의 기분전환은 갈리마르 출판사에서 나온 르네상스의 화가들을 모은 대형의 호화본 시리즈 중 한 권인 《틴트레트》에 관한 평론을 쓰는 일이었다.

알제리 전쟁은 두 사람의 기분을 우울하게 하면서 그칠 줄을 몰랐고, 또한 달갑지 않은 심심풀이를 두 사람에게 주기까지 했다. 사르트르는 '프랑스의 알제리'에 찬성하는 이슬람교도를 살해하여 기소된 알제리 청년의, 그리고 시몬느는 알제리인과 결혼하여 테러리스트의 파괴행위의 음모에 참여했다 하여 고발당한 루앙 시대의 제자 증인으로서 법정에 섰다. 노벨상의 수상을 위해 스톡홀름에 갔던 카뮈는 수많은 청중 앞에서 이렇게 공언했다.

"나는 정의를 사랑하는 사람입니다. 그러나 나는 정의보다는 나의 어머니를 위해 싸울 생각입니다." 이 말에 시몬느는 격렬히 반발했다. 이 말은 결국 그가 피에 노왈의 입장에 서겠다고 언명하는 것이나 다름없었기 때문이다.

"이 위선, 이 무관심, 이 나라, 나 자신이 이젠 견디기 어려운 것이 되었다." 고 그녀는 《어떤 전후》에서 쓰고 있다. "거리를 걷는 사람들, 공공연히 동의를 하건 갖가지 압력을 받아 굴복을 했건 그들은 모두가 아랍인의 살해자이며 모두가 유죄이다. 그리고 나 역시, '나는 프랑스인이다.' 이 말은 무서운 추악함의 고백처럼 내 목을 따갑게 불태웠다. 수백만의 남녀, 노인, 아이들에게 있어서, 나는 그들을 고문하고 불태워 죽이고 기관총 사격을 퍼붓고 그들의 목을 따는 사람들의 하나였다. 나는 그들의 증오의 대상이었다. 왜냐하면 나는 잠을 자거나 글을 쓰거나 산책이며 독서를 즐길 수 있었기 때문에."

음험한 검열은 곳곳에서 실시되었다. 독일에 대한 협력자로서 총살당한 로벨 브라자크의 연극 《세자레의 여왕》이 그가 죽은 지 2년 후에 마침내 상연되었는데, 독일에 대한 레지스탕스의 전(前) 활동가들은 격렬한 피켓 전술로 이에 맞섰다. 한편, 정부는 장 주네의 《발코니》를 상연하려던 극장에 압력을 가했다. 이 작품은, 세계를 환상의 매음 장소로 비유한 주네의 야심작으로서, 이 매음굴에서는 가짜 주교며 판사, 장군들이 자신들이 공상을 철저히 즐기는 한편, 밖의 현실세계에서는 혁명이 진행되고 있다. 사르트르는 이 연극의 내용과 현실의 사태의 유사성을 간취하여 파리의 연극에 가해지는 정치적 압박을 비판하는 격정적인 소논문을 썼던 것이다.

싫어도 귀에 들어오는 전쟁 긍정파인 프랑스인의 수다스러움에서 피하고 보기 싫어도 눈에 띄는 생 제르망 광장의 낙하산부대 병사들로부터 피하기 위해서 시몬느와 란즈만은 이탈리아로 갔다. 남부에 차를 타고 갔으며 시칠리아를 방문한 뒤 로마로 돌아왔다. 로마에서 사르트르와 한 달을 보낸 뒤, 함께 카프리로 갔으며 해변에서 다시 한 달을 보냈다. 두 사람은 여행자가 좀처럼 오지 않은 도시 한가운데의 멋없는 호텔에 묵으면서, 티벨리우스 궁전까지 오르거나 해변을 거닐고 또한 최근에 사망한 쿠르치오 유언으로 중화인민공화국의 작가들에게 선물한 화려한 붉은 빛깔의 별장을 바라보기도 했었다. 사르트르는 〈베르트 암 존타크〉 신문과 인터뷰를 하거나 시몬느에게 틴트레트에 관해 들려주기도 했었다. 한밤중이 지나 마지막 여행자들 모습도 사라지면 다방의 테라스에서 잇닿은 돌계단을 몇 쌍의 커플이나 그룹이 내려가고, 어둠 속으로 그 자취가 사라지는 모습을 바라보노라면 틴트레트가 색다른 시점(視点)이나 혹은 비스듬한 시각(視角)을 택함으로써 화폭(畫幅)을 바라보는 자로 하여금 화필을 들게 하는 행위로 끌어들일 능력이 있음을 사르트르에게 깨닫게 하는 것이었다. 테라스 위에서 보노라면 아래에 있는 사람들이 신비적인 연극의 배우처럼, 멀리 동떨어져 고귀하게 보였다. 틴트레트를 보다 더 자세히 알아보기 위해 사르트르는 베네치아로 갔으며 시몬느는 밀라노에서 란즈만과 함께 어울렸다.

파리로 돌아오자 전쟁은 여전했으며 그칠 줄 모르고 계속되고 있었다. 푸페트와 그녀의 남편 리오네르는 이제 파리에서 살고 있었는데, 그들과 사귀기란 고통스러운 일이었다. 리오네르는 정부가 알제리의 시골에서 벌이고 있는 테러리스트 전멸작전이나 알제리의 수습책을 옹호하여 "결국은 우리가 알제리의 테러리즘을 끝나도록 하지 않았습니까."라고 하여 시몬느를 분노하게 했다.

1958년 2월, 사르트르는 전장(戰場)에서 비인도적 행위에 참여한 뒤 집으로 귀환한 아들을 맞은 가족의 반응 —— 부정의(不正義)한 전쟁과 패배에 대한 어느 가족의 반응 —— 을 테마로 하여 연극을 쓰려고 생각했다. 〈현대〉지에 발표된 가장 가공할 이야기의 몇 가지는 고문에 참가한 소집병들의 목격 보고이거나 또는 법정에서의 그들의 진술서를 복사한 것이었다. 《비판》과 틴트레트론(論)을 집필하는 한편 사르트르는 새로운 연주의 집필에 착수했다. 부조리주의 연극 《파오로 파오리》를 써서, 몇 군데의 극장으로부터 정치적으로 위험이 너무 크다 하여 거절을 당한 아르튈 아다모프를 만난 사르트르는, 자신의 연극에 등장할 가족을 프랑스인의 집안으로 해서는 절대로 안 된다고 생각했다. 병사와 그 집안을 독일인으로 한다면 보다 더 파괴적인 말까지도 할 수 있다. 그래서 주인공은 히틀러의 전쟁에서 생활해온 남자로 설정하고 그의 가족은 전쟁에 대해 아무런 힘도 갖지 못하나 역시 책임을 지고 있는 전쟁에 동의하는 희생자로 하기로 했다. 이 연극은 쓰기 쉬웠다. 즉, 개인이 스스로 만드는 역사는 아니었다 해도 역시 역사를 형성하는 '연속된 타자성(他者性)'을 예시(例示)하여 너무 깊이 개입해버린 병사의 책임을 다루고 있다.

사르트르는 다시금 모든 작업을 젖혀놓고 《하나의 승리》를 쓰기로 했다. 이것은 1957년 7월, 제10 D. P. 낙하산부대에 의해서 자행된 고문을 묘사한 앙리 아레그의 저서의 서문이 될 예정이었으나 〈렉스프레스〉지에 별개로 발표되었다. 아레그의 저서는 곧 발매금지가 되어 스위스에서 출판되었다. 공산당원인 앙리 아레그는 1950년 이후로 〈알제리 레뷔브리켄〉 신문의 주필로 5년 후 이 신문이 군 당국에 의해 발행금지처분을 받을 때까지 그 지위에 있었다. 그 뒤, 그는 FLN과 함께 '지하'로 잠입, 1957년 6월에 체포되어 독방에 감금되고 엘 비아르 낙하산 부대의 기지에서 '심문'을 받았다. 4월, 사르트르는 마르탕 뒤 가르, 말로, 모리악과 공동으로 르네코티 대통령 앞으로 '엄숙한' 청원서에 서명하여 정부에 대해서 고문의 이용을 공공연히 또한 명백히 규탄하도록 요청했다.

사르트르는 한푼없는 빈털털이가 되었다. 파산은 갑자기, 더구나 1천2백만 프랑 —— 26만 6천 달러 —— 이라는 세금 사정(査定)의 형태로 닥쳐왔다. 그는 언제나 아낌없이 돈을 써왔으며 또한 거액의 돈을 벌기도 했다. 비서역이었던 장 조우가 저널리즘의 세계로 옮겨간 뒤로는 클로드 포가 비서로서 경리를 맡고 있었다. 갈리마르 출판사와 줄리아르 출판사는 인세 및 〈현대〉지의 주필 수당으로서 월액 1천6백 달러를 지불했다. 사르트르와 시몬느의 변호사 지젤 아리미로부터는 연극과 영화의 판권료, 그리고 가장 많은 액수이던 외국의 인세로서 매월 2천 달러가 지불되고 있었다. 매월 4천 달러 가까운 돈이 어떻게 쓰여졌는가는, 포와 아리미에게는 그렇지 않다 해도 사르트르 자신으로서는 수수께끼나 다름없었다. 그의 어머니 외에도 많은 사람을 그는 부양하고 있었다. 사르트르는 돈을 언제나 물쓰듯 했고 거액의 현금을 갖고 다니는 것이 그의 취미였으며 또한 그치지 않는 여행으로 경비는 언제나 많이 들었다. 때로는 1백만 프랑 —— 2만 달러 —— 이나 되는 현금을 지니고 다니기도 했다. 시몬느가 그런 것은 어리석은 것이라고 그에게 말했다. 사르트르는 확실히 그렇다고 동의하긴 하나, 자기의 안경이나 라이터나 담배와 마찬가지로 돈은 자신을 '특징 짓는' 것으로서 자기에게 어리석은 우월감을 준다면서 그 버릇을 고치지 않았다. 거액의 팁을 주는 이유는, 웨이터들은 오로지 팁만으로 생활하기 때문에 그들의 생활이 편해지도록 하는 것이 자기의 의무라고도 했다.

어머니 안느 마리와 존 휴스턴이 그에게 구원의 손길을 뻗쳐주었다. 아무튼 그의 어머니는 과거 15년 동안 그가 터무니도 없는 선심에서 선뜻 내어놓는 금액에서 막대한 액수를 따로 챙겨 저축해두었다. 이리하여 큰 소동도 없이 세금은 납부되었으나 그는 이제 완전한 무일푼이 되고 말았다.

그와 '집안'의 어려운 형편을 어떻게 극복할 것인가 하고 궁리하던 참에 영화《황금》과《아프리카의 여왕》을 만든 감독이 그를 만나고 싶어한다고 전해주는 사람이 있었다. 사르트르는 비서인 포에게 약속 날짜를 정하도록 지시했다. 어느 날 아침, 당사자인 감독 휴스턴이 나타나, 사르트르에게 지그문트 프로이트의 시나리오를 쓰지 않겠느냐고 제의했다. 조건은 2천5백만 프랑 —— 55만 달러 —— 사르트르는 해보겠다고 대답했다.

이 계획은 상당히 복잡한 것으로 또한 제법 할리우드적인 것이기도 했다. 시나리오라이터인 찰스 카우프만은 전에 휴스턴과 공동으로 전투의 심리적 충격을 다룬 전쟁 다큐멘터리 영화《빛이 있거라》를 썼으며, 감독한 이후로 줄곧 프로이트의 명화를 만들려고 생각했다. 1947년에 카우프만은 이 이야기를 20세기 폭스사(社)에 제안했었는데 프로이트의 딸 안나로부터 아버지의 전기영화를 만드는 데 동의할 수 없다는 경고를 받았다. 프로이트의 아들 에룬스트는 지금도 반대 중이나 휴스턴이 사르트르에게 설명한 바로는 그러한 위협은 무시하기로 결정했다는 것이었다.

"프로이트는 이제 옛날 인물이니까요. 더구나 현존의 관계자는 묘사하지 않도록 하고, 주제를 왜곡시키지 않는 한 유족의 허락이 없어도 그의 인생을 드라마화할 수 있다는 점을 우리는 깨달았던 것입니다."

휴스턴의 흥미를 끈 것 —— 그리고 사르트르의 흥미를 사로잡고 귀를 기울이게 한 것 —— 은, 프로이트가 30세 전후로 아직 유명해지기 전에 그가 터무니도 없는 실수를 범하여 그의 사고(思考)가 구원받을 길이 없는 잘못의 늪에 빠졌을 무렵의 모습을 그려보면 어떻겠느냐는 휴스턴의 착상이었다.

사르트르는 무의식의 존재를 항상 부정해온 자신이 무의식론의 거장 이야기를 쓰도록 요청받았다는 것은 짓궂은 우연이라고 휴스턴에게 말했다. "아니죠." 하고 휴스턴은 말했다. "무의식의 문제를 다루어달라는 것이 아닙니다." 두 사람이 서로 이야기를 나눌수록 이 계획은 재미난 것으로 느껴졌다. 물론 쉬운 작업은 아니었다. 우선, 프로이트가 어디서 그릇된 길로 나아가버렸는가를 제시하지 않으면, 어떻게 해서 올바른 착상으로 도달했는가를 지적하기란 어렵다는 문제가 있다. 또한 태반의 과학자가 그러하듯이 프로이트는 좋은 남편에 착한 아버지로서, 아내를 배신한 적이 한 번도 없으며 실제로 결혼 첫날밤까지는 동정이었다.

"결혼 전에는 여러 가지로 바람도 피웠다는 소문도 있지만, 그러한 소문은 프로이트의 숭배자들이 그를 너무 숭배한 나머지 퍼뜨린 것이라고 나는 생각한다. 정신분석학자들은, 인간의 성애(性愛)에 관하여 해박한 지식을 가졌던 이 남자가 전혀 풋내기인 채로 결혼했다는 따위로 우리 같은 아마추어가 생각하는 것을 싫어했었지." 하고 9년 후, 사르트르는 케네스 타이난에게 말하고 있다. 영화 《모비 딕》의 촬영을 마친 직후로서 아일랜드에 살고 있던 휴스턴은 어느 날 20세기 폭스사의 다릴 자나크를 데리고 찾아왔다. 사르트르의 시나리오는, 프로이트가 오이디푸스 콤플렉스를 발견하는 데에서 마무리 짓는다는 것에 의견의 일치를 보았다.

《비판》, 틴트레트, 연극의 각본을 쓰는 일에 이번에는 프로이트가 곁들었다. 안토와느 극장의 단장이며 《거룩한 창녀》, 《더럽혀진 손》, 《악마와 신》, 《네크라소프》를 상연한 시몬느 베리오는 초연(初演) 거부권은 자기에게 있다고 자처했다. 새로운 연극의 줄거리를 읽은 그녀는, 가을 시즌에는 이 작품으로 막을 올리겠다고 했다. 리허설은 물론 8월 말이거나 아무리 늦어도 9월 초에는 시작되어야 하는 것으로 결정되었다.

사르트르는 안페타민을 연거푸 먹으면서 책상에 매달렸다.

"생각하기 위해 시간을 갖고 정정하고 페이지를 찢고는 다시 쓰기 시작하는 늘 하던 그 방식과는 전혀 달랐다."고 시몬느는 회상하고 있다. "몇 시간이고 계속해서 그는 한 장 한 장을 전속력으로 되읽지도 않은 채 갈겨쓰며, 마치 머리에 떠오르는 관념의 포로가 되어 그 속도조차 펜이 뒤따르지 못할 것만 같았다. 그 속도를 유지하기 위해서 그가 코리도란의 캡슐 씹는 소리가 내 귀에 들렸었다. 이 약을 그는 하루에 한 병은 먹어 치우는 것이었다. 오후 늦게서야 그는 기진맥진해버린다. 집중력이 갑자기 산만해지며 몸짓이 애매해지고 혀 꼬부라진 소리가 늘 나왔다. 우리는 저녁식사 후의 한때를 나의 아파트에서 보냈다. 그는 위스키를 한 잔만 마셔도 곧 취기가 돌았다. '이젠 그만 해요.' 하고 내가 그에게 말한다. 그는 그것으로는 만족하지 않는다. 그는 다시 한 잔을 요구한다. 2년 전에는 더 많이 필요했다. 그것이 이제는 동적이며 말투까지 위태로워 보인다. 그러면 나는 '이제 됐어요.'를 몇 번이고 되풀이했다. 두세 번 나는 화가 나서 술잔을 부엌의 타일바닥에 팽개쳤다. 그러나 그와 싸운다는 것은 나를 지치게 만든다. 더구나 나는 그가 어떤 긴장을 풀어주는 것이 필요함을 알고 있었다."

정부는 전쟁의 추진이나 휴전도 못 하고 있기 때문에 내전의 위기가 임박한 듯이 보였다. 사르트르는 작업에 골몰함으로써 스스로를 지켰다. 시몬으로서는 작업에 몰두한다는 것이 더 어려웠다. 6월, 란즈만이 그녀 곁을 떠났다.

이렇게 되는 것은 뻔한 일이었다. —— 클로드 33세, 그녀는 50세였다. 그녀는 애당초부터 이렇게 될 것으로 예상했다. 자기가 없어서는 안 될 존재가 되지 못한다는 것은 괴로운 일이었다. 우정의 관계는 계속되리라고 그녀는 확신했다. 그러나 그녀는 이 관계를 일단은 시간을 초월한 것으로 생각하고 있었다. '위험한 연령(갱년기를 가리킨다)' —— 그 표징(表徵)과 육체의 쇠약이 수반된 —— 에 있는 보호자적인 연인은 나이 젊은 연인으로부터 애정, 감탄, 경의의 환영을 돈으로 사려고 한다. 그녀는 일찍이 이 연령에 뒤따르게 마련인 그 전부를 《제2의 성》에서 묘사했다. 이제 그녀는 자신이 거기 있는 것이었다.

사르트르가 약을 연거푸 먹으면서 일에 전념해도 아무 소용이 없었다. 두 사람은 제트와 미셸의 레이리스 부부와 함께 식사를 들었다. 미셸은 한동안 만나지 못하는 동안에 바르비투르제(劑)를 거의 치사량 만큼 먹어

힘겨운 수술과 장기간의 고통스런 요양 끝에 겨우 목숨을 건졌던 것이다. 사르트르와 레이리스가 아파즈(홍분제)니 다우나크(진정제)니 하며 레이리스가 복용하는 최신의 우울증 치료제 등에 관해 이것저것 화제로 삼는 것을 듣던 시몬느가 우울증 치료제란 어떤 효과가 있느냐는 묻자 미셸은 말했다. "비억울화(非抑鬱化)하는 거요." 보다 더 정확히 말하면 어떤 거냐고 거듭 묻는 그녀에게 그는 이렇게 대답했다.

"다시 말해서, 복용한 뒤에도 전과 전혀 다름없다는 건 알지만, 다만 우울은 아니거든."

1958년 6월, 알제리의 사태가 제 4 공화국을 붕괴시켰다. 68세의 드골 장군은 자신이 폐지할 뻔했던 의회에 자신을 대통령으로 선출해달라는 눈치를 보였다. 그의 '복귀'가 가능해진 것은, 알제리를 프랑스 영토로서 보유하는 것은 그 밖에 없다고 믿었던 —— 어쩌면 믿는 체했던 —— 사람들의 기대와 소수이긴 하나 그의 뛰어난 명성만이 피하기 어려운 알제리의 해방을 프랑스인에게 받아들이도록 할 수 있다고 생각한 사람들의 기대가 그에게 쏠렸기 때문이었다.

드골체제만큼 사람의 마음을 우울하게 하는 것은 없다고 여겼던 사르트르는 시몬느와 함께 6월 중순에 이탈리아로 갔으며 연말까지 체재했다. 두 사람은 베네치아와 스폴레트에 있었으며 시몬느는 《처녀시절》의 교정을 보았다. 그런 뒤 로마에 일단 정착했다. 사르트르는 집필 중인 연극을 《아르토나의 유폐자(幽閉者)》라고 이름 지었다. 주인공인 병사 프랑츠는 제 2 차대전 이후로 함부르크의 교외 아르토나의 성관(城館)에 있는 창조차 없는 방에 스스로를 가두어놓았기 때문이며, 그루프적(的)인 집안 전원이 모순, 실패, 고독 속에 갇혀 있기 때문이기도 했다.

이보다 앞서, 시몬느 베리오는 그녀의 사무실로 사르트르가 안페타민에 의한 몽롱한 상태로 비틀거리며 들어오는 것을 보았다. 스카치 위스키를 내놓자 그는 자기 잔을 테이블이 없는 곳에 놓는 것이었다. 그녀는 곧 의사의 진찰을 받도록 사르트르에게 말하고는 새 연극의 가을 공연을 취소했다. 그러나 그가 겨우 의사를 찾아간 것은, 지리멸렬한 문장을 갈겨 쓰고는 시몬느를 동요시킨 뒤의 일이었다. 진찰을 한 의사는 머지않아 심장이 그 움직임을 멈출 것이라고 말했다. 사르트르는, 이탈리아로 가는 것은 휴양을 위한 것이기도 하다고 시몬느에게 약속했다.

"전혀 무섭지는 않았다. 하기야 상당히 상해 있다고는 생각했지만." 하고 18년 후에 그는 말하고 있다. "나는 작업을 중지했다 —— 2개월 동안, 아무것도 한 기억이 없다. 그 뒤, 다시 일을 시작했는데 《아르토나의 유폐자》에 착수한 것은 1년이 더 지난 뒤였다."

이탈리아의 신문을 통해서 두 사람은 드골의 알제리 방문을 뒤쫓고 있었다. 드골은 열광적으로 환영하는 백인 식민자(植民者)의 군중을 향해 그의 독특한 마키아벨리언 스타일인 "제군의 기분은 알았다!"는 메시지로 답했으며, 또한 9월 28일의 헌법개정 국민투표를 호소했다. 이것이 승인되면 제5공화국의 성립을 보게 된다. 〈렉스프레스〉지의 주필인 세르반 슈레벨이 로마로 가서 찬성표의 투표에 반대하는 3개의 논문을 사르트르에게 떠맡겼다. 사르트르는 아직 건강이 회복되지 않았으나 우선 집필하여 시몬느가 이를 편집했다.

두 사람은 델 코르소 거리에서 들어간 몬테치토리아 광장에 있는 호텔인 알베르고 나치오날레에 묵고 있었다. 이곳을 택한 것은 냉방시설이 되어 있었기 때문이며, 사르트르는 실내를 얼어붙을 정도로 썰렁하게 하고 지냈다. 그의 이 썰렁한 방에서 시몬느는 담요를 뒤집어쓴 채 처음으로 《아르토나의 유폐자》 —— 영어로는 《아르토나의 죄인》 —— 를 읽었다. 카를로 레뷔가 두 사람을 알베르트 모라비아에게 소개하고, 모라비아는 그가 일으킨 무수한, 로와 백을 착각한다는 믿기 어려운 자동차 사고의 이야기를 들려주었다. 또한 두 사람은 나폴리로 가는 도중인 멜로 폰티 부부도 만났다.

드골은 사상 유례를 볼 수 없는 80퍼센트라는 찬성투표를 획득하여 국민투표에서 승리했다. 사르트르는 간신히 자기를 작업에 몰고 가서, 되풀이하여 일어나는 현기증과 부숴질 것만 같은 두통을 억제하기 위해 옵타리돈, 베라레날, 코리드란 같은 홍분제를 남용하면서 작업을 계속했다. 비틀거려 걸음도 제대도 걸을 수 없었고 또 말이 꼬부라지기 시작했다.

10월 중순, 시몬느는 그를 강제적으로 의사에게 데리고 갔다. 진단은 심장 좌심실의 쇠약이었다. 가장 좋은 치료법은 휴식이었지만 사르트르는 일을 계속했다.

시몬느 자신도 건강이 좋지 않았다. 《처녀시절》이 나올 무렵, 그녀는 악몽에 시달리지 않고 잠을 자기 위해 정신안정제를 복용하고 있었다. 자서전의 성공이 최선의 약이었다. 그리고 그것은, 사르트르가 위험한 상태에서 벗어난 뒤로는 그녀의 다른 어떤 책보다도 따스하게 그녀의 마음을 어루만져주었다. 독자로부터의 편지가 그녀에게 쇄도했다.

"과거의 망령들이 분연히 또는 명랑한 모습으로 되살아났다."고 그녀는 《어떤 전후》에서 썼다. "상당히 가혹하게 비난했던 동창생들이 젊은 시절의 자기의 그 딱딱했던 모습에 미소를 지어주었으며, 공감했던 친구들이 화를 내는 수도 있었다. 데질 사립학교의 졸업생 가운데에는 그곳의 교육을 말한 나의 묘사를 칭찬해주는 사람도 있었고 항의하는 사람도 있었다. 어떤 여성은, 고소하겠다고 나를 위협했다. 마뷔유 집안의 사람들은 자자를 되살려주었다면서 나에게 감사했다."

사르트르는 서서히 건강을 회복하기 시작했으며, 그리고 1959년은 즐거운 일로 막이 올랐다. 쿠바의 로빈훗으로 불리는 피델 카스트로가 게릴라 혁명군을 이끌고 셀라 마드레의 산에서 내려온 것이었다. 1월 1일, 독재자 흐르겐시오 바치스타는 해외로 망명, 1주일쯤 지나자 수염에 묻힌 피델 카스트로와 부하들이 열광하는 하바나로 들어왔다.

드골은 미셸 르브레를 수상으로, 말로를 문화상(文化相)으로 임명했는데 전쟁은 여전히 계속되고 있었다. 프란스 존슨은 전면적으로 급진화하여 '……을 위한 진실'이라는 이름의 지하신문 수필로서 FLN에 참여하고 있었다. 처음 한동안 이 비합법 신문은 알제리 전쟁의 경제적, 정치적 원인을 분석했는데 이제 와서는 병사들에게 공공연히 탈주할 것을 호소하고 있었다. 사르트르는 '……을 위한 진실'에 실명으로 인터뷰 기사를 게재하여 그로써 군부(軍部)를 도발하고 적에 동조했다는 이유로 자신을 기소(起訴)하게 할 것을 생각했다. 드골 정부에게 먹이를 던져 유인해내려는 이 사르트르의 방법은 그 뒤에도 몇 번인가 감행된다.

영국에서는 버트랑드 러셀이 정부를 법정으로 끌어내고는 이것을 놀림 감으로 삼는 일을 평생토록 계속하고 있었다. 이제 와서는 핵무장 반대 운동의 지도자로서 —— 그 뒤 얼마 후에 쿠바의 미사일 위기에 즈음해서도 등장하게 되지만 —— 러셀은 앵글로색슨 법리학(法理學)에 공민(公民)으로서의 반항의 개념을 도입했던 것이다. 이윽고 90세가 될 참인 그는 여전히 건재하여 항의·반대의 운동을 계속하고 줄곧 외무성을 괴롭히는 활동을 했다. 일찍이 제1차 세계대전이 한창일 때, 징병제도의 반대활동을 전개했던 그를 투옥한 영국정부도 이제 와서는 그렇게까지는 하지 못하고 있었다. 갈기 같은 백발, 두뇌명석한 러셀은 철학사(哲學史)를 집필 중이었으며 《서구의 지성》에서는 필연성을 무시하려고 한다 하여 사르트르를 비판하고 있었다.

"근본적으로 사르트르가 반대하고 있는 것은 라이프니츠나 스피노자에게서 볼 수 있으며 또한 관념론 철학자에 의해 계승되고 있는 합리주의적인 필연성의 개념이다."고 러셀은 이 새로운 도설(圖說)이 삽입된 철학사에서 쓰고 있다. 《존재와 무》를 중심으로 실존주의의 비평을 전개하여, 그는 인간이란 항상 자신의 운명을 선택하는 법이라는 사르트르의 견해는 필연성의 작용에 조화하는 것으로서의 자유의 부인을 포함한다고 말한다. "필연성에 관한 합리주의적 견해를 비판하는 가운데에서 실존주의는 중요한 점에 주의를 환기시키고 있다. 그러나 심리적 근거에 바탕을 두는 감정적 항의를 제출하고 있는 정도로는 철학적 비판을 하고 있지 않다. 실존주의가 합리주의에 반기를 드는 것은 억압을 받고 있다는 분위기가 바탕을 이룬다. 이것은 자유에의 장애가 되는 사실의 세계에 대한 약간 기묘하고 개인적인 태도로 이끈다. 합리주의자는 자연의 작용을 안다는 것 가운데에서 그의 자유를 보는 것에 대하여, 실존주의자는 기분에 탐닉하는 가운데에서 그의 자유를 발견하는 것이다." 《존재와 무》에 관해서 러셀은 엑센트릭하며 '최고의 독일적 전통'에 따른 '시적(詩的) 애매함과 언어적 엉뚱함'을 나타내는 것이라고 평했다.

사르트르와 시몬느는 로마에서 한 달을 보냈으며 그 사이에 사르트르는

《아르토나의 유폐자》를 완성시키고 시몬느는 자서전의 제 2 권에 해당되는 성년에 이르러, 사르트르와 만난 시기를 다루는 《여자의 한창나이》를 집필하기 시작했다. 늘 그랬듯이 두 사람은 서로의 작업을 엄격히 비평했다. 한 집안이 프란츠의 심판에 해당되는 마지막 부분에서 이 장면이 지난번의 초고에 비하여 몹시 뒤떨어진다고 그녀는 사르트르에게 지적했다. 그는 어째서 그것을 변경했는지 자신도 알 수 없다면서 애당초의 계획으로 다시 쓰기 시작했다.

이리하여 고쳐진 장면을 읽은 그녀는 그가 쓴 희곡 가운데에서 최고의 작품이 되었다고 생각했다.

그 무렵은 두 사람에게 있어서 괴로운 시기였다. 사르트르는 아를렛 에르카임에 열중하고 있었다. 임신의 이야기는 사실이 아님을 알았으나 이제 20세의 아를렛과 결혼하려는 사르트르의 심정은 시몬느로서는 받아들이기 어려운 일이었다.

"나에게 그가 감히 어떻게 그렇게 할 수 있담." 위기가 최고조에 이르렀을 때, 시몬느는 친지들에게 이렇게 말했다. 그러나 친구들은 반드시 그녀의 말에 찬성하는 것만은 아니었다. 전전(戰前), 사르트르가 그녀에게 프로포즈를 했을 때 뚜렷이 거절한 것은 시몬느 쪽이었으며 이제 와서 떠들어댈 입장은 아니었다.

시몬느의 격노 앞에서 사르트르는 태도를 누그러뜨려 아를렛을 아내로 하는 대신 최종적으로 자기의 딸로 삼기로 결정했던 것이다.

9월 16일, 드골은 알제리에 대하여 3개의 선택항을 내세워 '자결권(自決權)'을 제안했다—— 전면적인 프랑스화(化) —— 이 말의 추악함 그 자체가 이 정치적 심미가(審美家)의 입에서 나오면 자신이 이를 거부하는 증거가 되었다 —— 완전한 독립 —— 이것을 그는 분리라고 불렀다 —— 그리고 〈연합〉에서 그는 분명히 여기에 찬성하고 있었다. FLN측의 반응은 소극적인 것은 아니었으나 '프랑스의 알제리' 강경파는 알제리에 바리케이드를 구축하여 알제리 전토 및 파리에서 폭력활동을 강화하고 드골 암살계획을 잇달아 꾀하는 등으로 이 제안에 답했다.

《아르토나의 유폐자》는 드골의 자결권 제안이 있은 1주일 후에 르네상스 극장에서 초연의 막을 올렸다. 프란츠 역에는 셀주 레지아니, 아버지인 노(老) 폰 게르라하 역에는 페르낭 르두, 프랑츠의 여동생 요한나 역에 란즈만의 여동생 에브리느 레이, 게르라하의 막내아들인 베르너 역에 로벨 몬카도, 베르너의 아내 레이니의 역에 완다 코자키에비치를 배역케 한 이 연극은 열광적인 환영을 받았다. 비평가들은 사르트르의 최선의 작품은 아니라 해도 가장 중요한 작품의 하나라는 찬사를 보냈으며, 일반의 인기도 대단하여 흥행은 10개월이나 계속되었고 또한 1965년에 아테네 극장에서 상연되었을 때에는 더욱 장기간 상연되었다. 당당하고도 야심적이며 장중하고 엄청나게 긴 《아르토나의 유폐자》는 '현대의 인간은 자신을 왜곡시키고 손상시키게 된 역사에 대해 어떤 책임을 지는가.' 하는 문제를 날카롭게 추구한 희곡이었다.

막이 오르면, 조선업계(造船業界)의 거물인 폰 게르라하는 의사로부터 생명이 얼마 남지 않았다는 말을 듣는다. 신변 정리의 계획을 여러 가지로 세운 그는, 이상주의자인 막내아들인 베르너와 그 아내를 불러들인다. 장남은 몇년 전에 뉘른베르그 군사법정에서 전쟁 범죄인의 심판을 받고 살해당한 것으로 가족들은 믿는다. 뒤이어 아르토나의 이 집안의 무서운 비밀이 밝혀진다 —— 프란츠가 살아 있던 것이다. 15년 동안이나 그는 자기 방에 들어앉아 밖을 나오지 않았으며 여동생이 그 뒷바라지를 하고 있었던 것이다.

사르트르에게 있어서 프란츠는 어디에서나 볼 수 있는 사내, 즉 소련의 전선에서 직접 스스로가 행한 고문이 마음에서 떠나지 않고 나치즘의 범죄에 대하여 독일 전체에 책임이 있다는 뉘른베르그의 심판에 사로잡힌 사내이다. 프란츠는 역사의 심판에 직면하여 자기 자신 및 자기 나라의 운명을 떠맡기로 작정한다. 그러나 자신에게는 죄가 없다는 부분을 조금은 남겨두기 위하여 그는 타인의 눈에 패배자로서뿐만 아니라 희생자로도 비쳐야만 한다. 때문에 그는 전후 15년이나 지났건만 여전히 폐허 그대로인 순교(殉敎)의 독일을 만들어냈던 것이다. 그는 모든 죄를 떠맡기는 하나 다만 그것은 계산된 광기 가운데에서의 일로서, 그 안에서 그는 더한 명석함과 과대망상 속으로 피신해버린다. 여기서의 지옥이란 저승의 일이 아니라 그 범한 범죄에 짓눌려버린 세기(世紀)이며, 부분적으로 유죄, 무죄의 영웅들, 반은 공범자이며 반은 희생자를 안은 우리의 세기이다. 《출구는 없다》의 경우와 마찬가지로 생존자들은 자기들의 과거에 탐닉하고 또한 스스로를 망친다. 단편소설 《방》의 경우처럼 프란츠의 광기는 그와 접하는 사람들에게 서서히 번진다. 1935년에 사르트르가 경험했던 환각증상과 마찬가지로 거대한 게가 프란츠의 방 천장에 매달려 있다. 이 게의 법정을 향해 그는 테이프에 녹음한 미래의 세기에 대한 무죄를 진술하는 것이다.

《유폐자》는 20세기가 이미 죽어버린 미래의 양심을 통하여 바깥쪽에서 이 세기를 심판해 본다는 것을 시도한 사르트르의 작품 가운데에서도 가장 깊고 매우 난해한 연극이다. 이 작품은 부르주아적 도덕의 설교를 전혀 볼 수 없다. 또한 극작법(劇作法)의 면에서 그의 작품 가운데 가장 정밀하게 구성되어 있다. 《출구는 없다》에서는 등장인물들이 과거에 관해서 서로 말을 나누었으나 이 작품에서는 과거가 결국 현재를 수정하는 것이 된다. 프란츠가 마지막으로 자살하는 것은 죄의식 때문이 아니라 그가 자신의 무용(無用)을 깨닫기 때문이다. 몇 군데의 인터뷰에서 사르트르는 관객에게 범죄 이후를 제시하고 싶었던 것이라고 말한다. 그의 주제는 비인도적인 행위에 참가했을지 모를 알제리로부터의 귀환병이며 "우리가 모멸하거나 웃어넘길 수 없는 그 누구."라고 말하고 또한 재벌급의 집안을 택한 것은 나치스를 경멸하면서도 이에 협력한 독일의 기업가들, 즉 머리로는 반대하면서도 행위의 면에서 찬성한 사람들의 내면적 모순이 더 포착하기 쉬웠기 때문이라고 말한다. "이러한 형태로 나는 인간이해에 결여될 수 없는 공범관계의 문제를 제시할 수 있었다."고 한다. 그가 프란츠 바로 그 사람이냐는 질문에 대해서는 이 인물이 "내가 가장 좋아하는 꿈의 하나 —— 독방에 들어앉아 평온한 가운데 글을 쓸 수 있다는 것 —— 의 음화(陰畫)를 나타내고 있다."는 점에 한해서만 그렇다고 대답하고 있다. 게는 프란츠의 머리 속에 있다. "프란츠는 유죄이므로 자신의 판사들을 되도록 무서운 것으로서 그린다. 역사의 법정은 인간을 재판할 때에 그들 인간 자신이 전혀 상상할 수 없는 기준이나 가치에 따라 항상 심판하는 것으로 나는 믿는다. 미래가 우리에게 어떤 심판을 내리는가를 우리는 결코 알수 없다. 역사가 히틀러를 위인으로 본다는 것도 없다고는 말할 수 없다 —— 하기야 그렇게 되면 나는 얼이 빠져버리겠지만 —— 또한 어느 때이건 스탈린은 있는 법이다! 요컨대 우리는 심판을 받을 것이며 더구나 지금 우리가 자신들을 심판하기 위해 적용시키는 법칙에 의존하지 않는다는 것은 확실하다는 점이다. 그렇게 생각하면 정말 몸서리친다. 뿐만 아니라 진보라는 것은 게의 움직임처럼 옆으로 기어가는 것으로 되어 있다. 그 사고 방식도 이 연극 속에는 들어 있다.”

사르트르는《프로이트》에 대해 휴스턴과 협의하기 위해 아일랜드로 갔다. 사르트르가 완성시킨 시나리오의 경우 7시간의 영화가 되어버린다. 휴스턴과 제작자인 월프강 라인하르트로부터 삭제를 지시받은 사르트르는 몇 가지 장면을 삭제하여 6시간 반의 길이로 축소했다. 휴스턴은 클라크 케이블, 마를린 몬로, 몽고메리 클리프트 주연인《미스피트》의 촬영을 끝낸 직후로, 클리프트가 몹시 마음에 들어 프로이트는 〈몬티〉에게 시키기로 했다고 사르트르에게 이야기했다. 휴스턴이 승마를 하러 가서 아일랜드의 황야를 달리는 동안 사르트르는 1페이씩 검토하여 대본을 축소시키는 작업에 몰두했다. 그러나 양자 사이에는 어려운 문제가 있었다. 휴스턴은 무의식이라는 것을 전혀 이해하지 못했으며 사르트르는 상업영화의 제작은 시간과의 경쟁임을 알지 못했다. 그러나 아무튼 사르트르에게는 계약했던 대로 50만 달러가 지불되었다. 두 사람은 거의 기분좋은 상태로 헤어졌다. 휴스턴은 프로이트의 환자 몇몇을 만나 ○라는 인물로 표현한다는 사르트르의 아이디어를 살리기로 하고 라인하르트와 상의하여 카우프만의 10년이나 끈 시나리오를 사용하기로 했다. 파리로 돌아온 사르트르는, 자신이 새로이 프로이트 사상과 정신분석 이론의 전문가가 되었음을 깨달았다. 정신분석의 주요한 결점은 변증법이 결여되고 현상을 연역함에 있어서 전진의 한 걸음을 앞의 한 걸음으로 조건 짓는 동시에 앞의 한 걸음을 포함시켜 그것을 대신하는 형태를 취하며, 현상 상호간에서 연역시키는 일이 없도록 한다는 것이 사르트르의 생각이었다. 변증법적 사고로는, 전진의 각 1보는 앞의 1보를 포함하는 수는 있으나, 그러나 앞의 1보로 환원하는 일은 결코 불가능하다. 정신분석 이론은 융합적, 즉 대립되는 자끼리 서로를 비교하는 것인데 이래서는 거북하다고 사르트르는 생각했다.

프로이트는 사르트르로 하여금 프로벨에 대한 새로운 관심을 일으키게 했다. 사르트르는 1954년 이후로 이따금씩 프로벨에 관해 글을 써왔다. 1957년에 〈현대〉지는 사르트르의 프로벨론(論)를 게재하겠다고 발표했으나, 약속한 이 부분은 《비판》에서의 한 장(章)이 되어 이 가운데에서 사르트르는 개인사(個人史)를 연구함에 있어서 마르크스주의와 프로이트주의의 방법이 적절하지 못함을 지적했다. 정신분석은 개인의 발전을 그리고 마르크스주의는 사회적 환경의 발전을 제시하는데 그 모두가 개인과 역사의 만남을 제시하지는 않는다. 그러나 어째서 프로벨이냐고 사람들은 의아하게 여겼다. 왜냐하면 프로벨은 역사상의 인물이나 또는 문학자 가운데서 자기 자신에 관해 그야말로 방대한 양의 정보를 남기고 있는 보기 드문 인물 중 하나이기 때문이다. 그는 자주, 같은 날에 몇몇 친구 앞으로 별로 다를 바가 없는 편지를 써서, 그것이 쌓이고 쌓여 각권마다 6백 페이지나 되는 13권의 서간집을 남겼다. 프로벨에 관해서는 행위를 통해서 그 인간을 연구하고 그 인간을 통해서 행위를 연구한다는 것이 가능했다. 따라서 프로벨이 그의 다른 작품이야 어떻든 간에 어떻게 해서 《보브와르 부인》의 작자가 되었는가를 재구성한다는 것이 가능했던 것이다.

시몬느는 또한 영화의 시나리오를 쓰고 있었다. 법조계에서 영화계로 전향한 앙드레 카이야트가 변호사의 입장에서 프랑스법 체계의 부정의(不正義)를 폭로한 3편의 영화를 감독하고 있었다. 무르지 주연의 유명한 《우리는 모두 살인자》에서 카이야트는 개인의 살인과 전시(戰時)의 대량 살인의 문제를 대비시켜 사형 제도를 공격하고 있었다. 《정의는 행해졌다》에서는 배심제도를 문제삼았으며 《대홍수 이전》에서는 청소년 범죄를 다루어 인상적인 소재를 제시했는데 지나친 설교로 말미암아 전체의 효과가 손상되고 말았다. 카이야트의 《우리는 모두 살인자》의 각본을 쓴 사람은 다름아닌 벨기에의 폴 앙리 스파크로서, 그는 수상을 두 차례 그리고 NATO의 사무국장도 지냈으며 유럽 평의회의 창설자이기도 했었다. 카이야트는 시몬느에 대해 이혼을 테마로 한 영화를 함께 만들지 않겠느냐고 제의했다. 시몬느는 '커플의 문제'에는 별로 관심이 없었으나 카이야트는 새로운 아이디어를 갖고 있었다. 어느 커플 두 사람이 헤어지기에 이르는 갈등을 하나는 여자의 측면에서, 또 하나는 남자의 측면에서 묘사하여 두 이야기로 만들 것을 생각했던 것이다. 시몬느는 어떠한 커플이건 그 인생은 두 가지 면을 지니는 하나의 이야기로서 별개의 두 이야기는 되지 못한다면서 반대했다. 카이야트는 좀처럼 자신의 주장을 굽히지 않았으나 그녀의 스크립트를 읽고 난 뒤에야 둘로 나눈 형태로는 이야기가 손상됨을 시인했다.

시몬느는, 카이야트가 자기에게 접근해 온 것은 '문제' 소설을 좋아하기 때문임을 깨달았다. 그녀에게 조언을 청하는 사람들의 수는 늘어나기만 하고 특히 상황—— 남편, 아이, 사업—— 의 함정에 빠졌다고 생각하는 젊은 여자들이 늘어났다. 그 상황은 스스로 그것을 도와 만들어낸 경우가 있는가 하면 때로는 자기들의 뜻과는 달리 빚어지는 경우도 있었다. 시몬느는, 그 시나리오에서는 아무것도 증명하지 않으려고 했으며, 또한 장면이나 등장인물의 기분을 막연한 것으로 해두려고 노력했다. 카이야트는 그녀의 시나리오가 복잡하고 투명하지 못하다고 생각하여, 그가 말하는 것과 그녀의 새로운 면에 고집했다. "나는 어느쪽인가 하면 보다 더 평범한 방법으로 관객을 사로잡고 싶었던 것이다."라고 그녀는 회상하고 있다.

"그러나 나에게 불만은 없었다. 카이야트는 자신이 원하는 바를 알고 있었으며 그것은 내가 그에게 제공하려는 것과는 달랐다. 그가 내 방침에 따르지 않는 이유를 나는 충분히 이해했다."

1960년 1월 4일, 시몬느는 사르트르의 아파트에 혼자 있을 때 란즈만에게 전화로 카뮈가 자동차 사고로 사망했다는 소식을 들었다. 카뮈는 편집장 미셸 갈리마르로부터 아내와 10대의 딸을 데리고 자동차로 파리에 돌아갈 참인데 함께 가지 않겠느냐는 권유를 받았다. 탈 예정이던 기차를 단념하고 그 제의를 받아들이기로 했던 것이다. 미셸 갈리마르가 핸들을 잡고 그 곁에 카뮈, 뒷좌석에는 갈리마르 부인과 그 딸이 앉았다. 그 자동차 파셀

베가는 컨트롤을 잃어 파리의 남방 80마일인 국도 7호선의 상스에서 나무에 충돌했다. 카뮈는 즉사, 다른 세 사람은 겨우 목숨만은 건졌다. 카뮈의 유체 주머니에는 미사용의 기차표가 있었음을 경찰이 확인했다. 수화기를 놓은 시몬느는, 카뮈는 벌써 오랫동안 자신에게 아무런 의미도 지니지 않았기 때문에 눈물을 흘리지 말자고 애써 자신에게 타일렀다. 집에 돌아온 사르트르도 어쩔 줄을 몰라 했으며 그날 밤은 보스트 아우와 함께 카뮈를 추모하며 보냈다. 잠들기 전, 시몬느는 사르트르의 병이 치료된 이후로 그녀로서는 처음 아트로핀〔鎭靜劑〕을 먹었다. 그런데 잠이 오기는커녕 머리는 더욱 맑아질 뿐이었다. 마침내 잠자리에서 나와 이슬비가 내리는 세느 강 좌안(左岸)의 파리를 오랫동안 걸어다닌 끝에 룸펜들이 문 앞에서 잠자는 오르레앙 거리까지 와버렸다.

"모두가 나의 가슴을 쥐어뜯었다. 이 가난, 이 불행, 이 도시, 세계, 그리고 생명과 죽음."이라고 그녀는 《어떤 전후》에서 썼다. "눈을 뜨자 나는 생각했다. 이제 그는 이 아침을 보지 못한다고. 이 말을 자신에게 하는 것은 이것이 처음은 아니었다. 그러나 번번이 처음이었던 것이다."

사르트르와 카스트르는 다시 함께 지내는 시간이 많아졌으며, 긴 밤을 레코드를 들거나 —— 두 사람에게 있어서 베베른은 새로운 발견이었다 —— 또는 일요일이면 곧잘 세느 강 기슭이나 사르트르가 어린 시절을 보낸 판테온의 뒷골목이며 노동자 계급이 거주하는 메니르몽탕 등을 오랜 시간에 걸쳐 돌아다녔다. 그런 산책 때에 두 사람은 나이와 함께 호기심이 둔해졌음을 탄식했다. 사르트르가, 우리가 새로운 여행에 열중할 수 없게 된 것은 정신적인 피로보다도 체력이 약해진 탓으로 생각된다고 시몬느에게 말했다. 그를 다시 과로의 상태로 만들지 않으려던 그녀는 곧 그 말에 찬성했다. 그렇다고 두 사람에게 여행의 초대가 없었던 것은 아니었다. 쿠바 최대의 신문인 〈혁명〉의 편집장이며 검은 콧수염을 기른 열혈한(熱血漢)인 카를로스 프란키가 유럽을 전격적으로 순방하는 여행 도중 파리에 들렀다. 두 사람을 만났을 때 그는 쿠바를 방문하여 현재 진행 중인 혁명을 보는 것은 두 사람의 의무라고 역설했다. 두 사람은 카스트로에게 깊은 공감을 했으나 프란키의 제의에는 거의 관심이 없었다. 또한 호르게 아마도를 비롯한 브라질의 좌익이 초대해주었을 때에도 사람은 역시 별로 마음이 내키지 않았었다.

그러나 2월 중순, 두 사람은 쿠바로 갔다. 사르트르는 대량의 발행부수를 과시하는 〈프랑스 소왈〉지와의 계약으로 신생 쿠바에 관한 일련의 기사를 쓰기로 되어 있었다. 도착시의 혼잡한 환영에 두 사람은 당황했다 —— 이글거리는 태양에 꽃다발 세례, 요란스런 소리며 인사, 그리고 기자회견 —— "쿠바 혁명을 어떻게 생각하십니까?" 하고 한 기자가 사르트르에게 물었다. "그것을 알기 위해 온 것입니다."고 그는 대답했다. 도착한 순간부터 두 사람의 체재는 공식방문 같은 것이 되었으며 또한 그처럼 추진되고 반응을 일으켰다. 사르트르는 개인적으로 체 게바라를 만나고, 카스트로와 함께 섬의 곳곳을 다녔으며 수없이 많은 강연을 했을 뿐만 아니라 쿠바 텔레비전에 나아가 이야기를 하기도 했다. 시몬느와 사르트르는 카스트로와 함께 모터 보트를 타고 하루를 즐기는가 하면 라 크루브에서 일어난 반(反) 카스트로 사보타주의 폭탄사건에서 희생당한 사람의 장례식에도 참석했다.

미국의 카스트로 적시정책(敵視政策)이 시작되고 있어 하바나 주재의 미국 대사는 이미 귀국한 뒤였다. 그러나 사르트르가 보는 한, 혁명은 아직 밀월(蜜月)을 구가하고 있었다 —— 형식적인 관료주의도 없고 약간 혼란 되면서도 들끓는 희망으로 가득 차 있었다. 사르트르와 시몬느는 난생 처음으로 반란을 꾀한 자들이 승리를 거두고, 그 승리의 기쁨과 목적의 식으로 밝게 빛나는 국민이며 병사들을 보았다. 그것은 그가 《비판》에 써왔던 모든 것, 혁명적 자발성이 태산마저 움직이는 '융합'의 순간을 흥겨운 축제기분으로 재연하는 것 같았다. 그리고, 그것은 알제리의 늪과 너무나 대조적이었다 —— 란즈만으로부터의 편지는 프란시스 존슨의 그룹 사람들이 몇몇 체포당했음을 알려왔다 ——텔레비전에서 인터뷰를 받은 사르트르는 쿠바혁명에서 무엇보다 감동한 것은 읽고 쓸 수 있는 쿠바인 하나가 5명의 문맹자에게 글자를 가르친다는 발상이며, 이데올로기 강요가 없다는 점이 쿠바를 도그마에서 자유롭게 해주며 전통적인 공산주의 혁 명과는 상당히 다른 것이라는 말을 했다.

1949년에 드롤레스와 함께 하바나를 방문한 적이 있는 사르트르는

〈프랑스 소왈〉지에 쓰고 란즈만이 편집한 16편의 기사 가운데서 카스트로 이전의 쿠바와 1960년 초인 이번 여행에서 보고 들은 것을 비교해 보였다. 그와 시몬느가 국민의 요구와 기대에 관해 카스트로와 나눈 대화는 그대로 빠짐없이 인쇄되었다. 카스트로의 생각과 사르트르의 그것은 훌륭한 공감을 이루고 있었다.

"우리는 모든 사람이 지니는 가능성을 모조리 끌어내도록 해야만 한다."는 사르트르에게 카스트로는 무뚝뚝하게 말했다. "그러나 나는 미래의 세대를 위해 지금의 세대를 결코 희생하지 않을 작정이다."

사르트르와 시몬느는 하바나에서 뉴욕으로 갔다. 지금까지 함께 뉴욕을 방문한 적이 없었던 그들은 자동차와 도보로 뉴욕 거리의 곳곳을 다녀보겠다고 생각하여, 쿠바의 UN주재 서기관에게 보도진과의 파티를 연기해달라고 강력하게 요구했다. 울긋불긋한 가지각색의 원색이 들끓는 하바나에서 썰렁한 3월의 일요일에 뉴욕으로 오자 이곳은 춥고 지저분하며 가난한 듯이 보였다. 거리를 걷는 사람들도 초라해 보였으며 또한 따분한 듯했다.

겨우 여권을 되찾은 오르그렌은 사르트르와 시몬느가 귀국했을 때는 작가이며 술주정뱅이인 브렌단 비헌을 더블린으로 방문한 뒤 파리에 와 있었다. 오르그렌도 이젠 나이가 들어 눈에는 콘택트렌즈를 끼고 있었다. 그는 미국에서 나올 수 있었음을 기뻐했다.

"일찍이 나는 미국에서 살고 있었다."고 그는 말했다. "지금의 나는 미국인에게 점령당한 땅에서 살고 있는 것이다."

미국에서 그가 용납할 수 없다고 생각되었던 것은 사회적 지위가 높은 자들의 오만함이었다. 그들은 일찍이 볼 수 없었을 만큼 관용이 없어졌다고 그는 말했다. 사회는 항상 옳으며, 사회의 희생자는 범죄자로서 다루어지는 것이다. 그는 시몬느의 아파트에 묵었으며 그녀는 많은 친구들에게 그를 소개했다 —— 사르트르를 비롯하여 미셸, 보스트, 올가 그리고 란즈만이며 갈리마르의 편집인으로서 외국인 작가들을 파리 관광에 안내해주는 데 익숙한 모니크 랑주 등이다.

사르트르는 소르본에서 연극에 관한 강연을 했다. 그는 2시간 이상이나 이야기를 계속했으며 〈엔카운터〉지의 존 웨이트만에 의하면 밤을 새워서라도 이야기를 계속할 것 같은 기세였다고 한다. 사르트르는 베케트이며 이요네스쿤의 연극을 부르주아적이라고 비판하고, 브레히트의 서사시극은 야만인을 발견하고는 "저것 봐라, 우리와 똑같구나!" 하는 민속학자들과 같은 입장에 관객을 몰아넣은 것이라고 비판했다. 고전극의 흐름을 이어받는 정통파의 연극이 바로 유일하게 타당한 연극이라고 그는 요약했다.

알제리 전쟁은 가라앉을 기색이 보이지 않았다. 알제리의 피에 노왈들은 드골의 민족자결권 제안에 대해 알제리의 거리에 바리케이드를 구축함으로써 응답했다. 어느 날 아침, 변호사인 지젤 알리미가 시몬느에게 전화를 걸어 긴급히 만나고 싶다고 했다. 알리미는 알제리에서 돌아온 직후였는데, 알제리인의 젊은 여성 자밀라 부파샤의 변호를 맡아 법정에 예비심문의 요청을 하고 돌아온 것이었다. 이 젊은 여성은 자신이 테러리스트임을 자진해서 시인했는데 처절한 고문을 받았다. 알리미가 이 의뢰인을 만났더니 얼굴은 창백하고 초췌하여 얼핏 보아도 쇼크를 받은 상태임을 알 수 있었다. 화상의 흔적이 몇 군데나 되었으며 그녀는 증인들의 이름을 들었다. 알리미는 그녀에게 공식적인 진술서를 작성하도록 권유하고, 그녀의 재판을 더 연기시키기 위해 조사 요청서를 제출했다. 그녀는 시몬느에게 이 사건을 신문에 써달라고 부탁했다.

이 여성의 진술서를 바탕으로 하여 시몬느는 글을 써서 〈르 몽드〉지에 보냈다. 매일 오후에 발매되는 이 대일간지는 (코카콜라 병을 그녀의 질〔膣〕에 찔러넣었다."고 씌어 있던 원문을 "코카콜라 병을 그녀의 질 속에 찔러넣었다."고 부드러운 표현으로 바꾸어 게재했는데 그래도 해외판(海外版)은 알제리에서 발매금지가 되었으며 40만 프랑의 손실을 입혔다고 시몬느는 가벼운 불평을 들었다. 알리미와 시몬느는 자밀라 부파샤 구원위원회를 조직하고 프랑소와즈 사강이 〈렉스프레스〉지에서 이 운동을 지지했으며 또한 나치스의 강제수용소에서 고문을 받았던 두 여성도 이 위원회에 참여했다. 알제리에서는 검찰측에서 타협을 제의해왔다. 자밀라가 정신착란으로 판정되었음을 시인한다면 그녀는 석방되겠지만 고문의 사실에 관한 조사는 무효가 된다는 것이었다. 알리미는 거부했으며 여름의 중순쯤에 자밀라는 프랑스의 형무소로 이감되어 칸의 어느 판사가 심리를 맡게 되었다.

화평교섭의 최초의 시도가 실패로 끝나고, 사르트르는 새로운 반전신문(反戰新聞)인 〈베리테 리베르테〉지에 FLN의 승리는 제정신을 가진 모든 사람의 승리라고 말했다. 이 인터뷰는 "군인을 선동하여 불복종으로 몰고간다."고 하여, 이 고발로써 사르트르의 인터뷰가 게재된 신문은 압수되었으며 편집장은 경찰의 감시를 받게 되었다. 그러나 그보다 더 중요한 것은 프랑스 좌익이 FLN의 입장에 선다는 것을 선언해야 한다는 사르트르의 생각이 '121인의 선언'의 핵심이 되었다는 점이다. 지식인, 교사, 예술가 등으로 이루어지는 이 당당한 그룹 —— 처음은 121인으로 발족 —— 은 이 반전문서를 서명까지 하여 발표했다. 이 문서는 징집된 프랑스의 젊은이에게 불복종을 호소한 파괴적인 한 구절이 포함되어 있었다. 군대 내부에서의 공공연한 반역을 선동한 이 문서는 너무나도 격렬한 것이었기 때문에 〈렉스프레스〉와 〈유마니테〉는 이를 비난하고 나섰다. 또한 전문을 게재한 〈현대〉지의 8월호는 즉각 압수당했다. 사르트르와 시몬느는 '선언'에 누구보다도 앞장서서 서명한 사람들이었다. 9월 8일, 〈파리 프레스〉지는 제1면에 '장 폴 사르트르와 시몬느 드 보브와르, 시몬 시뇨레 외의 백여명에게 5년의 형(形)?'이란 제목을 내걸었다. 9월 8일에는 사르트르와 시몬느는 리오 데 자네이로에 있었는데 프랑스 대사관은 곧 사르트르가 프랑스에 들어오기만 하면 즉각 체포될 것이라고 선전했다.

두 사람의 지난 번의 쿠바 방문은 반식민지화(反植民地化)되고 혁명세력이 아직 승리하지 못한 광대한 저개발의 프랑스에 호기심을 품게 했다. 브라질 좌익의 아마도는 드골의 문화상(文化相)인 말로가 브라질을 방문하는 것은 반대할 필요가 있다고 두 사람을 설득했다 —— 말로의 27세가 되는 딸 프로랑스는 121인 위원회의 하나였다 —— . 그래서 8월 중순에 두 사람은 레시페로 향했다. 그 뒤 바히아와 리오, 상파울로, 베로 호리존테, 브라질리아 등 3개월간의 방문은 빈틈없는 일정으로 차 있었다 —— 보도기자 회견, 텔레비전의 출연 회합, 저자의 사인회, 커피 농원에의 경탄할 여행, 패션화의 견학, 그리고 시몬느는 단독으로 아마존 오지의 마나우스로 여행했다 —— 이때 그녀는 장티푸스에 걸려 레시페에서 입원까지 했었다. 프랑스로부터의 뉴스는 어쩌다 들어올 정도였으며 더구나 프랑스의 신문은 외진 도시에서는 좀처럼 구할 수가 없었다. 그러나 10월에 받은 란즈만으로부터의 편지로 〈현대〉지의 사무실이 수색을 받았다는 것과 '121인 선언'의 서명자가 더욱 늘어나고 있으며 최초의 서명자는 모두 조성금(助成金) 극장, 국영 방송 및 텔레비전에서 쫓겨났음을 알았다. 5천 명의 프랑스 재향군인은 샹젤리제 거리를 "사르트르를 총살하라!"고 외치며 시위행진을 하고 〈파리 매치〉지는 '사르트르, 민간의 전쟁 도발자'란 제목의 사설을 게재했다.

리오의 프랑스 대사관은 사르트르가 귀국하면 당장에 체포될 것이라는 소문을 끈질기게 퍼뜨렸으며 레시페의 프랑스인 거류민은, 시몬느의 병은 꾀병으로서 두 사람은 프랑스에 돌아가는 것을 두려워한다고 했다. 란즈만은 최근의 편지에서 프랑스에 들어오지 말고 바르셀로나에 머물러 있어야 한다고 했는데 그것은 두 친구들의 대체적인 의견이라고 알려왔다. 11월, 두 사람은 쿠바 경유로 스페인으로 갔다 —— 쿠바에서 사르트르는 체제가 경화(硬化)하고 혁명의 밀월이 끝났음을 깨달았다. 장 퓌용과 보스트 아우가 두 사람을 바르셀로나에서 맞아 부재 중에 있던 일을 그들에게 들려주었다. 공산당과 사회당의 청년그룹이며 노동조합은 갖가지 형태의 반전행동(反戰行動)을 전개하고 대학교수들은 화평교섭을 호소하기 시작했으며 학생의 항의행동은 경찰의 곤봉세례에도 불구하고 크나큰 성공을 거두었다는 것이다. 121명에 대한 탄압은 오히려 정부로서는 역효과를 빚었고 텔레비전 배우조합은 에비리느 레이가 프로에서 제외되자 이에 항의하여 스트라이크에 들어갔다. 이에 대해 알폰스 주앙 원수는 '배신자 교수들'에 항의하는 선언문을 발표하고 전국 예비역 장교 연합은 121명에 대해 징벌조치를 취하도록 요구, 그들의 성명을 모두 사관 회부소에 게시했다.

파리에서 전화를 걸어온 란즈만은 비행기로 귀국하지 못하도록 했고 공항의 소란이 있을 것 같으며, 또한 기자단에의 질문에 대한 답변에 따라서는 경찰이 두 사람을 체포할는지 모른다고 했다. 그들은 보스트의 자동차로 육로(陸路)를 취하여 프랑스로 들어왔다. 프랑스측의 국경출입국 관리관은 그들이 국경을 통과할 때에는 파리로 연락하라는 명령을 받고 있기 때문이라고 변명하면서 서명을 해달라고 요구했다. 파리로 돌아온 그들은 변호사에 의뢰하여 두 사람에게 필요한 모든 법적 수속을 강구했다. 그들을 만나기 위해 시몬느의 아파트로 찾아온 경감은 두 사람의 진술서 작성을 도왔으며 그것에 번호까지 달았다. 공판 전날, 담당판사가 병에 걸렸다는 통지가 전해졌다. 새로이 날짜를 잡았는데 관계서류가 검찰청에 보류되고 있다는 이유로 그것은 무기한으로 연기되었다. 그런 뒤, 두 사람에 대한 소추(訴追)는 중지되었다고 발표했다.

정부는 기소(起訴)에 별로 흥미가 없었다 —— 드골 대통령 자신이 참으로 드골적(的)인 표현으로 이 건(件)에 개입했다는 소문이 번졌다. 그는 "보르텔을 체포하는 따위는 하지 않겠다."는 것이다. 사르트르는 시몬느의 아파트에서 기자회견을 가져 반격하려고 했다. 30명의 국내외 보도기자 앞에서 그는 정부가 어떤 식으로 기소를 중지하기에 이르렀는가를 설명했다. 보도진에서는 그의 담화를 간략하게 전하여 이 사건은 용두사미격으로 끝나고 말았다.

《여자의 한창나이》가 출판되어 1개월에 4만 부나 팔렸다. 시몬느는, 자신이 베스트셀러 제조작가(製造作家)가 된 것일까 하고 고개를 갸우뚱거렸다. 많은 비평가가 이것을 그녀의 최고작품이라고 단언했으나 시몬느는 이 비평에 불만이었다.

신년 축하식으로 소련 대사관에서 만찬회가 열렸는데, 여기에 사르트르와 시몬느는 참석하기로 했다. 귀국한 이후로 밤에 외출하는 것은 이것이 처음이었다.

8. 1968년, 5월

  '5월 사건', 드골의 몰락을 초래하고 또한 그 뒤의 오랜 기간에 걸쳐 프랑스의 민족적 양심에 반항을 일으키게 된 저 서정적(敍情的) 폭동 가운데에서, 사르트르는 사람은 '공산당'의 좌익일 수 있다는 것을 발견했다. 모택동의 문화혁명, 바를레이 폭동, 체 게바라의 게릴라, 프라하의 봄 등으로 공명음(公明音)을 연주한 이 '사건'은 젊은이들이 그 변덕스런 힘을 공공연히 발휘함에 따라 사르트르와 시몬느를 전면적으로 급진화시켰다. 전투적인 페미니즘의 출현이 임박하고 있었다. 이제는 60대에 놓인 두 사람은 손자에 해당되는 세대가 환상의 증폭된 '현실'에 임하여 두 사람이 과거 몇 10년에 걸쳐 써왔던 일들을 행동으로 전화(轉化)시키는 것을 역력히 보았다. 젊은이들은 드골의 프랑스가 '봉쇄된' 국가, 국내적으로 아직 식민지 상태에 있는 나라임을 제시했을 뿐만 아니라 대학이나 공장을 '점거'하고 '공산당'을 정치적 조직체로서 포착하는 사고방식 그 자체를 비판하여 지식인이 시대에 뒤처져 있다고 몰아붙였던 것이다.

  상 제르망 데 프레에 바리케이드를 구축하여 기동대의 최루탄에 시달리거나 소르본를 점거하여 이를 마오이스트(毛澤東主義者)적인 '비판하는 대학'으로 바꾼다는 움직임에 사르트르와 시몬느가 참여했던 것은 아니었다. 정치적 무력함에 너무나 익숙해져버렸다는 것과 연령이며 어머니의 건강이 좋지 못한 것에 대한 걱정, 좀처럼 끝장이 나지 않는 프로벨론(論) 등이 겹쳐 사르트르는 사태를 정관(靜觀)할 수밖에 없었는데, 5월 11일에 라디오 방송을 통하여 학생이 소르본을 파괴하는 것은 옳다고 학생을 옹호하는 발언을 했다. 시몬느 쪽은 늙는다는 것에 관한 책에 몰두하고 있었는데 5월 9일에 어떤 선언에 서명하여 사르트르와 함께 이의 제기자(異議提起者)에의 유대를 표명했다.

하기야 이 사건이 일어나리라고 예상했던 것은 아니었다. 드골 체제가 그 치정(治政) 10년을 축하한 그 해의 봄은 모두가 평온했으며 잔물결 하나 일지 않는 것처럼 여겨졌다. 5월 1일의 신문 제호는 체코슬로바키아 수상 알렉산드르 드부체크의 '미소를 띤 사회주의자'라는 메이데이에 대한 기사와 미국의 화평조건을 거부했다는 뉴스로 가득 찼으며, 파리의 서교(西郊) 난텔 대학의 학생운동 지도자인 다니엘 콘 벤디트의 퇴학처분에 대해서는 한 마디의 언급도 없었다. 여러 민족의 피가 섞여 있기는 하나 국적은 독일인 콘 벤디트는 대학을 논한 글을 배포하고 강의며 시험을 방해하는 등, 이 대학에서 일어난 학생의 연좌데모를 주동했다 하여 문책당했다. 난텔 대학의 당국에서 '흥분된 머리'를 냉각시키기 위해 대학을 폐쇄하자 소르본의 학생들이 그 주장을 이어받아 독자적인 자주강좌(自主講座)를 갖기로 결정한다. 대학 총장 장 로슈는 '폭도'를 몰아내달라고 경찰의 개입을 요구했으며 과거 1세기에 처음으로 경찰이 신성한 학문의 전당에 침입했다. 3일 후, 학생 데모대가 상 제르망 데 프레에서 경찰과 충돌했으며 학생 측에서 많은 부상자가 나왔다.

드골은 루마니아의 공식방문에 나설 참이었으며 그의 수상 조르주 퐁피두는 이란과 아프가니스탄 역방(歷訪)의 여행에 나아갈 예정이었다. 퐁피두가 공항으로 가는 도중, 우려를 표명하자 "풋내기들의 잠꼬대야." 하고 드골 장군은 시무룩한 투로 대답했다. 계속되는 3일간, 수천 수만의 학생이 세 가지 요구 —— 소르본의 즉시 재개, 경찰의 철수, 체포된 학생의 석방 —— 를 내세워 파리에서 시위행동을 전개한 것에 대하여 정부와 〈유마니테〉지는 소요를 조장하는 '분파(分派)들'을 지탄하고 나섰다. 5월 9일, 문교상(文敎相) 알랑 펠피트는 소르본의 재개를 약속했고 그리하여 사태는 수습될 듯이 보였다. 그런데 난텔의 학생이 그들의 대학을 점거하자 그는 소르본으로부터의 경찰 철수를 거부했다. 교원조합이나 학생연합이 무기한 총파업의 지령을 내리고 학생들은 카르체 라탕지구의 여기저기에 바리케이드를 구축하기 시작했다. 그날 저녁, 로쉬는 교섭을 재개하려고 했으나 체포학생의 석방은 거부했다. 11일 오전 2시, 파리 경찰본부장 모리스 그리모는 확성기를 통하여 바리케이드 철거의 명령을 받았다고 알렸다. 2시간 뒤 자욱했던 연기가 걷히자 사방의 거리는 3백 명의 부상자와 가솔린을 퍼붓고 폭파시킨 자동차의 잔해가 흩어져 있었다. 기동대는 철저한 추격작전으로 데모대를 건물 안으로 몰아넣고는 곤봉으로 몽둥이질을 했다. 이리하여 정부를 비판하는 여론은 높아져 경찰에 의한 지나친 폭력을 지탄하기에 이르렀다. 데모대의 체포자는 5백 명이나 되었다.

이 한밤중의 사건에 감히 드골을 깨우려고 한 자는 아무도 없었다. 이튿날, 퐁피두는 카불에서 귀국하자 곧 정력적으로 조치를 강구했다. 경찰의 폭력을 비난하고 원래의 체포학생 28명 가운데 25명을 석방했으며 소르본을 이튿날 아침에 열겠다고 발표했다. 그러나 학생 지도자들은 이 대결을 이미 격화시켜 조직노동자들에게 1일 파업을 하도록 호소하고 있었다. 5월 13일, 80만의 사람들이 학생 지도자와 자유주의파의 대학교수, 노동조합 지도자, 좌익 정치가를 선두로 세워 "인민의 정부를 만들자!" "10년이면 충분하다!"고 외치면서 데모행진을 했다. 그러나 이 행진은 완벽한 단결로 이루어진 것은 아니었다. 조합 지도자는 콘 벤디트를 제외하려고 했으며 또한 노동자와 학생의 접촉을 막기 위해 확성기며 선전차를 동원하여 최대의 노력을 했다.

정치고문들의 권고를 무시하여 드골은 루마니아 방문의 연기를 거부했다. 그가 출발한 이튿날, 청년 노동자들이 슈드 아뷔아시온 항공기 공장을 점거했다. 그 이튿날, 거대한 루노 자동차공장이 전투적 활동가에 의해 파괴되었다. 5월 17일에는, 운동은 수백 수천의 기업으로 파급되었다. 정부를 떨게 한 것은 이 사태가 대노동조합 조직이나 공산당의 통제하에 행해진 것이 아니라는 점이었다. 5월 17일, 드골은 브카레스트 방문의 일정을 단축시켜 귀국, 그의 견해를 발표했는데 그 가운데에서 모든 프랑스의 젊은이를 모욕하는 실언을 했다. 그에게는 상황이 판단되지 않았던 것일까? 6월에 새로운 국민투표를 실시하자는 5월 24일의 호소는 너무나 평범했으며 소극적이고 정부측의 곤혹을 드러내는 것이었다.

사르트르는 20일에 소르본을 점거한 활동가들에게 강연을 했다. 반역한 학생들에게 그가 동의하고 있다는 뉴스는 카르체 라탕 일대에 퍼졌으며 그가 원형강단의 연단에 올라설 때는 이미 강단은 청중으로 초만원을 이루었기 때문에 시몬느와 말그리트 듀라스는 들어가지도 못할 형편이었다. 이 군중이 소요를 일으키지 않겠느냐는 우려가 있었다. 연단의 사르트르는 학생들의 행동을 지지했고 대노동조합 조직은 그들 학생의 '산발적 민주주의'를 두려워한다고 말했다. 그 뒤 약 1시간 가량을 그는 여러 가지 질문에 응답했다. 시몬느와 몇몇 친구는 바르잘 카페에서 그를 기다렸는데 그가 많은 학생과 기자며 카메라맨과 함께 나타나자 그녀는 겨우 마음을 놓을 수 있었다. 사르트르는 이어서 〈르 누베르 옵세르바틀〉지의 리포터가 되어 콘 벤디트와의 인터뷰를 맡았다.

5월 24일, 퐁피두는 최저임금의 10퍼센트에서 30퍼센트 인상을 포함하는 대폭적인 임금의 양보로써 질서의 회복을 꾀하려고 했다. 이 제안을 루노 공장의 노동자에게 제시한 노동조합 지도부는 극심한 비난만 듣고 말았다. 프랑스 전체가 무정부 상태에 빠지는 듯한 형세였다. 드골의 국민투표 제안은 진지하게 받아들여지지 않았으며 좌익의 모든 조직은 공산당을 포함하여 하부 대중에게 영향을 미치지 못하는 듯이 여겨졌다.

드골은 의기소침하여 국민은 이제 나를 필요로 하지 않는다고 독백했다는 말이 돌기까지 했다. 그러나 이 탁월한 전략가는 민심의 조종방법과 동시에 자신의 제스처 하나하나에 극적 효과를 낼 줄 알고 있었다. 그는 다시금 전설과 신화의 주인공이 되기 위해 자취를 감추기로 했다. 각료들에게는 전용 헬리콥터로 프랑스 동부에 있는 콜롱비 레 드 제글리스에 있는 그의 별장으로 간다는 설명이 있었다. 그러나 그곳에 착륙한 헬리콥터는 없었다. 그리고 그가 간 곳은 독일의 바덴 바덴에 있는 프랑스군 총사령부라는 소문이 번졌다. 그 소문은 사실이었다. 훨씬 뒤의 일이지만 그는 자신의 부재 중에 공산당의 쿠데타가 일어나기를 기대했었다고 말했다.

최고사령관 머슈 —— 또 하나의 거의 신화적인 인물이며 전(前) 알제리 주둔 낙하산부대 사령관으로서 1961년의 장군들에 의한 반(反) 드골 반란 때에 간접적으로 드골의 정당성을 지지했던 인물 —— 와 그가 몇 시간을 함께 보냈다는 것은 말하자면 반작용을 빚어내기에 충분했다. 늙은 국가 원수를 경멸하고 불만을 터뜨리는 대신에 여론은 둘로 갈라져버렸다. 머슈는 드골에게 군(軍)에서 그를 지원하겠다고 한 것일까, 모든 젊은이가 지원하겠다고 한 것일까, 모든 젊은이가 바리케이드 구축에 참가한 것은 아니라고 말한 것일까, 스트라이크를 위해 공공 수송기관이 마비되고 있음에도 불구하고 휴가 중의 병사들이 소속부대에 계속 복귀 중이라고 말한 것일까? 머슈가 무엇을 어떻게 이야기했는지 드골은 끝내 밝히지는 않았으나 아무튼 5월 30일 정오에 그는 극적으로 파리에 다시 모습을 나타냈다. 그리고 정력적으로 각료를 소집하여 국민에게 중요연설을 하겠다면서 텔레비전과 라디오의 시간을 내도록 했다. 퐁피두는 정부에 대한 국민의 지지는 높아지고 있다는 점에서는 동의했으나 국민투표보다는 선거를 해야 한다고 진언했다. 선거에 진다 해도 세계의 종말이 되는 것은 아니나 국민투표에 패한다면 체제 그 자체가 붕괴된다고 그는 드골에게 말했던 것이다. 드골이 6월 3일에 총선거를 실시할 것이며 또한 국민투표는 장차 있을 것이라고 발표한 오후 4시 30분의 연설이 있자 시류(時流)의 흐름은 달라졌다. 그 뒤로 오랫동안을 두고 혁명세력은 막바지에 이르러 어째서 망설였느냐를 두고 논하게 된다.

소르본의 점거는 그 뒤로 10일간이나 버텼다. 시몬느는 6월 10일, 사태가 한창 심각해지고 있을 때에 그곳을 방문했다. 밤이 되자 대학은 히피족으로 가득 찼으며 마약 밀매인들이 복도에서 장사를 하고 급조(急造)된 구급실에서는 학생들이 모르히네의 캡슐을 훔쳐냈다. 대학 주변의 경비는 '카탕강', 즉 헬멧을 쓰고 철봉을 든 학생들이 맡았는데 그 선두에 선 자는 정치적 신념이란 전혀 없는 고용된 경비원이었다. 어느 의사가 시몬느에게 소르본의 '황폐'에 대해 써달라고 강력하게 요구했으나 그녀는 거절했다. 이틀 뒤 반란은 붕괴했다. 독일의 〈데아 슈피게르〉지와의 인터뷰에서 사르트르는 공산주의자가 이 사태 전반에 걸쳐 두려워하고 있으며 '혁명'은 일찍부터 괴멸되어버렸으나 그럼에도 불구하고 이 사건은 하버트 마르쿠제의 '페시미즘'을 무효화하고 프랑스 젊은이들의 정치의식을 높이는 결과가 되었다고 말했다. 또한 〈르 누벨 옵세르바트르〉지와의 인터뷰에서는

‘저돌적인’ 학생의 폭력은 무정부상태를 드러냈다기보다 지금의 사회와는 다른 사회를 요구하는 소망이 나타난 것으로 풀이된다고 말했다.

8월, 소련이 드부체크 정부의 미소를 띤 사회주의의 숨통을 끊으려고 체코슬로바키아에 침입해왔다. 사르트르는 베니스 영화제에 참석하여, 마오이스트〔毛澤東主義者〕의 영화 제작자들이 내놓은 ‘스타 시스템’에 의한 상(賞)이나 경쟁을 해서는 안 된다는 요구를 지지하고 있었는데 즉각으로 이 침략을 지탄하고 공산당 일간지 〈파에제 세라〉지와의 인터뷰에서는 소련을 ‘전쟁 범죄인’으로 몰아붙여 비난했다. 3개월 후, 시몬느와 그는 프라하로 갔다. 표면상으로는 《파리떼》와 《더럽혀진 손》의 체코 초연(初演)을 위한 것으로 되어 있었지만 실제로는 벤체스 광장에서 버티고 있는 소련의 탱크에 반대의 태도를 보이기 위해서였다.

“진보적인 인간으로서 체코슬로바키아에 외국군대가 들어온 것을 규탄하지 않는 자를 나는 단 한 사람도 알지 못한다. 모든 고난과 시련에도 굽히지 않고 여러분은 사회주의에도 다른 길이 있음을 입증했다. 온 세계에서 그것을 인식하는 사람의 수는 앞으로 더욱 늘어날 것이다.”라고 〈스바보도니에 슬로보〉지와의 인터뷰에서 그는 말했다. 두 사람은 1963년 때와 마찬가지로 체코 작가동맹의 초대로 이 나라를 방문, 지금은 작품의 출판이 허락되지 않고 공립도서관에서는 금서(禁書)로 규정되어 있는 안토닌 리임이며 미란 쿤데라도 만났다. 《파리떼》의 마지막 공연의 막이 내렸을 때 사르트르는 무대로 불려 나왔다. 리임은 그에게 생각한 바를 거리낌없이 말해도 좋다고 했으며 청중도 그의 의견을 강력하게 요구했기 때문에, 그는 소련의 침략을 전쟁범죄로 본다는 것과 《파리떼》를 쓴 동기는 프랑스인을 격려하여 저항토록 하기 위한 것이었으며, 그러한 자신의 연극이 지금은 점령하에 놓인 체코슬로바키아에서 상연되고 있음을 기쁘게 생각한다고 말했다.

프라하에서 공공연하게 의견을 말했다 하여 그것이 그의 신변안전을 직접적으로 위협하는 일은 없었다. 최고의 위험에 놓인 것은 프랑스 국내에서였다. 비밀군사조직(OAS)이 그의 암살을 꾀한 것은 1961년 여름과 이듬해 겨울이었다. 알제리를 결코 놓치지 않으려는 이 테러조직에 의한 최초의 폭파사건은 6월 19일에 일어났다. 부상자는 없었으나 사르트르는 어머니를 라스파이유 거리의 호텔로 옮기기로 했다. 79세의 안느 마리는 이사하는 데 별로 개의치 않았다. 가정부가 있기는 했으나 집안살림에 그녀는 너무나 따분해했기 때문이다. 호텔생활은 그녀를 집안살림의 의무에서 해방시켜주었으며, 더구나 자신의 가구며 조상 전래의 가보류, 애독서며 레코드 플레이어 등도 모두 갖추어져 있었다. 슈바이처 집안은 음악을 좋아하는 가계(家系)였으며 특히 안느 마리의 취미는 뚜렷했다. 전위음악을 거부하는 일도 없었다 —— 시몬느가 아르반 베르크의《보체크》를 처음으로 들은 것은 그녀의 집에서였다. 이 무렵, 시몬느와 그녀는 친해지고 있었다. 조셉 만시는 의붓아들의 애인을 결코 만나려고 하지 않았기 때문에 1945년에 그가 죽을 때까지 안느 마리는 남편 몰래 사르트르와 시몬느를 만났다.

"만시 부인은 온순하고 헌신적인 사람이었다. 재혼한 남편이 자신과 아들을 떠맡아준 것을 감사하고 있었다. 남편은 언제나 옳다고 그녀는 생각했었다."고 시몬느는 자전(自傳)의 마지막 권인《결산(決算)의 때》에서 썼다. "말로는 하지 않았으나 그녀는 나의 생활방식을 인정하지 않았다. 나를 괴롭혔던 것은 그녀의 편견보다도 그 겉으로 드러나는 나약함이었다. 그녀의 말투는 짧게 끝이 잘리는 투였으며 자신이 말하는 의미를 약하게 하기 위해 '프티'(작은)를 사용했었다. 이를테면 다방에서 웨이트레스에게 '프티 카비네(화장실)은 어디죠?' 하고 묻는 따위이다. 그녀의 말투는 흔히 호소하는 듯한 투였다. 그녀는 걸핏하면 아프다고 엄살을 부렸으며 무엇인가에 쾌락을 느낀다는 것을 결코 인정하지 않았다. 그녀의 눈에 살아간다는 것은 따분한 의무를 끌어모은 것으로 비쳤다. 어떠한 문제에 관해서도 자신의 의견을 말하려고 하지 않았다. 거기에는 없는 남편이 여전히 그녀의 생각을 지배하는 것이었다."

그녀의 순진스러움이 사르트르와 시몬느에게는 어떤 종류의 무거운 부담이 되었다. 전에 그녀는 어린 시절의 사르트르 사진을 낯선 남자에게 준 일이 있다. 그 남자는 미국에 있는 학생인 여동생과 여동생의 클래스 전원이 프랑스인 철학자를 몹시 존경한다는 말을 했던 것이다. 그런데 그 사진은 하필이면 〈섬디 소와르〉지의 사르트르를 중상하는 악의의 기사설명으로서 사용되어 아들과 시몬느 앞에서 안느 마리는 눈물을 흘려야만 했다. 신문과의 접촉을 피하도록 사르트르는 부탁했으나 이 버릇은 고쳐지지 않았다. 언제나 지나치게 수다스러웠으며, 자신의 실수를 깨닫고는 사르트르가 결코 말로는 표현하지 않는 비난을 눈치채며 원망했다. 그녀는 전적으로 아들에게 헌신하여 자기가 그에게 필요한 것으로 느끼려고 했다. "'상대적'으로 사는 많은 여성과 마찬가지로 그녀 역시 항상 그칠 줄 모르는 근심걱정 속에서 살았다."고 시몬느는 썼다. "사르트르가 신문에서 공격을 당하면 그녀는 몹시 슬퍼했다. 우리가 강연을 하거나 연극을 상연할 때면 그녀는 불안하여 어쩔 줄을 몰랐다. 연습에서 말썽이 생길 때도 흔히 있었는데 그녀는 소문을 듣고는 안절부절을 못하는 것이었다. 사르트르가 극장 경영자, 연출가, 청중의 비위라도 거슬리지 않을까 하고 두려워하는 공연 첫날 밤에 비판의 소리가 들려오거나 박수가 신통치 못하다고 여겨지기라도 하면 고통을 참지 못했다." 가장 슬펐던 것은 아들의 정치적 태도였다. 하기야 시대의 흐름 가운데에서 그녀는 아들의 의견을 약간 받아들이게 되었으며 80대에 이르러서는 상식적인 가치관에서 완전히 해방된 것으로 느끼기도 했었다.

"84세나 된 지금에야 나는 겨우 어머니로부터 정말 자유로워졌다."고 그녀는 두 사람에게 말했었다.

OAS의 폭탄이 보나파르트가(街) 42번지의 현관에서 폭발했을 때 사르트르와 시몬느는 로마에서 여름을 보내기 위해 짐을 꾸리기에 한창이었다. 시몬느는 집에서 떨어져 있으면 그의 작업량이 둘어들 것으로 생각했었다. 그런데 멜로 퐁티의 죽음과 프란츠 파논이 로마에 옴으로서 그를 바쁘게 했다. 멜로 퐁티는 시몬느와 동갑인 53세로 사르트르와는 옛친구이며 실존주의의 동료이기도 한 그를 위해 〈현대〉지의 추도 특집호를 내기로 했다. 저녁 나절이 되자 귀가 멍해질 정도로 코리도란을 마시면서 그는 멜로 퐁티와의 우정을 회상했으며 그것을 통해 〈현대〉지의 역사를 더듬었던 것이다.

파논은 죽음을 향해 가고 있었다. 흑인 혁명가이며 알제리 공화국의 지하

임시정부의 일원이기도 한 이 인물은 마르치니크 섬 태생의 정신과 의사이며, 1950년대에 알제리의 병원에서 보고 들은 고통과 억압에 대한 증오심에서 이단(異端)의 마르크스주의자가 되고 제3세계의 이데올로기를 품게 된 사람이기도 했다. 그는 고문하는 자와 고문당하는 자 모두를 치료했으며 그가 보는 정신장애는 식민지주의의 부산물이라는 이론을 전개했다. 프랑스 경찰에 쫓기고 백혈병으로 죽음을 앞둔 파논은 란즈만을 통해 사르트르에게 자신의 저서 《땅의 저주를 받은 자》—— 억압받은 자가 인간의 존엄을 획득할 수 있는 것은 폭력밖에 없다고 하는 타오르는 불같은 선언서 —— 의 서문을 써달라고 부탁해왔다. 프랑스인 아내 조지를 데리고 코발트 조사(照射)에 의한 치료를 받기 위해 북이탈리아로 가는 도중, 파논은 로마에서 사르트르와 시몬느를 만났으며 점심식사를 같이 했다. 그는 열에 시달리는 듯이 흥분하며 48시간 이내에 프랑스의 튀니지 침공이 시작된다고 예언하기도 했다. 이튿날 아침인 오전 2시, 시몬느가 사르트르에게는 휴식이 필요하다고 정중히 말하며 대화를 끝내려 하자 파논은 격분했다. 임시정부의 사람은 자기 자신까지 포함하여 하루에 두세 시간 이상을 결코 자지 않는다면서 "사르트르와 아침부터 밤까지 계속 2주간을 이야기하기 위한 것이라면 하루에 2만 프랑을 지불해도 좋다."고 훗날 파논은 란즈만에게 이야기했다. 그들은 3일간을 더 이야기를 나누었으며 코발트 치료를 마친 파논이 로마를 경유하여 돌아왔을 때에도 다시 하루를 더 이야기했다. 파논은 면도날처럼 날카로운 지성을 지녔으며 또한 유머 감각이 뛰어났다. 그는 설명하는 사이사이에 농담도 즐기고 사르트르와 시몬느에게 질문을 퍼붓기도 했다. 《땅의 저주를 받은 자》에 보낸 사르트르의 서문은 일찍이 없었을 만큼 격렬한 것으로서, 알제리의 테러리스트에서 더욱 확대시켜 모든 식민지 백성의 투쟁에 대한 전면적인 유대를 표명했었다. 얄궂게도 조지 파논은 이 책의 1968년판에서는 사르트르의 서문을 삭제하고 말았다. 1967년의 이스라엘·아랍 전쟁에 대한 그의 입장을 승복할 수 없다는 이유에서였다.

　이탈리아의 수도가 제2의 고향처럼 되고 있었다. 사르트르와 시몬느는

로마에서 4개월을 보내고 12월이 되자 다시 파리로 돌아왔다. 대개의 경우
그들은 몬테치토리아 광장의 호텔 알베르고 나치오날레의 잇닿은 두 방에
묵으며 아침은 늦게 일어나고 오전 중에는 작업, 낮에는 산책, 저녁 나절부터
밤 늦게까지 휴식하며 시간을 보냈다. 산토 유스타키오 광장에서 술을
마시고 너무 소란해지고 행상인들이 몰려올 때가 되면 산타 마리아 인
트라스테벨레 광장에서 샘이며 칠이 벗겨진 모자이크 세공(細工)을 구경
하거나 혹은 40년 전에 감동한 이후로 줄곧 사랑해온 나보나 광장으로
이동하는 것이었다. 이러한 광장이 자동차며 관광버스, 빨간 풍선장수들이
떼지어 몰려오면서부터는 파르테논 옆의 광장이 새로운 단골장소가 되었다.
사람들이 두 사람에게 서명을 청하는 일도 곧잘 있었다—— 우아한 행
동이라고 시몬느는 생각했었다—— 또한 젊은 남자들, 특히 라틴 아메리
카의 혁명가들이 사르트르에게 면회의 약속을 청하는 수도 가끔 있었다.
두 사람은 곧잘 카를로 레뷔의 집에서 점심식사를 들었으며 또한 사르트
르는 이탈리아 공산당 서기장인 파르미로 트리아치와 몇 차례 만났다.
사르트르는 트리아치에 대해 모스크바에서 독립한 마르크스주의자라 하여
호감을 느끼고 있었다.

  로마는 시몬느의 기분을 포근하게 감싸주었으며 마음을 놓을 수 있게
해주었으나 일단 파리로 돌아오면 다시금 알제리 문제가 사방에서 절박하게
다가오는 것이었다. OAS는 드골의 '전투 정지' 계획에 거듭되는 암살의
시도로써 응답했다. 12월 9일, 사르트르와 시몬느는 란즈만과 그리고 바로
최근에 자택을 폭파당한 적이 있는 어느 저널리스트와 함께 OAS 반대의
비합법 데모에 참가했다. 크리스마스가 임박한 무렵에 사르트르와 시몬느는
라스파이유 거리 222번지에 새로 생긴 미완성의 고층 맨션 10층에 있는
스튜디오로 옮기는 것이 현명하다고 생각하여 클로드 포의 이름으로 빌렸다.
참으로 위험한 고비였다. 1962년 1월 7일, 보나파르트 거리 42번지의 위층이
폭파당했던 것이다. 폭탄은 사르트르의 아파트 바로 위층에 장치되었으며
5층에 있던 두 방과 아래층의 침실이 산산조각이 났다. 사르트르가 있던
곳은 별로 피해가 없었으나 계단이 허공에 뜬 채 매달렸다. 사상자는 없
었다.

사르트르를 비롯한 '일부 저명인'에 대하여 경찰에서 보호를 제의해 왔으며 주간에는 제복경관 2명이 라스파이유 거리 222번지의 옥외 경비를 맡았다. 경찰의 경비를 받는다는 것은 자기 거처에 대한 절호의 선전이 된다고 사르트르는 생각했으며 또한 이웃에 가게를 가진 어느 피에 노왈이 OAS의 자금지원을 거절하여 가게를 폭파당한 사건도 있고 하여 시몬느는 부동산업자를 통해 루이 부레리오 강의 기슭인 156번지에 센 강과 파리의 서쪽 끝을 굽어볼 수 있는 크고 멋진 창이 몇 개씩이나 달린 아파트를 찾아냈다.

《자밀라 부파샤》가 출판되자 이번에는 시몬느가 테러리스트의 표적이 되었다. 원래는 이 고문당한 젊은 여성에 관한 지젤 알리미의 책에 그녀가 서문을 썼던 것인데 법적인 책임을 분담하기 위하여 공저자(共著者)가 될 것을 수락했던 것이다. 알리미의 저명한 변호사들 의견으로는, 자밀라 부파샤 사건에서의 재판 방해를 이유로 법무성과 군(軍)을 어쩌면 고발할 수 있을 것이며 설사 명확한 공소로까지는 가지 못한다 해도 이 사건을 폭로하는 것은 다른 유사한 사건에 관한 검찰측의 결의에 결정적인 타격을 줄 수 있으리라는 이야기였다. 시몬느가 라스파이유 거리 222번지로 우편물을 받으러 가자 관리인으로부터 익명의 전화가 있었는데 "조심하라! 오늘 밤 시몬느 드 보브와르는 박살이 날 테니까."라고 하더라는 말을 들었다. 그러나 그 협박은 실현되지 않았다.

이어서, 갑자기 모든 것이 끝났다. 1962년 3월 18일, 프랑스 정부의 대표와 알제리 공화국 임시정부가 에비앙 협정에 서명하고 이로써 즉각 정전(停戰)과 알제리에서 나라의 장래를 결정할 국민투표의 실시가 결정되었다. OAS는 새로운 테러리즘의 격화로써 이에 맞섰으며 알제리에서는 무차별 살인과 조직적 사보타주를 포함한 전술이 전개되었다. 그러나 이러한 '극우(極右)'들마저 패퇴하고 말았다. 알제리 거주의 프랑스인이 알제리에 머물러 있으라는 OAS의 명령을 무시, 대거 프랑스로 귀국하기 시작했기 때문이다.

4월, 사르트르에게 어머니의 사촌으로부터 한 통의 편지가 왔다. "원폭전쟁에 반대하여 싸우는 사람들 가운데에 너의 이름을 볼 때마다 나는 너에 대한 친애의 느낌을 금할 길이 없다."고 82세의 알베르트 슈바이처는 써보낸 것이었다. 가봉의 나환자 병원에 있는 그는 보나파르트 거리 42 번지가 폭파되었다는 소식을 듣고 이 편지를 보냈던 것이다. 사르트르는 답장을 썼다. 외조부 샤를르 슈바이처가 조상 전래의 땅인 알자스로 그를 데리고 간 이후로 이 외삼촌의 아들로부터 연락이 있었던 것은 이번이 처음이었다.

사르트르와 시몬느는 러시아어 통역이며 소련 여행의 동행자이기도 했던 레나 조니아로부터 알제리 국민의 독립에 관한 국민투표 결과가 찬성 597만 5581표에 대해 반대 1만 6534로 나왔음을 들었다. 두 사람은 소련 작가 동맹의 초대를 받아 6월 1일 소련에 와 있었던 것이다. 이번은 1954년의 사르트르 단독방문 때보다도 훨씬 정중한 대접을 받았다. 환영회에서의 호들갑스런 음주 겨루기도 없었거니와 만찬회에서 늘어놓는 장황한 선전의 연설도 없었다. 두 사람은 콘스탄틴 시모노프라든가 콘스탄틴 페진 같은 옛친구며 에프게니 에프트셴코나 안드레이 보즈네센스키 같은 젊은 작가 들도 만났다. 그들은 두 사람을 자택으로 초대했으며 작가동맹에서는 전속 운전사와 함께 자동차를 자유롭게 쓸 수 있도록 해주었다. 두 사람은 로 스토프, 키에프, 레닌그라드를 방문했다. 모스크바에서 열린 군측 평화회 의에서 사르트르는 문화를 '비군국주의화할' 필요에 대해 이야기했다.

폴란드를 경유하여 돌아온 두 사람은 1962년의 나머지를 로마에서 보 냈으며 사르트르는 《언어》, 그리고 시몬느는 《어떤 전후》의 마무리 작업을 했다. 평화의 첫 해째 —— 알제리 전쟁으로 잃은 인명은 프랑스인 전투원 1만4천5백, 이슬람 교도가 약 15만 명이나 되었다 —— 인 이 해에 불쾌했던 일이라면 영화 《프로이트》와 비토리오 데시카에 의한 《아르토나의 유폐자》 에 관한 것이었다. 휴스턴은 1961년의 가을에 몽고메리 클리프트를 프로 이트 역(役)에, 스잔나 요크를 원래는 사르트르의 아이디어에 의한 복합적인 환자역으로 하여 빈과 뮌헨에서 촬영을 마쳤다. 신문보도가 끈질기게 사 르트르와 안나 프로이트의 이의(異議)를 전했다. 그리고 최종적인 시나리 오의 저작권 소유자는 찰스 카우프만과 볼프강 그 라인하르트의 두 사람 으로 되어 있었음에도 불구하고 비평가들은 여전히 이것을 사르트르의 원작으로 언급했다. 《아르토나의 유폐자》의 영화판은 참으로 고통스러운

282

것이었다. 제작자 카를로 폰티는 줄스 닷신 —— 사르트르는 이를 승인 —
— 과 체잘레 자바티니에 의한 각색을 잇달아 거부한 뒤에 《뉘른베르크
재판》의 시나리오를 쓴 어비 만에게 일을 위촉하여 값싼 반(反) 독일적인
형편없는 영화로 만들어버렸다. 데 시카의 감독은 〈타임〉지의 표현에 의
하면 카메라를 '유명한 얼굴'에 돌려 '최선의 효과를 올리는' 것으로
전락시키고 말았다. 그 유명한 얼굴 가운데는 맥시밀리언 셸 —— 프란츠
역 ——, 프레데릭 마치의 노(老) 게르라하 역, 프랑소와즈 프레실의 여동생
레니 역, 로버트 와그너의 베르너 역, 소피아 로렌의 베르너 아내 역 등이
있으며 더구나 프란츠와 계수 사이에 어떤 연애감정이 빚어지는 것으로
되어 있었다. 사르트르는 크레지트를 자기의 희곡을 바탕으로 하여 '자
유롭게 번안'이라는 표현으로 바꾸려고 했으나 자신의 이름을 영화에서
빼는 일조차 잘 되지 않았다. 결국 그는 이 영화를 한 번도 보지 않았다.
　《언어》는 사르트르에게 있어서 다면적(多面的)인 시도였다. —— 자아
(自我)의 기원에 관해서 사람을 현혹시키는 기술, 유년시대를 가차없이
묘사하는 것, 언어에의 배후에 어린이의 신경증이라고도 할 수 있는 것이
있었다는 짓궂은 인식 등. 《언어》는 어른의 사르트르와 그의 어린 시절과의
대화이며 머나먼 옛날을 비추는 거울이기도 할 뿐만 아니라 자기의 과거와
절충할 경과의 재생기록이기도 했다. 최초의 원고를 쓴 것은 1954년으로서,
이 해에 공산주의자와 함께 정치에 몰입한 그는 자신의 프로페시온[專向
作業]을 검토하지 않을 수 없었던 것이다.
　"정치적 행동이라고 하는 환경에 던져진 나는 갑자기 그 시점까지 나의
작업 전체를 지배해왔던 저 뉴로시스[神經症]를 검토했던 것이다."라고
사라트르는 《언어》가 출판된 1962년에 말하고 있다. "시몬느 드 보브와르는
나보다 먼저 이러한 것 전부를 추측하고 있었다. 그 자체를 정상으로 생
각한다는 것은 물론 모든 신경증의 본성이라고 하겠다. 내가 글을 쓰도록
만들어진 것을 극히 당연한 일로 생각했었다. 그 관념에서 벗어나는 데
30년이 걸렸다." 《언어》는 보드렐, 말라르메, 주네, 프로벨 등에 관해 써온
에세이의 논리적 귀결이었다. 이러한 평론은 모두가 어린이나 젊은이가
작가가 되기를 바라는 이유를 검토한 것이었다. 프로이트에 동의하여 사

르트르는 개인의 존재에 있어서의 모든 것이 어떤 의미를 지니면 인생에서 참으로 우연적인 것은 아무것도 없다고 확신했다. 그는 마르크스에 찬성하여, 개인은 환경의 산물이라고 믿었는데, 또한 독자적인 의견으로서 유년시대 —— 흔히 마르크스주의자들에 의해 외면당하고 있다 —— 가 편견이나 일탈을 형성하고, 그것들은 개인이 속하는 환경으로써 설명되지는 않으나 그럼에도 불구하고 이 환경을 '독자적인 사건'처럼 여기게 한다고도 생각했다.

《언어》는 사르트르의 작업 가운데서도 독특한 것으로서, 그 독특함은 즉시 평가되었다. '마담 2' —— 레나 조니아를 가리키며 그 러시아어판은 갈리마르 출판사에서 원서가 간행된 지 1년도 채 못 되어 출판되었다 —— 에게 헌정된 170페이지의 이 얄팍한 책은 이례적인 호평을 받았다. 사르트르가 문학의 영향이나 축적을 쉽사리 구사하면서 문학을 다스린다는 점에서 비평가의 의견은 일치하고 있었다. 비평가들은 이 작업을 그의 문학에의 복귀를 나타내는 것이며, 간결하고 신랄한 문체의 절정을 이루는 사르트르에 의해 씌어진 찬란한 책이라고 보았다. 《언어》는 곧 고전으로 평가되었으며 스웨덴 아카데미가 1964년의 노벨 문학상을 사르트르에게 수여함에 있어서 결정적 요인의 하나가 되었다는 것이 대체적인 견해였다. 《언어》에 관하여 매우 귀중한 평가를 내린 사람은 안느 마리였다. 82세가 된 사르트르의 어머니는 이렇게 말했던 것이다.

"플루는 자기의 어린 시절 일을 전혀 알지 못한다우."

시몬느는 《어떤 전후》의 에필로그에 멋진 말을 썼다.

"나의 인생에는 의심의 여지가 없는 성공 하나가 있다 —— 나와 사르트르와의 관계이다. 30년 이상을 두고 우리가 서로 다른 마음을 품고 잠자리에 든 적은 단 한 번밖에 없었다."

그 밤이라는 것이 1936년, 시몬느가 질투심과 그녀가 말하는 '나의 내부에 자연스럽게 있는 소유욕'을 억제한다는 것을 아직 배우지 못했을 무렵에 올가 코자키에비치를 사이에 두고 빚어진 갈등이 절정을 이룰 때의 일이었다. 여행을 할 때 이외에 두 사람은 따로 잠자리에 드는 것이 습관이었다. 젊었을 무렵, 프랑스의 북과 남으로 헤어져 교편을 잡았던 것이 이러한 습관을 만들어냈다. 이처럼 몸에 밴 방식은 다망한 중년시대에 항상 변함없이 밤을 새우게 마련인 사르트르가 안페타민을 수없이 복용하며 몇 날 밤을 계속해서 글을 썼던 무렵에 더욱 강화되었다. 얄궂게도 함께 잠자리에 드는 것이 마침내 정착된 것은 노년에 이르러서이며, 시력이 약해진 사르트르가 그녀의 아파트에서 저녁의 한때를 보낸 뒤 라스파이유 거리로 돌아가는 것이 불안해지면서부터이다.

오랜 세월을 두고 함께 지냈다는 것이 서로에 대한 관심을 약화시키지는 않았다고 시몬느는 《어떤 전후》에 쓰고 있다.

"어느 여자친구가, 사르트르와 나는 서로가 하는 말에 조심스럽게 귀를 기울인다고 말한다. 그러면서도 참으로 열심히 서로의 생각을 언제나 비판하고 정정하고 승인해왔기 때문에 지금 와서는 생각을 거의 같이 한다고 말할 수 있을 정도이다. 우리의 배후에는 추억, 지식, 정경(情景) 등 공유한 것이 많다. 세계를 파악하려는 우리의 시도는 같은 수단에 의해 행해졌으며 같은 테두리 안에 놓이고 같은 기준에 의해 인도된다. 참으로 자주 하나가 말하기 시작한 문장을 또 하나가 마친다. 어떤 질문을 받으면 두 사람이 같은 대답을 하는 것이다. 어떤 단어, 어떤 감각, 어떤 그림자의 자극이 우리를 같은 내부의 길로 유인하며 제3자에게는 전혀 설명이 안 되는 결론 —— 어떤 추억, 어떤 연상 —— 으로 동시에 도달하는 것이다."

자기는 독신으로 있어보지도 않았건만 여자는 자립해야 한다고 주장하는 것은 우습다고 비난하는 사람들을 향하여, 그녀는 자립과 결혼하지 않는다는 것은 같지 않다고 대답한다. 또한 정치적으로는 언제나 사르트르 뒤를 따랐다는 비난에 대해서는, 그는 이데올로기적으로 창조적이었으나 자기는 그렇지 않았다고 대답한다. "이와 같은 그의 우월성의 시인을 거부하는 것이야말로 나의 리베르테(自由)를 진정으로 배신하는 것이었으리라. 그리하여, 말하자면 고의로 공격적인 태도와 자기기만 —— 그것들은 양성간(兩性間)의 싸움의 불가피한 결과인 동시에 지적 성실성과 정반대의 것이다 —— 의 수인(囚人)으로 전락하고 말았을 것이다."

《처녀시대》의 너무나 많은 여성독자가 저마다 경험한 바 있는 환경이 정확하게 묘사되었음을 찬양하면서, 이 환경에서 벗어나기 위해 작자가 치른 노력에 관해서는 관심을 보이지 않는다고 그녀는 말한다. 《여자의 한창나이》 이후로 알제리 전쟁이 자기의 출신인 중산계급을 철저히 혐오하기에 이르렀기 때문에 자기와 독자와의 관계는 애매한 것이 되었다고 그녀는 쓴다. 자기는 누구를 위하여 쓰고 있는가, 어떠한 척도로 측정하면 되는가 이젠 알 수 없게 되어버렸다고 그녀는 고백한다. 앞으로 일어날 수 있는 유일한 것은 불행이라고 그녀는 요약해서 말한다.

"내가 사르트르의 죽음을 보든가, 아니면 내가 그보다 먼저 죽든가 어느 한쪽이다. 어떤 사람에게서 떠남으로써 그 사람에게 주는 고통을 위로하기 위하여 그 사람의 곁에 있을 수 없다는 것은 무서운 일이다. 그 사람이 나를 버리고 다시금 말을 하는 일이 없다는 것은 생각만 해도 끔찍한 일이다." 약 7백 페이지 가까운 3권째의 자서전에 씌어진 마지막 문장이 너무나 수수께끼 같았기 때문에 그녀는 훗날 여기에 대해 설명을 해야만 했다. 젊은 시절의 약속은 이미 다했다. 그러나 일찍이 자신이 그러했던 젊은 아가씨에게 눈을 돌리면 자신이 기만당한 듯이 느껴진다고 그녀는 쓴다.

"약속은 모두 수행되었다. 그러면서도 솔직하게 믿으려 했던 그 젊은 아가씨에게 회의적인 눈을 돌려보면 얼마나 자신이 기만당했던가를 망연자실의 느낌으로 깨닫는 것이다."

사르트르와 시몬느는 1962∼63년의 겨울을 모스크바에서 보낸 뒤 이듬해 여름에 돌아왔다. 흐루시초프의 동의를 얻어 〈프라우다〉지는 에프투센코의 시 〈스탈린의 후계자들〉을 게재했으며, 〈노비 밀〉은 스탈린의 강제수용소를 묘사한 알렉산드르 솔제니친의 《이반 데니소비치의 하루》와 서구예술 및 문화를 자유롭게 이야기한 이리야 엘렌 부르크의 《회상록》 제1권을 출간했다. 시몬느는 눈으로 덮인 모스크바를 사랑했다. 시모노프 부부가 어떤 극장에서 열린 크리스마스 이브의 파티에 두 사람을 초대해주었다. 이 파티에서는 우아한 옷차림의 사람들이 레코드에서 흘러나오는 재즈 음악에 맞춰 춤추고 있다.

모스크바에서 일부러 겨울을 보내는 표면상의 이유는 동서작가(東西作家)

‘공동체’를 만들기 위한 것으로 되어 있었다. 원로시인 주제페 운카레티를 의장으로 한 이 조직은 이데올로기를 초월한 교류를 촉진할 터이었다. 그런데 준비단계에서부터 레닌그라드에서의 여름 회합에 이르기까지의 기간에 흐루시초프는 문화의 자유화에 급브레이크를 걸고 말았다. 3월 8일, 그는 스탈린을 옹호하고 문필활동이나 예술에서의 형식주의며 추상(抽象)을 맹렬히 공격했다. 엘렌브르그는 보다 더 통렬한 비판을 받았으며 흐루시초프가 이 작가이면서 저널리스트인 그와 개인적으로 만났을 때, 사르트르에게 나쁜 영향을 주었다 —— 사르트르를 선동하여 공산당에서 이탈시켰다 —— 고 하여 그를 비난했다. 엘렌부르그가 사르트르는 한 번도 당에 입당한 적이 없다 해도 흐루시초프는 납득하지 않았다. 7월, 이탈리아로 돌아가는 사르트르와 시몬느를 보고 엘렌부르그는 회상기(回想記)의 나머지와 전집의 간행이 중지되고, 기분을 안정시키기 위해 정원을 가꾸기에 여념이 없다고 말했다.

흐루시초프의 돌변으로 8월의 레닌그라드 회의는 매우 진부한 것이 되고 말았다. 소련의 작가들은 ‘서구’의 문학 및 부패 타락한 ‘서구’에의 경멸을 표명하고 페진은 작가를, 승객을 올바른 목적지까지 수송하는 것을 임무로 하는 항공기 조종사에 비유했다. 알란 로브 그리에는 이에 대하여 “소설은 수송의 수단이 아니라……. 정의로 보아서도 작가는 자신의 행선지를 알지 못한다.”고 대답했다. 대회가 완전한 실패로 끝나는 것을 막기 위해 소련측의 회의 조직 담당자들은 사르트르에게 질서있는 의사(議事)를 맡아 달라고 의뢰했으며 그는 이 부탁을 들어주었다. 조직 담당자들은 또한 흐루시초프를 설득하여 그르지아의 시골에 있는 그의 별장에서 대표단을 영접토록 했다. 모스크바에서 이틀을 보낸 뒤, 사르트르와 시몬느, 운가레티, 안가스 윌슨 외에 다른 5명의 서구 작가와 많은 소련인 작가들은 요기도 제대로 못 한 채 비행기며 버스를 타고 흑해를 굽어보는 언덕 위의 저택으로 갔다. 모두를 초대한 만큼 흐루시초프는 틀림없이 우호적일 것이라고 시몬느는 상상했다. 그러나 그는 모두를 자본주의의 지지자라면서 매도했다. 그러나 흥분하여 감정을 폭발시킨 뒤 그는 말만은 일단 이렇게 말하는 것이었다. “그래도 여러분은 전쟁에 반대도 하고 있기 때문에, 적어도 이렇게 함께 먹거나 마실 수는 있는 것이다." 식사는 호화로웠으나 전(全) 소련의 지배자는 불쾌한 태도를 바꾸지 않았다. 후에 사르트르는, 그들이 도착하기 조금 전에 프랑스 공산당 서기장 모리스 트레즈가 흐루시초프와 만나, 당신이 이제부터 만나는 사람은 위험한 반동분자들이라고 경고했음을 알았다.

변덕스런 흐루시초프의 냉대를 받았다고는 하나 그를 만난 데에는 분명히 유익한 점도 있었다. 갑자기 사르트르와 시몬느는 귀빈이나 다름없게 격상되었음을 느꼈으며 가고 싶은 데는 어디이건 여행할 수 있게 되었다. 레나 조니아와 함께 두 사람은 클리미아 반도와 그르지아 공화국, 아르메니아 공화국, 바꾸어 말한다면 얄타에서 토비리시, 그리고 예레반까지도 갔으며 터키와의 국경에 걸쳐 안개로 감싸인 아라라토 산을 바라보기도 했다. VIP 대우는 이듬해에도 계속되었다. 그 해에 두 사람은 우크라이나의 민족시인 타라스 세프첸코 탄생 150주년 축제의 내빈으로서 키에프에 초대되었으며 외국인은 좀처럼 허락되지 않는 발트 해 연안의 몇몇 공화국을 방문하고 타린에 체재했다. 타린의 사람들은 타국으로 이주한 에스토니아 사람에 대한 것을 다정스럽게 이야기하고 있었다.

두 사람은 로마에서 한가롭게 가을을 보낼 계획으로 단골 호텔인 알베르고 나치오날레에 여장을 풀었는데, 바로 그때 파리에서 전화로 시몬느의 어머니가 넘어져 발에 골절상을 입었다는 소식이 들어왔다. 친구들이 마담 드 보브와르를 병원으로 데려다주었다.

시몬느는 곧 파리로 돌아갔다. 프랑소와즈 드 보브와르는 암을 앓고 있음이 판명되었다. 그녀는 늘 암으로 죽는 것을 두려워하고 있었기 때문에 진실을 알리지 않고 위벽에 염증이 생긴 것으로 사람들을 믿게 했다. 회복의 가망은 없다는 진단이었다. 죽어가는 어머니의 곁에는 푸페트도 있었다. 마지막 고통은 처참했다. 푸페트가, 어머니가 숨지기 전 2주간의 고통에 대해 어느 간호사에게 말을 하자 그 간호사는 "마담, 그 정도라면 참으로 편안하게 돌아가신 것입니다."라고 대답하는 것이었다.

이 간호사의 말이 어머니의 죽음에 관해서 쓴 시몬느의 책의 제명이 되었다. 《온화한 죽음》은 시몬느의 가장 짧은 작품의 하나이다. 사르트르는 이것을 그녀의 최고의 작품이라고 했다. 이것은 근대적인 병원에서 암으로 죽는 한 노녀(老女)의 모습을 그린 냉철하면서도 때로는 가슴을 찌르는 기술(記述)이다. 생명의 몸부림 —— 눈물, 절규, 고통, 고름, 더럽혀진 시트, 구토 —— 은 환자의 몸에 부착시키는 갖가지 기계를 갖추고 단정한 옷차림에 비굴할 정도의 태도라고도 할 수 있을 기술자들을 거느린 중증병동(重症病棟)의 싸늘한 유능함과 대치된다. 《온화한 죽음》은 또한 고통받은 육체에의 동정과 죽어가는 늙은 여자가 마지막까지 지니는 가치관 —— 그 병원보다는 이 병원이 좋다고 하는 취향 —— 에 대한 짓궂은 모멸을 대비시키면서 프랑스 부르주아지〔有産階級〕를 통렬히 논평하고 있다. 죽어가는 노녀에 병의 실체를 결코 알리지 않는 기관 그 자체가 그녀가 살고 또한 그 때문에 살아온 부르주아적 허위의 일부를 이루고 있는 것이다.

흐루시초프의 공격에 응답해야겠다고 생각한 사르트르는, 11월에 체코 작가동맹으로부터 그와 시몬느가 초대된 기회를 이용하여 서구작가의 유산의 일부가 동구의 작가들로부터 '퇴폐적'이라고 간주되는 한, 어떠한 동서의 대화도 불가능하다고 말했다. 4개월 전의 레닌그라드 회의에서 지명(指名)으로 비난당한 3명의 '데카당(頹廢派)' —— 프로이트, 카프카, 조이스 —— 을 가리켜 자신을 마르크스주의로 인도해준 인물이라고 말한 뒤 사르트르는 이렇게 말했다.

"우리 서구의 좌익인(左翼人)은 우리를 형성해준 기초적인 작가들, 우리가 못 본 체할 수 없는 작가들이 모두 퇴폐적이라고 간주되는 것을 용인할 수는 없다. 왜냐하면 그것은 당신들이 우리의 과거를 규탄하는 것이 되며 또한 우리 측에서 할 수 있는 토의에의 공헌을 무의미한 것으로 만들어 버림을 뜻하기 때문이다."

그를 초대한 측에서는 공적인 장소에서는 상냥하고 정중한 태도를 취하고 비공식의 자리에서는 1957년의 폴란드 문학가들처럼 열렬한 환영을 보여주었다. 에세이스트며 저널리스트 또한 프랑스어의 책을 많이 번역하고 있는 안토닌 리임이 친구가 되었다. 이 밖에 두 사람이 만난 인물로는 미랑 쿤데라 —— 이 사람의 잔혹하고 짓궂은 단편소설 1편은 〈현대〉지에 게재되었다 ——, 매우 젊은 바츨라프 하벨, 에두아르드 골드스추카, 카렐 코시크와 그 밖의 사람들이 있었으며, 그들은 '물신화(物神化)된 마르스크스주의'에 관해 귀중한 이야기를 두 사람에게 들려주었다. 당시 체코슬로바키아의 경제는 혼란했다. 이를 시정하기 위해 지도자는 생산을 나라의 필요성과 자원에 적응시키는 새로운 제도를 계획하고 있었다. 이러한 개혁은 어느 정도의 자유화를 필요로 했었는데, 한편으로는 권력의 극단적인 중앙집권이 엄연히 있으며 양자는 전적으로 서로를 받아들이지 못했었다. 객혁론자는, 생산에 대한 어느 정도의 관리권을 노동자에게 부여하려고 했으나 정치적 의식을 완전히 잃고 있던 노동자 계급은 낡은 체질의 관료주의자 측을 편드는 형편이었다. 지식인은 개혁에 찬성하고, 한편 골수 분자인 스탈린주의자들은 반(反) 리임의 캠페인을 전개했는데 이것은 헛된 노력으로 끝나버렸다. 쿤데라는 사람을 모두 수상쩍게 보는 관료주의적 인간의 그로테스크한 초현실주의를 강조하고, 코시크는 체제가 필요로 하는 것은 눈가림을 당한 말처럼 전방밖에는 볼 줄을 모르며 치사스럽고 감수성이 결여되고 사고능력을 갖지 못한 출세주의자라고 주장했다. 리임은 사회주의 위성국가의 종말을 이런 식으로 그려 보였다. 히스테릭한 마르크스주의자의 사내가 무릎을 꿇고 이성을 교의(敎義)로 바꾸어 "나는 믿는다. 그러므로 나는 어리석다."고 외친다. 왜냐하면 이 사내는 자신이 사회주의 건설의 장애가 된다고 생각하기 때문이다. 이 나라에서는 더 나은 거짓말을 찾을 수 없을 때에 한해서만 진실을 말하는 것이다. 이 나라는 현실의 상황을 전혀 파악하지 못하고 있다. 공식적인 계통의 거짓말이 이전의 지식이나 사회경제적 연구를 모두 파괴해버렸기 때문이다. 문제는 지도자가 진실을 알고 있는 것이 아니라 백성에게 숨기는 데에 있다. 진실은 존재하지 않는다고 그들은 말했다.

프라하를 떠나기 전에 사르트르는 《아르토나의 유폐자》의 체코 특별 공연에 참석했다.

1964년의 커다란 사건은 노벨상을 에워싼 대소동이었다. 사르트르가 이 해의 문학상 수상자가 될는지 모른다는 최초의 시사는 조간지 〈포롤스〉 스톡홀름 특파원으로부터 지급전보로 10월 15일에 전해졌다. 사르트르는 곧 짤막한 성명문을 썼으며, 이 문서는 스웨덴어로 번역되어 그의 스웨덴에 있는 출판사 대표에 의해서 10월 22일에 발표되었다. "개인적인 이유로 수상자 명단에 들어가기를 희망하지 않는 바입니다."라고 그는 썼으며, 다만 이 수상(受賞) 사퇴가 스웨덴 아카데미에 최고의 경의를 표하지 않는 것은 아니라고 덧붙여 쓰기까지 했다.

사르트르와 시몬느가 몽파르나스의 레스토랑 로리엔하르트에서 돼지 삼 겹살 요리를 먹고 있던 참에 그의 행방을 쫓던 보도기자들이 1964년의 노벨 문학상이 그에게 주어지기로 결정되었음을 알렸다. 스웨덴 아카데미의 사람들이 어째서 자신의 수상 거부 선언을 무시하기로 결정한 것인지 영문을 전혀 알 수 없다고 그는 기자들에게 말했다. 전과는 달라서 이번에는 사퇴의 이유를 설명해야 할 입장에 그는 놓였다. 정성스레 기초된 성명문 ─ ─ 스웨덴어로 번역되어 스톡홀름에서 발표되었고 프랑스어판은 AFP통 신에 의해 배포되었다 ── 에서 사르트르는, 자기는 일찍이 어떠한 공식 적인 영예로 누린 적이 없다는 것이 개인적인 이유이며 또한 정치적 이유로서는 유럽을 분열시키고 있는 이데올로기적인 갈등의 어느 한쪽에 가담한다는 낙인이 찍히기를 원하지 않는다고 말했다.

"문화의 전선(戰線)에서 오늘날 유일하고 타당한 투쟁은 동서 두 문화의 평화적 공존을 추구하는 싸움이다."라고 그는 썼다. "상호간에 화평해야 한다는 것이 아니다. 서로 대치한다는 것은 필연적으로 갈등의 형태를 지니게 됨을 나도 충분히 알고 있다. 그러나 이 대치는 모든 제도가 사이에 끼어들지 않고 개인과 문화 사이에서 행해져야만 한다. 나 개인은 두 문화의 모순을 통감하고 있다. 내가 그러한 모순의 소산인 것이다."

이 상이 서방측 진영의 이데올로기적인 상이 아님은 충분히 알고 있으나 그럼에도 불구하고 일반적으로는 그처럼 간주되고 있으며 스웨덴 아카데 미로서는 힘이 미치지 못하는 사태의 움직임이 상을 그러한 것으로 만들 어버렸다고 그는 말했다.

"노벨상이 소로호프에 앞서 파스테르나크에게 주어져, 영예를 누리는 소련의 작품이 오히려 본국에서는 금지되고 외국에서 출판되는 사태는 유감스럽다. 균형을 이루기 위해 이와는 다른 방법으로 의사표시가 있어도 좋았지 않았는가. '121인 선언'에 우리가 서명한 알제리 전쟁이 한창일 때라면 나는 고맙게 상을 받았을 것이다. 그 경우에는 상을 받는 것이 나뿐만 아니라 우리가 그것 때문에 싸웠던 자유이기도 했기 때문이다."

마지막으로 사르트르는 상에 따르는 25만 크로나 —— 6만 달러 —— 의 상금으로 고민하는 중이라고 말했다. 이것을 받는다는 것은, 이 돈을 의의있는 목적에 기부함을 뜻하며 —— "이를테면 런던에 있는 반(反)아파르트헤이트 위원회 같은 것을 나는 생각한다." 거부한다는 것은 이러한 조직이 필요로 하는 지원의 박탈을 뜻하는 것이기도 했다.

사르트르는 이 성명이 스톡홀름의 아카데미에 도착하기까지는 매스컴과 만나는 것을 피하여 시몬느의 집에 은신했다. 그러나 오후 6시에는 안느 마리가 전화로 라스파이유 거리 222번지는 보도진으로 포위되고 있다고 알려왔다. 사르트르는 한밤중에 태도를 누그러뜨려 은신처에서 나와 인터뷰며 사진 촬영에 응하기로 했다. 이튿날 아침, 라스파이유 거리에 돌아와보니 1대의 텔레비전 중계차가 아파트의 바로 앞에 있었다.

일반적인 반응은 대체적으로 부정적이었다. 카톨릭의 실존주의 철학자 가브리엘 마르셀은 사르트르를 "상습적으로 명예를 더럽히는 인물이고 일관된 모독자라고 평했으며 또한 앙드레 브르턴은 동구측 블록에 점수를 따려는 선전이라고 비난했다. 사르트르가 가장 괴로웠던 것은 가난한 사람들로부터의 편지였다.

"가슴 아픈 편지로서 모두가 같은 말을 하고 있었다. '당신이 거절한 돈을 나에게 주십시오.'하고." 모스크바에서도 사퇴의 의사표시는 오해되었다. 작가동맹에 속하는 리버럴파(派)의 친구들은, 사르트르가 미하일 소로호프보다 앞서 보리스 파스테르나크에게 상이 주어졌음을 유감으로 여김으로써 스탈린주의자에게 가담하여 자기들의 주장을 외면한 것으로 생각했던 것이다. 소련의 자유주의자들은 동향에 조금이라도 변화가 일어날 것을 원했던 것이다. 뜻하지 않은 노벨상의 말썽이 일어나기 1주일 전에 소비에트 최고회의 간부회에서는 흐루시초프를 권좌에서 몰아내고 알렉세이 코스이긴을 새 수상으로, 레오니드 브레즈네프를 당 제1서기로 앉혔던 것이다.

그보다 2개월 전에 존슨 대통령은 통킨 만(湾)에서의 북베트남 초계어뢰정에게 미국 구축함이 공격을 받았다 하여 북베트남의 공폭으로 이에 맞섰다. 1965년 3월, 사르트르는 프로벨과 철학에 관한 일련의 강의를 코넬 대학에서 하기 위해 미국으로 초빙받았으나 이를 거부함으로써 전쟁에 반대하는 최초의 항의를 했다. 특히 미국공군이 전쟁을 격앙시키고 있었기 때문에 그의 거부는 단호한 것이었다. 1965년 4월에 최초의 미군 전투부대가 남베트남에 상륙, 17개국이 화평교섭을 호소했을 때, 그는 이를 알제리의 재현이라고 말했으며, 프랑스 정부가 알제리 임시정부와 교섭을 하지 않을 수 없게 되어버린 것처럼 베트콩이 반드시 정당한 대표로서 승인받아야만 한다고 말했다. 전쟁반대의 '티치 인' 항의활동이 전미(全美)로 확대될 조짐이 보였다. 보스턴의 집회 앞으로 사르트르는 전보를 보내어 알제리 전쟁반대에 참여한 프랑스의 지식인보다도 미국의 지식인이 더 큰 성공을 거두기를 빈다고 말했다.

"그러나 설사 당신들이 성공하지 못한다 해도 당신들의 의사표시 행동이 헛되이 끝나지는 않을 것입니다. 당신들의 행동은 무책임한 자들이 당신들의 나라에 관해 추악한 이미지를 전세계에 전하는 바로 그런 때에 행해지고 있기 때문입니다."

〈플레이보이〉지와 〈보그〉지가 사르트르와의 인터뷰에 많은 지면을 제공하고 또한 〈하퍼즈 매거진〉지에서는 오르그렌이 《어떤 전후》에 대하여 혼란된 서평을 썼다. 〈플레이보이〉지의 인터뷰는 세대간의 단절에서 드골의 정치에 이르기까지, 그리고 누보 로망에서 장 주네가 근년에 와서는 별로 쓰지 못하는 점에 이르기까지 다양한 화제를 다루었다. 매우 흥미로웠던 것은, 사르트르는 언제나 아름다운 여성들에게 둘러싸였었는데, 그것은 여성의 추악함이 자신을 실망시키기 때문이라는 그의 발언이었다. "나는 그것을 시인하며 또한 스스로를 부끄럽게 여긴다."고 그는 말했다. 자신은 여성의 동반자를 더 좋아하는데, 그것은 일반 남성들이 감수성의 폭이 좁으며 화제는 일에 관한 것으로 한정되어 따분함에 비해서 여자들은 노예일 수도 있고 공범자일 수도 있다는 그 놓여진 상황에 따른 특징을 지니기 때문이라고 그는 말하고 있다. 〈보그〉지의 인터뷰는, 시몬느에게 바친 사랑의 찬가(讚歌)였다. 여성으로서의 그녀를 어떻게 생각하느냐는 질문을 받은 사르트르는 이렇게 대답했다.

 "나는 그녀가 아름답다고 생각한다. 나는 언제나 그녀가 아름답다고 생각해왔다. 처음으로 만났을 때의 그녀는 보기 흉한 작은 모자를 쓰고 있었는데 그래도 아름답다는 생각에는 변함이 없었다. 나는 그녀와 사귀겠다고 단호히 작정했었는데 그것도 그녀가 아름다웠기 때문이며 내가 좋아하는 타입의 얼굴이었고 그것은 지금도 그러하기 때문이다. 시몬느 드 보브와르의 멋진 점은, 그녀가 남자의 지성을 지니고 —— 이런 말투로는 이해가 되겠지만 나는 아직도 약간은 봉건적인 남자이다 —— 또한 여자의 감수성을 지니고 있다는 것이다. 다시 말해서 그녀의 내부에서 내가 바랄 수 있는 모든 것을 발견하고 있는 것이다. 더구나 우리는 진정으로 다툰 적이 한 번도 없다. 부질없는 일로 말다툼은 있었지만. 이를테면 1939년에 우리는 나폴리에서 말다툼을 했는데, 그것은 나폴리 사람들이 주택계획으로 세워진 집에 입주할 것이냐에 관한 다툼이었다. 결국은 내가 그녀에게 '이 파시스트야!' 하고 말하자 그녀는 '당신 따윈 고물이나 다름없어요. 그래요, 정말로 그래요!' 하여 끝났던 것이다."

 오르그렌의 서평은 미국의 문예잡지에서는 좀처럼 볼 수 없는 엉망으로 된 비방이며 욕설이었다. 단편적인 인용을 구사하여 《이상한 나라의 앨리스》에서 몇 줄을 끌어들이는가 하면 시몬느에 대해 자유의 정신으로 불타는 정자(精子)를 손상시키는 처녀생식의 연구자에 비유하는 식의 은유를 많이 사용하고 이텔릭 활자로 강조한 글은 이런 식으로 되어 있었다. "그녀는 언제쯤 가면 그 부질없는 수다를 그칠 것인가?" 오르그렌은 자신이 비평하고 있는 책의 저자와 관계가 있었음을 밝히지 않은 채, 자기 자신에 관해 씌어진 대목이며 사르트르와 시몬느가 커플로서 유지했던 '어떤 종류의 정절(貞節)'에 언급한 대목 등을 인용하고 있다. 뚜쟁이가 차라리 철학자보다 성실하다고 그는 말하고는 또한 인생에서 단 한 번도 도박을 한 적이 없으며 자신의 소망을 타인에게 맡겨 살아가는 여자들이 시몬느를 좋아한다고 말한다. "세어도어 드라이저 이후로 우리 생활의 기록자이며 인간의 정의에 대한 이토록 확고한 정열과 이토록 질식할 것만

294

같은 따분함을 마담 드 보브와르만큼 결부시킨 사람은 없다."고 그는 말했다.

1965년 1월 26일, 사르트르는 알렛 엘카임을 양녀로 삼기 위한 소송 수속을 변호사들로 하여금 시작케 했다. 동시에 그는 연극의 세계로 복귀했다. 다만 자작(自作)의 연극이 아니라 에우리피데스의 《트로이의 여자들》의 번안극에 의해서였다. 미셸 카코야니스의 연출로, 나시오날 포풀레르 극장에서 상연된 《트로이의 여자들》은 비극이라기보다는 차라리 반전(反戰)의 테마에 의한 오라토리오 같은 것이었다. 사르트르는 연극을 현대화하고 트로이에 의해서 식민지주의로부터의 해방을 위해 싸우는 제3 세계를 상징케 했던 것이다. 특별공연의 1주일 후에 법정은 정식으로 알렛을 양녀로 삼을 것을 요구한 사르트르의 요청을 인가했다.

〈현대〉지는 은밀히 갈리마르 출판사로 복귀하는 중이었다. 1947년, 이 잡지는 드골을 아돌프 히틀러에 비유했기 때문에 말로의 격분을 사서 갈리마르 출판사로부터 분리되었다. 줄리아르 출판사와의 17년간은 평온한 것이긴 했으나 최종적으로 이 출판사의 편집장 크리스찬 부르조와와 의견이 엇갈리고 말았다. 클로드 란즈만, 마르셀 페주, 보스트 아우와 장 뷔용, 프란시스 존슨, 그리고 창간 이후로 참여하고 있는 J. B. 폰타리스로부터 이루어지는 〈현대〉지의 일가(一家)는 격주의 목요일마다 다음 호의 편집회의를 열었는데, 알제리 전쟁의 종결은 이 식구들에게 한순간의 망설임을 품게 했다. 1957년의 사르트르와 시몬느의 바르샤바 여행 결과, 이 잡지는 '폴란드기(期)'를 맞아 바르샤바의 상당히 좌경(左傾)한 작가들의 작품을 다수 번역하여 게재했다. 1961년, 스위스의 저널리스트이며 1946년에 로잔느에서 사르트르와 처음으로 만났던 앙드레 고르츠가 편집위원의 일원으로서 참여하여 뷔용과 함께 정치문제의 책임을 지고 사실상 작고한 멜로폰티에의 구실을 맡게 되었다. 고르츠 아래에서 '이탈리아기(期)'가 시작되었으며 이탈리아 공산당의 논쟁이나 개량주의적 리버럴리즘의 토론을 게재하게 되었다. 페주는 독립한 알제리의 사회주의에 관한 그의 폭로기사가 다른 멤버로부터 너무 과격하다는 비판을 듣고 이 잡지사를 떠났다.

사르트르는 시몬느와 함께 소련에서 다시 한 번 여름을 보냈다. 시몬느와 헤어져 단독으로 사르트르는 헬싱키로 향하여 평화와 민족독립, 군비축소 세계회의에 출석했다. 이 회의는 존슨 대통령이 남베트남에서의 미군 병력의 증강과 미국에서의 징병 강화를 명령한 것과 시기를 같이 하여 개최되었다. 중국 공산당은 베트남에 대한 소련의 중립적 태도를 비난하고, 소련은 미 제국주의의 협력자 및 수정주의자라고 공격했다. 중・소의 적대관계 격화는, 사르트르와 시몬느의 소련 친구들에게 중국이 소련 침략의 준비를 하고 있다고 믿게 할 정도였다. 흐루시초프의 실각은 문학활동의 면에서는 유리하게 작용한 듯이 여겨졌다. 솔제니친과 에렌브르그의 책이 출판되었으며 파스테르나크의 작품도 다시금 모습을 나타내기 시작했다. 카프카는 아직 번역되기까지는 이르지 못했으나 지금까지의 퇴폐적인 페시미스트라는 호칭을 대신하여 자본주의의 희생자로 평가받게 되었다.

사르트르와 시몬느는 리투아니아 공화국을 방문하였으며 그곳의 작가 동맹 대표는 전담하다시피 하여 두 사람을 환대해주었다. 두 사람은 부스코프에 있는 푸시킨의 저택도 방문했다. 모스크바로 돌아오자 에렌브르그가 소련에서 지금 가장 중요한 출판의 형태는 사미즈다트 —— 자가출판(自家出版) —— 라고 가르쳐주었다. 검열로써 침묵을 강요당한 작가들은 친구들의 도움을 얻어 작품을 타이핑하고는 복사를 한다. 그리고 이 극히 흥미로운 지하 출판물이 공식으로 인가된 출판물과 어깨를 나란히 하여 유통된다는 것이었다. 시몬느는 유리 다니엘의 자가출판을 한 단편이 프랑스에서 나온 것을 읽었으며 또 하나의 자가출판 작가인 안드레이 시냐프스키의 단편집을 영어로 읽었다. 그들의 작품은 스탈린주의적 공포 정치를 아이러니컬하게 지탄하고는 있으나 결코 반(反)마르크스주의는 아니라고 그녀는 생각했다. 10월, 사르트르와 시몬느가 로마에 있을 때, 다니엘과 시냐프스키가 체포되고 〈이즈베스차〉와 〈리테라투르나야 가제타〉의 두 신문에서 격렬한 공격을 받았다. 1966년 2월, 이 두 사람은 재판을 받았으며 소련의 사회적 정치적 체제에 손상을 입혔다 하여 유죄로 판결, 강제노동수용소에서 시냐프스키는 7년, 다니엘은 5년의 재교육 판결이 내렸다. 투옥된 작가들에 대한 유대를 표명하기 위해 사르트르와 시몬느는 그 해의 소련 방문과 제10회 소련작가대회의 참석을 거부했다. 그 다음에 두 사람이 모스크바를 방문했을 때 소로호프는 다니엘과 시냐프스키의 처벌은 보다 더 가혹해야 한다고 했으며 솔제니친은 사르트르와의 면담을 거부했다. 분명히 사르트르가 그 작품을 항상 발표할 수 있는 작가라는 것이 이유였다. 소련인이란 참으로 어려운 상대였다.

사르트르와 시몬느는 항의의 전문가가 되는 중이었던 것일까? 그러나 최대의 항의는 그 뒤 얼마 지나지 않아서였다.

버트란드 러셀 전쟁범죄 국제법정은 93세의 노철학자 머리에서 나온 것이라기보다는 오히려 랄프 센만이라고 하는 1966년 이후로 러셀의 적 ── 그 수는 많았다 ── 으로부터 그의 '왼쪽 팔'이라는 말을 듣던 젊은 미국인이 구상한 것이었다. 센만은 24세의 단단한 체격의 젊은이로 프린스턴 대학에서 철학을 배우고 런던 스쿨 오브 이코노믹스에서 대학원생으로 연구를 계속했었는데, 그 무렵 핵군축 정책에 관해 러셀에게 편지를 보낸 뒤 무료승차를 계속하면서까지 북웨일즈로 가서 러셀을 만났다. 센만은 그 뒤 러셀의 활동에 영향을 미치기 시작했다. 트로키스트라느니 CIA라느니 겁 모르고 교만한 젊은 좌익에 불과하다느니 하는 말들을 들으면서도 그는 처음에 웨일즈에서 러셀 비서가 되었으며 이어서 런던에서는 그의 대변인이며 버트란드 러셀 평화재단의 서기가 되고 평화재단의 대표로서 널리 유럽의 각지를 여행하게 되었다.

1965년 여름, 센만은 헬싱키 세계평화대회에 나타나 '버트란드 러셀로부터의 성명'을 낭독할 수 있도록 해달라고 대회 당사자들을 설득하여 낭독했으나 참가자 가운데 러셀을 아는 사람들로부터 매우 비(非)러셀적이라는 말을 듣는 그런 내용의 것이었다. 이 '성명'의 낭독이 끝나고 의장이 다음 발언자를 호명하려 하자 센만은 북미(北美) 대표단 보고에 관한 평화재단의 성명을 계속해서 낭독하겠다고 발표했다. 북미대표단 보고는 전날 밤 발표되었기 때문에 센만은 의사규칙에 위반된다고 하자 마이크를 그래도 쥐고 있던 그는 규칙을 무시하여 그래도 계속, 마침내 의장이 발언자 자리로 가서 마이크를 빼앗고 말았다. 이 꼴사나운 사태를 공표하겠다는 위협을 받은 센만은 "앞으로는 격렬한 일이 없도록 조심하고 무례함을 삼가하겠다."고 약속했다. 그칠 줄 모르는 그의 열의는 잉글란드에서 재단의 활동을 널리 선전하려고 했을 때에도 같은 결과를 빚었다. 1965년 초에 있었던 러셀의 연설에 대해 〈이코노미스트〉지는 다음과 같이 보도하고 있다.

"월요일, 준비된 원고를 러셀이 이따금 막히면서 천천히 읽는 모습은 가슴 아픈 것이었다. 이 원고는 중대한 증거를 무시하고 진실에는 가볍게만 언급했으며 허위를 시사하고 직접적인 고발을 피하여 비유적인 야유로 시종된 것이었다. 그의 곁에는 랄프 센만 씨가 있었다. 반미적(反美的)인 미국인으로서 이제는 러셀 경의 비서이며, 정반대의 인물이라는 것이 입증되기까지 그는 앞으로도 계속하여 원고를 만들고 그 만들어진 것에 대해서는 노(老)러셀이 책임을 져야만 하는 것이다."

미국의 급진적인 잡지 〈마이노리티 오브 원〉의 주필 M. S. 아노니가 1965년에 명확히 베트남 문제를 대상으로 한 전쟁범죄 재판을 제안했을 때에 러셀은 그 생각을 '매력적'이긴 하나 거기에는 시간과 돈이 필요하다고 대답했다. 그런데 동남아시아의 사태 동향은 급속한 것이었다. 그래서 1966년 초에는 센만이 증거수집을 위해 북베트남으로 파견되었으며 러셀 자신도 법정의 판사가 될 수 있는 인물을 검토하는 일에 착수했다.

"러셀의 의견이 변화한 것에 관해서는 센만의 책임이 매우 크다는 것을 나타내는 상황증거가 상당히 많이 갖추어졌다."고 러셀의 전기를 쓴 로널드 W. 클라크는 썼다. "그러나 다른 영역과 마찬가지로 센만이 이미 존재하는 모든 경향을 강화하는 그 한편에서 러셀 자신이 1965년의 후반기에 베트남에서의 잔학행위에 대한 수많은 증거 및 미국내에서의 염전(厭戰) 분위기의 증대에 영향을 받고 있었다. 그는 또한—— 그의 적대자는 좀처럼 인정하려 않는 일이지만—— 애국자이기도 하여 영국정부의 무기력함이나 미국의 정책 비판으로 받아들여질 만한 발언은 전적으로 하지 않으려는 태도에 깊이 우려하고 있었다."

1966년 7월, 온타리오 주의 해밀턴에 있는 매크마스터 대학에 러셀 개인의 논문을 팔기로 하여 25만 달러를 마련한 뒤, 러셀은 "진정으로 공평무사한 사람들을 구하려는 마지막 망설임을 포기하고 말았다. 법정을 공정한 것으로 해야 한다는 신념은 그 뒤에도 계속되었으나 센만이 사무국장이 됨으로써 끝이 났다. 센만은 법정의 멤버를 "목적을 자신에게 건 사람들의 편파적인 모임"이라고 표현했다.

사르트르와 시몬느가 이 법정에 대하여 처음으로 안 것은 파리의 시몬느를 찾아온 센만으로부터 참가 요청을 받았을 때였다. 러셀 평화재단은 조사단을 베트남에 파견함과 동시에 미국의 좌익에게 자료의 제공을 요구하게 될 것이라고 그는 말했다. 이 계획 전체의 목적은 온 세계, 특히 미국의 여론을 환기시키는 데 있었다. 센만은, 심리는 파리에서 있을 것이며 사르트르와 시몬느는 전체를 통해 출석할 필요는 없고 의논사항에 관한 보고는 모두 제공하겠다고 말했다. 요컨대 끝날 즈음해서 2, 3일만 출석하면 된다는 것이었다. 두 사람은 참석을 승락했다.

9월과 10월, 사르트르와 시몬느는 일본을 방문했다. 두 사람의 저서는 모두 일본어로 번역되었으며 —— 《제 2 의 성(性)》의 1965년에 나온 문고판은 당시의 베스트셀러의 하나였다 —— 두 사람은 명사(名士)로서 영접을 받아 강연의 요청에 포도주의 대접, 식사의 초대에 이어 국내관광 안내를 받았다. 사르트르는 난생 처음으로 카메라를 갖고 여행했다. 시몬느의 말에 의하면 '일본인도 무색할 열성으로' 그는 카메라를 찍어댔다.

문학의 영역에서는 변화가 일어나는 중이었다. 그 해 가을, 사르트르는 그가 구체화시킨 변증법적 역사 과정에 대한 반동으로서 일어난 새로운 '이즘'으로부터 예리한 도전을 받았다. 그 계기가 된 것은 엑스 안 프로반스에서 출판되는 계간지(季刊誌) 〈라르크〉에서 낸 사르트르 특집호였다. 여기에 사르트르가 마르크스주의자의 곤혹을 외면한 채 모든 세력의 규합에 새로운 핵심으로 급속히 성장하는 중이던 '구조주의(構造主義)'에 관해 솔직한 의견을 내놓았다.

구조주의란 시류(時流)에 민감한 저널리스트들이 로랑 발트의 〈누베르 클리닉〉, 클로드 레뷔 스트로스의 민족학(民族學＝ethnology), 자크 라캉의 정신분석적 연구, 미셸 후코의 언어철학 등을 약간 남용하여 하나로 통틀어서 붙인 이름이다. 과거 10년 동안에 '누보 로망'의 작가들은 전전

(戰前)에 T. E. 로렌스, 말로, 베르나노스가 실행하고 사르트르나 카뮈가 전시 중 및 전후기(戰後期)에 계승한 '인간의 운명'을 격조 높이 구가한다는 차원에서 소설이라는 것의 개념을 바꾸어버리고 있었다. 알랑 로브 그리에, 미셸 뷔투르, 나타리 살로트 등이 비극적인 것에 관해 지니는 감각은 선배들과는 달라서 인간과 그 운명을 다스린다는 것을 슬쩍 포기하고 말았다. 그들은 소설에 의해서 인생을 '뜻있게'하고 혹은 설명함을 거부하거나 그 대신 독자들에게 마음의 내부에 있어서의 유기적인 경험에 참여하도록 호소한다. 그 마음은 세계를 지배하기는커녕 단순한 일부, 또는 '구조'인 것이다. 누보 로망의 소설은, 실제로는 하이데거·사르트르의 전통에 따른 응용현상학의 사례이며 형이상적인 절대나 의미를 '괄호 안에 넣은 것'으로서, 사르트르 자신도 살로트의《낯선 남자의 초상(肖像)》에 쓴 서문에서 그녀의 '우리의 내면적 우주의 원형질적(原形質的) 견해'에 찬사를 보내고 있다. 소설은 이제 스토리가 아니다. 왜냐하면 스토리를 말하기에는 작가가 자신의 소재(素材)를 지배해야만 하며 현상학적 의식은 그런한 모든 겉보기를 허락하지 않는다. 소설은 세계의 구조 위에 있다 —— 정신분석적 판단을 하는 권한을 지니는 —— 는 것이 아니라 그 일부분인 것이다.

목적에 관한 이와 같은 겸허함은 바르트나 그 밖의 비평가들을 비판적 연구를 내면화하는 방향으로 이끌었다. 바르트는 또한 픽션 작품의 설명을 포기하고 그 지닌 바 '부여', 그 구조를 기술하는 것으로만 그쳐, 모든 원리, 모든 가치, 사회적 콘텍스트〔文脈〕, 역사상의 시기 같은 것을 괄호 속에 묶어버린다. 동시에 그는 '작가는 왜 쓰느냐?' '라시느가 쓴 것은 부르스트와 같은 이유에서인가?' 하는 의도를 물으려고 한다. 사르트르 자신도 보들레르론(論)이나 주네론(論)에서 이 방향으로 들어섰으며, 이 가운데서 그는 작품을 쓴다는 것은 자신의 생각을 안출해내는 것이며 완성된 작품을 쓴다는 개념보다는 차라리 그런 작품을 쓰기 위한 내면적인 의도를 나타낸다고 생각했던 것이다.

앞으로 글을 쓰려는 사람에게 잡지 〈테르 케르〉에 모인 몇몇 저자는 매혹되었다. 필립 소렐르스, 장 피엘 파이유, 장 리카르두, 장 티보드 등은 소설이란 '체험되고 구성되고 또는 상상되는 모험'일 필요는 없으며 다만 창조적인 몽상일 수 있다고 생각했다. 3백 페이지가 넘는 드라마 가운데서 소렐르스는 쓰는 자에게 있어서나 독자에게 있어서도 그 주제가 결코 명확해지지 않는 소설에 관해서 생각하는 작가의, 거의 단세포적이며 아메바적이라고도 할 수 있는 관념을 생생하게 재현했던 것이다. 스페인의 소설가 피오 바로하는 금세기 초에 이러한 움직임을 예지하고 다음과 같이 말하고 있다. "주제나 구성도 없으며 작문법도 없는 소설을 쓴다는 것은 불가능하다." '테르 켈' 그룹과 함께 작가들은 스토리를 말하는 입장에서 떠나 명료한 형식이나 질서없는 우주 가운데에서 정의하기 어려운 감각에 의해 공격당하는 '현존하는' 개인이 되기 위한 증인이 되는 것조차 포기하고 말았다. 생활은 거의 생물적 경험이라고 할 수 있으며 그것은 그 경험의 내부구조에 따라서만 설명이 가능한 것이다. 샤토브리앙의 저작에 나오는 풍경을 분석한 장 피엘 리샬의 경우, 그 '네오 크리티크'는 전기적 (傳記的) 사정을 초월하여 행해졌다. 샤토브리앙은 성운적(星雲的) 감성 (感性)의 덩어리 —— 영혼 또는 아메바 —— 이며 이것이 팽창하여 수축하고 전진하고 위족(僞足)을 뻗치며 오므라든다. 어떤 작품을 이해하기 위해서는 바깥쪽 —— 저자의 전기, 출전(出典), 모든 영향, 문학환경 —— 에서 출발해야만 하는 것이 아니라 작품의 내부로 정착하여 그 사상의 움직임과 구조의 직관적 분석 가운데서 작품과 합치하고, '본문 가운데서' 작품을 연구해야만 한다. 작품은 변증법적으로 그 저자보다 이전에 있다. 젊은 프루스트가 세속적 계층을 묘사한 것은 그가 남의 눈을 끄는 사교계의 인물로서 감각적 생활을 살기 때문은 아니다 그가, 우리의 과거 전체가 우리 내부의 어딘가에 숨어서 살며 감각적 인식, 또는 예술작품을 통하여 무의식 속에 재발견될 수도 있다고 하는 전제 아래 책을 쓴 것은 어떤 종류의 공간과 시간의 감각이 그의 내부에 존재했기 때문이다. 샤토브리앙이 망명과 치욕에 관해 쓴 것은 그가 그것을 알기 때문이 아니며, 그가 쫓긴 것은 그의 개인적이며 독자적인 분위기가 '망명자적 감성(亡命者的感性)'의 구조를 포함하고 있었기 때문이다. '테라 켈' 그룹과 장 스트로반스키에 있어서 작품은 그 저자의 표현이 아니며 저자의 눈을 통해서 본 세계의 반영도 아니고, 발단의 현실로서 그 표면상에 작가가 살고 있다. 구조, 유기적

구성, 생명을 지니는 것은 작품으로서 저자가 아닌 것이다.

　남미 인디언을 오랫동안 연구하는 가운데서 레뷔 스트로스가 발견한 것은, 개인의 관념이란 그 사람이 사는 사회 —— 원시사회, 발달한 사회와는 관계없이 —— 의 신화로써 형성되며 그 반대는 아니라는 것이었다. 그는, 정신구조는 개인의 사고(思考) 내부가 아니라 집단적 —— 또는 신화학적 —— 신념 속에서 찾아야 하는 것임을 발견했다. 언어학의 분야에서 같은 결론에 다다른 후코는 더욱 진전된 견해를 피력했다. 즉 그는 "언어는 '표현의 수단'이 아니라 준생물학적 환경이다. 인간은 스스로 언어를 창조하지는 못한다. 인간은 태어나면서부터 언어, 사회, 신화 속에 잠겨 있으며 이것들이 인간의 조건이 되고 형태지으며 동화한다. 즉 '언어는 인간 이전에 있는' 것이다"라고 말했다. 1969년에 출판되었을 때에 크나큰 반향을 일으킨 《언어와 사물(事物)》에서 후코는, 사회 혹은 인간의 마음에는 계속성이라는 것이 없다고 말한다. 16세기에 유럽이 사용한 언어는 하나의 자립된 언어로서, 그것은 그 세기(世紀)의 세계관을 번역하고 현실을 나타냈을 뿐이었다. 17세기의 언어는 이러한 언어에서 분류되기를 원했으며 그 이상(理想)은 문법이었다. 계몽주의 시대였던 18세기에는 언어가 자연사(自然史)를 표현하고, 한편 19세기 언어의 저류(底流)는 사회학과 과학적 심리학이었다. 어느 세기에서나 모두 프랑스어를 사용했겠지만 그러나 각 시기가 그 시기의 세계관과 일정한 문법적 형태를 다른 형태로 '구조화했던' 것이며, 각각 다른 시기의 인간사고(人間思考) 사이에는 아무런 결부도 없다. 우리가 살고 있는 것은, 역사가 계속성을 보장하는 그러한 사회가 아니라 불연속의 문명이라고 후코는 주장했다.

　《야성의 사고(思考)》에서 레뷔 스트로스는, 사르트르의 《비판》에서 볼 수 있는 역사의 지속성을 공격하여, 우리가 오늘날 볼 수 있는 그와 같은 형태로는 프랑스대혁명이 일어나지 않았을 것이며 역사적 사실은 다른 것과 마찬가지로 불가피성을 가지고 있다고 말했다. 그는 "역사가 의미를 동경하는 한, 그 역사는 지역과 시대, 인간의 집단, 그러한 집단 가운데서 개인의 선택이 운명지어졌으며, 배경으로서 사용하기에는 거의 적합하지 못한 계속성에 대치하여 그 지역과 시대며 집단이며 개인을 불연속의 모습으로서 돌출시키도록 운명지어져 있다. 참으로 전체적인 역사는 스스로를 소거(消去)하는 데에 있는 것이라고 주장했다.

마르크스주의자들이 구조주의에 난처해진 것은 이상한 일이 아니었다. 마르크스도 또한 인간이 환경이나 또는 구조에 의해 결정지어진다고 믿었었는데, 마르크스주의자에게 있어서, 환경은 변증법적 역사적 생성발전 가운데에서 움직이는 것이었다. 레뷔 스트로스와 후코는 모든 역사주의를 거부하고 누벨 크리티크〔新批評家〕들은 문학사에는 전혀 관심을 갖지 않고 저자를 '본문 속에서'만 연구했다.

〈라르크〉지를 위해 〈현대〉지의 협력자이며 지난날에는 신비평가이기도 했던 베르나르 팽고에 의한 인터뷰에 동의했을 때, 사르트르는 자신의 《변증법적 이성비판》과 마르크스주의자의 친구들을 옹호하려는 생각에서 였는지 아니면 단순히 저돌적인 것이었는지 동기야 어떻든간에 그는 이른바 구조주의에 속하는 모든 사람 —— 발트, 후코, 레뷔 스트스 그리고 '테르켈' 그룹 —— 을 하나로 묶어 전원에게 공통된 한 가지 점 —— 역사의 거부 —— 을 공격했다. 그의 주장은 간단명료했다. —— "역사가 구조를 만들어 낸다."고 그는 말했다. 이를테면 인류학은 동결된 인간적인 모든 형태에 관한 정지적 과학이 아니라 사회적 다이내믹스〔力學〕의 학문이며, 그러므로 역사적 전개의 학문이다. 지식을 추구하는 인간의 노력 가운데서 대상물(對象物)로서의 인간, 구조적 분석의 불활성적 객체(不活性的客體)로서의 인간은, 자신의 인간성, 즉 자신의 자유와 자신의 가동성(可動性), 자신의 역사감각을 되찾아야만 한다. 하나의 현상은 그 '전체성'에 있어서 연구되는 경우에 한해서만 이해가 가능한 것이며 그것은 현상의 가동성을 포함해야만 된다.

그것은 사르트르의 변증법에 있어서는 좋은 시기라고 말할 수 없었다. 구조주의는 이데올로기가 아니라 하나의 방법이었다. 구조주의는 그 신비적인 용어에도 불구하고 주제가 원자이건 언어이건 아마존의 원주민족이건 하나의 픽션이건 관계없이 어떠한 것이건 자립적인 구조가 발견될 수 있는 곳에서부터 모든 연구가 시작되어야 함을 제기했다. 구조주의는 마르크스주의가 유기적인 현실보다는 오히려 생성발전하는 현실을 연구하는 한 마르크스주의와는 상용(相容)되지 않는 것이었다. 양자의 논의는 소크라테스 이전에 어떠한 것도 생성소멸은 하지 않는다고 한 파르메니레스와, 모든 것은 유동한다고 반론을 폈던 헤라클레이토스와의 논쟁 재현이었다. 하기야 구조주의는 R. M. 알베레스가 강조했듯이 '모든 연구 부문에서 역사적, 변증법적, 기원론적 방법의 남용에 질려버린' 새로운 세대의 반동이며 '금세기의 전반에 힘을 떨친 문학사의 지배에 대한 반동이 가장 잘 나타난 것이 문학 분야'였다. 〈르 누베르 옵세르바투르〉, 〈렉스프레스〉, 소렐르스 그리고 후코는 〈라르크〉에서의 사르트르의 발언을 마음껏 웃음거리로 삼았다 —— 후코는 사르트르가 분명히 《언어와 사물》을 전혀 읽지 않았다고 말했다 —— 그러나 이 일파에 대한 사르트르의 발언이 이 9페이지의 인터뷰로 끝난 것은 아니었다.

한편, 《어떤 전후》의 끝에서 시몬느가 인생으로부터 "기만당했다."고 쓴 이유를 설명하는 말은 이전성(以前性)이었다. 프란시스 존슨의 시몬느를 찬양한 전기(傳記) 《시몬느 드 보브와르, 혹은 살아가는 시도》의 말미에는 질의응답의 인터뷰가 있다. 여기에서 존슨은 그녀가 "나는 기만당했다."고 씀으로써 문학적인 극화(劇化)를 노린 것이 아니냐고 묻고 있다. 그녀는, 어떤 의미에서 그것은 문학적 극화였으나 그러나 〈테르 켈〉지에서도 읽은 바이지만 '언어가 나타내는 진리' 이전에 진리는 있을 수 없다고 답한다. 기만당했다는 것으로써 그녀는 인생에 대한 모든 비전을 나타낼 작정이었다.
"사르트르와 마찬가지로 나는 언제나 산다는 것은 헛되이 '존재'를 탐구하는 것으로 생각해왔습니다. 다시 말해서 우리는 항상 절대를 추구하면서도 상대방 이상의 높이에는 도달하지 못한다고." 어떤 의미에서 젊음은 약속을 의미하며 '나는 기만당했다'는 표현으로써 그녀는 16세 때의 자신의 환상을 떠올려, 어른으로서의 자신의 놀라움을 측정한다는 것을 의미했던 것이다.

11월, 러셀과 센만은 버트란드 러셀 전쟁범죄 국제법정을 개설한다고 발표했다. 그로부터 며칠 안 되어 말썽은 일어났다. 연말에 파리의 사르트르에게 온 셴만은 법정의 집행위원회가 회합을 가져 운영규칙이며 수속절차를 토론했는데 거기에서는 아무런 연락도 없었다는 불평을 털어놓았다. 그가, 법정의 의장을 맡은 유고슬라비아의 작가이며 제2차대전의 파르티잔, 그리고 티토 원수의 친구이기도 한 우라지밀 데디에에게 문서와 자료 등을 보내지 않은 데 대해 사과한 것은 그로부터 얼마 뒤의 일이었다.

이 시점에서 사르트르가 흥미를 느낀 것은 법정의 한계였다. 〈르 누베르 옵세르바투르〉의 기자에게 말했듯이 이 법정의 포인트는 미국 외교정책의 도의성을 다스리는 것이 아니라 이 외교정책이 비좁게 특정의 '전쟁범죄'의 정의에 비추어 범죄적이냐 아니냐를 검토하는 데 있었다. 제국주의는 역사를 통해서 존재해왔으며 그 때문에 모든 법적 도의적 비난을 모면해왔다. 그는 '이상주의적'이라는 용어에 이의를 제기하여 진짜의 법정 흉내를 낸다는 것은 이상주의적으로 보아 어리석은 일이지만, 여기에 대해 단순한 시민이 뉘른베르크 재판과 같은 법적 선례(先例)에 따라 어느 나라의 정책을 객관적으로 다스리려 하는 것은 충분히 의미가 있다고 말했다. 마지막으로 그는 '마치 동물처럼 쫓겨서 군대 내부에 철(鐵)의 지배를 하지 않을 수 없게 한 가난한 농민의 행위와 2억의 인구를 안은 초고도(超高度) 공업국에 의해 지탱되는 거대한 군대의 행위를' 같은 입장에서 논하는 것은 거부한다고 말한 뒤, 법정이 미군과 남베트남군의 잔학행위만을 조사하고 북베트남이나 혹은 베트콩의 범죄를 다루지 않는 것이 정당하다는 이유를 설명했던 것이다.

1967년 1월, 사르트르는 런던으로 가서 셴만을 비롯하여 법정과 관련된 많은 사람들, 미국의 '블랙 파워' 래디칼의 스토크리 카마이켈 —— 하지만 그는 한 번도 나타나지 않고 대리인만 보냈었다 —— 폴란드 태생의 영국 역사가이며 트로츠키의 전기작가(傳記作家)인 아이작 도이처, 전(前) 멕시코 대통령 라자로 카르데나스, 전영(全英) 탄광노동자조합의 지도자 로렌스 데일리 등을 만났다. 셴만은 법정 개최를 수락해줄 나라를 찾는 데 애를 먹고 있었다. 영국은 증거 제출에 자진해서 협력하겠다는 북베트남인의 입국을 전혀 인정할 수 없다고 발표하여 개최국에서 빠져버렸다. 그러나 그래도 러셀의 계획은 낙관적이었다.

"법정심리를 7월에는 뉴욕, 8월에는 일본, 9월에는 아우슈비츠에서 열 것을 제안했다."고 그는 데디에에게 써보냈다. 이 데디에는, 후에 다음 심리는 바티칸에서 열게 될 것이라고 입에서 나오는 대로 선언하여 러셀의 분노를 사게 된다.

센만이 다른 개최국을 찾는 동안 —— 우선은 스위스로 결정되었다 —— 사르트르와 시몬느는 전쟁의 또 하나의 도화선이 될 가능성을 품은 지역인 중동을 여행하고 있었다. 제3의 해결책은 과연 가능할 것인가? 이스라엘과 이집트 좌익의 접근으로써 이스라엘과 아랍에 다리를 놓을 수는 없을까? 가말 나세르의 사회주의적 민족주의에 호감을 가졌던 사르트르는 이스라엘과 이집트를 방문하여 〈현대〉지에서 이스라엘·아랍 특집호를 낼 것이라고 발표했다. 여행은 12월에 할 예정이었으나 실제로 간 것은 1467년의 2월과 3월이었다. 〈현대〉지의 특집호는 5월말에 가서야 인쇄되기 시작했으며 6일전쟁이 시작되기 바로 1주 전이었다.

사르트르와 시몬느는 영향력이 큰 〈알 아프람〉 신문의 초대를 받아 우선 카이로를 방문했다. 루크솔의 유적과 소련이 건설 중이던 아스완 댐을 견학한 뒤, 사르트르는 정치가들과 만나고 시몬느는 의사, 변호사, 저널리스트 등 몇몇 페미니스트를 만나 여성문제를 조사했다. 이 체재가 끝날 즈음에 나세르가 자신의 저택으로 두 사람을 초대했다. 이야기는 3시간에 걸쳐 계속되었는데 나세르의 말소리에는 어딘지 우울한 느낌이 있었다. 나세르는 시몬느의 질문에 답하여, 자기는 페미니스트로서 딸 하나에게 고등교육 수준까지 면학에 힘쓰라고 격려한다는 말을 했다. 또한 자신은 '신'을 믿는 자이나 이슬람교에서는 언제나 고비마다 뜻대로 되지 않았다고 했으며 팔레스티나 난민 문제에 관해서는 하루아침에 해결될 수 없는 어려운 문제임을 시인하며 전쟁의 위험을 무릅쓰고까지 해결하겠다는 태도는 보이지 않았다.

사르트르와 시몬느가 텔아비브에 도착했을 때의 기자회견으로 사르트르는 서로 대립된 우정 사이에서 찢기고 있다고 말했다. 제2차대전은 유태인이 안전하지 못하는 한 유럽에서는 누구이건 안전할 수 없음을 그에게 가르쳤으며, 또한 유태인이 이스라엘 건국을 위해 영국과 싸웠을 때에는, 열렬하게 유태인을 지지했었다. 그런데 식민지주의로부터의 해방을 요구하는 알제리인의 싸움은 그에게 FCN 전사들과 유대할 것을 가르치고 그것이 계기가 되어 아랍 각국에 많은 벗을 얻었다. "그런데 아랍 세계와 이스라엘이 대립하게 되면 우리는 내면적으로 분열을 느끼고 이 대립을 개인적 비극으로서 경험한다." 두 사람은 노동조합 조직인 히스타둘루트의 초대객으로서 체재하여 수상 레비 에슈콜을 만나고 키브츠를 방문했다. 시몬느는, 키브츠에서 파이오니아로서 활약해온 60대의 여자들은 남녀의 차이를 모두 무시하여 남자처럼 행동해왔음에 대하여 젊은 층의 여자들은 남자와 겨루어 일을 하는 것이나 '여자의 할 일'을 다하는 것은 모두가 이스라엘에 봉사하는 길이라고 생각하고 있음을 알았다. 3주간의 체재 후, 사르트르는 기자회견에서 신생 이스라엘의 사람들이 평화리에 나라를 발전시키고 자신의 내부에서 모순을 파악하여 극복할 수만 있다면 역사상 가장 풍요한 인간이 될 것이라고 말했다. 이스라엘·아랍문제에 관한 입장을 질문받은 그는 어디까지나 중립임을 새삼스럽게 확인함과 동시에 국가로서 존재하는 이스라엘의 권리와 이스라엘로 복귀하는 팔레스티나인의 권리 양자를 '전면적으로' 인정한다고 언명했다.

버트란드 러셀 전쟁범죄 국제법정은 개최국을 찾기에 난항 중이었다. 튜리히에 회장(會場)을 겨우 빌리자 스위스 정부에서는 법정의 개최를 금지시켰다. 다음의 후보지는 프랑스였는데, 회장으로 택한 호텔이 예약을 취소하고 말았다. 사르트르는 드골에게 편지를 써 이 거부의 진정한 목적은 법정이 파리에서 개최되지 않도록 하는 것이냐고 따졌다. "나의 친애하는 선생에게"라고 사르트르를 우아하게 호칭한 드골은 "그렇다."는 답장을 보내왔다. 드골의 편지를 공표한 사르트르는, 설사 공해상(公海上)에 닻을 내린 선박 위에서라도 법정은 반드시 열겠다고 말했다.

매우 마지못한 태도이긴 했으나 스웨덴 정부가 스톡홀름에서의 법정 개최를 인정했다——러셀 법정을 존경해서가 아니라 스스로 표방한 민주주의의 원칙을 지키기 위해서였다. 이윽고 95세의 탄생일을 맞으려는 러셀이 스톡홀름으로 직접 온다는 것은 생각할 수 없는 일이었다. 각자의 대리인인 클로드 란즈만과 지젤 알리미와 함께 스톡홀름으로 도착하기 전에 그들은 센만이 하루에 세 번씩이나 제멋대로 기자회견을 한다는 말을 들었다. 그러면서도 법정의 구성을 알게 된 것은 변두리의 큼직한 호텔에 전원이 모였을 때였다. 러셀은 명예의장, 사르트르는 집행위원장, 데디에는 심문의장(審問議長), 보좌역으로 프랑스인 교사이며 알제리 반전(反戰) 활동가인 롤랑 슈와르츠가 맡게 되었다. 데일리와 카마이켈, 제임스 볼드윈 등 참석 예정자로서 끝까지 나타나지 않은 사람도 몇몇은 되었다. 새로이 판사로 참여한 사람 가운데에는 미국의 〈리베레이션〉지의 편집장인 데이빗 딜리저, 스웨덴인으로《말라의 박해와 암살》의 저자 페터 봐이스, 필리핀의 시인이며 터키와 이탈리아, 일본의 변호사, 그리고 파키스탄의 대법원 판사, 독일의 철학자, 그 밖에도 일본과 미국의 평화주의 활동가 2명이 있었다. 여성은 시몬느 외에는 쿠바 혁명에 참여했던 멜바 헤르난데스뿐이었으며 그녀는 미니스커트의 젊은 여성이나 장발의 젊은 남성이 번역이며 타이핑, 카피의 일을 하는 것을 보고는 귀국하면 쿠바에서는 엄금되어 있는 이와 같은 히피적인 패션이 혁명적 열정과 상용(相容)되지 않는 것은 아니라는 점을 카스트로에게 들려줄 작정이라고 말했다.

스웨덴 수상을 모욕하는 사건을 비롯하여 센만이 저지른 갖가지 실수를 수습하고 또한 내부의 온갖 적대의식을 극복한 후 심리는 스웨덴 텔레비전의 카메라 조명을 받으며 '인민의 집' 강당에서 개시되었다. 판사들에게 심리가 요구된 문제는 둘 있었다. 1) 미국은 국제법에 비추어 침략행위를 범했는가? 2) 순수한 비군사시설에 대하여 폭격이 행해졌는가? 행해졌다면 그 규모는 어느 정도인가? 스웨덴의 보도관계나 여론의 적의(敵意)가 높아지는 가운데서 법정은 환 반 박을 비롯하여 북베트남 및 베트콩 대표의 증언을 듣고 5월 10일의 이른 아침에 쌍방의 건(件)에 대한 유죄판결을 내렸으며 가을에 마지막 심리를 한다는 데 동의하고 해산했다.

베니스 영화제는 고마운 휴식이었다. 셀쥬 루레가 감독한 《벽》은 사르트르의 원작을 각색한 영화 가운데서 진정으로 그의 마음에 든 유일한 것으로서 9월 5일에는 이 영화의 '판매' 촉진을 위하여 대규모의 영화 기자회견에 끌려나오고 말았다. 여러 비평가가 사르트르의 나이 30세 때에 스페인의 내란을 묘사한 단편이 이상주의와 중국 홍위병(紅衛兵) 이데올로기에 현재의 그가 매혹되고 있다는 것 사이에는 유사점이 있다고 보았었다. 확실히 최선 및 최악의 두 가지 의미에서의 이상주의가 있다고 사르트르는 동의했다.

영화제 연출 책임자인 루이지 카리니가 란치〔浮動船〕로 두 사람을 리도로 데려가주었으며 부두에서 마차로 바꾸어 탄 두 사람은 루네 마유를 만나러 갔다. 고등 사범학교 시절의 친구이며 1929년에 둘을 서로 만나게 한 당사자가 바로 마유였다. 지금은 유네스코 사무총장이 된 마유는 토마스만이 《베니스에 죽다》의 무대로 삼은 호텔 레 방에 묵고 있었다. 두 사람은 전세기(前世紀)에서 금세기로 넘어오는 과정에서 새워진 이 호텔이 무척 마음에 들었다. 마유를 만난다는 것은 오랜만의 일이었다. 광대한 정원을 굽어보는 테라스에서 한 잔 마시면서 세 사람은 옛정을 나누고, 마유는 베니스와 그 강의 어귀의 오염이 얼마나 심각한 상황에 놓였는가를, 그리고 유네스코가 얼마나 사적의 보존을 위해 힘을 기울이고 있는가를 말했다.

2주 뒤 러셀 법정은 브뤼셀에서 회합을 가져 두 사람의 덴마크인 초청을 받아들여 마지막의 전체회의를 코펜하겐에서 개최하는 데 동의했다. 러셀이 재정 확보 면에서 고생한 이 법정은 임팩트를 주려고 했던 바로 그 미국에서 엉뚱하게 빗나가고 있었다. ‘베트남 전쟁을 종결시키려는 봄철의 대동원(大動員)’이 뉴욕과 샌프란시스코에서 대중데모를 유발시켜 18만 명의 사람들이 여기에 참가했다. 카마이켈과 마틴 루터 킹 주니어는 평화운동과 공민권 운동의 주요한 세력을 규합하고 또한 킹과 벤자민 스포크는 ‘베트남의 여름’ 계획을 발족시키고 있었다. ‘화평교섭을 이제!’라는 소리가 높아지는 가운데서 갖가지 온건파나 조직, 이를테면 북미 유태인 회의, 민주행동 미국인 조직, 전미(全美) 교회위원회 등도 운동에 참가했다. 10월을 향해 딜런저는 ‘펜타곤을 포위하는 워싱턴 행진’을 조직 중이었으며 여기에 ‘징병 중지주간’이 계속 이어지기로 되었다.

러셀 법정이 열린 것은 코펜하겐이 아닌, 그곳에서 20마일 떨어진 로스키르데에 있는 노동조합 회관이었다. 사르트르는 양녀로 삼은 알클렛을 동반하고 이번에도 지젤 알리미가 동행했다. 로스키르데에 도착하자 데디에로부터 센만의 덴마크 입국이 어려운 모양이라는 이야기를 들었다. 그것은 오히려 잘 되었다 싶은 느낌은 모두가 마찬가지였다. 도이처는 이미 죽은 뒤였으나 카마이켈이 마지막에 가서 나타났다. 의제에 오른 것은 세 가지 점이었다. 1) 미국군대는 전시법(戰時法) —— 국제법 —— 으로 금지되어 있는 신무기를 사용하거나 또는 실험하고 있는가? 2) 베트남인 포로는 전시법에 의해 금지된 비인도적 처우를 받고 있는가? 3) 주민의 절멸(絶滅)에 이르는 경향을 지니며 제노사이드의 법적 정의(定義)에 합치된 행위는 있었는가?

판결은 당초부터 뻔한 결론이었다 —— 이듬해 3월에 폭로된 미 라이의 사건은 미군에 의한 갖가지 잔학행위를 명백히 확인하는 것이 된다 —— 다만 법정위원장으로서 사르트르가 행한 요약(要約)만이 관심을 끌 만한 것이었다. 존슨 대통령은 그것이 평화교섭에의 길을 연다는 보증이 주어지고 또한 북베트남측이 군사행동을 하지 않는다고 보증한다면 미국군대는 공폭(空爆) 및 함포사격을 모두 정지하겠다고 제안하고 하노이에서는 이를 거부했으나, 이 시기인 1967년 12월 초에 씌어진 사르트르의 〈베트남— — 제국주의와 제노사이드〉는 미국이 베트남에 아무런 권익이 없음에도 불구하고 국경으로부터 1만 마일이나 떨어진 곳에서 전쟁을 하고 있는 것은 본보기를 위해서라고 규탄했다.

1967년 10월, 윌리엄 C. 웨스트 모어랜드 대장이 행한 "우리가 베트남에서 싸우는 것은 게릴라전으로는 타산에 맞지 않는다는 것을 보여주기 위해서이다."라는 주장을 인용하여, 사르트르는 이 전쟁이 인류 전체를 겨냥한 예방적 의미를 지니는 계획적 제노사이드라고 말한 뒤, "전면전쟁은 어떤 종류의 상호성을 전제로 한다."고 요약했다.

"세계 각국의 불균등한 발전의 종국적 결과인 현재의 제노사이드의 사례(事例)는 추호의 상호성도 없으며 한쪽만이 철저히 수행하는 전면전쟁이다."

이 전쟁이 1975년, 사이공의 붕괴로써 종말을 고하고 〈르 몽드〉지가 사르트르에게 러셀 법정은 어떠한 의미를 지녔느냐고 물었을 때 의미는 별로 없었다는 것이 그의 대답이었다. 미국에는 아무런 임팩트도 주지 못했으며 소련은 법정을 진지하게 받아들이지 않았다. 그러나 북베트남은 법정을 크게 신뢰했으며 또한 환 반 박은 헨리 키신저를 상대로 한 그 장황스런 화평교섭에서 중요한 구실을 하기에 이르렀다고 그는 말했다.

"사회적 중요성을 지니는 사건에 관심을 갖는 자유인은 다른 똑같은 자유로운 사람들과 힘을 합쳐 어떤 판단을 내릴 수가 있으며 그 판단이 다른 사람에게 스스로 판단을 할 생각을 일으키게 할 경우가 있다. 러셀 법정은 각자가 이웃의 심판자이기도 하고 또한 자신을 지키는 사람이기도 하다는 옛날부터의 생각을 새삼스럽게 확인하는 것이었다."

로스키르데에서 돌아온 사르트르와 시몬느, 아를렛의 세 사람은 병원에서 숨지기 전인 카뮈의 병상을 찾아갈 수가 있었다. 1949년의 듀랑의 죽음 이후로 세상을 버린 것이나 다름없던 카뮈에게는 마지막으로 사르트르와 시몬느밖에 없었다 —— 사르트르는 그녀의 빚을 갚아주었으며 시몬느는 그녀의 아파트로 찾아갔다. 카뮈는 고물 세간살이며 무대의상의 잔해, 관리인이 가져다준 채 썩어버린 음식 등에 둘러싸여 줄곧 마시기만 했고 제정신일 때는 거의 없었다. 마침내 시몬느와 관리인이 보건 당국에 연락하여 병원으로 데려다달라고 요청했을 때, 구급차로 달려온 간호원은 배설물로 가득 찬 방에서 거의 혼수상태에 빠진 그녀를 발견했다. 배설물은 머리카락에까지 달라붙어 있었다. 병원으로 찾아온 시몬느에게 그녀는 머리칼을 짧게 잘려버렸다고 변명했다. 그로부터 며칠 뒤에 그녀는 질식사를 했다.

사르트르에게 있어서 새해는 동맥염(動脈炎)의 심한 발작으로 시작되었고, 이 때문에 하바나에서 열리는 문화회의에의 참석을 중지하지 않을 수 없었다. 쿠바의 저널리스트가 장거리 전화로 그와 인터뷰를 했을 때, 사르트르는 대회가 제3세계의 대표를 의장으로 선출해주기 바란다고 말했다. 하바나에서는, 사르트르의 동맥염은 외교적인 구실에 불과하여 카스트로의 새로운 정책을 용인할 수 없었기 때문이거나, 아니면 6일전쟁 전에 그가 취했던 중립적 태도를 놓고 아랍 지식인과 충돌을 빚는 것이 두려웠기 때문이라는 소문이 번졌다. 사르트르의 동맥염은 틀림없는 사실이었으나, 그런 소문이 전혀 근거가 없는 것은 아니었다. 쿠바에서는 이제 동성연애자는 박해를 받은 형편이었으며 또한 이 대회가 끝나면서 곧 카스트로는 라틴 아메리카에서의 카스트로주의 지지를 지양하여 보다 신중한 정책을 취하는 모스크바 편향의 자세를 보였다. 또한 이스라엘 문제는, 급진적인 좌익에 있어서의 리렘머였다. 사르트르와 시몬느가 〈현대〉지의 지면을 엘드리지 크리바 —— 시몬느는 그의 《얼음 위의 영혼》에 감명을 받았다 —— 에게 제공하여 그가 유태인을 공격하는 것을 보았을 때 두 사람은 양자의 분력의 심각함을 뼈저리게 느꼈던 것이다. 시몬느가 《결산(決算)의 때》에서 썼듯이 비공산주의 좌익이 공산당 그 자체와 마찬가지로 변신한다는 것은 가슴 아픈 일이었다. "아라파트 등의 민족주의자가 주장하는 바는 잘 알 수 있다. 그러나 많은 좌익의 사람들과는 달리 나는 알 파타를, 사회주의의 희망을 구현하는 운동으로서 본다는 것을 거부한다. 팔레스티나인과의 교섭으로써 해결을 꾀하려는 사람이 이스라엘 좌익에서도 극히 일부에 불과하다는 것을 나는 유감스럽게 생각한다.

3월과 4월, 사르트르와 시몬느는 데디에의 초대를 받아 유고슬라비아를 방문, '프라하의 봄'에 관하여 열띤 논의를 나누었다. 사르트르는 '프라하의 봄'이야말로 모든 체제를 폐기하지 않고서 정체(政體)의 악폐에 종지부를 찍을 수 있음을 증명한 것이라고 생각했다.

5월 초에 두 사람은 파리로 돌아왔으며, 사르트르는 다시금 프로벨론(論)에 착수하고 보브와르는 늙는다는 문제에 관한 책을 쓰기 시작했다. 마침 그 무렵, 학생 활동가들이 난테르와 소르본에서 사태를 격화시켜 며칠 못 가서 상 제르망 데 프레에서 강철의 헬멧으로 무장한 경관과 정면충돌을 빚었다.

알제리 전쟁이 종결된 이후로 사르트르와 시몬느는 자기 나라에서 일어난 사태에 별로 관심을 갖지 않고 있는 터이었다. 그런데 이 '5월 사건'을 계기로 하여 그 뒤 10년 동안에 걸쳐 두 사람은 다시금 국내문제에 급진적으로 관련을 지니기에 이르렀던 것이다.

9. 1980년, 봄

그것은 썰렁한 2월 3일의 일이었다. 브로뉴 숲 쪽에서 이슬비가 폴트 드피니를 거쳐 데모 참가자들이 모여드는 지하철 입구에 내리고 있었다. 거기에는 걸음걸이도 불안해보여 거의 장님이나 다름없는 사르트르도 있었다. 인간이 인간에게 가하는 잔학행위에 또다시 항의하기 위해서였다. 1주일 전의 모스크바에서 모스크바의 지하철 폭파를 계획했다는 이유로 기소된 젊은 아르메니아인 3명이 비밀재판을 받고는 처형되었다. 이번에는 누군가의 의뢰를 받은 것도 아니었다. 사르트르 스스로가 솔선하여 호소했던 것이다.

친구들도 와 있었다 —— 앙드레 그뤽스만의 고함 소리가 들렸다. "사르트르에게 발길질을 하지 말라!" 문을 굳게 닫은 소련 대사관을 경호하는 경관대의 하나가 그 직무에 너무 열심인 나머지 데모대를 밀쳐내려고 위협했던 것이다. 경찰차에 탄 지휘관이 다가와서 설쳐대는 부하들을 진정시켰다. 데모대와의 응수가 있은 뒤, 경찰 지휘관은 사르트르만이 대열에서 나와 대사관 입구 옆의 담 위로 그의 항의문을 놓는 것을 인정했다. 그뤽스만이 경관대를 헤치면서 사르트르를 인도했다. "멈추지 말라! 걸어라!" 하고 경관은 외쳤다. 그러나 사르트르는 연설을 하기 시작했다. "프랑스 국민은 아르메니아에 대하여 공감과 유대를 나타내야 합니다. …… 1915년에 대학살이 있었을 때도 프랑스인은 그렇게 했습니다."

5개월 전 사르트르와 보브와르 자신은 특별히 축하하고픈 마음이 없었는데 세계는 두 사람의 특이한 결부에 축의를 표했다. 그들의 연애는 반 세기나 계속되었다. 1929년 월요일, 르네 마유가 두 사람을 서로 소개한 뒤로 50년이 지났던 것이다. 그들의 결부는 말하자면 비록 혼인의 형태를 취하지는 않았다 해도 —— 사르트르의 성생활은 왕정복고기의 희극 줄거리보다도 더 복잡한 것이었다 —— 두 정신은 완벽한 합체였다. 하기야 시몬느는 여러 인터뷰에서 자기들 두 사람이 타인의 본보기가 된다고는 생각하지 않는다고 말하고 있다.

"기본적으로 우리들의 경우는 우연한 만남이었다. 이런 종류의 일은 의지의 힘으로 되풀이할 수는 없는 법이다."고 그녀는 〈르 누베즈 옵세르바투르〉의 카토리느 다빗에게 말했다. "우리는 단 한 번도 가정이라는 것을 가진 적은 없었으며 나는 가정적인 여자가 되려고 생각한 적도 없었고 그도 또한 가정적인 남자가 될 생각은 없었다. 어느 쪽도 그런 의미에서는 내부로 향하지 않았다. 우리는 세계를 나누어왔었기 때문에 한 지붕 밑에서 산다는 것은 무의미한 일이었다. 그래도 우리는 매일 만났다. 아침이라든가 오후, 또는 밤에 더구나 휴가도 함께 보냈으며 로마나 베니스의 같은 호텔에 묵었었다."

언제나 그랬듯이 그 여름도 두 사람은 로마에서 조용한 생활을 보냈다. 어떤 친구의 말에 의하면 "현역에서 물러난 커플이 모두 그러하듯이 시간을 한껏 효과적으로 사용하려고" 했었다. 집필의 계획이 없을 경우에도 그들은 주변의 세계에 깊이 관련되고 있었다. 평생을 두고 좌익이었던 사람들의 거의가 경험하듯이 캄보디아의 혁명정권에 의한 대량학살이나 몇만 몇십만의 베트남 난민문제는 혁명적 열정에 찬물을 끼얹는 느낌이었다. 사르트르는 뜻하지 않는 노선의 전환을 표명했다. 1979~80년의 겨울, 그는 다수의 보수파에 참여하여 소련의 아프가니스탄 침략을 규탄하고, 미국의 1980년 모스크바 올림픽의 보이콧을 지지했다. 프랑스에서는, 1978년의 총선거에서 사회당·공산당 연합이 예상밖의 패배를 하고 공산당이 옛날 같은 이론 우선의 입장으로 되돌아간 것이 좌익으로 하여금 사기의 붕괴를 빚어냈다. 앙드레 그뤽스만을 지도자로 한 신철학으로 불리는 지난날의 좌익 지식인 그룹이 마르크스주의와 계급투쟁을 통렬히 비판하는 이론을 전개했다. 그뤽스만은 마르크스주의에는 전쟁을 도발하고 강제수용소의

314

악폐며 캄보디아적(的)인 죽음의 집을 빚어낼 경향이 있으며, 전쟁이란 단순한 군사적 현상이 아니라 통치의 한 방법, 사고의 한 방법이라고 주장했었는데 이러한 주장에 대해 사르트르는 찬반의 어느 태도도 표명하지 않았다. 그러나 6월에 소르본에서 열리는 '철학자 집회'에서 그뤽스만이 너무나 세속적으로 저명하다는 이유로 제외시키려 하자 사르트르는 이 집회를 지지한다는 조건으로 그뤽스만을 포함시킬 것을 요구했던 것이다. 사르트르는 또한 그뤽스만이나 레이몽 알롱과 함께 베트남 난민 구원위원회의 창설에 이바지했다. 사르트르의 체력은 쇠약해지고 있었다. 최악의 사태는 시력을 잃은 것이었다.

　시력은 3년 전에 잃었으며, 쓰지 못한다는 것은 더욱 괴로운 일이었다. 시몬느와 함께 그는 녹음기를 이용하여 자전(自傳)인 《언어》를 계속 마무리짓는 작업을 해왔다. 그러나 녹음기는 성가신 물건으로, 자서전을 두 사람이 말하는 '대화의 책'으로 바꾸었다 —— 녹음기를 향해 '말하고', 비서가 그것을 재생시켜 시몬느가 사르트르에게 읽어주어 구두로 공동편집을 한 뒤 그것을 시몬느가 교정하는 방식이었다.

　《결산의 시기》와 마찬가지로 이 〈대화의 책〉은 테마를 중시하고 연대순의 배열을 하지 않았다.

　"내가 설명하려고 시도하는 것은, 사물이 어떻게 변화하고 어떤 종류의 사건이 어떤 식으로 나에게 영향을 주었느냐 하는 것이다."라고 언젠가 시몬느와의 이러한 작업 끝에 그는 필자에게 말했다. "개인의 인생은 어린 시절이라는 모래에 쓰어진 것이라고는 나는 생각하지 않는다. 그런 것이 아니라 사물이 제자리를 찾아 정착하는 중요한 시기가 몇 번은 있는 법이다. 나의 인생에서 더욱 뚜렷해진 것은 꼭 한가운데의 틈새 —— 제2차대전 —— 가 있고 이 균열 이전의 자기 모습은 스스로 간신히 인식되는 것에 불과하다는 것이다."

　"인간의 생활이라는 것은 갖가지 변화로써 사람을 놀라게 한다. 설사 어떤 사람의 인생이 하나의 종합체를 이루고 적당한 부분으로 매듭을 짖지 못할 경우에도 그러하다. 젊음과 성숙, 주관적인 자아와 객관적인 자아, 개인의 주체성과 정치적 주체성, 이러한 것이 항상 서로 맞부딪치고 있다.

누구이건 그 사람의 사회적 확대를 보지 않고서는 그 사람을 이해할 수가 없다. 우리는 모두 정치적 존재이다. 그러나 내가 이것을 이해한 것은 겨우 전쟁이 끝난 뒤부터였다.”

70년의 생애를 되돌아보며 정치적 인간을 발견한 것이 겨우 40세 때였다면, 연령 또한 사회적 확대를 피하려는 인간적 필요가 있음을 그로 하여금 깨닫게 했다고 하겠다. 70대에 들어서자 그는 다시금 마르크스주의에 대해 거리를 두고, 소련뿐만 아니라 카스트로와도 절연했다. 누군가가 타인을 대신하여 생각한다는 일이 없는, 구조를 지니지 않는 ‘자유의사의 사회주의’를 그는 택했던 것이다. 1970년대의 후반에 와서 사르트르적 정치는 구속이나 강제를 극복하고 투명성의 요구를 추구함과 동시에 싫증이 나서 무관심으로 불리는 사회의 균열과 고투하면서 억제당하는 반역과, 무섭게 고독한 현대인과의 사이에 놓인 단절을 메우려고 노력한다. 가치가 다양화하는 주변의 상황을 마르크스주의에 합치시키거나 또는 조르주 마르셰의 공산당을 뒤따라간다는 것은 이제 불가능하다 —— 봐레리 지스카르레스탕 대통령이 말하는 진보한 자유주의를 따라갈 수 없음은 말할 나위도 없지만, 어느 것이나 새로운 필요를 결정화하고 길을 개척할 수가 없기 때문에 살아 있는 시체, 얼어붙은 그림자, 뒤처진 것으로 그의 눈에 비친다. 사르트르가 말하는 관대성의 정치에는 단순하고 소박한 면이 없는 것은 아니다. 그러나 그가 프랑스의 양심 가운데서 ‘인기인(人氣人)’이 됨에 따라 적이나 동지나 모두가 지쳐버려, 약간 부조화스럽기는 하는 표면상의 찬미와 예절로 해서 그 격정을 억제하는 마오이스트의 젊은이들과의 중간에서 허공에 뜬 것처럼 매달린 듯이 여겨지기도 한다.

시몬느는 사기 높은 여성해방 운동의 시조로서 존경을 한 몸에 모으며 그의 곁에 있었다. 그녀는, 자신의 페미니즘의 입장을 견지함과 동시에 거기에 탐닉하지도 않았다. 선거의 목표 대우를 받고 멋을 위한 산업의 소비대상이 되기도 하는 페미니즘에 반대하여 그녀는 여자들이 복합적으로 다양화하고 모순 대립조차 하며, 모든 이데올로기에는 관여하지 않으며 나아가서는 계급투쟁과 양성간(兩性間)의 싸움에 정전(停戰)을 가져올 필요가 있다고 생각한다.

1970년대 중반의 두 사람을 강력하게 사로잡았던 것은, 자기비판과 말해야 할 것은 모두 말했다는 느낌이었다. 하기야 프롤레타리아 안으로 자취를 숨겨버리고 싶다고 느끼면서 —— 어쩌면 이것은 두 사람 가운데 어느 하나가 그렇게 인정한다기보다는 꾸며낸 이야기 같은 요소가 더 강하겠지만 —— 사실에 있어서 부자이며 유명하다는 모순을 안고는 있었다. 프랑스로 시몬느를 방문한 베티 프리단은 가지런히 정돈된 보헤미아 스타일의 우아한 시몬느의 서재와 그녀의 말에 강한 인상을 받고 있다. 시몬느는 모든 유혹을 물리치지 못하여 타협해버리는 위험을 피하기 위해 젊은 여성은 엘리트적인 직업이나 명성이 가져다주는 평안함이나 보수(報酬) —— 바로 이것이야말로 시몬느의 명성이 획득한 것이지만 —— 를 추구해서는 안 된다고 말했다. 무수하다고도 할 수 있는 인터뷰에서 사르트르는, 자신을 예외적으로 보이지 않으려고 노력하고 우월을 부정하며 지식인의 역할을 격하시키고, 글 쓰는 사람이란 신경증적이며 별난 인물이라고 그 정체를 폭로까지 하고는 시대가 연주하는 불협화음이 글 쓰는 사람의 내부에서 소재가 된다고 말한다. 신변을 훤히 볼 수 있게 하려는 그의 강한 욕구는 모든 것을 나누어 가지려는 정열을 수반하고 있다 —— 금전을 비롯하여 깊숙한 내부의 사고는 말할 나위도 없고 온갖 위장이며 가면을 가차없이 벗기는 데까지 철저하다. "문장표현에서의 진실이란 다음과 같이 말하는 것이리라. '나는 펜을 든다. 나의 이름은 사르트르라고 한다. 이것이 내가 생각하는 것이다.'"

부단히 수정하는 프로세스〔過程〕로서 인생을 포착한다는 생각은 〈5월 혁명〉의 아프터 쇼크〔餘震〕 속에서 생겨났다.

학생들의 반역의 기억도 선명하게 1968년 12월에 프라하에서 돌아온 두 사람은 학생의 바리케이드 투쟁이 총선거에서 드골에게 일찍이 없었을 만큼의 대승리를 안겨주는 것이 되었음을 목격해야만 했다. 그런데 늙은 국가원수는 뒤이은 국민투표를 1969년 4월에 실시하겠다고 주장함으로써 모처럼의 대승리를 집행유예로 바꾸어버렸던 것이다.

사르트르와 시몬느는 1969년의 새해를 안느 마리와 함께 보냈다. 사르트르의 어머니는 건강이 좋지 않았다. 고혈압, 두통, 그리고 신경통까지 있었다. 1월 3일, 그녀는 심장발작을 일으켜 병원으로 실려갔다. 이튿날, 사르트르가 찾아가자 그녀는 이젠 아프지 않다면서 기뻐했다. 그러나 병상은 급속히 악화하여 요독증(尿毒症)을 병발(倂發), 2주일 후에 두 번째의 심장발작을 일으킨 뒤 숨졌다. 평소에 늘 교회의 장례식은 필요없다고 했기 때문에 사르트르와 시몬느는 유체를 직접 묘지로 옮겨, 가족과 몇몇 친구들이 지켜보는 가운데 매장했다. 7월이면 그녀는 87세의 탄생일을 맞이하기로 되어 있었다.

대학은 들끓고 있었다. 신임 문교대신(文敎大臣)인 에르가르 폴이 학생과 교수의 양쪽을 모두 진정시키려고, 고등교육제도 전체를 개편하겠다고 대대적으로 발표했기 때문이다. 사르트르는 《벽》에 대하여 논문을 쓰도록 학생에게 요구한 어느 고등중학의 교사가 행정처분을 받은 것을 계기로 폴에게 항의를 했다. 2월, 사르트르는 소르본의 학생 34명의 퇴학처분을 항의하는 집회에 출석했다. 집회는 사회주의 계통의 낡아빠진 미튜아리테 회관에서 거행되었으나 자리에 앉은 그의 눈에 띈 한 장의 종이쪽지에는 이렇게 씌어 있었다. "사르트르여, 짧게 하라!"

난생 처음으로 사르트르는 자신의 손자 같은 나이의 젊은이들로부터 철저히 도전받았음을 느꼈다. 모든 대학을 제압하고 있는 학생 활동가들은, 그가 가능하다고 생각했던 좌익보다도 훨씬 좌경적(左傾的)이었다. 가난한 자는 하나도 없고── 태반은 중산계급이나 그 위인 부유층 출신이었다── 그러한 그들은 '혁명'의 원동력으로서 빈곤을 대신하여 주권의 문제를 표방하고 있었다. 현대의 산업사회에서는 권력의 개념이 소유관계의 개념보다도 그들에게 있어서 더욱 중요한 것이었으며, 개인이 생산하는 것이나 수행하는 기능과는 별개의 형태로 규정되기를 요구하고 있었다. 이 '분노한' 세대는 대중이나 자연발생성(自然發生性)을 꿈꾸고, 정치적인 구조체(構造體)로서의 당(黨)이라는 사는 사고방식 그 자체를 비판하고, '일련 번호로서 표현되는 개인'과 싸우기 위해 '순수 레닌주의'로 복귀하기를 요구하고 있었다. 혁명의식의 진정한 자리는 계급에도 없거니와 '당'에도 없고 투쟁 그 자체의 안에 있으며, 공산당은 투쟁의 수단이라는 한에 있어서만 의미를 지니는 것이었다. 대학을 '개방'해야 한다는 그들의 주장은, 대학은 케크노클라트를 기계적으로 만들어내는 일을 중단하고 문화를 함께 누려야 하며, 학점 평가를 그치고 집단적 학습으로 바꾸어야 함을 의미했다.

사르트르는 마오이스트의 학생들은 하나의 커다란 자가당착을 하고 있다고 생각했다 —— 고도로 구조화되고 군대적인 계급의 구조를 지니면서도 자연 발생성과 자유로운 형태를 열망하고 있었기 때문이다. 그러나 그들은 변혁을, 그것도 래디클[根本的]한 변혁을 원했으며 사르트르는 "배설물 구실조차 못하는 아무 쓸모없는 내가 도대체 무슨 구실을 할 수 있을는지 전혀 알 수는 없지만, 이라고 하면서도 학생들에게 축의를 표명했던 것이다.

4월 27일의 국민투표에 대하여 사르트르는 기자회견을 가져 국민 모두가 거부해주기를 호소했으나 막상 뚜껑을 열어보니 드골에게는 예상밖의 결과가 나왔다. 이튿날, 80세 가까운 이 노수상(老首相)은 사임했다. 이어서 실시된 대통령선거에서 사르트르는 적극적인 선거활동은 하지 않았으나 소수파의 마오이스트인 학생후보 알랑 크리브느를 밀었다. 선거 결과, 조르주 퐁피두가 드골의 후계자가 되었다.

사르트르와 시몬느는 로마에서 여름을 보냈으며, 다니엘 콘 벤디트를 비롯한 몇몇 학생지도자와 만났으나 이미 그들은 작년 여름의 바리케이드에 대한 것을 향수(鄕愁) 삼아 이야기하는 형편이었다.

"무엇보다도 나를 놀라게 한 것은, 그들이 사실상 패자의 심리상태에 있다는 것이었다."고 시몬느는 《결산의 시기》에서 쓰고 있다. "저 5월의 위대한 나날의 뒤에 빈손으로 그들은 서 있는 것이다. 그들은 〈현대〉지를 날카롭게 비판하며 체제(體制)가 되어버렸다면서 비난했다."

정치적으로는, 〈현대〉지는 5월사태를 지지하여 '폴란드'기(期)와 '이탈리아'기를 거쳐 지금은 마오니즘 단계에 있었다. 사르트르와 특히 시몬느가 시류에 모순대립하는 극좌(極左)의 모든 조류 및 여성해방운동에 이 잡지를 개방했기 때문이다. 이 변화로 창간 당시부터의 멤버였던 J. B. 폰타리스와 1949년에 참여한 베르나르 팡고가 이 잡지에서 떠나게 되었다.

말로는 5월 사건에 관한 발언은 했었으나, 이 시기에 대학의 벽 여기

저기에는 그의 책에서 인용한 글이 씌어져 있어 그의 청년시대의 파우스트적 선언을 끌어내고는 그를 야유하고 있었다.

"젊은이를 안다는 것은 그 일부라는 것이다. 그것은 '대화'를 시도하는 것이 아니다."

말로, 사르트르 —— 그리고 아라곤 —— 는 성격이나 생활방식에 비록 차이는 있다 해도 이젠 프랑스 문학계의 원로였다. 모두가 백발이 성성한 빅토르 유고적(的)인 신격화(神格化)에 몸을 맡겨 구름 위의 사람으로서 평온을 꾀하지는 않았다. 그러나 세 사람 모두가 원로로서 뛰어났으며 또한 세 사람 모두가 엄격하게 문학 그 자체를 묻고 있었다. 10년에 걸쳐 드골 아래에서 문화상(文化相)을 지낸 말로는 퇴직 후 인간의 불멸을 나타내는 것으로서의 미술사(美術史) 집필에 몰두하고 사실과 허구를 뒤섞은 《반회상록(反回想錄)》을 계속 쓰고 있었다. 사실과 허구를 뒤섞은 것은 인생은 '안티(反)'라는 상상되고 증폭되고 초월된 바에 의해서 기억된다는 생각에서였다. 아라곤은 40년간 공산당내에 있었다는 것에 여전히 충실하긴 했으나 그는 쉬르리얼리스트 같은 청년시대에 관해서의, 그리고 그의 대작(大作)인 《앙리 마티스 —— 로망》에서의 픽션식의 전기(傳記)의 한계에 관한 탐구 가운데서 이젠 마르크스적이라고는 하기 어려운 영역으로 들어서고 있었다.

사르트르는 또한 《집안의 바보아들》에서 문학과 문장표현의 행위에 도전하고 있었다. 3권의 대저(大著)로 된 미완(未完)의 프로벨전(傳)은 문학에 대한, 그리고 프로벨을 통해서 글 쓰는 이의 카스트〔階層〕 및 구루〔導師〕로서의 사회에 도사린 위계(位階)에 대한 정치적 양심에서 우러나오는 불굴의 고발이었다.

그러나 《집안의 바보아들》의 원고를 갈리마르 출판사에 넘기기 전에 사르트르는 마오이스트의 급진적인 학생들이 그의 이름과 명성을 이용하려 함을 잘 알면서도 그들을 위해 나서고 있었다.

'5월 사건'은 '나를 고발한다'라든가 '인민의 대의(大義)'라든가 '국제적인 바보'라든가 '혁명!' 같은 색다른 신문을 많이 탄생시켰다. 이러한 '지하'출판물은 '체제'를 떨게 했으나 실태는 열렬한 마오이스트들이 거리며 학교 내에서 큰 소리로 가판(街販)을 하고, 이를 탐독하는 것은 25세 이하의 젊은이들이었다. 이러한 신문 가운데서도 〈인민의 대의〉지는 이 신문의 신봉자를 독일에 대한 레지스탕스의 파르티잔으로, 공산당원을 나치의 협력자로 비유하고 또한 부르주아지에 의해 '점거'당하고 있는 프랑스를 해방시켜야 한다고 선동하는 등으로 이것이 때마침 신경질이 되어 있던 퐁피두 정권의 신경을 몹시 건드렸다. 1970년 4월, 이 신문의 젊은 두 편집인이 체포되었다. 독일에 의한 점령시대 말고는 프랑스에서 1881년 이후 신문의 편집인이 투옥된다는 것은 없었던 일이었다. 체포된 두 사람이 재판을 받기 위해 법정에 나왔을 때는 법정을 경찰의 차가 에워싸는 삼엄한 경계를 폈다. 검찰측은 늘 몰수되는 이 신문은 영구히 발매금지가 되어야 한다고 요청 —— 이 신청은 각하되고 두 편집인의 재판은 하급심(下級審)으로 반려되었다. 6월, 법정이 금고 1년의 형을 내렸다 하여 학생들은 각지에서 경관대와 충돌했고 소요는 오전 3시까지 계속되었다. 며칠 뒤, 경찰은 〈인민의 대의〉지의 인쇄공장을 포위, 공장 소유자인 시몽 부뤼만타르를 '감시적 구금'을 위해 연행하려 했으며 또한 인쇄 중이던 다음 호를 압수하려고 했다. 그 인쇄소의 노동자들이 경찰차를 둘러싸고 경찰은 부뤼만타르를 체포하지 못한 채 물러났다. 또한 2만5천 부의 신문도 안전한 장소로 옮겨졌다.

이튿날, 〈인민의 대의〉지의 판권란에는 새 편집인의 이름이 실렸는데 그것은 장 폴 사르트르였다. 그날 저녁 나절, 몽파르나스 묘지 뒤에 있는 다겔 거리에서는 상당한 나이의 커플이 텔레비전이며 신문사 등의 카메라에 둘러싸인 채 〈인민의 대의〉지를 쇼핑백을 든 주부며 퇴근길의 샐러리맨에게 건네주는 모습을 볼 수 있었다.

《결산의 시기》의 마지막 부분에서 시몬느는 다음과 같이 썼다. "우리는 인파를 헤치면서 〈인민의 대의〉를 읽읍시다. 출판의 자유를 지지합시다! 하고 큰소리로 외치면서 신문을 나누어주었다. 그리고는 인파가 더욱 많은 제네랄 루크레르크 거리로 나아갔다. 사람들 가운데는 비난의 표정을 띠며 신문 받기를 거부하는 사람도 있었다. 한 남자는 "그건 발매금지가 돼 있어." 하고 말했다. 내용 따위는 아랑곳없이 무관심하게 받아가는 사람이 있는가

하면 자진해서 받으러 오는 사람도 있었다."

젊은 경찰관이 다가와서 사르트르가 들고 있던 신문다발을 빼앗고는 그의 팔을 잡고 경찰지서로 데려가려고 하자 보도진의 카메라 플레시가 터졌다. 누군가가 "당신이 체포하려는 사람은 노벨상 작가라네." 하고 외쳤다. 경관은 사르트르를 놓았다. 사르트르는 그 뒤를 쫓았으나 경관은 거의 달리듯이 하더니 자취를 감추고 말았다. 이튿날인 금요일도 20명 가량의 지지자와 함께 두 사람은 센 강 우안(右岸)에서 이 작업을 계속했는데, 약간 빗대듯이 〈유마니테〉지의 건물 정면에서부터 행동을 개시했다. 경찰차 1대가 다가와서는 체포하는 것이 아니라 다만 신원을 조사할 뿐이라면서 전원을 차에 수용했다. 경찰서에 도착하자 사르트르만을 남겨둔 채 전원을 안으로 데려갔다. 자기만은 자유라는 말을 들은 사르트르가 곧 남아 있던 신문을 모여든 군중에게 배포하기 시작했기 때문에 마침내 그도 안으로 불려가게 되었다. 안에서는 서장이 전화를 걸고 있었다. 얼마 뒤, 사복을 한 높은 양반이 도착하더니 사르트르와 시몬느를 옆으로 부르고는 30분 후에 전원을 석방하겠다고 알렸다. 이곳에서 나갈 때는 자기와 시몬느가 맨 마지막이라고 거듭 다짐을 했다. 밖으로 나오자 보도기자며 텔레비전 카메라가 기다리고 있었다. 사르트르는 그들에게 체포당하기 위한 것이 아니라 정부를 자기 모순의 입장으로 몰아넣기 위해서였다고 말했다. 경찰이 쩔쩔매는 것으로 보아 그의 의도는 성공한 것이었다.

여기서 분명히 해두어야 할 것은 사르트르가 '마오이스트'를 택한 것도 아니거니와 —— 사르트르는 그들에 대한 것을 제대로 알지도 못했다 —— 그들 쪽에서 그를 택한 것도 아니었다. 2, 3개월 전에 사르트르는 오히려 그들로부터 조소당하고 있었다. 이 양자를 접근시킨 것은 전적으로 정부의 졸렬성 탓이었다. 〈인민의 대의〉지에 이어서 다른 지하신문도 그를 찾아왔다. 1970년 가을에 사르트르는 다른 두 신문인 〈모두!〉와 〈인민에의 맹세〉의 책임을 맡았으며 이 밖에도 '적색구원(赤色救援)'이란 이름의 소수파 집단이 지방에서 발행하는 같은 이름의 신문에까지 원조의 손을 뻗쳤다.

피엘 빅토르는 29세가 된 장발의 과격파로서, 〈인민의 대의〉지의 편집장을 맡아달라고 사르트르에게 부탁한 자였다. 빅토르는 아르튀셀파(派)의 레닌 마르크스주의자로서 스폰텍스 마오이스트, 그리고 네오〈텔케르〉의 신봉자였다. 사르트르는 이 사나이에게 매혹되어버렸다. 아르튀셀은 소르본 대학 교수 —— 1918년생, 알자스 출신의 알제리 이주민 —— 로서 마르크스 이전의 철학자 —— 특히 스피노자, 그러나 몽테스주도 포함하여 —— 를 일종의 '서구적 마르크스주의'로 시원스럽게 융합함으로써 중요한 이론적 체계를 세운 인물이며, 그의 일은 칼 마르크스의 사상적 계보를 더듬어 그로써 근본적으로 새로운 이론적 방향제시를 현대 마르크스주의에 준 가장 야심적인 기도(企圖)였다. 사르트르는 아르튀셀의 모든 이데올로기는 사회를 유지하기에 필요한 환상이라는 주장에는 찬성하지 않았으나 사회주의의 구조와 프롤레타리아에 의한 참다운 독재의 점에서는 그의 페시미즘과 아르튀셀의 페시미즘에는 기묘한 유사성이 있다는 데는 동의하고 있었다.

　사르트르는, 젊은 마오이스트들이 사회주의 혁명의 관료주의화를 거부하는 점을 좋아했다. 자연발생적 정치활동을 믿는 순수 마오이스트의 젊은이들은 세제용 스폰지의 상품명인 스폰텍스가 스폰타네이체(自然發生的)〉와 발음이 비슷하다 하여, 이 이름을 따서 자기들의 호칭으로 삼았던 것으로 사르트르도 이 정도는 알고 있었으나, '테르 켈' 그룹이 '5월 사건' 이후로 무엇을 꾀하고 있었는가에 대해서는 전혀 알지 못했다. 빅토르의 설명은 이러했다. '텍스트 이론의 작가들'은 앙가주망(參加)의 문학을 함정으로 여기고 부르주아지의 잠꼬대로 보아 거부한다. 작가는 사회혁명의 승리에 기여하고 싶다면 구조주의를 자기가 쓰는 것에 적응함으로써 시작한다. 다시 말해서 자기의 마르크스주의를 정치적으로 표현하는 것이 아니라 자기가 쓰는 행위에 짜맞추어야만 한다. 미국의 과격파 페미니스트들이 영어에서 성차별의 제거를 제안하여, 이를테면 '체어맨' 대신에 '체어퍼슨'이라는 말을 사용하는 것과 약간 공통되어, 소렐르스나티보드, 줄리어스 크리스테바 같은 사람들은 게으른 암유(暗喩)나 인용을 제거한 전의식적(前意識的)언어 —— 일종의 영구 운동의 상태로 굴러가는 분리된 어구나 구두점이 없는 수가 많은 신조어구, 또는 반복으로 가득 찬 언어를 만들어내려고 해왔다. 비평가로서는, 그들은 라캉의 '텍스트에 있는.' 숨겨진

이데올로기의 연구를 이용한다. 이를 아르튜셀파(派) 레닌 마르크스주의
자가 발트의 비평이론, 라캉의 정신분석, 후코나 노움 촘스키의 의미론을
원용하고 있다는 것은, 사르트르가 구조주의자들을 보고 역사적 생성발전을
무시한다고 꾸짖은 지 4년밖에 되지 않았음을 생각하면 흥미로운 일임은
말할 나위도 없다. 그러나 그 경우에도 스폰텍스 마오이스트들은 모스크바를
뛰어넘어 북경이나 때로는 하바나로 눈을 돌리고 있었던 것이다.

　빅토르는 냉철한 지식인으로서 사르트르 철학의 태반을 읽고 그 대부분을
인정하지 않았다. 사르트르는 빅토르의 생각이 확고한 것임을 시인하고,
모든 것은 '대중'의 문제에 귀착한다는 이 과격한 이론가와 논쟁하기를
즐겼다. 지식인이 요구되지 않는다고 느낀다면, 그것은 대중이 지식인을
필요로 하지 않기 때문이다. 이론이 실천되고 있기 때문이 아니라 현실
세계에서 시도되었을 때에 비로소 이론은 명확해지는 것이다. 인류는 모두
평등하다── 진보적으로 평등하다고 빅토르는 지도자다운 진지한 표정
으로 억양을 주며 말한다. 그 진지함을 사르트르는 놀려대고 마침내는
빅토르 스스로가 프롤레타리아 좌익보다 자신이 우월한 입장에 있으며
〈인민의 대의〉지 배후에 있는 당은 다분히 매우 유해한 것이라고 인정하는
것이었다.

　한편 빅토르는 사르트르에 대하여 사르트르 자신이 모순을 안고 있다는
것은 확실히 진보적이긴 하나 그러나 유명인이기도 하여 정부가 감히 체
포까지는 하지 못하는 보르텔 같은 존재임을 표명하는 것이었다.

　수정주의자(修正主義者)들── 당원증을 갖고 다니는 공산당원을 빅토
르와 그를 따르는 스폰텍스 마오이스트들은 이렇게 불렀다── 은 도의성
(道義性)이란 부르주아적 잔재이기 때문에 활동가는 그러한 것 없이 전
진해야만 하고, 도의성 대신 구체적 결과로 인도하는 구체적 룰에 집중
되어야 한다고 주장했다. 이에 대해 전혀 다르다고 마오이스트들은 말한다.
대중적 폭력의 자연발생적 폭발은 전적으로 도의적이며 그러한 폭력은 설사
경제적 정치적 동기를 지닌다 해도 인간에 의한 인간의 착취에 대한 반
역으로서 그 도의를 바탕으로 삼을 때에 비로소 이해가 가능하다. 부르
주아지가 자기의 행위는 인간적이다── 노동, 가족, 조국── 라고 주장할

때에도 대중을 소외한다는 근원적인 비도의성을 숨기고 있음에 불과하다. 바로 그렇기 때문에 '지식의 기술자'로서의 지식인은 소멸할 운명에 놓인다고 빅토르는 설명한다. 지식인은 착취나 억압을 발견했는지는 모르나 다만 추상적으로 부르주아적 도의성의 모순으로서 발견했음에 불과하며 부르주아지의 영원한 '복종하라!'에 대한 '노〔拒否〕!'로서가 아니다.

사르트르는 이 젊은 논쟁 상대가 프롤레타리아를 맹목적으로 숭배하고 있음을 이해할 수 없었다. 마오이스트들은 노동자의 공장'검거', 기업에 중역을 몇 시간, 때로는 며칠간이고 인질로 잡아두는 것 —— '유폐'로 불리는 방식 —— 을 당에 의한 인민을 위한 독재라기보다 오히려 프롤레타리아의 독재의 예를 보았다. 어떠한 희생을 치르더라도 지켜야 할 것은 이 자연발생적인 폭력이며 그것은 이 폭력만이 진정한 자유로 이끌 수 있는 것이기 때문이었다. 정당은 이제 변화를 만들지 못하며 만들어내는 것은 개인이다. 예측할 수 없는 개인의 행동인 것이다.

이에 대해 그렇지만 하고 사르트르는 말한다. 마오이스트들의 그룹도 또 하나의 당이다. 그리고 당이라는 것은 스스로를 공동행동에 '도움이 된다.'고 보려는 그 정도에 따라 그러한 행동을 통제하려는 것이 상례이다. 아르튜셀파(派)의 네오 레닌·마르크스주의자가 참다운 사회 개혁을 바라고 동시에 계속 혁명적이기를 원한다면 마르크스주의의 정치적 요소는 자멸해야만 한다. 왜냐하면 자치를 향해 나아가는 사회는 궁극적으로 국가와 함께 정치적 행동을 폐기해야만 하기 때문이다.

1973년, '프롤레타리아 좌파(左派)'라는 조직은 그 자체의 모순 —— 프롤레타리아 내부에서만 생겨나는 프롤레타리아 자치를 위해 헌신하는 당이라는 모순 —— 으로 자멸했다. "피엘은 조금씩 나의 견해, 특히 자유에 관한, 또는 모든 계급조직의 거부, 지도성이라는 사고방식 그 자체의 거부에 관한 견해를 시인하게 되었다."고 사르트르는 1976년에 말하고 있다.

그러나 빅토르가 사르트르에게 미친 영향 또한 컸다. 지식인이란 혈육을 갖춘 모순이라는 것이 빅토르의 생각이었다. 하기야 이것은 글 쓰는 행위를 신경증상으로서 포착한 사르트르의 견해가 이미 제시하고 있었다. 빅토르는 사르트르에게 접근하여 사르트르 자신의 사회에 있어서의 입장이 수입 좋은

'지식의 기술자'임을 고찰케 했다. 사르트르는 스스로도 자신이 대폭적으로 진보하지 못함을 깨달았다. 일부 지식인이 했듯이, 이를테면 르노 자동차 공장으로 직장을 찾는다는 것은 그로서는 할 수 없는 일이었다. 왜냐하면 그것은 지식인이라는 것과 다름없을 만큼 넌센스이며 해방된 개인이 외면해왔을 자기혐오를 나타내기 때문이다. "지성이 악취를 뿜고 있다는 것은 틀림없다. 그러나 그것은 우둔함이 악취를 뿜는 것과 별로 다름이 없다."고 그가 말한 것은 1948년이었다. 그리고 지금은, 지식인은 자멸해야만 한다면 노동자 계급 역시 마찬가지라고 그는 말한다. 진정한 혁명이란 계급의 초월을 의미하기 때문이다. 국가가, 사회적 보편성을 지니는 것으로서 천년제(千年祭)를 축하하기에 앞서 맹공격을 해야 할 마지막 바스티유라고 한다면 '프롤레타리아의 독재'는 마지막에서 두 번째의 장애였었다.

시몬느는 모택동의 중국을 맹신하지는 않았으며, 언젠가는 중국의 강제수용소 이야기를 듣는다 해도 별로 놀라지 않겠다고 말했다. 스폰텍스 마오이스트가 주장하는 그 대부분은 순진한 것이라고 그녀는 생각하고 있었으며, 그들이 지식인의 '스타 시스템'을 규탄하고 그 순위를 극구 비난하면서도 사르트르의 명성을 이용하려는 데에 호의와 반감이 뒤섞인 느낌을 품고 있었다. 그러나 또한 그 진보를 항상 소외시켜온 젊은이며 여자들, 그 저변의 '다른 프랑스'에 그들이 초점을 맞추고 있다는 것에는 호감을 느꼈다. 드골의 1960년대에 프랑스의 경제력은 3배로 성장했으나 이 번영의 여덕을 본 것은 주로 서서히 증대하는 중산계급과 부유한 농민들로서, 노인과 임금 노동자는 전적으로 소외되었다. 2천만 노동자의 3분의 2는 상급관리직의 약 5분의 1이 되는 연수(年收) —— 고용주와 피고용주 사이의 소득격차는 유럽에서 최고 —— 로 고투하고 있었다. 수백만의 사람들은 다른 공업각국에서는 보통인 생활상의 편리함도 없이 생활하고 있었다. 프랑스 가옥의 셋 가운데 하나는 공식적으로 '과밀상태'로 간주되고 그 4분의 1은 급탕설비가 없고 욕실이 없는 집이 반 이상을 차지했다. 세금은 소득이 낮을수록 그 비율이 높았으며, 프랑스의 노동자는 자본주의적 보수사회에 많은 것을 바라지 않고 정부가 바뀌는 데에만 모든 기대를 걸고 있었다. 전통적인 좌익은 선거를 통한 정권교체를 스스로의 사명으로 여겼음에 비하여 마오이스트들은 가까운 신변의 문제에 소규모의 해결을 발견하려고 했다.

1970년 가을, 여성해방운동(MCF)의 멤버들이 프랑스의회 하원에 제출이 예정된 새로운 임신중절 법안에 관해 발언해달라고 시몬느를 찾아왔다. MCF는 이 법안이 현실을 전적으로 무시한 악질적인 것이라고 했다. 그래서 이 문제를 세상에 널리 호소하려면 유명무명을 불문하고 다수의 여자들에게 중절의 경험이 있음을 공적으로 인정받는 것이라고 MCF의 여자들은 생각했던 것이다. 프랑소와즈 사강, 시몬느 시뇨레, 카트린느 드누브, 잔 몰로며 그 밖에 수백 명의 무명여성과 함께 시몬느는 343명 선언으로 불리게 된 문서에 서명했다. 여자들은 비합법의 임신중절을 한 경험이 있다고 시인하여 퐁피두 정권에 자기들을 소추(訴追)하라고 요구한 것이었다. 그러나 이 정권은 애매한 태도로 시종한 끝에 소추는 하지 않기로 결정했다.

시몬느는 전근대적인 규칙으로 운영되고 있는 미혼모를 위한 학교의 '점거'에 참가하고, 또한 1971년의 가을에는 세계적으로 거행된 '여자의 날'의 집회며 데모에 호응하여 파리에서 열린 행동에도 참여했다.

문제는 이제 여자를 해방시키는 것이 아니라 여자의 '식민지 상태를 풀어주는' 것이었다. 시몬느는 1963년에 씌어진 베티 프리단의 《신비화된 여성》을 좋아했으며 또한 미국의 페미니스트 문헌을 케이트 밀렛의 《성(性)의 정치학》에서 로빈 모건 편(編)인 논문집 《여자의 단결은 강하다》에 이르기까지 많이 읽었으며 일부의 활동가와는 편지도 주고받았다. '제2의 성'의 미국 문고판은 1969년 한해만도 75만 부나 팔렸다. 이들 미국의 페미니스트들이 '제2의 성'을 권위있는 것으로서 인용하여, 그녀가 20년이나 전에 밝혔던, 여자란 문명에 의해 만들어지는 것이며 생물학적 열등(劣等)으로 말미암아 뒤떨어진 지위로 규정지어지는 것이 아니라는 입장을 받아들여주는 데에 그녀는 흐뭇했다. 그녀는 되풀이하여, 만약 1970년대에 '제2의 성'을 쓴다면, 여자의 억압의 물질적 기초를 강조할 것이라고 말하고 있다. 선진공업국에서 주부·소비자로서 여자의 위치가 굳어진다는 것은 경제적으로 보아 자본측에 커다란 이익을 가져다주겠지만 그러나 사회주의 각국에서도 여자가 해방되지 못하고 있음은 마찬가지이다. 관념적인 사회주의자는, 자본주의가 여자를 억압한다고 주장한다. 이에 대하여 급진적인 페미니스트는 모든 사회가 남성우위의 사회라고 대답할 것이다. 또한 알제리의 그리고 더 나아가서 아프리카의 여자들은 식민지 권력이 패퇴한 순간에 남성의 억압에서 벗어난다고 예언한 것은 죽음을 목전에 둔 파논이었는데, 그 예언이 아무런 근거도 없다고 인정한 최초의 인물은 그녀였다.

"알제리의 외교정책은 '진보적'이라고 불렸으며 또한 실제로 그것은 반식민지주의, 반제국주의로 일관하고 있다. 그러나 그 국내정책은 민족주의적인 동시에 반동적이다."라고 《결산의 시기》에서 그녀는 쓰고 있다.

그녀는 《제 2 의 성》을 고쳐 쓰거나 혹은 여자에 관한 새로운 문제의식을 새로운 책에서 따지지는 않았으나, 진정으로 소외당한 소수 집단── 노인에 관한 장문의, 읽는 이로 하여금 감동을 느끼게 하는 에세이를 썼다. 《늙음》은 노인에 대한 사회의 무관심과 잔혹성을 격렬히 고발한 책으로, 사회적 현상이기도 하거니와 개인적인 고뇌이기도 한 노령의 문제를 600페이지에 걸쳐서 탐구하고 있다. 늙음의 문제를 다면적으로 다룬 이 책은 과학이나 예술상의 증거, 민족학, 심리학, 의학, 사회학을 원용하여 늙는다는 것의 원인과 결과── 노인이 됨에 따라 그 지위가 착실히 저하한다는 것과 역사를 통해서 노인이 가슴 아프게 경시되어왔다는 것── 를 논증한다. 《늙음》은 2부로 나뉘며 바깥쪽에서 본 노년── 노쇠와 생물학, 역사적으로 본 노쇠, 현대와 노쇠── 과 안쪽에서 본 노년── 노쇠의 발견과 수용(受容), 일상생활 및 몇 가지 노년의 예── 으로 이루어져 있다. 이를테면 빅톨 위고는 정신세계의 교황이 되기를 원했으며 또한 화려한 노년을 즐겼다. 톨스토이는 81세로 죽기까지 가슴 아플 정도로까지 아내를 질투했다. 미켈란젤로는 죽음의 상념에 사로잡혔으며 베르디는 멋진 건강을 누리면서도 늙음을 흔쾌히 받아들이지는 않았다. 늙는다는 것을 극심하게 증오했던 샤토브리앙, 니체나 릴케의 사랑을 받았던 그 멋진 르앙드레아스 살로메, 그녀는 50세 때에 프로이트의 친구가 되기도 했다. 그리고 프로이트 자신은 암을 앓으며 죽기 전의 16년간에 33회나 암 수술을

328

받으면서도 70대 후반부터 83세로 죽기까지 전적으로 새로운 저작활동을 하고 있었다. 그런데 시몬느의 최종적인 심판은 준엄하다.

"사회는 그가 수익을 얻는 한에 있어서만 개인에 관심을 갖는다. 젊은 이들은 그것을 안다. 그들이 막상 노동시장에 뛰어들려 할 때에 느끼는 불안은 늙은 자가 노동시장에서 쫓겨날 때의 불안과 대조적이다. ……노인들의 환경이 어떠한 것인가를 이해했을 때에 우리는 이제 연금(年金)의 증액이라는가 정상적인 주거(住居), 조직적인 여가 같은 지금의 상태보다 더 나은 '노년대책'을 요구하는 것만으로는 만족할 수 없게 될 것이다. 그것은 체제 전반에 관련된 일이며 우리의 권리요구는 근원적일 수밖에 없다. 인생 자체를 바꾼다는 것, 그것밖에 없는 것이다."

사르트르의 작업 가운데서 가장 터무니없고 가장 시적이며 가장 중요한 비평 작업이 책으로 만들어져 책방에 나온 것은 1971년과 72년이었다. 《집안의 바보아들》은 프로벨로 하여금 《보봐리 부인》을 쓰도록 하기에 이른 갖가지 경험을 '전체화(全體化)'하려는 3권으로 된 시도였다.

프로벨은 사르트르가 어렸을 때부터 매혹되었던 작가였다. 사르트르는 고등사범학교 시절에 《보봐리 부인》을 다시 읽었으며 《감정교육》은 30년대에, 그리고 대전 중에는 4권으로 된 호탕한 프로벨 서간집을 읽었으며 저자 프로벨에 공감은 하지 않았으나 언젠가는 그의 전기를 쓰려고 작정했다. 그 생각이 기억에 되살아난 것은 1954년의 일로서, 공산당의 구루〔導師〕 로제 가로디가 공통적으로 아는 인물을 택하여 마르크스주의적, 실존주의적 인식의 방법으로 설명하는 일종의 경작(競作)을 제안한 데에서 시작된다. 단기간에 사르트르는 대학노트 12권에 프로벨에 관한 마르크스주의적, 정신분석적 개략(槪略)을 썼었는데 발표는 되지 않았다. 《언어》 뒤에 사르트르는 다시금 프로벨에 착수하여 그로부터 9년간에 4회나 다시 고쳐 썼으며 다시 그것을 전면적으로 손질하여 마지막으로 마무리한 것이 1970년으로서, 그 간행과 동시에 제4권도 완성시키겠다고 약속했다.

《집안의 바보아들》은 엉뚱한 —— 비평가 가운데는 터무니없는 비유라고 한 사람도 있다 —— 프로벨상(像)을 그려내고 있다. 그것은 '텍스트를 통하여' 프로벨을 '전체화'하려는 포괄적인 시도이다. 사르트르는 정신분석학자가 거부하는 정신분석적 연구에 마르크스주의자가 비난하고 있는 '응용' 마르크스적 변증법과 다음과 같은 프로벨의 독서방식을 사용한다. 그것은 프로벨 —— 나아가서는 그를 통해서 누구나가 —— 이 어떻게 자신이 속하는 사회환경과 계급의 모순을 반영할 것이며, 또한 적절한 도구와 방법만 있으면 '전면적인' 프로벨을 어떻게 적나라하게 그려낼 수 있는가를 제시하는 데 현재로서는 구조주의적이라고는 말할 수 없어도 특히 유익한 독서방식이다.

사르트르는 프로벨이 젊은 시절에 갈겨 썼던 문장에 특별한 관심을 가져 —— 문학평론에서는 흔히 이것을 별로 높이 평가하지 않고 있다 —— 프로벨이 인생의 여러 시기에 썼던 편지와 비교한다. 이 작업을 통하여, 사르트르는 프로벨이 성적으로 수동적이었다는 것 —— 어른이 된 뒤에 쓴 그의 편지가 그것을 확인하고 있다 —— 을 발견하고, 젊고 불행한 프로벨에게 있어서 신경증(神經症)이 하나의 해결책이었다는 결론에 이른다. 프로벨이 마치 정신분석의사의 소파에 누워 있기라도 한 것처럼 편지에서 자신을 토로하고 있음에 대하여, 그가 편지를 적어서 보낸 주요한 인물의 하나인 조르주 상드는 꾸준히 언어의 배후에 몸을 숨기려 했다는 것을 사르트르는 깨닫는다. 《보봐리 부인》을 구조적으로 상세히 조사하는 가운데서 사르트르는 프로벨의 승리와 패배를 발견한다. 프로벨은 어린 시절과 청춘시대에 중요한 전환을 이루지 못했으며 후에는 신경증으로 어느 정도까지는 벗어나, 이와 같은 그의 패배감을 《보봐리 부인》에 쏟아넣었던 것이다. 이 작업은 좀처럼 진척되지 않아 5년이 넘도록 고생한 끝에 겨우 끝내고 있다. 그러나 《보봐리 부인》은 걸작이며 사르트르의 다음 단계는 프로벨이 유명한 말로 인정하고 있듯이 스스로의 모습을 여주인공 엠마 보봐리로 묘사한 그 불행한 프로벨과는 다른 작자의 모습을 이 위대한 소설은 추구하고 있음을 제시한다. 패배자 프로벨의 모습은 텍스트(序文)에서 발견되어야 한다 해도 통속적인 현실에서는 존재하지 않았던 아름다움을 스타일(文體)에서만 발견하려던 프로벨의 결의에도 불구하고 내면의 마비상태를 나타내는 수동적인 동사(動詞)가 무수히 구사되고 있는 —— 정다운 승리는 인쇄된 페이지 속에서도 있어야만 한다. 사르트르는 처음의

3권에서 프로벨의 패배를 분석하고 제4 권에서 그의 승리를 발견할 것을 독자에게 약속하고 있다. 사르트르는 라캉의 최신의 정신분석적인 사고 방식——사실을 따라 개인이 상정(想定)하는 상상의 구성물로서의 자아——, 기호학에서의 최신의 발견 및 분석적 비평——사르트르 뒤에 제랄 쥬넷을 비롯한 사람들이 《데카메론》이나 프르스트의 객관주의, 공포소설 등을 구조적으로 분해하기 시작하고 있다——을 구사하여 어떠한 인물이라도 완전히 알 수 있음을 나타내려고 한다. 《집안의 바보아들》은 궁극적으로는, 한 인생의 발전에는 '신비'가 없으며 자아의 모든 구조는 발견이 가능한 것이며 그 내면의 다이내믹스(力学)는 해명할 수 있는 것임을 제시하려는 기도(企圖)이다.

비평가는 일반적으로 약속된 마지막 권을 기다린다는 자세로 《집안의 바보아들》에 대한 평가 내리기를 보류한다. 그러나 많은 사람이 사르트르 자신이 노골적인 솔직함에 또한 무엇인가를 증명하려는 욕구에서 전적으로 자유라는 것에 관심을 기울이고 있다.

"그것은 커다란 영향력을 지닐 수 있는 텍스트(文章)이다. 문장 그 자체가 동적(動的)이며 영원히 그치지 않고 약동하며 소용돌이치는 효과를 빚어내기 때문이다."라고 〈르 누베르 옵세르바투르〉지의 미셀 시칼은 쓰고 있다. "비웃는 투, 정열, 증오, 이것들은 낡아빠진 논쟁, 성문화(成文化)된 다툼, 가짜 지성(知性)의 흔적은 아니다. 그것은 완전한 폭력인 것이다. 그 분석은 구멍을 뚫고 부식하며 토대(土台)를 무너뜨린다. 그것을 모면하면 시들어버릴 수밖에 없다. 이것은 게릴라전이며 잔혹한 행위이다. 텍스트(文章)는 그 자신의 견디기 어려운 긴장을 지니며 많은 부분에서 고발을 당당하며 필자의, 그리고 또한 역사의 자기분석으로서 피가 흐른다. 다시 말해서 파시즘과 자본이 우리의 내부에도 있을 수 있다는 사실이 제시되는 것이다."

사르트르가 제4 권에 착수한 것은 1971년 10월의 일이었는데 크게 진척되지는 않았다. 왜냐하면 마오이스트와 장 주네가 말하는 부르주아지의 '엉덩이를 따갑게 하는' 그의 '천재'가 다시금 그를 삼켜버렸기 때문이다. 정부는 이른바 '혁명적 인쇄물'에 대한 학대를 중지하고 있었다. 경찰이 형편없이 웃음거리가 되었다는 것과, 장 뤼크 고다르, 데르피느 셀리그를 비롯한 진보적인 한 떼의 문화인들이 판테온 경찰지서로부터 몰려나오는 모습이 외국의 뉴스영화에 촬영되었다는 것, 또한 프랑스의 국영 텔레비전에 경찰의 죄인 호송차가 뒤를 따르는 가운데 상 미셸 거리에서 신문을 파는 시몬느, 사르트르, 부뤼만타르의 모습이 나왔다는 것 등이 있었기 때문이다. 그러나 6월에는, 사르트르가 카운터 카르튜어[對抗文化] 신문의 편집장직에 있다는 것이 형식적인 것이라고는 하나 법적으로는 구속력을 지니기 때문에 〈인민의 대의〉지와 〈모두!〉지에 게재된 기사에 관해서 사실무근의 비방행위가 있었다 하여 고발을 당하게 되었다. 그는 텔레비전 시청자에게 여러 신문의 주필을 맡고 있는 것은 인쇄 및 출판의 자유를 지키려는 행동이며 설사 사상을 같이 하지는 않는다 해도 자기가 신뢰하는 사람들에게 가담하는 행위라고 말했다.

그는 내면적으로는 훨씬 더 냉철했다. 이러한 신문의 어느 하나도 올바른 접근방식을 발견하지 못했다고 그는 느꼈으며, 보다 더 중대한 것은 이러한 신문이 부르주아지 신문보다 더 늘상 거짓말을 하며 행동의 성공만을 보도하고 실패에는 전혀 언급하지 않는 그들의 '승리주의적' 보도방식은 프롤레타리아 독자에게 해를 끼치는 것으로 그는 생각했다. 진실은 혁명적이어야 한다. 그러나 단명(短命)으로 끝난 어떤 신문에 말한 그의 담화를 인용한다면 혁명가는 "진실을 알기를 원하지 않고 세뇌되어버린 결과 자기들의 꿈의 세계에 살고 있는 것이다."라는 것이다. '5월 사건'을 처음으로 소설화한 《패배와 파멸》을 쓴 '올드 타이머'의 소설가 모리스 클라벨과 함께 사르트르는 대항문화통신사(對抗文化通信社) 〈리벨라시온〉을 창설했다.

시몬느는 〈인민의 대의〉지에 10대의 비행소녀에 관한 글을 기고하거나 몇 가지 항의데모에 참가는 했어도 대개의 일은 거의 거절하여 책상에 마주앉아 《결산의 시기》의 완성을 서두르고 있었다. 활동가로서의 사르트르가 1971년과 72년에 관련을 가진 활동의 몇 가지를 예로 든다면 다음과 같은 것이 있었다.

어떤 형무소의 수형자에 의한 헝거 스트라이크를 적극적으로 지원, 아랍계 주민이 압도적으로 많은 몽파르나스의 구트 도르 지역에서 인종적 관용을 요구한 데모행진, 수감자 반란의 중재(仲裁), 르노 자동차공장 점거에 앞장서는 행위 —— 이때는 개별격파로 배제되었다 ——, 르노 공장의 마오이스트 노동자 살해사건의 조사에 참가하고 그 젊은이의 장례식에 참석, 쿠바의 시인 파디쟈의 투옥을 놓고 카스트로와는 이미 결별, 프랑스 마오이스트에 관한 책에 서문을 기고, 부뤼셀로 가서 벨기에 청년변호사 협회에서 '사법과 국가'라는 제목으로 강연, 자기 자신의 명예훼손 재판에 출정, 두 사람의 옛친구인 알렉산드르 아스토뤽 감독의 다큐멘터리 영화 《사르트르 —— 자신을 말하라》를 위해 시몬느와 함께 3주간의 촬영에 참여한다는 등이었다.

《결산의 시기》는 《어떤 전후》의 끝부분부터 시작되고 있다. 그러나 2천2백 페이지나 되는 이 시몬느의 자서전 마지막 권은 연대를 따라 말한다기보다는 오히려 여러 테마를 수시로 다루고 있다 —— 변화에 관한 사고방식, 자신의 작업, 여름의 로마, 정치적인 목적을 지닌 각지의 여행 —— 이 책의 얼마 안 되는 코믹 터치의 한 대목은 크리미아에서 수영팬티를 입고 해변을 숨가쁘게 달리던 사내의 가슴에는 한쪽에 레닌, 다른 한쪽에는 스탈린의 초상이 문신되어 있었다는 부분이다 —— 여자라는 것, '5월 사건', 그리고 그녀 및 사르트르가 과격화하는 경위 같은 것 등등이다.

그녀는 사르트르와의 만남을 '나의 인생에서의 가장 중요한 사건'이라고 말하며 감상을 빼고 —— 때로는 산만하다는 지적은 있어도 —— 이 10년간에 관하여 쓰고 있다. 비평가는, 이 책에는 친근감이 결여된다고 보는데, U. S. 프리쳇은 그녀가 지나치게 엄격하여 인간을 개념에 비추어보게 되었다고 말했었다. 그러나 또한 이 책을 현명하고 존경받아 마땅한 한 여성의 목소리라고도 평하고 있다. 그녀는 그녀의 페미니즘에 있어서 진보적이긴 하나 섹스란 강간이며 남성을 증오하는 것이며 '남성적 패턴'이라고 하는 사고방식은 거부한다. 왜냐하면 그런 식의 파악은 특수한 여성적 성격이 있다는 전제를 바탕으로 하기 때문이다.

"여자에게 있어서 문제는 자신이 여자임을 주장하는 것이 아니라 완전한 인간이 된다는 것이다."

〈인민의 대의〉에 불만이었던 사르트르는 1972년의 가을에 전면적으로 그를 몰두케 하는 작업에 뛰어들었다 —— 〈리벨라시온〉을 일간지로 만들었던 것이다. 그가 만들어내는 것에 협력을 자청한 것은, 참가하는 민주주의를 실천하는 신문독자가 자기들의 뉴스를 실제로 쓰지는 않는다 해도 제공해주는 〈인민의 일간지〉였다. 이 착상이 생겨난 것은 스폰텍스 마오이스트가 랑스, 리르, 리용 등지에서 행한 항의 행동이 계기였다. 특히 직접적인 계기가 된 한 예를 든다면, 노인병원의 간호원들이 찾아와서 이렇게 말했던 것이다.

"당신들, 이런 일을 다루어주겠어요? 우리는 이 고장의 신문에서 이 일을 다루어달라고 여러 가지를 해봤지만 소용이 없었다우!"

노동자들도 똑같은 것을 요구하고 있었다. 이리하여 어떤 사회적인 사건이 일어나면 그 사건에 관련되었던 인간 —— 스트라이크 노동자, 항의 행동자, 젊은이들 —— 이 뉴스 소스가 되고 그것을 보란티아의 〈리벨라시온 위원회〉가 상세히 조사하고 그 사실에 관한 것을 검토하는 방식이 생겨났다. 이 신문은 〈유마니테〉지 같은 당의 기관지가 아니다. 정당 기관지의 편집자나 기자는 인민의 이름으로 말하기는 하나 당사자인 백성의 따분한 기분이나 분노나 욕구에는 이미 진정한 공감을 지니지 않고 있었다. 이 신문으로써 열악한 노동안전성(勞動安定性)에 항의하는 노동자라든가 국립 보호시설에 성직자의 방문은 허락되어도 수태조절 지도위원의 방문은 어째서 허락되지 않느냐고 묻는 10대 비행소녀들의 신변문제를 표현할 수 있는 저널리즘을 만들어내야만 한다. 국민이 국민에게 대화하는 방식일 경우 그 정묘(精妙)함은 상실될는지 몰라도 대중적인 정의 감각은 되찾을 수 있다. 이런 식의 정의는 우아함이 결여되기 때문에 부르주아지로서는 용인할 수 없는 것이었다. 그러나 그것은 궤변이나 도피구를 지니지 않으면 너무나 교묘하기 때문에 오히려 눈에 띄지 않는 편견이 없는 정의가 될 것이다.

사르트르는 창업자금으로서 20만 프랑 —— 4만 달러 —— 을 내놓고 1973년 1월에 라디오 출연을 했을 때에는 찬조금으로서 들어오는 액수가 매월 500프랑 —— 1천 달러 —— 이나 되었는데, 그 태반은 1건당 20달러가

334

된다고 말했다. 이 대담의 상대방이 사르트르가 표방하는 저널리즘을 위해 문학과 철학을 저버린다는 것은 애석하지 않느냐고 발언하자 그는, 철학을 버리는 것은 6개월뿐이라고 한 뒤, 〈리벨라시온〉이 자립을 하게 되면 자신은 옆으로 물러날 작정이라고 말했다. 〈리벨라시온〉은 성공하겠느냐는 질문에는, 그것은 알 수 없는 일이라면서 자신과 친구들은 하나의 생각을 내세우고 있음에 불과하며 그것이 사느냐 죽느냐는 것은 일반대중의 의향에 달렸다고 그는 말했다.

'혁명적 신문'의 사업 때문에 〈현대〉지는 소홀해졌다. 그러나 격주마다의 모임에는 참석하여 시몬드, 보스트, 란즈만, 퓌용, 고르츠 등과 함께 자신의 의견을 말하기도 했다. 〈현대〉지는 정치적 문제가 일어날 때마다 낱낱이 의견을 털어놓은 것이 아니며 충분히 소화시키고 고찰한 견해를 제시해야만 한다는 데 전원의 의견은 일치되고 있었다. 퓌용과 고르츠는 그렇지 않았으나 그 밖에는 이제 아무도 이 잡지에 글을 쓰지는 않았으나 그래도 시몬느는 투고된 원고를 모두 읽고 또한 혁명적 페미니스트들이 집필하는 성차별에 관한 칼럼을 마련했으며 한편으로 퓌용과 고르츠는 교대로 실질적인 편집의 일을 맡고 있었다. 발행부수는 1만 1천 부 —— 사실상으로 1945년 당시와 같다 —— 로서, 〈현대〉가 이젠 실존주의의 이른바 공보 (公報) 구실은 하지 않게 되었어도 '소규모 잡지'로서는 거의 유례를 볼 수 없는 궤적(軌跡)의 기록을 남겼으며 또한 여전히 건재했었다 —— 3백 호를 넘는 지면에는 약 30년에 걸친 좌익의 '투쟁의 기사'며 희망이나 좌절이나 성과를 말해주는 평론과 분석이 가득 실려 있었다.

"내가 옛날보다는 참여하는 일이 적어지고 흥미를 조금밖에 보이지 않았다면 그것은 〈현대〉지가 독자적으로 존재할 수 있게 되었기 때문이다" 라고 사르트르는 1976년에 말하고 있다.

그는 단속적으로 프로벨론(論)을 쓰고 있었다. 이것을 쓰는 이유를 빅토르나 다른 마오이스트들에게는 이렇게 변명하고 있었다. 설사 《집안의 바보아들》을 읽어줄 노동자는 하나도 없다 해도 자신이 15년간이나 계속해온 작업을 포기한다면 마음이 개운치 못하다고.

"어떤 종류의 애매함이 있음은 틀림없지. 한편으로, 19세기의 인물을 찾아내어, 그 인물이 1838년 6월 18일에 무엇을 했느냐 따위에 열중한다면 사람들은 그것을 도피주의라고 말하는지도 모르네 —— 어쩌면 나는 약간 이나마 도피하려고 하는 것이겠지 —— 하지만 다른 한편으로 내가 구사 하는 방법론의 점에서 이 작업을 본다면, 자신이 현대의 인간이라는 느낌을 나는 갖는다네." 하고 그는 미셸 콩타와 미셸 리바르카의 두 사람에게 말하고 있다. 이 둘은 788페이지나 되는 사르트르의 저작연보를 작성한 새로운 '사르트르 연구가'이다. 콩타는 아스토뤽에게 협력하여 《사르트 르 —— 자신을 말하라》의 다큐멘터리 제작에도 참여하고 있는 로잔느 출신인 35세의 프랑스문학 교수로서 재즈 뮤지션이며 또한 리바르카는 40세의 캘리포니아 대학 로스앤젤레스 분교 출신의 철학박사인데 보리스 뷔앙의 평론을 쓰고 있는 인물이다. 두 사람은 사르트르가 실제로 본 마지막 인터뷰 상대였다. 그는 6월에 실명했기 때문이다.

3월, 과로로 말미암아 가벼운 심장발작을 일으킨 그는, 때마침 〈리벨 라시온〉이 가동되기 시작했을 때에 그 활동을 대폭적으로 줄여야만 했다. 5월 22일, 제 1 호가 나왔을 때에는 입회했었으나 고혈압은 계속되어 3주 후에는 왼쪽 안저(眼底)에 출혈이 일어났다. 3세 때에 사실상 우측 눈의 시력을 잃은 뒤부터는 왼쪽 눈만이 간신히 정상적이었던 것이다. 병원에서 퇴원한 그를 시몬느는 정양을 위해 남프랑스로 데려갔는데, 빛과 색은 보여도 이미 물건이며 얼굴을 식별하기란 무리였다. 책장을 얼굴에 바싹 대고 있어도 검정 선만 보일 뿐이며 글자를 알아볼 수는 없었다. 고혈압의 약리요법은 일시적인 허망상태마저 빚어냈다. 그는 아뷔용에서 시몬느에게 몇 군데의 거리를 거쳐 어떤 벤치까지 데려다달라고 부탁했다. 젊은 여성과 거기서 만나기로 했다는 것이다. 그런 랑데부는 애당초부터 있을 리가 없었던 것이다.

시몬느도 좋은 상태는 아니었다. 동맥염의 극심한 통증에 시달려 특효 약인 코치존을 복용하기 시작했다. 이 약으로 말미암아 얼굴이 달덩이처럼 둥글어졌으나 그래도 격통은 가라앉았다.

안과전문의들은 한결같이 사르트르의 눈에 같은 진단을 내리고 있었다 —— 원래의 상태로 돌아갈 수는 없다는 것이었다. 사르트르의 좌절감은 당연했다 —— 글을 쓰기는 이제 틀렸다고 그는 콩타에게 말하고 있다 ——
그런데 어찌 된 셈인지 그는 슬퍼하지 않았다. 쓴다는 것은 고쳐 쓴다는
것이며 그의 소설 가운데는 6회나 다시 고쳐 쓴 것도 있었다. 그리고 시
몬느가 무엇인가를 읽어줄 경우에도 그는 매우 간단한 정정(訂正)을 구
두로밖에는 할 수 없었다. 문체란 수많은 일들을 하나의 문장으로 표현하는
방법이라고 그는 콩타에게 말하고 있다. 문학은 과학 논문을 쓰는 것과는
다르다. 그것은 의미로써 반향하는 형태로 언어를 배열하는 것이다."라고.
친구들은 녹음기를 권했으나 플레이백에 요하는 시간은 기계의 메커니즘
지배를 받는 것으로 두뇌나 눈의 속도에 의존하지 않는다. 수많은 문장을
아울러 배치하기란 어려운 일이며 사고의 흐름에서 균형이 상실된다. 그러나
시험은 해보았다 —— "충실히 말일세." 하고 그는 말한다.

리비에라에서 두 사람은 로마로 갔다. 그러나 이젠 혼자 밖을 다닐 수가
없었다. 신문도 읽어주어야 했으며 혼자 남아서 라디오를 듣고 있노라면
스스로 무력함을 느끼는 것이었다.

또한 그는, 란즈만이 6월에 완성한 영화 《어째서 이스라엘인가…》를
자신의 눈으로 볼 수 없었다. 3시간이 넘는 이 영화는 란즈만이 '쓰고
표현하고 감독한' 것으로, 그 제작자 이름 가운데는 시몬느의 이름도 있
었다. 이 영화는 인터뷰와 인터뷰 사이에 다른 장면이 삽입되어 1973년의
이스라엘 모습을 도발적으로, 때로는 짓궂게 묘사하고 있었다. 뉴스 영화나
스톡 화면을 사용하지 않은 란즈만은, 멤버의 태반을 북아프리카 출신의
유태인으로 구성했으며 아슈케니지파(派)의 지배로부터 차별을 받는다고
느끼는 이스라엘 블랙 판사르의 모습을 뒤쫓거나 또는 나치의 강제수용소를
체험적으로 아는 어느 경찰서장이 데모하는 젊은이들로부터 나치라고 불
렸을 때에 보이는 반응, 감개무량한 느낌으로 멀리 소련에서 온 인물이
후에는 미국으로의 이민을 요구하게 된 경위 등을 묘사했다.

'10월전쟁'으로 사르트르와 시몬느는 처음으로 대립하는 입장에 섰다.
이 전쟁이 이스라엘 승리로 끝나자 유태인은 전통적인 피해자라는 이미지를
벗었고 마오이스트로부터 트로키스트에 이르는 극좌세력은 팔레스타인의

주장을 지지했다. 〈리벨라시온〉 신문과 텔아비브의 〈알 하미슈마르〉 신문과의 인터뷰에서 사르트르는 '팔레스티나 해방조직'과 이스라엘이 직접 대화를 하도록 호소했으나, 시몬느가 서명한 '이스라엘을 위한 호소'의 지지만은 거부했다. 그녀는 이스라엘이 팔레스티나인의 어려운 상황을 시인하는 것마저 거부하는 것에 탄식했으나 팔레스티나측의 대안 —— 이스라엘의 멸망 —— 을 지지할 수는 없다는 입장을 취했다.

두 사람의 정치적인 의견의 차이는 퐁피두의 갑작스런 죽음으로 실시된 1974년의 대통령선거까지 계속되었다. 과거 수십 년 사이에서도 가장 치열했던 선거전에서 시몬느가 전(前) 경제 및 재정상이었던 바레리 지스카르레스탕에 대항한 전좌익(全左翼) 통일후보인 프랑소와 미테랑을 지지했음에 대하여 사르트르는 마오이스트들과 함께 '혁명적 기권(棄權)' 측으로 가담했던 것이다. 사르트르의 투표거부에 대한 의견을 요구받은 미테랑은, 사르트르가 시인하기를 거부한 모든 제도는 "그래도 역시 존중할 값어치는 있다."고 정중히 대답했다. 근소한 차이로 미테랑을 이긴 지스카르데스탕이 대통령직에 오르자 프랑스는 드골주의에서 프래그머티즘의 시대로 이행했으며 기술과 경제의 문제가 최우선으로 다루어지게 되었다.

〈리벨라시온〉지는 그 나름의 문제가 있었다. 새 정부는 지극히 냉정하여 상 미셸 거리에서 신문을 파는 '보르테르'의 배후에서 죄수 호송차를 뒤따르게 하는 따위는 하지 않았으며, 사르트르의 명예훼손 재판도 사르트르에게 1프랑이라는 상징적 벌금형을 내림으로써 조용히 끝났다. 〈리벨라시온〉지의 문젯거리란 기사의 처리방식, 톤, 관련성을 찾아내는 일이었다. 사르트르로 하여금 더 많은 자금을 내놓게 하고 비틀거리듯이 발족한 〈리브〉지는 필립 가뷔를 책임자로 하는 30세 이하의 헌신적인 스탭을 거느리고 정치의식이 전위적(前衛的)인 타블로이드판(版)이 되었다. 그런데 뉴스의 취사선택은 액센트릭하며 기사는 그들의 비정상적이며 부당하고 불합리한, 그리고 나아가서는 모순된 가치관에 입각하여 다루어졌으며 16페이지짜리 일간지에서 4페이지를 독자란으로 제공했기 때문에 그 부분은 1976년에 와서는 참여하는 민주주의의 저널리즘이라기보다는 뉴욕의 〈비렛지 보이스〉지의 개인광고란 같은 양상을 드러내고 말았다. 아무런

338

코멘트도 없이 인쇄된 기사는 고독과 몰이해라는 벽의 뒤에서 서로 하소
연하려는, 방향성을 지니지 못한 사람들에 의해서 씌어졌음이 명료했다.
어느 유죄범(有罪犯)은 '프랑스 강제수용소'의 벽 안에서 써보냈었는데
그의 소망은 출감하는 날에는 여자친구가 가장 요긴하다는 것이었다. 또한
보육원의 기사가 있는가 있는가 하면 신장개업의 동성연애자 클럽의 광고가
있고 공동생활 그룹이 잠자리를 구하는가 하면 '마론느 라 메이느 현의
국민, 경찰서장의 권력남용에 항의하여 행동을 전개중'이니 하는 기사가
나오는 식이었다. 사르트르는 어떤 사건에 관련을 갖게 되었는데 그것은
베트남 출신의 어느 활동가가 아프리카인의 활동가에게 강간을 당했다는
것이었다. 이 사건을 에워싸고 독자는 둘로 갈라졌다. 남성우위적 공격성은
혁명의 전열에 서서는 안 된다고 투고하는 자가 있는가 하면, 흑인을 공
격한다는 것은 아프리카 및 알제리 출신의 외국인 추방을 꾀하는 우익의
공포전술에 말려드는 것이라고 경고하는 자도 있었다.
　"사회가 자신을 다루는 방식에 항의하면서 동시에 여자를 억압하는
남성은 참다운 혁명가가 아니다."라고 사르트르는 써보냈으며 그 아프리
카인 노동자를 구제의 대상에서 제외시켜 버린 '구제위원회'에 대해, 그
남자를 설득하여 태도를 고치도록 노력하라고 시사했다.
　빅토르와 가뷔의 협력으로 사르트르는 《대화》를 책으로 냈다. 《반역은
옳다》가 바로 그것이다. 그러나 1974년 5월, 〈리벨라시옹〉지 발행 1주년의
전날, 고혈압에 의한 새로운 병발증이 일어나, 그는 이 신문의 책임자
자리에서 물러나고 —— 그러나 재정적 원조는 계속하고 —— 아직 간행을
계속하는 다른 모든 전투적인 신문의 후원도 그치지 않을 수 없게 되었다.
1개월 후, 시몬느와 여름휴가를 보내기 위해 로마로 갔을 때는 《집안의
바보아들》마저 포기하고 말았다. 제4권은 보다 더 힘겨워 가장 재미없는
부분이며, 자신이 하고 싶었던 이야기는 모두 해버렸기 때문에 이미 완성한
3권의 책을 바탕으로 하여 누군가가 결론을 써주었으면 싶었던 것이다.
　아를렛도 로마에 와서 위로와 기분전환의 구실을 맡아주었다. 사르트르가
실명하기 전에는 아버지와 양녀인 이 두 사람은 때때로 저녁 나절을 라
스파유 거리의 서재에서 그는 피아노를, 그녀는 고등사범학교 시절부터의

바이올린을 연주하며 즐기기도 했다. 지금은 하루 건너 그녀는 몇 시간을 그에게서 보냈으며 책을 읽어주거나 말벗이 되는 등으로 친구의 말을 빌리면 그는 시몬느와 아를렛의 둘을 모두 필요로 했던 것이다.

프로벨을 단념한다는 것은 고통이었다. 그는 이 점에 관해서는 철학적으로 되려고 노력했으며, 친구나 인터뷰의 상대를 보고 인간의 작업이라는 것은 궁극적으로는 모두 미완성인 법이라고 말하는 것이었다. 지난날의 그가 《대화》에서 말한 '피부 밑에 꿰매어진 명령', 다시 말해서 쓰지 못하면 죽는다는 의무감에 따르기라도 하듯이 흥분제를 먹어가면서 프로벨론을 쓴 적도 있었다. 《반역은 옳다》가 그에게 가르쳐준 것은 《대화》를 활자화한다는 것은 쓰는 말의 밀도를 줄이게 되어 한계가 있다는 것이었다. 인터뷰는 욕구불만을 남겼다. 질의응답을 주고받는 가운데에서 새로운 질문이 생기고 논점이 흐려지기 때문이다. 1974년의 로마에서 그는, 피부 밑에 꿰매어진 명령의 속박을 이제는 받지 않겠다고 작정하고 또한 비록 어쩔 수 없는 일이었다고는 하나 자신이 말해야 할 것은 모두 말해버린 것이라고 다짐했다.

"아니, 정확히 말한다면 그것은 옳지 않아. 이제부터 앞으로 몇 년의 세월이 더 있고, 더구나 넘쳐흐를 듯한 건강을 누리는 사내가 있어 내가 그 사내 대신이 되었다 해도 역시 모든 것을 말한 것은 되지 않아. 아니, 그건 어림도 없지." 하고 2년 뒤 그는 필자에게 말했다.

"그러나 나에게는 아직 10년이 더 있다고 한다면 제발 이젠 지긋지긋해."

그러나 팔짱을 낀 채 멍청히 있는 것은 사르트르의 취미가 아니었다. 녹음기를 사이에 두고 그와 시몬느는 《말》의 계속이 되는 일련의 '자전적 대화'에 착수했다. 두 사람이 파리로 돌아오자 개편된 국영 라디오·텔레비전 방송협회에서 사르트르에게 신설의 제 2 채널 텔레비전 시리즈에서 20세기를 평론하지 않겠느냐는 제의가 들어왔다. '우리의 리버럴, 이곳에 있다.' 〈타임〉지가 지스카르데스탕의 대통령 선출과 변혁의 약속에 관하여 보도한 기사의 제목은 이렇게 되어 있었다. 새 대통령이 이 제 2 채널의 톱에 마르셀 줄리앙을 발탁한 것은 그와 같은 자파(自派) 계열 리버럴리즘의 한 표현이었다. 줄리앙의 전직은 프론 출판사의 편집장으로서, 텔레비전

세계에서는 '황제'로 군림하던 그는 즉각 화려한 아이디어를 모색하기 시작했다. 모리스 크라벨이 프랑스 지식인을 텔레비전으로 끌어내어 시청자로 하여금 평가를 내리도록 하면 어떻겠느냐고 제안하자 줄리앙은 "멋진 생각이다. 그렇다면 우선 사르트르부터 시작하자."고 했다. 1971년, 말로가 70세를 맞았을 때 무상한 세월의 산 증인이며 주역이기도 했던 이 유니크한 인물의 회상을 9시간의 시리즈로 하여 방송한 적이 있었다. 예비절충의 단계에서는 크라벨이 거의 사르트르의 대리인이 되었다. 전면적으로 자유가 보장된다면 사르트르도 동의할 것이라고 그는 줄리앙에게 말했다. 물론이지, 이건 사르트르의 시리즈니까 그의 뜻대로 구상해주면 되며 스탭도 그가 택하도록 하면 된다고 줄리앙은 대답했다. 20세기를 논하는 사르트르, 이것은 신설된 제2 채널의 책임자에 상당한 무게를 주는 것이기 때문에 이 시리즈에 관해서는 방송시간을 이용하여 충분한 사전선전이 행해졌다.

너무 쉽사리 일이 풀려 믿어지지 않는 느낌이긴 했으나 아무튼 사르트르는 협력자로서 시몬느, 가뷔, 빅토르를 '고용하여' 곧 '1905년 태생의 한 지식인의 주관을 통해서 본 20세기의 역사' 라고 우선 이름 지은 시리즈의 개략을 구상하기 시작했다. 각 에피소드로 다룰 모든 사건에는 반드시 페미니스트의 시점과 논점을 넣도록 그들은 결정했다. 1975년 1월 6일, 1시간 프로 10회분의 개략을 제출함과 동시에 '사법, 관료, 재정당국으로부터의 방해는 전혀 없음'을 의미하는 완전한 자유를 요구한다고 되풀이하여 강조했다. 이 텔레비전 '에세이〔評論〕'는 현행 프로편성의 테두리에 적합하다고는 생각되지 않았으나 그래도 준비개시 OK의 사인은 곧 나와 조사와 대본 작성, 예비제작의 작업에 착수한 사르트르 팀은 80명으로 늘어났으며 작업은 급격히 진전되었다. 1천만 프랑 —— 220만 달러 —— 으로 예상된 경비는 확실히 거액이긴 했으나 해외시장으로도 대량으로 팔릴 위신을 건 시리즈고 보면 그렇게 터무니없는 액수는 아니었다. 줄리앙은 제1 회 선불금으로서 8천 프랑의 지불을 허가했다.

말썽은 8월에 일기 시작했는데 사르트르 팀이 6개월의 작업에 일단락을 지어 1개월의 휴가를 취하기 위해 해산했을 때였다. 사르트르와 시몬느가 정양 중이던 로마로 줄리앙이 편지를 보내어, 방송협회로서는 전면적으로 작업진행의 허가를 내기 전에 프로 책임자들이 프로젝트의 방향을 파악하기 위해 파일럿 필름을 작성할 필요가 있다고 요청해온 것이다.

"다른 표현으로 말한다면 나는 시험에 합격해야 한다는 것이다."라고 1개월 후의 기자회견에서 사르트르는 이렇게 말했다.

"시청자 대중이 바로 유일한 판정자일 것이다. 작업과 대중 사이에 '상급' 판정자라고 하는 심사원을 넣는다는 것은 작업을 미리 어떤 테두리 안에 적응시키는 것이 된다. 이것은 사소한 일이긴 하지만 다시금 검열이 생긴 셈이라고 하겠다."

9월 25일의 기자회견 전날 밤에 줄리앙은 당초의 예산을 삭제하여 4백만 프랑을 제의해왔는데, 사르트르는 이것이 6개월 전의 제안이었다면 대본의 작성방식 변경도 가능했겠지만 이제 와서는 시기가 늦었다고 했다. 사르트르가 기자회견에서 사태를 공표했을 때 줄리앙은 그 '작업이 아직 존재도 하지 않은' 때에 검열 운운하는 것은 곤란하다고 대답했다. 그러나 몹시 당황한 그는 〈르 누베르 옵세르바투르〉지의 장 다니엘의 시사를 받아들여 다시 한 번 사태의 수습을 꾀했다. 그러나 화가 난 사르트르는 —— 유감스럽게도, 하고 줄리앙으로서는 생각되었지만 —— 이젠 너무 늦다는 말을 되풀이하며 동시에 이 방송망을 이젠 신용하지 않을 것이며 앞으로 텔레비전에는 결코 나가지 않겠다고 언명했던 것이다.

신문의 논조는 대체적으로 사르트르를 지지했다. 〈르 몽드〉지는 "우리 나라의 리버럴리즘은 어쩌면 전진했는지는 모르나 다른 나라에 비한다면 여전히 뒤쳐진 리버럴리즘이다."라고 썼으며, 〈르 누베르 옵세르바투르〉지는 나이 70세에 여전히 가공할 질서 파괴분자로 간주되고 있음을 사르트르는 자랑스럽게 여겨도 되지 않겠느냐고 썼다. "그래서 마지막 순간에 이르러 정부는 침식작용을 지니는 미지의 것에 리버럴하게 진보적으로 몸을 던지려다가 현기증을 느껴 물러났다. 새로운 소크라테스가 앞으로 오랫동안 우리 나라의 젊은이를 타락시키고……. 또한 시키려 함을 보고 불안감에 사로잡힌 우리 나라의 지도자들은 급거 재정적 난제를 들고 나왔던 것이다."

충격적인 뉴스가 갑자기 날아온 것은 9월 말의 일이었다 —— 사르트르의 젊은 마오이스트 친구들은 지불될 노벨상의 상금 6만 달러를 입수하려고 했다. AP통신과 AFP통신의 보도로 한바탕 소동이 있은 뒤, 노벨재단의 이사장 스티그 라멜은 스톡홀름에서 1964년에 사르트르에게 주어진 25만 크로나를 청구하는 편지를 받았음을 확인했다. 이 편지는 '사르트르 씨의 측근'으로부터 온 것이라고 라멜은 말하면서, 다만 이 편지가 사르트르 씨의 승인 아래 보낸 것인지는 불명이지만 아무튼 노벨상의 규정에 의하면 어떠한 청구도 수상 후 1년 내에 있어야 한다고 말했다. 사르트르는 파리에서 상금 받기를 희망한 적은 없었다고 정식으로 부인했다.

사르트르는 무일푼이 되었다. 그의 마지막 저축은 〈리벨라시온〉에 들어가고 말았다. 그래서 콩타와 함께 사르트르는 70세의 탄생일 대담을 녹음하여 질의응답의 형태로 정리, 판권을 붙여 시리즈로 하여 〈르 누베르 옵세르바투르〉지에 연재되었던 것을 외국의 주요한 잡지에 팔았다. 그는 1974년 회계년도에 3만6천 달러를 세무서에 지불했는데, 무일푼이 된 이제 와서는 어떻게 해야 좋을지 모르겠다고 처음으로 어려운 형편을 밝혔다.

이 긴 인터뷰는 탄생일에 추억의 오솔길을 감상적으로 더듬어본다는 것만은 아니었다. 콩타는 통찰력이 풍부한 날카로운 질문을 잇달아 하면서 사르트르의 솔직한 회답을 얻어냈다. 이를테면 사르트르는, 자신에 대해 논한 저작은 많이 있으나 자기 사상을 조명해주는 것은 유감스럽게도 전혀 없었음을 시인하거나, 한 인간의 공생활과 사생활을 구분한다는 것은 환상이라고 말했으며, 또한 저편의 지평(地坪)은 어둠에도 불구하고, 설사 사회주의 혁명이 다시는 일어나지 않는다 해도 인류는 전진하고 있다는 신념을 토로하고 있다. 시몬느가 일찍이 썼듯이 '기만당했다'고 결론을 맺을 생각은 없느냐는 질문을 받자 그는 그럴 생각은 없다면서 이렇게 대답했다.

"나는 무엇으로나 실망하지 않았다. 여러 인간을 만났다. 좋은 녀석도 있고 나쁜 녀석도 —— 더구나 나쁜 녀석이라 해도 그것은 어떤 목적과의 관계에 있어서 나쁘다는 것뿐이다. 글을 써왔으며 또 살아왔기 때문에 애석하다고 생각되는 것은 전혀 없다."

사르트르가, 인생이란 별로 대단한 것이 아님을 자신의 인생이 깨닫게 해주었다고 말했을 때의, 스스로 생각해보아도 머쓱한 말투를 깨달았을 때 폭소가 터졌으며, 그 웃음소리로 테이프에 수록된 대담은 끝나고 있다. 사르트르는 콩타에게 말했다.

"웃음을 아껴두어야 한다. 이렇게 쓰면 되네. '웃음의 반주'라고."

시몬느는 페미니즘의 대립에 말려들고 있었다. 미국으로부터는 분노, 고통, 야유, 깊은 고뇌가 담긴 많은 책을 보내왔으며 또한 베티 프리단의 개인적인 방문도 받았다. 프리단은 '누군가 보다 현명하고 보다 나이많은 사람과' 여성운동이 교착상태에 빠진 것이 아니냐는 그녀 자신의 암중모색의 불안에 대하여 이야기를 나누고 싶다고 생각했던 것이다. 두 사람은 오랜 시간을 이야기했으며 결국은 '체제'를 놓고 의견은 갈라지고 말았다. 시몬느는 보다 나은 일, 여자를 우대하고 있는 표시로서의 일부 여성의 등용, 겉보기뿐인 양성(兩性)의 융화 같은 것은 생산적이라고는 말할 수 없으며, 페미니스트의 역할은 "이 체제를 파헤쳐 무너뜨리는 것으로서 상대방의 수중에 잡히는 것은 아니다."라고 말했다. 이에 대해 프리단은 체제변혁에 발언권을 지니기 위해서는 기능이나 전문적 기술·지식을 여자 자신이 부정해버린다면 도대체 여자는 어떻게 해서 해방의 상태에 도달할 수 있는가를 의문으로 여겼다. 《신비화된 여성》의 저자 프리단은 시몬느를 최신유행의 상투어를 휘두르고 엘리트주의를 부정하고 무명의 '노동자계급'의 여자를 추상적으로 찬양하는 쌀쌀맞고 냉담한 인물로 여겨 실망을 안고 돌아갔다.

실제로 시몬느는 자신이 즐겨 말하듯이 '여성해방론'의 기수로서가 아니라 여성해방을 주장하는 사람들의 한 방편으로 쓰이는 수가 많았다. 그녀는 젊은 세대의 프랑스 여성으로부터 비판을 받고 있었다. 그녀들은 사실 《제2의 성(性)》에는 어떤 종류의 보호자연하는 낙관주의가 있음을 알았다. 〈라르크〉지는 《제2의 성》 간행 25주년 기념으로서 시몬느 드 보브와르 특집호를 냈다.

"그녀는, 자기 자신을 지배적인 요인으로도 하지 않고 은밀히 권위자인 체하는 일도 없으며 그러면서도 책 속에 언제나 존재하는 방법을 발견하고 있다.”고 편집자들은 서언(序言)에서 썼다. 이 특별호를 위해 시몬느는 여자를 테마로 하여 사르트르와 인터뷰를 했으며 그의 작품에는 ‘남근지배주의(男根支配主義)’의 혼적이 있다고 지적함으로써 수많은 여자와의 관계에 있어서는 전혀 순진한 것만은 아니라고 그로 하여금 시인케 하고 있다. 그러나 그녀는 자신에 대한 것을 그가 항상 대등한 것으로 보아왔다고 말하여, 그것이 기묘하게도 오히려 다른 여자들을 대했을 때 그의 마티즈모 (남자는 강하며 여자보다 우월하다는 생각)를 강화시켜버리지 않았느냐고 그로 하여금 말하게 했다. 또한 그가 《제 2 의 성》을 인정한다 해도 이 책은 그를 추호도 바꾸어놓지는 못했다 —— 그것은 그녀로서도 마찬가지였다”고 그녀는 말한다. 훗날에 다시 생각해보니, 하고 그녀는 덧붙여 말한다. “우리는 그 당시, 같은 자세를 취했던 것으로 생각한다. 우리는 두 사람 모두가 사회주의 혁명이 필연적으로 여성의 해방을 가져다줄 것으로 믿었었다. 우리에게 필요한 것은 태도를 바꾸는 것이었다.” 더욱 흥미로운 것은, 두 사람은 체제를 파헤쳐 무너뜨릴 것인가, 아니면 내부로부터의 점거냐를 놓고 심각하게 논의하는 가운데 일하는 여성은 일하는 남편에게 반역할 것인가, 남편은 자본주의적 억압으로부터의 피난처를 가정에서 찾고 있을 뿐인 것인가, 아니면 여성의 억압자인가 하는 문제를 다루고 있다. 이것은 페미니스트에게 있어서 매우 현실적인 쟁점이라고 말하는 시몬느에 대해 사르트르는, 일하는 여성은 양성(兩性)의 투쟁이라고 하는 주요한 모순과 계급투쟁이라는 부차적 모순 —— 양자 가운데에 양성간의 투쟁 쪽이 주요한 모순이다 —— 의 총합을 발견해야 하겠지만, 마땅히 억압적인 남편에 대해서는 반역해야만 하는 것이며 이것이야말로 유일한 전진의 방향이라고 한다. 특별한 여성적 기질이라는 것이 있는가 하는 대문제 —— 진보적인 페미니스트들은 그것을 부정하는데, 여성성(女性性)이란 사회적 조건부여의 결과로서 생겨나는 것으로 생물학적인 것이 아니라는 것 —— 에 관하여 여성의 억압상황이 빚어내는 이른바 여성적 특질은 페미니즘이 승리하는 날에는 그대로 남는 것을 의미하지는 않는다고 하는 사르트르에 대하여 시몬느는 여성이 지니는 이러한 장점을 말살해버리기보다는 남성과 공유토록 하는 것이 좋지 않겠느냐고 말한다. 이에 대해 다시 사르트르는, 남자보다는 오히려 보다 깊고 보다 내면적인 자기 인식을 지니지 않겠느냐고 말한다. 또한 남성의 문화는 '우스꽝스런 것'이며 여자가 억압을 받고 있다는 사실이 여자를 보다 더 우스꽝스럽게 하지 않는 것이며 남성이 지니는 몇 가지의 단점을 모면케 하고 있으며 자신의 처신을 규정하는 원리가 남성보다 적기 때문에 오히려 여자 쪽이 어떤 의미에서는 남자보다 자유롭다고 말한다.

사르트르의 정치적 신념이 남성의 우스꽝스런 사회를 웃어넘길 만큼은 아직 이르지 못했다 해도 그는 맹목 가운데서 오랫동안 바라고 있던 솔직함을 얻고 있다. 모든 것을 말할 수 있고 숨길 까닭이 전혀 없으며 고립된 개인이 앞으로 한 걸음 내디디며 다른 사람과 손을 잡을 수 있는 그런 경지인 것이다.

정치가 그로 하여금 곳곳을 여행하게 한다. 콘 벤디트와 함께 그는 슈투트가르트로 갔으며, 안드레아스 바더, 극좌적군(極左赤軍)의 지도자 우르리케 마인호프와 이야기를 나누었다. 바더 및 마인호프 일파의 테러리즘을 비난하는 한편 사르트르는 옥중에 있는 바더의 구금조건이 형편없음을 문제삼아 독일의 신문으로부터 철저한 비난을 받기도 했다. 시몬느 및 빅토르와 함께 사르트르는 리스본으로 가서 포르투갈 혁명에 환영의 인사를 보냄과 동시에 41년에 걸친 우익독재를 쓰러뜨린 뒤 약간 무정부상태에 놓인 이 나라에 대한 장래의 기대를 이야기했다. 베트남 전쟁의 종결과 함께 마오이스트들은 이제 '제1의 적'은 미국이 아니라 소련이라고 그에게 말했다.

70세의 여름이 되자 사르트르의 건강은 많이 좋아졌다. 시력도 약간은 회복되어 풍경이나 사람의 얼굴은 알아볼 수 있게 되었으나 다만 읽거나 쓰는 것은 무리였다. 그리고 그는 '권력과 자유'에 관한 에세이를 쓸 작정이라고 말했으며 아스트뢱과 만나 1973년부터 시작하여 아직 완성을 보지 못한 다큐멘터리에 관한 이야기도 나누었다. 1976년 1월, 갈리마르 출판사는 그의 비교적 짧막한 글들을 모은 《시튜아시온(X)》을 간행했다. 여기에는 바스크 민족분리주의자에 얽힌 부르고스 재판에 관한 책의 서

문이며 벨기에의 청년변호사회서 했던 강연, 선거에 반대하는 팜플렛 ─
─ 실명(失明)하기 전에 〈현대〉지에 썼던 마지막 논문 ── 그리고 콩타에
의한 장시간의 인터뷰로 '일곱 살의 자화상'이란 제목의 글 등이 수록되어
있었다. 사르트르에 관한 책도 잇달아 나왔으며 가장 새로운 것으로서는
프란시스 존슨과 코렛 오드리가 쓴 전기였다. 스테파와 페르난도의 아들
존 게라시는 정치적인 전기를 집필 중이었으며 콩타는 사르트르의 미완성
작업의 사후의 간행 실시 및 그 감독을 위촉받았다. 이 미완성 저술 가
운데에는 1949년의《윤리학》,《변증법적 이성비판》의 2장, 그리고《집안의
바보아들》제 4 권의 처음 부분이 포함되어 있다. 미국에서는 철학자로서의
사르트르의 명성이 1960년경의《변증법적 이성비판》으로 약간 흐려진 듯이
보였으나 페미니즘 쪽은 항상 시몬느를 시야에 넣고 있었다. 대학 출판
국에서 출판된 보브와르의 연구 가운데는 그녀의 여성관의 복잡성을 연구한
진 리튼의 저술도 포함되어 있었다. 1976년 가을, 시몬느는 유주느 이요
네스코, 레이몽 알롱과 함께 유네스코에 대해, 그 활동에서 이스라엘을
배제하는 2년 전의 결정을 번복하도록 요청했다.

두 사람이 로마에 있을 때, 마르틴 하이데거가 86세로 숨졌으며 "앞으로
3백 년 동안 나의 저술을 진정으로 읽을 사람은 없을 것이다."라고 말했다는
이야기를 들었다. 1952년에 빈의 평화회의에서 파리로 돌아오는 도중, 단
한 번 하이데거를 만난 적이 있는 사르트르는 미래의 독자를 평가한 하
이데거의 말에 호감을 느꼈다. 필자가 사르트르에게, 당신의 저술은 앞으로
3백 년 동안 읽힐 것으로 생각하느냐고 묻자 그는 하이데거보다 나으면
낫지 못하지 않을 정도의 관심은 있으며, 다만 사상의 씨가 싹을 내는 데는
빠르고 늦은 차이가 있을 것이라고 대답했다. 또한 자신이 오해받고 있다는
인상보다는 오히려 그릇된 이유로 말미암아 인정받는 부분이 틀림없이 더
많을 것으로 생각한다고 말했다. 미래의 세대는 개개인이 서로 이야기를
나누는 형태로 바뀔 것이며, 불평등과 특권이 일단 제거된다면 참다운
혁명은 반드시 우리가 서로를 인정하고 한층 더한 투명성으로써 자신을
표현하는 그런 형태로 나아간다고 그는 확신했다. 다시 말해서 자기 자신을

남에게 명백히 한다는 것. "타인에 대해 투명해지려고 노력할 때 비로소 우리는 자신의 내부에 있는 어슴푸레한 심오(深奧)함을 볼 수가 있다."

아스트뤽과 콩타의 콤비로 만들어진 다큐멘터리 영화 《사르트르 ── 자신을 말하다》는 촬영에서 4년이 지난 1976년 10월에 이르러서야 드디어 공개되었는데, 이 영화의 특징은 명랑한 솔직성이다. 결코 텔레비전에는 방영하지 않겠다고 사르트르가 언명했던 이 상영시간 3시간의 영화는 뛰어난 성실성으로 보는 사람들을 매혹시키는 사르트르의 모습을 부각시킨다. 놀라울 정도의 망설임, 준엄하다고도 할 수 있을 정도의 자신의 주장을 뒤섞으며 자기의 인생과 여러 가지 자신에 관한 일들을 말하는 사르트르의 곁에서 시몬느가 다정스럽게 정정을 해주기도 하며 〈현대〉지의 충실한 동료들인 고르츠, 뷔용, 보스트의 세 사람이 그리스 고전극의 합창대처럼 흐뭇한 질문자가 되고 있다. 사르트르는 연거푸 담배를 피우면서 라스파이유 거리 222번지에 있는 그의 서재에 앉아서 저 유명한 금속성의 목쉰 소리로 자기의 어린 시절이며 학교시절에 대하여 우연성과 자기의 육체적 추악함의 발견 ── 이 두 가지는 70세의 사르트르 마음에서 결부된 것처럼 보인다 ── 에 대한 것이며, 니잔과의 우정, 시몬느와의 만남, 르 아블에서 보낸 그 메스꺼운 세월, 1940년의 포로수용소 생활, 전후의 실존주의자로서의 명성, 공산주의자와의 갈등 등에 대해 이야기한다. 이따금 삽입되는 뉴스 영화의 단편은 자작(自作) 연극의 리허설에 참석한 그, 쿠바 방문 ── 체 게바라가 그의 여송연에 불을 당긴다 ──. 그리고 1968년 이후 거리에서의 혁명행동, 그 뒤 시몬느와 함께 수인호송차에 수용당하는 그의 모습을 보여준다.

사르트르와 시몬느는 《사르트르 ── 자신을 말하다》의 첫날 상연 때 파리에 없었다. 그들은 이스라엘에 있는 예루살렘의 헤브라이 대학으로부터 명예박사 학위를 받았던 것이다.

"내가 이 칭호를 받는 데는 정치적 의의가 있다. 이스라엘의 탄생 이후로 줄곧 품어왔던 나의 이스라엘에의 우정을 나타냄과 동시에 이 나라가 평화와 안전 가운데서 번영해주기를 바라는 나의 소망을 나타낸다."고 그는 말했다.

1978년에는, 시몬느와 사르트르 사이가 나빠졌다는 설이 몇 번이고 보도

되었다. '시몬느와 이별인가?'라는 제목이 문학계 소식란에 나왔으며, 이스라엘의 학생들에게 성도 예루살렘을 안내받는 사르트르의 사진을 게재하는 한편으로 파리에서는 시몬느가 예금 5천 프랑을 찾아 은행에서 나오다가 흑인 젊은이에게 핸드백을 강탈당했다는 보도도 있었다.

3월, 사르트르는 로마에 와서 시칠리아의 카타니아에서 아나르키모스 출판사에서 나온 가짜 사르트르의 저작인 《나의 정치적 유서》를 고발했다. 파리에서는 오래도록 계속된 두 사람의 내연관계가 '완전히 식어버렸다'는 등의 소문이 계속되었는데, 이탈리아에서 간행된 가짜 유언서는 4월 초에 〈르 몽드〉지의 1면기사가 되었다. 사르트르가 로마의 변호사에게 이 40페이지의 팜플렛 —— 이미 5천 부가 팔려버렸다 —— 의 법원에 의한 압류처분을 의뢰했기 때문이다.

'부당하게 내가 친애해온 무정부주의자들의 친구 및 나의 친구 카뮈'에게 헌정한 《나의 정치적 유서》는 19세기의 무정부주의자들, 프랑스 공산당 서기장 조르주 마르셰를 비롯하여 사회당 지도자 프랑소와 미테랑, 나아가서는 봐레리 지스카르데스탕 대통령의 발언에 이르기까지 뒤범벅이 되어 인용된 기묘한 책이었다.

사르트르와 보브와르의 관계가 어떠한 것이었든간에 두 사람은 여름을 로마에서 함께 보냈으며, 가을에 시몬느는 란즈만과 함께 그녀의 영화제작에 착수했다. 그녀의 인생 다큐멘터리인 《보브와르 —— 자신을 말하다》는 란즈만 감독에 의해서 애정 어린 인간상을 그려냄과 동시에 의혹과 왕성한 투지가 담긴 그녀의 프로필이 자주 나온다. 이 영화에는 사르트르는 물론이고 여동생 푸페트, 카메라 앞에서 시몬느와 인터뷰를 하는 란즈만도 등장한다. 화면에서 시몬느는, 그녀와 사르트르의 만남에 대해 이야기하고 두 사람 사이에는 지적인 의미에서의 대항의식이 전혀 없었음을 강조하고 있다. 사르트르는, 화면이 매우 큰 것이었음에도 불구하고 자기 눈으로 화면은 거의 볼 수 없었으나 그래도 프레미아 쇼 때에는 맨 앞자리에 자리를 차지하여 감상했다. 그녀의 71세 탄생일의 1개월 후에 갈리마르 출판사는 사르트르의 《저작집》과 약간 비슷한 형태로 그녀의 논문과 인터뷰 기사, 서문 등을 모은 작품집을 간행했다. 이 새로운 저서에는 《초대받은 여자》의

미공개였던 제 1 장도 포함되고 있다. 이 《초대받은 여자》의 영화화 이야기는 스웨덴에서 나왔다 —— 이 이야기가 구체화되면 영화판은 1943년의 소설을 현대로 바꾸어놓게 될 것이다. 보브와르는 《레 만다랑》을 현대로 바꾸어놓을 수는 없다고 보았다. 이 작품은 전면적으로 전후의 시기를 무대로 한 것이기 때문이다. 그러나 삼각관계를 다룬 정열적이며 풍자적인 이야기 《초대받은 여자》는 "시간을 초월하고 있다."고 그녀는 말한다. 자신이 하고 싶은 말은 모두 했으며 더구나 《레 만다랑》이나 《제 2 의 성》 같은 장기간에 걸친 노고를 요하는 작업은 이제 불가능하다고도 그녀는 말하고 있다.

여성해방운동은 그녀가 말하듯이 최신 유행이 되었고 멕시코며 한국을 비롯하여 몇몇 나라로부터 그녀는 초대를 받았다. 그 가운데에서 방문한 한 나라는 국왕이 추방된 뒤의 이란이었는데 새로운 종교적 지도자 아래에서 이란의 여자들이 경험하는 후진성에 그녀는 몹시 놀랐으며 또한 아야톨라 호메이니로부터 따끔한 거절을 당했다는 등의 갖가지 보도도 있었다. 그녀는 서구의 여자 상황은 공적인 면에서는 눈부신 진전이 있었음에도 불구하고 실태는 별로 개선되지 못한 것으로 느꼈다.

"결국은 가정 내의 번거로운 살림살이, 모성에의 예속이라는 점에서는 옛날이나 지금이나 별로 다를 바가 없다."고 그녀는 카트리느 다빗에게 말하고 있다. "매우 평범한 여자 —— 오로지 살림살이만 하고 아이를 갖는 여자 —— 가 아무런 불만도 없이 기분좋게 지낼 수 있을 만큼 사태의 개선은 되지 않고 있다. 혼인은 여전히 여자를 짓누르고 억압하는 제도로서의 기능을 지닌다. 다만 분명히 달라진 것은 옛날에는 구타하는 등의 폭력을 당하고 강간당하면서도 오로지 참고 견디며 입을 다물었으나 지금은 경찰에 신고하게 되었다. 이와 같은 폭력행위가 경찰에 신고하게 되었다는 것은 그것만으로도 상당한 진보라고 하지 않을 수 없다."

긴 밤을 보내기 위해 두 사람은 아이작 바셰비스 싱거나 갈리마르 출판사가 플레이아 고전총서의 일환으로서 간행하기 시작한 2천 페이지나 되는 중국의 고전을 읽기로 했다. 소리내어 읽으면 그 중국의 고전문학을 모두 읽는 데 적어도 2년이 걸린다고 시몬느는 예상한다. 담배를 완전히

350

끊어버린 사르트르는, 지난날에 철학교사로서 근무했던 경험으로 철학교사의 70퍼센트 삭감으로 이끄는 프랑스 교육제도의 개혁—— 1979년 6월에는 소르본에서 반대총회가 있었다—— 에 관심을 기울이고 있다. 그는 다시금 공산당과는 분명히 결별할 자세를 취했다. 그러나 좌익이 근본적인 역사적 변혁으로 인도할 것이라는 희망은 버리지 않았으며 그것은 경건한 희망이라고도 할 정도였으나 다만 그 변혁이 임박했다고는 여겨지지 않는 것이었다. 가까운 내일이 밝다는 희망은 없다. 진정한 좌익의 전략은 어디에도 없으며 전술조차 없다. 있는 것은 막막한 혼란뿐이며 그것이 테러리즘의 형태로서 나타나는 것이다. 그래도 그나 시몬느는 오래 살며 서기 2천 년에는 어떠한 일이 일어날 것인가를 직접 보고 싶다고 대답한다.

"물론 나는 호기심이 왕성해요. 정말로 알고 싶답니다."고 시몬느는 1979년에 말하고 있다. "하지만 내가 사랑하는 모든 사람보다도 오래 살리라고는 믿지 않아요. 아는 사람이 별로 없어 사람이 없는 땅이나 다름없는 이 세계에 홀로 남는 것은 싫거든요."

10. 웃음과 함께 퇴장

시몬느는 홀로 남게 되었다. 1980년 4월 15일에 사르트르가 급서(急逝)한 것이다.

3월 20일, 모스크바에서의 3명의 아르메니아인 처형에 항의한 폴트 드 피느의 데모가 있은 지 불과 7주 후에 사르트르는 푸르세 병원에 입원했다. 거기서 폐수종(肺水腫)으로 숨졌던 것이다. 20세기에 나타난 작가나 사상가 가운데에서 최대의 영향력을 지닌 것으로 평가되는 인물의 죽음을 애도하여 약 2만 명의 장례식 참석자가 센 강 좌안(左岸)을 통과하는 장례행렬에 참가했다. 초췌한 보브와르의 모습도 군중 속에 있었다. 수많은 텔레비전 카메라에 프로나 아마추어 카메라맨이 떼지어 플래시를 터뜨렸다. 봐레리 지스카르데스탕 대통령은 사르트르를 위대한 프랑스인이라고 찬양했다.

마지막의 몇 달 동안, 그는 뜻하지 않게 온화함을 보였으며 자신은 희망을 갖고 죽는다고 말했다.

"언제 일어날지 모를 제3차 세계대전, 참담한 중압(重壓)으로 변해버린 우리의 지구, 이러한 상황 앞에서는 자칫하면 희망을 잃기 쉽다. 제대로 호전될 것 같지 않다든가 종국적인 종말이란 있을 수 없다든가 또는 소박한 개인적 목표를 추구하며 모두가 악착같이 겨루고 있다는 따위이다."

푸르세 병원에 입원한 지 4일 후에 사르트르가 한 말을 〈르 누베르 옵세르바투르〉지는 소개하고 있다.

"우리는 여러 가지의 소박한 혁명을 일으키나 이것으로 끝났다는 종점(終點)은 없다. 모두가 공유할 수 있는 이해 따위는 아무것도 없다. 있는 것은 무질서뿐이다. 자칫하면 그런 생각에 끌려가기 쉽다. 나이들어, 이젠 앞으로 5년 정도밖에 살지 못한다고 자신에게 타이를 때 더욱 그러하다. ── 하기야 나는 앞으로 10년쯤은 더 살 작정이지만 그러나 그것이 5년이 될 수도 있다는 것도 충분히 있을 수 있는 일이다. 아무튼 세계는 추악하며 더럽고 희망이 없다. 이것은 노인의 조용한 절망인 것이다. 그러나 나는 싫다. 나는 희망을 품고 죽는다. 설사 이 희망에는 발판이 있어야만 한다 해도 그렇다. 지금의 세계가 아무리 가공한 것이라 해도 오랜 역사적 발전에서는 한 순간에 불과하다는 이유를 설명할 방법을 찾아내야만 한다. 그 희망이야말로 항상 혁명이나 봉기의 지배적인 힘이었으며 희망이야말로 미래라는 것에 관한 개념이라고 나는 지금도 생각하고 있다.”

사르트르는 그의 세대의 양심으로 불려왔다. 그렇기 때문에 그르쳤던 일도 많았음을 부정할 수는 없다. 인간이 인간으로서 설 수 있는 자리를 평생토록 탐구했던 그는 자기 자신의 자리만은 결코 찾지 않았으며, 그는 그것을 알고 있었을 뿐만 아니라 보통 사람이 깨닫거나 시인하는 그 이상으로 알고 있었다. 그것에 언제나 관심을 지녔으며, 그리고 자기 자신이나 타인 ── 언제나 학대받는 사람들이었다 ── 을 위해 애썼던 것이 어쩌면 그의 이름을 영구한 것으로 하는 기념비일 것이다. 극좌(極左)의 무소속 주의적 아웃사이더가 되었던 만년에는 비록 경의를 표하기는 하나 그의 의견에 귀를 기울이는 자는 적어졌으며 고립은 심각해졌다. 이 모순으로 가득 찬 구루〔導師〕는 인간적 경험의 거의 모든 영역에 걸쳐 의견을 갖고 있었다. 그 의견은 항상 철저하게 생각되고 연마되고 논리화되었으며 자주 변전(變轉)했다.

충실한 시몬느가 보살피는 가운데, 그는 만년을 은둔과 이탈리아에서의 피한(避寒)으로 보냈다. 심장기능이 저하하여 폐의 충혈(充血)로써 죽음을 맞이한 것은 입원하고 4주도 채 못 되는 사이였었다.

마지막에 이르기까지 사르트르와 보브와르는 흐리멍덩한 평온함을 적으로 삼았으며 사후의 생활을 믿지 않았는데 그러면서도 행복과 진리를 말한다는 것의 가치를 따뜻이 지지하고 자취를 감추지 않고 퇴장하는 최초의 존경받는 커플이다. 프랑스문화는 특별하고 독자적인 것이라는 구실

아래 현대의 문제를 에워싼 대논쟁이 자주 벌어지지 않은 채 나가버리는 프랑스에서 사르트르와 보브와르는 논쟁을 초월하면서도 놀라울 정도로 언제나 논쟁의 소용돌이 속에 있다. 보다 젊은 지식인이 줄곧 논하는 한 쌍의 양심, 그러나 또한 '갖가지의 온갖 소리를 들어온', '융합된 이인조(二人組)의' 선구자인 것이다.

두 사람에 관한 평가는 저마다 다르다 —— 주도(主導)하는 것은 사르트르이며 보브와르는 대형 운반차에 편승한 평범한 인물로 보는 견해가 있는가 하면 보브와르가 더 풍요한 마음을 지녔다고 보는 견해도 있다는 식이다. 사르트르는 너무나 많은 것을 믿는다고 비난당하고, 보브와르는 본질적으로 시골의 여교사 타입이라고 비난하는 소리도 있었다. 사르트르의 생각에서 절반은 집필을 마칠 터이었던 그 대작을 서재에서 조용히 쓰고 싶다는 느낌이 차지했으며 나머지 절반은 밖으로 나아가 바리케이드에서 농성하며 그때마다의 사건에 보다 더 큰 파문을 일으키지 못했던 것에 대한 뉘우침이 차지한다. 보브와르 쪽은 자신의 성격적인 특징 —— 젊은 시절의 퓨리터니즘을 포함하여 —— 에서 날카로움이 없어지고 원만한 느낌을 띠기 시작했다는 것과, 노령과 죽음에 대해서 비록 신을 믿지 않는다 해도 생각할 수 있게 되었다는 것과, 글을 쓴다는 것, 즉 생각하고 창조한다는 것은 산다는 것보다도 더 책임있는 작업임을 깨닫고 있다. 그녀는 또한 페미니즘이 함정이 될 수도 있다는 것이며 어떤 종류의 인도주의적 작가는 사르트르로써 끝나고 있음을 깨닫는다. 그녀는 실존주의적 사상의 일관성을 사르트르보다 더 잘 표현했었다. 그러나 사르트르의 연극은 단순히 현상학(現像學)의 야간강좌에서 다루면 충분한 것이 아니다.

사르트르는 미완(未完)으로 끝나버린 몇 가지 작업을 남겨놓았다. 《존재와 무》를 보충하는 《윤리학》은 약속되었으면서도 끝내 씌어지지 않았다. 《변증법적 이성비판》은 약속된 결론을 끝내 맺지 못했으며 《자유에의 길》이나 《언어》, 《집안의 바보아들》도 모두 같았다. 그 까닭은, 사회적인 콘텍스트〔文脈〕, 즉 프랑스에서의 문화적 위기의 문제이기도 했었다.

사르트르를 비롯하여 보브와르, 카뮈, 그 친구들이 대전 후의 평화의 빛이 눈부시게 빛났던 1945년에 스스로 만들어냈던 종횡무진의 활동가이며 지식인이라는 이미지는 부조리(不條理)한 것도 아니거니와 특별히 참신한 것도 아니었다. 그것은 철저히 인간의 운명을 생각하고 인생에 의미를 부여하는 특권적인 자리로서의 문학을 포착하는 오랜 전통에 속하는 것이었다. 상 제르망 데 프레 지역의 보헤미안 같은 분위기가 감돌고는 있었다 해도 그들이 품었던 포부는 에밀 졸라나 샤를르 페기의 포부와 같은 것이었다. 그 포부는 그들이 지니는 힘에 절대적인 신뢰를 줌으로써 증폭되었던 것이었다.

특히 사르트르는 《나는 고발한다》라는 작품을 통해서 반역의 자세를 계속 취하기는 했어도 그와 그의 동료들은 힘을 빼앗기고 존경은 받으나 무해화(無害化)된 레 만다랑(특권지식인)으로 전화(轉化)되고 말았다. 1945년, 자신의 옳음을 믿었던 프랑스는 독일 점령시대에 열렬한 나치스 지지의 글을 썼다는 이유로 로벨 브라쟈크를 총살형에 처했다. 그런데 15년 후 알제리 전쟁이 프랑스를 둘로 갈라놓으려던 참에 사르트르는 자신을 체포하게 할 수도 없었다 —— 거의 무능한 정부가 '121명 선언'에 서명했던 교사 및 공무원에게 공격의 화살을 돌리는 것만으로 그쳐버렸기 때문이었다. 다시 10년 뒤 그는 노벨상이나 공적인 모든 명예를 거부하나 이 거절은 이미 작가나 극작가로서 아니라 투사로서의 입장에서 행했던 것이다. 문화가 이제는 활력을 주는 힘이 아니라 —— 특히 복잡한 소외의 형태가 아닌 경우 —— 계급적 특권으로 간주될 때에 문학이란 도대체 무엇이겠는가? 1949년의 사르트르는 —— 수많은 작가와 함께 —— 책이 그 자체만으로도 독자를 변용시킬 수 있다고 믿었다. 1970년의 사르트르는 누구이건 남을 대신하여 생각해서는 안 된다고 믿었으며 더 나아가서는 누구이건 남에게 가르쳐야만 할 것은 없다고 생각하기에 이르렀다. 보브와르는 《레 만다랑》에 이와 같은 변화를 바깥쪽에서 표현함으로써 그 흔적을 남기고 있다. 이 소설의 주인공은 "자신이 믿어왔던 낡은 휴머니즘에 반대하여 새롭고 보다 더 현실적이며 보다 더 비관적인 휴머니즘 가운데서 폭력에 커다란 역할을 주고, 정의와 자유, 진실 같은 관념은 거의 고려하지 않는다. 이것이 오직 하나의 타당한 도의성(道義性)임을 그는 높이 제시한다. 그러나 이것을 자기 개인의 원리로 하기 위해서는 그는 참으로 많은 것을 버려야만 하는데 그것은 못하고 있는 것이다.”

사르트르는, 공산당이 커다란 정치문제에 관하여 보다 더 애매한 형태로 행하는 경우를 별도로 친다면, 형태는 별개로 독자적인 입장 표명을 하는 데 비관했다. 너그럽지 못했던 시대, 그리고 선진공업화 세계와 가장 정력적으로 성장을 이룩했던 시대를 산 프리랜스〔自由論客〕이며 공산당 동조자이기도 했다. 입당을 생각한 적도 있었으나 결국 당 밖에 머물러 당에 협조하는 정치사상을 명확히 표현했었는데 당 자신은 그것의 시인을 거부했던 것이다.

정치가 서서히 문학에서 그 힘을 빼앗았다고 한다면 —— 카뮈가 만약 살았더라면 ‘5월 사건’ 이후 어떠한 입장을 취했을까? —— 구조주의의 놀라운 진출 또한 문학에서 권위를 벗겨버렸다. 발트, 푸코, 그 밖의 지식인의 문학을 도마 위에 올려놓고 잘게 잘라버리자 —— 그리고 사르트르 스스로도 프로벨을 ‘전체화(全體化)했던’ 것인데 —— 어떤 종류의 작가는 이미 없어지고 말았다. 철학자, 심리학자, 사회학자, 언어학자, 그리고 이러한 사람들과 함께 작가 또한 절대인 것을 다루지 않고 하나의 방법을 제기한다. 그 방법은 시종일관임을 입증할 수 있고 설득성을 지니는 한 타당한 것이며, 참으로 현상학적이고, 신의 존재, 역사적 의지의 법증법적 의미나 혹은 인간의 미적, 비극적 차원 같은 문제는 모두 괄호에 묶어 제외시켜버리는 것이다. 과학과 마찬가지로 문학 역시 상대적인 것이 되어버렸다. 문학이 실례를 범하지 않으려고 일반독자로 불리는 사람들을 대상으로 한 악한소설(惡漢小說)과 신변적이며 때때로 현학적(衒學的)이긴 해도 정열적이며 비판적인 아방가르드도 분열됨에 따라 인생의 근원적인 모든 문제는 쓰는 사람이 다루건 다루지 않건 상관없는 것이 되었다. 사르트르는 그 방대한 작업의 일부를 미완성인 채로 남겼다고는 해도 자크 오디베르티의 말을 빌린다면 ‘우리의 지성의 모든 전선(戰線)에 서는 불침번’인 것이다. 그리고 그와 같은 존재로서 사르트르는 그의 세대에서 홀로 우뚝 솟아 있으며 또한 그 후계자는 아무도 없다.

보브와르는 작가로서의 야심이라는 점에서 말한다면 훨씬 범위가 한정된다. 그녀의 첫 출판작품인 《초대받은 여자》는 자기와 '타인'의 딜레마를 극적으로 제시하기 때문에 작품의 주제가 부과된다고 여겨지는 행동분석을 망치고 있다. 대조적인 두 명의 여성 등장인물을 통해 보브와르는 명민하고 솔직하며 활동적인 여자의 초상을 그려보이는데 그러한 여자의 모습은 새로운 것이었다. 《레 만다랭》은 이 시대의 희망과 환멸을 기록함으로써 단순한 모델소설 이상의 것이 되어 있다. 이 작품은 실존주의의 종말을 고함과 동시에 심미적 견해를 거부함으로써 실존주의 소설의 종말까지도 제시하고 있다. 그녀는 많은 에세이를 통하여 여성의 실존을, 그리고 후년에는 노년을 묘사했으며 여성이나 노년에 얽힌 신화의 베일을 벗기는 작업을 스스로에게 부과했다. 《제2의 성》과 《여자의 한창나이》는 그 야심과 성공으로써 실존주의적 방법을 교묘하게 응용한 작품이었다. 그러나 각서(覺書)작가, 전기작가로서는 초기 작품의 질을 높였던 그 착상과 구성력의 강함이 결여되고 있다. 그녀가 자기 자신의 한계 —— 나아가서는 타인의 한계 —— 를 포착하는 감각은 날카롭다. 카뮈에 대해 그녀는 이렇게 말한다.

"자신이 비할 바 없이 탁월하다고 믿고 있을 때에 타인에게 의존한다는 것은 어렵다. 자신이 탁월한 존재라는 감각은 부르주아지 지식인이 모두 지니는 환상이며 우리 가운데 아무도 고통없이 그 환상을 떨쳐버린 사람은 없다."

그녀는 자신과 사르트르의 젊은 시절의 이상주의를 납작하게 하는 그 시원스럽고 날카로운 표현을 발견하고 있다.

"우리는 '역사'의 수레에 언급하는 것을 거부했다. 그러나 그것이 올바른 방향으로 돌아가기를 원했다. 다른 사고 방식을 가졌더라면 너무나 많은 일들을 문제로 삼았어야만 했으며 수습할 수 없게 되어버렸을 것이다." 어쩌면 '남을 짓밟지 않기 위한 이유를 이것저것 찾는다는 것은 이미 그 사람을 짓밟고 있는 것이다.'라는 식이다. 자기를 개방한다는 것은 보다 더 도덕적 설교를 하지 않게 되는 동시에 더욱 이해하는 마음을 지닌다는 것이다. 그러나 전적으로 명쾌하다는 것도 환상이며 최저선은 어쩌면 어떤 종류의 살아가는 용기, 지적인 동시에 실천적인 용기일 것이라고 그녀는 말한다.

　사르트르와 보브와르는 세계에 관한 해석에 정열을 기울인 사람들이다. '최고의 악'은 남몰래 혼자서 투덜대는 것이며 큰 소리로 고함치지 못하는 것이다. 플루(사르트르의 어린시절의 별명)와 시몬느는 혜택받은 계급 출신의 재능있는 아이들이었다. 이 출신계급을 훗날에 그들은 증오하게 되는데, 그것은 이 계급이 젊은 지식인이 극히 자연스럽게 지니는 선천적인 권리로 여기는 것 —— 소리를 내는 것 —— 을 이 계급에 속하지 않는 사람들로부터 빼앗는 그 탈취방식 때문이었다. 젊은 사르트르와 보브와르에게, 부르주아지에 대한 평생토록 변함없는 혐오감을 품게 한 것은 부르주아지가 이 계급 밖의 사람들로부터 스스로를 표현하는 수단을 빼앗은 방식이었다. 특정한 사람들은 타격을 받아 고통을 받고 있을 때조차 그 고통을 설명할 수가 있다. 보브와르는 이렇게 쓰고 있다. 알제리 전쟁시대의 잔학행위 가운데에서 그녀에게 가장 큰 혐오감을 안겨준 것은 고문의 배후에, 우연의 탄생으로 말미암아 자신들의 몸에 무슨 일이 일어났는가를 남에게 말하지도 못한 채 많건 적건 죽음으로 몰리는 남녀가 있다는 사실이었다. 이 모욕을 깊이 가슴에 새기고 느꼈기 때문에 그녀는 그들을 대신하여 높이 소리를 지르려고 했던 것이다.

　그러나 정치적 정열은 식은 듯이 보였다. 1970년의 후반기는 머쓱한 분위기에서 대의명분이 소실된 시기이며, 극좌(極左)세력에서조차도 같다는 것을 사르트르와 보브와르는 예리하게 보았다. 중국 인민대중에게서 멀리 떨어진 곳에서 모택동의 후계자 문제를 '최우선'에 놓는다는 것은 서구의 급진적인 사람들 사이에서 분격이라고는 하지 못한다 해도 곤혹의 느낌을 빚어냈다. 중국혁명은 주석(主席)의 후계자 문제를 통속적인 궁전 내부의 권력투쟁의 차원으로까지 격하시켜서는 곤란한 것이다. 그리고 서구에서는 마르크스주의가 스스로를 구하기 위해서는 스스로에 대한 회의를 강조하여 전면적인 자신의 재평가를 할 수밖에 없다고 보브와르는 믿게 되었다. 불편하게 느껴지는 의혹만이 정치적 상상력을 불러일으킬 수 있기 때문에 유럽은 다시금 독자적으로 이끄는 빛을 발견해야만 하는 것이 아닐까 하고 그녀는 생각한 것이다.

늙어가는 사르트르에게 있어서 투명함의 앞길에 도사린 '악', 우리 각자를 소외와 비밀 속으로 가두는 '악'은 인간상호간에 서로 어울리는 것을 방해하는 전부였다. 우리는 육체를 서로의 시선 앞에 드러내고 성행위에서는 맞닿기까지 한다. 그러나 서로가 마음을 주고받는다는 것을 우리는 아직 배우지 못했다. 사고 역시 육체 변형이긴 하지만, 사회적 조화(調和)가 언젠가는 존재하게 되면 우리는 전면적으로 서로를 위해 존재한다는 것을 배워야만 한다. 요구의 알맹이가 공허하다면 결과 또한 불만일 수밖에 없다고 보브와르는 말한다. 행복을 요구한다는 것은 행복하다는 것에 대한 능력을 지니고 있음을 이미 의미하고 있는 것이다.

살아 있는 사상에는 반드시라고 해도 좋을 모순된 면이 있게 마련이다. 상황에 대해 책임을 진다는 것은 계급의 벽을 초월하여 손을 맞잡는 것을 방해하는 구조에 대해 도전한다는 것이 아닐까? 보편적인 것을 탐구하는 가운데서 사르트르는 많은 추상개념을 단순화했다. 그러나 그가 생전에 말했듯이 그가 죽은 뒤, 그리고 그가 하는 말을 들은 사람들이 죽은 뒤, 경제적, 문화적, 감정적 격차가 제대로 처리된 뒤에 가서 지금은 아무도 상상조차 못할 새로운 적대관계가 생겨날는지도 모른다. 그러나 이와 같은 새로운 격차는 반드시 사회의 존재를 방해하는 것만은 아닐 것이다. 그때의 사회는 마땅히 지구적(地球的) 규모로 되어 있으며 오늘날의 사회보다도 더욱 정의에 적응되어 있을 것이며 거기서는 각자가 자신을 타인에게 전적으로 줄 수 있으며 그 상대는 역시 마찬가지로 자신을 줄 것이다.

그때까지의 기간에는 글을 쓴다는 것은 인간심리의 주름살 사이사이에 숨겨진 채 소용돌이치듯 꿈틀거려 모호하고 은폐된 것을 표현하는 것이라고 하겠다. 사르트르의 예언에 의하면 가장 흥미로운 책은 숨기려는 것이 아니라 의식의 깊숙한 바닥을 엿보이게 해주는 것, 그보다도 더욱 우리 서로의 존재를 증언해주는 것이어야 한다는 것이다.

■ 역자 후기

이 책은 악셀 마드센(Axel Madsen)의 《Hearts and Minds — The common journey of Simone de Beauvoir and Jean Paul Sartre》(William Morrow and Company, Inc., New York, 1977)의 전역(全譯)이다.

원저자인 마드센은 그 이름으로 보면 북유럽 출신이 아닌가 하고 추측되지만 1932년생의 미국인으로 파리 음악원을 졸업했고 일본 여성과 결혼했다. 그는 캐나다의 퀘벡과 미국 서해안의 캘리포니아를 왔다갔다 하면서 문필을 업으로 삼고 있는 사람이다. 논픽션, 픽션의 작품이 몇 개 있고, 이 책을 쓰기 전에는 앙드레 말로의 전기인 《말로》를 썼다.

우선 이 책의 특색은 사르트르와 보브와르 두 사람 모두에 관한 것임을 알 수 있다. 사르트르와 보브와르는 지금까지 따로따로 논의되어 평론, 전기 등이 씌어졌다. 그것은 영원한 연인인 동시에 각각 독립된 개인으로서의 문필활동, 정치·사회활동을 해오던 두 사람이었기 때문에 오히려 그런 경향은 당연한 것이라고 할 수 있다. 그러나 두 사람이 연인이라는 사실은 널리 알려져 있으면서도 두 사람 모두를 연관지어 함께 생각하는 것은 어려운 일이었던 것도 사실이다. 그 점에 있어서 이 책은 보브와르의 저서 《처녀시대》, 《여자의 한창나이》, 《어떤 전후》 등을 기본 바탕으로 하면서 거기에 사르트르의 저작과 활동을 곁들인 것으로, 파란 많은 인생여정을 함께 걸어온 동반자로서의 두 사람의 모습을 세밀하게 부각시키는 데에 성공하고 있다.

또한 가볍고 재미있게 읽을 수 있다는 것이 두 번째의 특징이다. 사르트르와 보브와르에 관한 연구, 평론, 전기 등은 우리 나라에서도 많이 씌어졌고 번역물도 다수 소개되었지만 그런 전문서적들과는 달리 이 책은 일반독자를 대상으로 한 이를테면 저널리스틱하게 두 사람의 성장과 활동을 추적하고 있다. 문자 그대로 '천수관음(千手觀音) 같은' 사르트르의 생애를 간결하게 정리한다는 것은 어려운 일이다. 그러나 마드센은 지나칠 정도로 대담하게 묘사해내고 있다. 따라서 그의 사상을 심부까지 날카롭게 지적해내는 능력은 조금 결여되어 있다. 이 때문에 전문가 사이에서는 잡다하고 피상적이라는 비판도 나올지 모른다. 그러나 《변증법적 이성비판》이라는 사르트르의 대작에는 미치지 못할지라도 두 사람에 대해서 많은 것을 알고자 하는 일반독자 취향에 부합되는 책이 하나쯤 있어도 좋지 않을까 하는 생각이다.

세 번째로 저자가 미국인이기 때문에 이 책이 미국에 미치는 영향, 평가, 연구 등이 반영되어 있다는 특성이 있다. 그 점에서는 두 사람에 대해 연구하려는 사람에게 어느 정도 의미가 있다고 본다.

그러나 사르트르나 보브와르에 대한 연구가도 아닌 단순한 일반독자에 지나지 않는 내가 이 책의 번역을 맡은 가장 큰 이유는 사르트르가 나에게 있어서는 여러 가지 의미로 '친근한' 사람이기 때문이다. '친근하다'고 해서 개인적으로 안면이 있는 것은 아니다. 다만 그의 저작이나 그에 관해 씌어진 여러 책들을 통해서 아는 것에 지나지 않는다. 그렇다고 그에 대한 열광적인 독자도 아니다. 그러나 마치 예전부터 알고 있는 듯한 친숙함을 느끼는 데에는 그 나름의 이유가 있다.

사르트르는 신중하게 상황을 생각하고 난 다음에 행동하는 사상가였다. 전후 세계정치의 변동 속에서 그를 둘러싼 상황도 어지럽게 변화하고 있었고, 그와는 아주 똑같다고 할 수 없지만 나도 그런 비슷한 상황에 처했기 때문에 사르트르의 사상과 행동은 그러한 상황을 해명해주고 거기서 벗어날 수 있도록 정돈된 시점을 나에게 부여해주었다. 특히 1950년대부터 60년대 초기에 걸친 알제리 전쟁 —— 프랑스 쪽에서 보면 식민지 전쟁, 알제리 쪽에서 보면 민족해방을 위한 독립투쟁 —— 때의 사르트르에게서 나는 많은 것을 배웠다. 이를테면 그것은 제3세계를 볼 때의 기본적인 시점

같은 것이다.

이러한 사상적인 면과 함께, 아니 그 이상으로 나는 사르트르라는 사람에게 인간적인 매력을 느껴왔다. 이 책에도 씌어 있듯이 그는 사생활 면에서 아주 개방적인 사람이었다. 사르트르에게는 사상가, 소설가, 극작가, 반전·반체제 활동가라는 여러 가지 직함이 있었지만 그런 공적인 얼굴의 배후에는 언제나 자신에게 성실하게, 그러나 성실을 향해 돌진해가다가 오히려 모순투성이가 되는 사르트르가 있다. 이처럼 대부분의 사람들은 어딘가 '이상함'을 느끼게 하는 그에게 이끌린다.

사르트르에 비해 왠지 보브와르에게는 그다지 '친숙함'이 느껴지지 않는다. 읽은 작품의 양으로 따지자면 사르트르의 것보다 더 많이 읽었는데 말이다. 《제2의 성》은 여성을 둘러싼 상황에 대해 많은 것을 가르쳐주고 있으며 또한 이 노작(勞作)에서 우리가 배울 수 있는 것도 상당히 많으리라 생각한다. 또한 그녀의 자전을 《처녀시대》를 시작으로 간행될 때마다 읽었지만 사르트르에게 느끼는 '친숙함'을 느끼지 못하는 것은 무슨 이유일까 하고 자문해보기도 한다. 보브와르는 너무나 깔끔히 정돈되어 있어 사르트르에게서 볼 수 있는 '흐트러짐'이 없다. 너무 빈틈이 없기 때문에 일종의 답답함을 느끼게 되는 게 아닌가 하고 일단 결론을 내려본다. 아마 그것은 그녀 자신의 관심이 내면적인 정합성(整合性)을 유지하려는 것에 너무 치우쳐 있기 때문이 아닌가 하는 생각이다.

사르트르의 작품에 처음으로 끌린 것은 패전 후 3, 4년이 지난 후반경의 일이라 생각한다. 그때는 실존주의가 한창 유행하던 시대였다. 철학 서클이나 문학 서클에도 들지 않았던 사람에게까지 그의 저서를 읽어보고픈 생각이 들 정도로 실존주의는 그 당시의 화제였다. 그때 읽은 것은 단편집인 《물은 필요없다》로서 특히 표제에 큰 충격을 받았고 동요된 동시에 혐오스러운 생각도 들었다. 지금와서 다시 읽어보면 왜 그렇게 충격을 받았었는지 이해하기 어렵지만 그때는 아직 육체라는 것을 '의식'하지 못하고 있었고 이 작품이 너무 사실적이고 생생하게 육체를 느끼게 해주었기 때문이 아닌가 싶다. 성 불감증인 남편과 그의 아내를 묘사한 이 작품을 아무렇지도 않게 받아들이기에는 그 당시에는 너무 어렸고 너무도 결백했다. 의식이 상승되어 있지 못한 육체의 존재를 강요당했기 때문에 동요했었고 또 그 사실을 부인하려 했다. 그리고 사르트르라는 작가는 '비도덕적'이라는 낙인을 찍어놓음으로써 작품 그 자체를 부인하려고까지 했었다. '육체주의' 작가 사르트르라는 인상이 바뀌게 된 것은 앙리 말탄 구원이나 알제리 전쟁 반대를 위해 정력적으로 활동하는 사르트르를 알고 나서부터이다.

《제2의 성》이나 자서전을 통해 보브와르가 특히 여성 독자에게 계속 지지를 받았던 것에 비해, 상황의 사상가였던 사르트르는 10년도 못 되어 완전히 잊혀진 것처럼 보인다. 특히 전쟁을 경험하지 않았고 마르크스주의에도 관심이 없는 지금의 젊은 세대에게 있어서는 아무런 관계도 없는 그런 존재로 보이고 있는 듯하다. 마르크스주의의 소생을 평생의 과제로 삼았던 사르트르는 어딘가 현대판 돈 키호테를 연상시키지만 그는 틀림없이 전후시대를 상징하는 위대한 존재였다.

사르트르에 의해 자기형성을 했다고는 말할 수 없지만 내 나름의 방식으로 사르트르로부터 자기를 형성할 수 있는 영향을 받았다. 한 독자로, 한 팬으로서 내 나름의 진혼곡을 그에게 바치고 싶다.

東洋 古典 百選

*계속 간행합니다.

일신서적출판사　121-110 서울시 마포구 신수동 177-3
영업부 : 703-3001~6　　　FAX : 703-3009

世界教養思想100選

~ 계속 간행합니다.

🅙 일신서적출판사

121-110 서울시 마포구 신수동 177-3
TEL : 703-3001~6   FAX : 703-3009

사르트르와 보브와르

발행 1994년 10월 20일 값 10,000원

지은이 아셀 매드셍
옮긴이 김 심 온
펴낸이 남   용
펴낸데 一信書籍出版社

121-110 서울 마포구 신수동 177-3
등 록 : 1969. 9. 12. No. 10-70
전 화 : 703-3001~6
FAX : 703-3009
대체구좌 / 012245-31-2133577

ISBN 89-366-1515-7